arquitetura
uma experiência na área da saúde

João Filgueiras Lima, Lelé

arquitetura
uma experiência na área da saúde

João Filgueiras Lima, Lelé

Romano Guerra Editora
2012

A Holcim se orgulha de participar deste projeto que reúne os conceitos e as obras de um dos mais importantes arquitetos brasileiros, João Filgueiras Lima, o Lelé. Seu pioneiro interesse pela racionalização e industrialização da construção está em sinergia com o posicionamento da Holcim, uma empresa voltada para a inovação.

Há mais de sessenta anos no Brasil, a Holcim atua em cerca de setenta países como provedora de soluções em cimento, concreto e agregados. O objetivo central da Holcim é a criação de valor ao cliente, atuando junto aos arquitetos para auxiliá-los no desenvolvimento de soluções construtivas sustentáveis, com práticas que impactem positivamente nos resultados econômicos, ambientais e sociais de longo prazo, provendo os alicerces para o futuro da sociedade.

Para atuar na conscientização das pessoas quanto ao importante papel da arquitetura, engenharia, planejamento urbano e construção no desenvolvimento sustentável, foi criada, em 2003, a Holcim Foundation for Sustainable Construction. Apoiando iniciativas ligadas à construção sustentável que englobem excelência em arquitetura e melhor qualidade de vida, a Holcim está comprometida com o debate sobre o tema e sempre atenta às demandas da sociedade. Neste livro, portanto, materializa-se parte do apoio da empresa aos ideais de um mundo mais justo, sustentável e em equilíbrio.

Holcim

Lelé traz para a arquitetura o insumo tecnológico, não por pura modernidade, mas como forma de humanizar o espaço e dotá-lo de melhor (con)viver. Em sua poética, a inovação transita com a arte, e sem conflitos – a não ser aqueles típicos de qualquer alma criativa.

Dessa alquimia entre o que há de mais essencial e o máximo arrojo também vem o aço da Usiminas. Ao comemorar cinquenta anos de atividades em 2012, nos alegramos em apoiar a publicação do livro Arquitetura – uma experiência na área de saúde. É, no fundo, a expressão da cidadania corporativa de uma empresa que, por meio de seu Instituto Cultural, já apoiou mais de 1800 projetos culturais no Brasil. Desenvolvimento, também, sob o prisma social. Experiência ampliada de exercício técnico e econômico.

Tal como o aço da Usiminas – que ergue pontes, máquinas, navios e carros das forças minerais e transformações da matéria –, Lelé faz do seu mais íntimo pulso criador a dimensão de novas possibilidades, novos caminhos...

É um contínuo construir. E, nele, se arquitetam novos encontros para a nossa sensibilização.

Vamos senti-lo...

Usiminas

18	Introdução
32	Panorama da assistência médica e dos espaços hospitalares
44	Assistência primária
54	Implementação das ações primárias
68	Hospital Distrital de Taguatinga
80	Hospital de Base de Brasília
86	Hospital do Aparelho Locomotor de Brasília
110	Hospital do Aparelho Locomotor de Salvador
134	Centro de Tecnologia da Rede Sarah – CTRS
156	Hospital de Belo Horizonte
168	Hospital de Fortaleza
194	Hospital de Recife
200	Hospital de Natal
212	Sarah Brasília Lago Norte: Centro Internacional de Neurociências
240	Posto Avançado de Macapá
256	Posto Avançado de Belém do Pará
270	Centro de Reabilitação Infantil do Rio de Janeiro
284	Hospital do Rio de Janeiro
302	Hospital Geral de São Carlos
318	Considerações finais
320	Créditos

introdução

> Oportunidade ou ocasião ou momento oportuno se diz em grego *kairós*, o tempo certo, o instante extremamente rápido, fugidio e imprevisível, decisivo numa ação.
>
> Marilena Chauí, *Introdução à história da filosofia*[1]

O acaso e o tempo oportuno

O ato de realizar grandes projetos pode ser visto sob a perspectiva dos versos de uma canção que ficou famosa durante a ditadura militar: "vem, vamos embora que esperar não é saber, quem sabe faz a hora, não espera acontecer".[2] Acho que as coisas não são bem assim. Quase sempre é importante que haja uma pequena ajuda, acidental ou do destino. Cabe a cada um ficar atento para agir no momento certo, para – como diz um velho ditado – "não perder o bonde da história". Creio que uma das características das pessoas que alcançam seus objetivos é o senso de oportunidade. Ao contrário do que propunha Geraldo Vandré em sua canção, creio que os verdadeiros sábios são aqueles que têm a percepção do momento histórico para desencadear as grandes mudanças.

Lúcio Costa é um bom exemplo. Soube usar seu talento e seu gênio criador nas horas precisas.

---

1 CHAUÍ, Marilena. *Introdução à história da filosofia: dos pré-socráticos a Aristóteles*. 2ª edição revista e ampliada. São Paulo, Companhia das Letras, 2002, p. 144-145.
2 Verso da música "Pra não dizer que não falei das flores", de Geraldo Vandré, 1968.

Lúcio Costa, Maria Elisa
Costa e Lelé, 1997

Foi graças a sua sábia e oportuna ação que reformulou o ensino de arquitetura na década de 1930 e estabeleceu os próprios rumos da nossa arquitetura e urbanismo a partir das obras exemplares do Ministério da Educação e Saúde Pública, do Parque Guinle e do Plano Piloto de Brasília. Além dessa dose de intuição, evidentemente é imprescindível que haja vontade e perseverança para vencer os obstáculos que surgem na trajetória de qualquer realização.

Apoiando-me nessas reflexões é que, ao iniciar alguma nova tarefa, sempre me ocorre a curiosidade de especular sobre a origem da decisão de executá-la: se ela foi planejada e fruto exclusivo do meu empenho pessoal ou se alguma circunstância absolutamente acidental desencadeou sua realização. Assim, no momento em que resolvi registrar minha experiência de arquiteto no campo da saúde, imediatamente questionei o que teria me impulsionado a tomar uma decisão tão inusitada e que, além de tudo, não havia sido precedida de qualquer tipo de planejamento. A resposta foi muito simples: nasceu de forma imprevista, a partir de um episódio ocorrido durante uma palestra que fiz no Rio de Janeiro, promovida pelo Instituto de Arquitetos do Brasil e pela Fundação Oscar Niemeyer.

Nessa ocasião, falei sobre meus trabalhos desenvolvidos para a Associação das Pioneiras Sociais. Oscar Niemeyer, que estava presente, ficou impressionado com as informações que eu havia acumulado sobre funcionamento de hospitais desde 1967, quando, por sua interferência, havia projetado o hospital de Taguatinga. Após terminar minha apresentação, ele me sugeriu que a divulgasse por meio de uma exposição dos projetos e de um relato contendo as informações técnicas mais expressivas. Se essa sugestão fosse de qualquer outra pessoa, certamente teria me passado despercebida. Mas, partindo de Oscar, ela me soou como uma ordem. Organizei imediatamente o material disponível das obras executadas pelo Centro de Tecnologia da Rede Sarah (CTRS), e então foi montada uma exposição contendo fotos dos projetos e dois textos generosos alusivos ao meu trabalho, escritos respectivamente pelo próprio Oscar e pelo presidente da Associação das Pioneiras Sociais e cirurgião-chefe da instituição, Aloysio Campos da Paz Júnior.

Em seguida, comecei a me dedicar ao artigo sobre planejamento hospitalar. Minha intenção inicial seria apenas a de mencionar os aspectos mais relevantes dessa experiência. Procurei ressaltar minha convicção de que o arquiteto deve

À esquerda, Lelé e Oscar Niemeyer, 1997

Acima, Lelé e Sérgio Bernardes após palestra no IAB, Rio de Janeiro RJ, 1997

enfrentar os problemas técnicos de programas complexos como o de hospitais sem a visão de especialista, ou seja, sem renunciar ao envolvimento simultâneo com as questões sociais, técnicas e artísticas que caracterizam o exercício pleno de sua profissão. Após algum tempo de trabalho, percebi que para estabelecer um critério para a avaliação dos diversos fatores que interferem nos projetos hospitalares teria que me estender muito mais do que planejara. Depois de ter organizado cerca de quarenta laudas no computador e de verificar que o assunto ainda não havia se esgotado, concluí que estava transformando meu pequeno artigo em um livro.

Acasos: projeto de hospital e acidente de automóvel

E, no momento em que escrevo esta introdução, acho oportuno, para caracterizar melhor a própria origem dessa experiência, acrescentar alguns esclarecimentos acerca das circunstâncias que determinaram meu engajamento em projetos hospitalares. Tudo começou com uma sugestão de Oscar Niemeyer à Secretaria de Saúde de Brasília para que eu elaborasse o projeto do hospital de Taguatinga. Seria o primeiro hospital a ser construído com base em estudo, elaborado por Oscar Niemeyer, que fixava as diretrizes para a construção dos novos hospitais da cidade. Cabe aqui, sem dúvida, indagar por que ele teria indicado a mim e não ao Milton Ramos, também arquiteto da sua equipe, que havia desenvolvido com indiscutível talento e competência o projeto do primeiro Hospital Distrital de Brasília, de autoria do próprio Oscar.

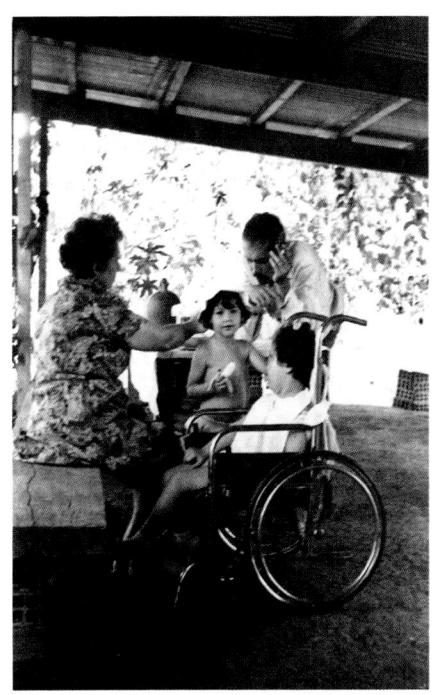 

Neste caso, creio que houve a interferência de dois fatores acidentais relevantes: o primeiro, sem dúvida, foi a generosidade de Oscar tentando ajudar este seu amigo que na ocasião estava sem trabalho. O segundo, suponho, foi sua percepção de que a realização daquele projeto seria bastante facilitada por minha amizade com os três médicos da comissão que lhe solicitou o tal estudo: Wilson Sesana, Carlos Gonçalves Ramos e Aloysio Campos de Paz. Sesana era o Secretário de Saúde da Prefeitura de Brasília, Carlos Ramos, seu assessor, e Aloysio, diretor do serviço de ortopedia da Fundação Hospitalar. A minha relação com esses médicos teve consequências tão relevantes que caberia neste ponto regredir um pouco mais e esclarecer a origem da amizade que se estabeleceu entre nós.

Embora a condição de pioneiros na construção da cidade já criasse sentimentos de solidariedade entre mim, Sesana, Carlos Ramos e Aloysio, houve um episódio que estreitou mais nosso relacionamento: em dezembro de 1963, eu e Alda, minha mulher, sofremos um sério acidente de automóvel quando retornávamos a Brasília de uma viagem ao Rio de Janeiro. Alda ficou

À esquerda, Lelé e sua filha Adriana no lago construído pelo arquiteto no Park Way, Brasília DF

Acima, Lelé com sua mãe, Mariazinha, e suas filhas Adriana e Luciana, que tem paralisia cerebral

Lelé com as filhas Sonia e Adriana

gravemente traumatizada e foi removida para o Hospital Distrital de Brasília. Carlos Ramos, chefe de cirurgia do hospital, cuidou dos seus ferimentos na cabeça e de sua perfuração no pulmão; Aloysio, que, após estágio de um ano na Inglaterra, tinha assumido a chefia da ortopedia havia poucos dias, supervisionou o tratamento de suas fraturas na bacia e nas costelas.

Durante os sessenta dias em que Alda ficou internada me aproximei muito de Aloysio, que me pediu ajuda para organizar sua unidade, ainda em fase de instalação, no décimo andar do hospital. Nesse período nos reuníamos quase todas as noites para trocar ideias sobre os problemas do hospital, ele expondo sua visão de jovem médico ansioso para pôr em prática tudo o que havia aprendido na Inglaterra, e eu a de um arquiteto sempre interessado em questões técnicas. A partir daí nos tornamos grandes amigos, atraídos também por nossa condição de instrumentistas frustrados, ele no trompete e eu no piano, que nos reunia regularmente em longas noitadas musicais.

Carlos Ramos e eu nos encontrávamos praticamente todos os dias porque desde 1960 éramos vizinhos em um conjunto de casas populares na avenida W3.

Arquiteta e paisagista
Alda Rabello Cunha,
esposa de Lelé

Lelé e Alda com o cachorro
Chiquinho

Ele era considerado por seus colegas um excelente cirurgião, polivalente e criativo, devido principalmente à larga experiência adquirida nos prontos-socorros do Rio de Janeiro. Carlos me deu provas de sua capacidade de improvisação quando minha filha sofreu um corte extenso no queixo, e ele, surpreendentemente, em vez de fazer uma sutura convencional para manter os dois bordos do ferimento unidos, usou apenas a fita gomada que eu utilizava para fixar papel de desenho na prancheta. Sua técnica foi tão perfeita que hoje seria quase impossível identificar a cicatriz no queixo de Luciana.

Em 1967, durante o governo do General Costa e Silva, o engenheiro Wadjô Gomide, que havia participado da construção de Brasília, foi nomeado prefeito e promoveu a reaproximação com outros pioneiros afastados da administração da cidade pelo golpe militar de 1964. Assim, o médico Wilson Sesana, chefe da radiologia do primeiro Hospital Distrital e também pioneiro, assumiu a Secretaria de Saúde na administração de Wadjô e convocou Carlos Ramos para organizar os hospitais da Fundação Hospitalar da cidade. A partir daí, para surpresa de todos, Carlos Ramos abandonou a cirurgia e passou a dedicar-se exclusivamente ao planejamento hospitalar. Atuou como consultor no desenvolvimento dos projetos de Taguatinga e do Hospital de Base. Posteriormente, em 1976, foi convidado por Aloysio para colaborar no projeto e na implantação do Hospital do Aparelho Locomotor de Brasília.

Lelé saltando do trampolim
no lago do Park Way,
Brasília DF

Mudança ocasional para Brasília

Se continuar regredindo nessa busca de interdependência de acasos relacionados com a minha experiência de arquiteto de hospitais, seria oportuno também registrar as circunstâncias acidentais que envolveram minha ida para a Universidade de Brasília – UnB, em 1962. Após a inauguração da cidade, Oscar demonstrava muito interesse em que eu me integrasse mais em sua equipe da Novacap. Apesar dos seus esforços, dificuldades criadas na Prefeitura do Distrito Federal estavam retardando minha contratação para o Departamento de Arquitetura e Urbanismo. Exatamente nessa ocasião, Darcy Ribeiro, reitor da UnB, convocou Oscar Niemeyer a assumir a coordenação do curso de arquitetura e dos projetos do campus universitário. Naquele momento, eu era o arquiteto disponível que tinha exatamente o perfil que Oscar desejava para exercer a função de secretário executivo do Centro de Planejamento da Universidade.

Retrocedendo um pouco mais, constataria que também minha ida para Brasília em 1957 foi obra do acaso. De fato, apesar de recém-formado e com muito pouca prática profissional, fui o primeiro arquiteto do Instituto de Aposentadoria e Pensões dos Bancários a ser transferido para Brasília. E isto

ocorreu exclusivamente porque meus colegas mais experientes se recusavam terminantemente a deixar o Rio de Janeiro.

Seria conveniente dar ainda mais um passo atrás para lembrar que em 1950 prestei o exame vestibular para a Faculdade de Arquitetura do Rio de Janeiro, sem sequer entender as diferenças entre a profissão do arquiteto e a do engenheiro. Desinteressado, fiz a inscrição para o exame influenciado por um subtenente da Marinha, chamado Gastão – datilógrafo, como eu, do Serviço da Reserva Naval, ele suspeitava que eu tivesse certo pendor para o desenho devido às caricaturas que costumava fazer de nossos colegas de trabalho. Totalmente despreparado para a maioria dos exames, consegui ser aprovado na eliminatória de desenho figurado graças a uma grande e inexplicável ajuda que me deu, durante a prova, um dos examinadores mais importantes, o pintor Ubi Bava.

Não tenho dúvida de que este livro não teria sido realizado sem o aconselhamento de meu mestre e amigo Oscar Niemeyer ao, por acaso, tomar conhecimento detalhado de meus projetos de hospitais. E tenho que admitir, também, que não foi nada fácil adquirir o conhecimento técnico específico indispensável para garantir um bom diálogo com os médicos, enfermeiras e especialistas em planejamento hospitalar. Por outro lado, acho que as informações que acumulei nesse campo nada acrescentam à minha formação profissional específica de arquiteto, ou seja, não me tornei melhor arquiteto porque elaborei projetos complexos de hospitais. Estabelecendo uma analogia com a teoria da origem das espécies, lembro que Darwin sempre sustentava que a evolução baseada na seleção natural não implica em progresso ou regresso de uma determinada espécie, mas, simplesmente, em sua capacidade de reagir e se adaptar às condições impostas pelo meio – e por isso Darwin evitava a palavra evolução, que poderia estabelecer uma conotação de hierarquia entre os seres vivos.

À esquerda, Lelé e Darcy Ribeiro, Fábrica de Escolas do Rio de Janeiro RJ, 1986

Acima, Lelé e o engenheiro Rubens de Souza, diretor de obras do Instituto de Aposentadoria e Pensões dos Bancários, no início da construção de Brasília DF, 1957

Ao resolver relatar essa experiência, tinha a convicção de que as informações técnicas, resultantes do meu eventual aprofundamento no planejamento hospitalar, com certeza nada acrescentariam ao imenso arsenal de material técnico disponível nas divulgações elaboradas por especialistas do assunto. No entanto, considero útil para nós arquitetos a minha convivência no campo da saúde como referencial para discutir nosso posicionamento profissional diante de projetos com alta complexidade técnica. Por isso, me estendi deliberadamente na análise dos principais fatores que conduzem nossos colegas à tendência equivocada de supervalorizar a face tecnológica do planejamento hospitalar. É claro que sou da opinião de que as necessidades técnicas têm que ser obrigatoriamente levadas em conta. Ignorá-las seria inadmissível, até porque colocaria em risco a indispensável funcionalidade de cada setor e a do próprio hospital. O que me parece prejudicial, entretanto, é transformar o atendimento a essas necessidades técnicas em linha mestra básica e exclusiva do projeto. É imprescindível que, independente de sua complexidade tecnológica, o edifício hospitalar reflita as preocupações com todos os valores essenciais que definem uma obra de arquitetura.

As circunstâncias acidentais de uma amizade

Para completar o registro de coincidências relatadas nesta introdução gostaria de mencionar as circunstâncias acidentais que reuniram Aloysio Campos da Paz a mim e a Eduardo de Mello Kertész. Creio que nosso encontro tornou-se decisivo e talvez tenha sido o fato mais importante para a realização da maior parte dessa experiência no campo da saúde.

Conheci Eduardo em 1972, através de seu irmão Mário de Mello Kertész, então Secretário de Planejamento do Estado da Bahia, durante o primeiro governo de Antônio Carlos Magalhães. Minha aproximação com Mário, cerca de um ano antes, ocorrera através de seus assessores Roberto Pinho e Alex Chacon, velhos amigos companheiros da Universidade de Brasília. Foi então que, convidado por Mário, realizei vários projetos para o Centro Administrativo da Bahia e tornei-me seu amigo. Cerca de quatro anos mais tarde, em 1976, recebi um telefonema de Salvador: era Mário, que me pedia para ajudar seu irmão, na ocasião com um sério problema no joelho e sem conhecer nenhum ortopedista em Brasília a quem pudesse consultar. Contatei imediatamente Aloysio, que autorizou a internação de Eduardo no pequeno hospital que ele dirigia, originariamente Centro de Reabilitação Sarah Kubitschek, pertencente à Fundação das Pioneiras Sociais.

À esquerda, Lelé e Aloysio Campos da Paz, Hospital de Base, Brasília DF

Acima, Mário Kertész, prefeito de Salvador, e Lelé, apresentação do projeto da Central de Delegacias, 1979

Durante o período em que ficou internado, Eduardo ficou impressionado com a eficiência do pequeno hospital, graças à competência e dedicação de Aloysio. Ocorreu-lhe, então, a ideia de criar um subsistema de saúde na área do aparelho locomotor em nível nacional, aproveitando efetivamente todo o potencial da equipe dirigida por Aloysio, que lhe parecia estar sendo desperdiçado naquele pequeno hospital, adaptado em um edifício que havia sido projetado para atender pacientes exclusivamente na área de reabilitação. Assim, foi montado um pequeno grupo de trabalho – composto por Aloysio, por Eduardo e por mim – com a finalidade de redigir um documento básico que criasse oficialmente o subsistema. Na verdade, o documento foi totalmente montado por Eduardo, que exercia função importante no Instituto de Pesquisa Econômica Aplicada – IPEA, órgão do Ministério do Planejamento.

Após a conclusão desse documento, fui incumbido de elaborar imediatamente o anteprojeto de um grande hospital em Brasília, que seria o centro de referência do subsistema. Com esse anteprojeto, passamos a peregrinar pelos diversos órgãos do governo com o objetivo de conseguir

Lelé e Eduardo Kertesz,
1996

os recursos necessários para a construção do hospital. Nessa etapa, foram fundamentais as participações de Aloysio, pessoa chave do projeto e seu executor principal; de Eduardo, com sua inteligência e com a paixão que dedicava às coisas em que acreditava; do Coronel Geraldo Rocha, vice-presidente da Fundação das Pioneiras Sociais, que dava sustentação à instituição junto aos militares; e do Ministro Paulo Cotrim, que exercia função importante no Itamarati e, como todos nós, também tinha uma grande admiração pelo trabalho do Aloysio. A construção desse hospital subsistema só se concretizaria em 1991, com a implantação definitiva da Rede Sarah de Hospitais e com a criação do seu Centro de Tecnologia em Salvador.

Ao concluir esta introdução, quero ressaltar a importância da Rede Sarah para o desenvolvimento das experiências e pesquisas de arquitetura hospitalar registradas neste livro. E isto se deve exclusivamente a Aloysio Campos da Paz – por sua inteligência, por sua competência técnica como médico, por sua visão humanista do exercício da medicina, por sua ação obstinada na implantação e manutenção de uma rede de hospitais públicos de excelência, contrariando forças poderosas engajadas no ideário da globalização e do neoliberalismo, e, principalmente, por sua sensibilidade para as questões de arquitetura, assumindo os riscos que envolvem as ações inovadoras, confiando sempre em minha competência como arquiteto e dando o apoio indispensável ao nosso grupo profissional para que esse trabalho pudesse se realizar.

Finalmente, não posso deixar de ressaltar a importância da imensa contribuição dos médicos, arquitetos, engenheiros e especialistas que se envolveram nessa experiência ao longo de mais de trinta anos. Assim, achei imprescindível acrescentar no fim deste livro uma relação com os nomes de todos esses profissionais, mesmo correndo o risco de me esquecer de registrar a participação de um ou outro, aos quais apresento antecipadamente minhas desculpas.

panorama da assistência médica e dos espaços hospitalares

1.1. Situação da assistência médica

As experiências mais bem-sucedidas na área da saúde, após a Segunda Guerra Mundial, foram realizadas principalmente nos países da Europa e sempre por meio de ações exercidas pelo Estado ou por instituições filantrópicas sem fins lucrativos. Os sistemas de saúde pública implantados nos países nórdicos, Inglaterra e França, tornaram-se referenciais importantes para o desenvolvimento da medicina no século 20. O bom desempenho desses sistemas, entretanto, vem sendo gradualmente comprometido pelo crescimento da participação da iniciativa privada no setor, sem mecanismos de controle eficientes da parte do Estado.

Os progressos científicos e suas consequências no campo da medicina

Os problemas enfrentados pelo Estado para implantar e administrar o planejamento da saúde no sistema capitalista são gerados principalmente por sua incapacidade de dirigir e controlar a aplicação maciça de investimentos em medicina. No campo da imunologia e da genética, por exemplo, os progressos científicos vêm permitindo a introdução de novos tratamentos e procedimentos sofisticados, quase sempre extremamente onerosos, tornando-se, assim, acessíveis apenas a uma pequena parcela da população com alto poder aquisitivo.

Por outro lado, o grande desenvolvimento da medicina a partir do início do século 20 e a criação das especialidades médicas, que passaram a utilizar diagnósticos e tratamentos sofisticados promovidos por imenso arsenal tecnológico, provocaram também uma natural decadência da ação do clínico ou do antigo médico de família, que se apoiava sobretudo no conhecimento da história de cada paciente. Essa ação médica fragmentada, dirigida mais para os órgãos ou funções biológicas e menos para o indivíduo em sua totalidade de ser humano, acaba muitas vezes por se tornar extremamente dispendiosa e com eficiência discutível. Em meados do século 20, esse fato já era preocupante e os planos na área da saúde, como o de Brasília, de autoria do professor Bandeira de Mello, preconizavam a criação de hospitais gerais que facilitassem a integração dos diversos especialistas.

Convém lembrar que o ser humano aprendeu a conviver com a especialização desde os primórdios da civilização. Contudo, se ela se tornou mais necessária e mais intensa com a incrível ampliação do conhecimento nos últimos anos, não implica obrigatoriamente que resulte em ações desintegradas. Um dos fatores mais relevantes para o crescimento dessa fragmentação profissional é a pressão do mercado, que promove, por meio da mídia, a eficiência de determinadas ações isoladas. Uma vez que estas passam a ser solicitadas pela sociedade, inibem a atuação dos profissionais generalistas responsáveis, em cada contexto, por sua seleção, controle e integração.

A fragmentação profissional e suas consequências nos projetos hospitalares

No caso do arquiteto, por exemplo, o declínio de sua participação na sociedade se evidencia pela decadência na qualidade arquitetônica das edificações mais recentes, apesar do indiscutível aprimoramento dos produtos fornecidos pelas indústrias de apoio à construção civil, das técnicas de execução das obras e do próprio instrumental para desenvolvimento dos projetos. A falta de unidade e de equilíbrio que se observa nas soluções arquitetônicas é consequente, sobretudo, da ausência de integração entre os eventos técnicos, realizados quase sempre por meio de terceirização descontrolada. E os prédios contemporâneos resultantes da aplicação de todo o aparato tecnológico disponível – os edifícios "inteligentes", como querem alguns – estão, em sua maioria, muito mais para franksteins, para usar uma imagem literária que evoca a própria medicina.

O próprio arquiteto torna-se o maior responsável nesse processo, na medida em que se acomoda e aceita situações degradantes que destroem, inclusive, valores éticos fundamentais para o exercício de sua atividade profissional. Hoje em dia, por exemplo, tornou-se um procedimento aceito pela sociedade que arquitetos, principalmente os que se dedicam à arquitetura de interiores, aviltem o valor de seus honorários para serem amplamente recompensados pelas comissões de fornecedores, que passam a ser seus colaboradores e orientadores no próprio desenvolvimento do projeto. Essa distorção provoca, por um lado, a degradação do projetista, que passa indiretamente a defender muito mais os interesses financeiros das empresas contratadas para a realização da obra do que os do cliente que o contratou. Por outro lado, o aviltamento dos honorários elimina do mercado a participação dos profissionais éticos que incluem em seus custos os valores de todos os serviços indispensáveis ao correto desenvolvimento do projeto.

O que me parece mais assustador é que o próprio poder público também venha promovendo a degradação do projeto por meio de uma legislação absurda que permite que as concorrências públicas sejam realizadas com um projeto chamado básico, cujas características, semelhantes às de um anteprojeto, inviabilizam o estabelecimento de orçamento preciso para a realização de uma obra. Assim, após a homologação da concorrência, o empreiteiro passa a ser responsável pela elaboração do projeto executivo, o que, por consequência, lhe dá o direito de promover modificações e respectivos reajustes de serviços de acordo com seus interesses financeiros. Trata-se do exemplo clássico de "alojar a raposa dentro do galinheiro". Nessas condições, também se torna muito remota a possibilidade de o autor do projeto defender a integridade do seu trabalho, sobretudo porque, para isso, teria que ser contratado pelo próprio empreiteiro.

A comercialização da saúde

Na área do diagnóstico, a situação é bem mais complexa porque a evolução tecnológica (sobretudo no setor de imagem) exige a permanente atualização (upgrade) de equipamentos caríssimos e cursos sistemáticos de aperfeiçoamento para os técnicos que os operam. Além disso, a exploração comercial da produção diversificada de equipamentos e das técnicas disponíveis nesse setor também está sujeita aos mesmos vícios que ocorrem no exercício do livre mercado. Constata-se, assim, que além da inevitável pressão do marketing das multinacionais para aumentar a produção dos seus equipamentos, existe ainda a difusão de práticas comerciais corruptoras, como, por exemplo, o costume das clínicas de distribuir comissões aos médicos que as indicam para a realização dos exames. Consequentemente, a ação desses fatores vem provocando um crescente abuso, por parte dos médicos, na utilização de exames complexos e onerosos para apoio ao diagnóstico. Efeito ainda mais nocivo dessa distorção é que a própria população vem absorvendo falsos conceitos de que os tradicionais exames clínicos são dispensáveis e de que a qualidade do diagnóstico ou do próprio tratamento depende da sofisticação e da quantidade de exames laboratoriais e radiológicos realizados.

No campo farmacológico, a situação é muito mais grave, pois a incrível proliferação de drogas caríssimas transformou a produção de medicamentos em uma das indústrias mais rentáveis do mundo atual. Isto sem mencionar a falsificação de remédios, envolvendo um volume de dinheiro de tal ordem que já se transformou em uma indústria paralela explorada pelo crime organizado. Outro aspecto muito importante dessa questão é que a indústria farmacêutica bloqueia sistematicamente o desenvolvimento de pesquisas direcionadas para soluções mais lógicas e econômicas, na simples suposição de que elas possam afetar o lucro promovido por seus sistemas atuais de produção.

É o caso, por exemplo, dos antibióticos: embora tenham constituído uma conquista muito importante para a medicina, seu uso indiscriminado vem sendo questionado, já que sua eficiência tem decrescido à medida que as bactérias vêm progressivamente se tornando resistentes à ação desses medicamentos. Por outro lado, é pouco provável que, em longo prazo, a humanidade saia vencedora de um eventual confronto de extermínio contra as bactérias. Até porque elas ocupam um lugar importantíssimo no equilíbrio ecológico do planeta e, se fossem eliminadas, a própria sobrevivência do ser humano na Terra estaria comprometida. Além disso, existem descobertas recentes provando que as bactérias recebem uma espécie de comando universal para atacar; e pesquisas também já comprovaram que é possível desenvolver mecanismos inibidores que evitem esse ataque. Ou seja, ao invés de estabelecermos uma guerra incessante contra as bactérias, deveríamos procurar uma convivência pacífica com elas, restringindo sua agressividade sempre que necessário. Apesar de essa reformulação conceitual ser lógica e promissora, nenhum investimento significativo é direcionado para pesquisas nesse sentido porque seu desenvolvimento implicaria em prejuízos incalculáveis para as indústrias de produção de antibióticos.

Embora todos esses exemplos indiquem claramente que houve nos últimos anos um fantástico aumento no custo da saúde, os governos, principalmente dos países mais pobres como o Brasil, envolvidos com a política do neoliberalismo, preocupam-se apenas com a estabilização monetária em detrimento das aplicações de recursos na área social, sobretudo em saúde e educação. À medida que o Estado se omite, também estimula o exercício de uma medicina comercial, sem critérios técnicos e éticos, cuja preocupação principal é explorar financeiramente os segmentos da população com condição econômica para arcar com seus altos custos.

Os planos de saúde e a derrocada dos hospitais públicos

No período da Guerra Fria (décadas de 1960-80), em que uma das estratégias do sistema capitalista no combate ao "perigo comunista" foi a de promover programas assistencialistas nos países da América Latina, houve uma injeção razoável de recursos na área da saúde, quer no campo da prevenção, quer na modernização dos hospitais públicos. Isto permitiu a erradicação da poliomielite, o controle da tuberculose e da hanseníase e o florescimento de centros de excelência em medicina e em pesquisa médica, como foi o caso do Hospital Sarah em Brasília, do Instituto do Coração em São Paulo e dos vários hospitais universitários (USP, Unicamp etc.).

Nos últimos anos, com o fim da Guerra Fria e com a implantação do livre mercado, a situação da saúde pública na América Latina vem se agravando assustadoramente. A chamada medicina curativa, com todo seu aparato tecnológico, mais do que nunca, passou a oferecer um mercado atraente para os interesses privados nacionais e internacionais. Estabeleceu-se, a partir daí, um deliberado desmantelamento dos hospitais públicos, com o objetivo de abrir espaços para a implantação dos mais variados tipos de planos de saúde privados. O caráter estritamente comercial desses planos é notório.

Entre outras aberrações, os contratos dos clientes com as empresas seguradoras estabelecem – a priori, independente da eventual doença que o cliente possa contrair – quais procedimentos médicos serão garantidos por sua apólice de seguros. A participação do governo nesse processo de privatização é tão evidente que, em vez de impedir a proliferação desses planos que tratam a vida humana como um negócio, promove sua regulamentação por meio de mecanismos de controle duvidosos. Pior do que isso, estimula a sua existência à medida que reduz a aplicação de recursos públicos na saúde. Com isso, grandes contingentes da população miserável perderam o acesso a qualquer tipo de assistência médica e, em consequência, já vem ocorrendo um recrudescimento na incidência de doenças crônicas, como a tuberculose e a hanseníase, e de endemias, como a febre amarela e a dengue. É paradoxal e ao mesmo tempo um sintoma evidente do caos em que mergulhou a assistência médica que, enquanto esse quadro calamitoso ocorre, empresas de plano de saúde controladas por capital estrangeiro já acenem com a possibilidade de remover pacientes do Brasil para serem tratados com tecnologia de ponta em Miami.

Planos em vigor no Brasil – como o Sistema Único de Saúde (SUS), em que as ações de saúde são repassadas indistintamente para instituições públicas ou privadas e remuneradas de acordo com tabelas de custos de procedimentos fixadas pelo governo – têm se revelado ineficientes e inoperantes, sobretudo porque geram uma corrupção incontrolável. Hoje, é de domínio público que em nosso país são realizados, indiscriminadamente e sem indicação técnica correta, procedimentos médicos de custos elevados, tais como cesarianas, exames de ressonância magnética, tomografias computadorizadas, vários tipos de cirurgias etc., apenas porque geram mais lucro para as clínicas e hospitais privados credenciados pelo sistema. Há ainda o registro de milhares de casos em que esses procedimentos são forjados e indenizados pelo sistema com conivência e participação dos órgãos fiscalizadores, sem que qualquer tipo de tratamento tenha sido realizado.

Paralelamente, com o sucateamento dos hospitais públicos promovido pela falta de investimentos em manutenção e em atualização tecnológica, e principalmente pelos baixos salários do pessoal em geral, o Estado vai gradualmente perdendo os referenciais para avaliação do desempenho do sistema, que é exatamente o que interessa ao setor privado. Além disso, os baixos salários também obrigam o já completamente degradado pessoal médico e paramédico do setor público ao exercício de suas atividades profissionais simultaneamente nos hospitais do Estado e do setor privado. Em consequência, estimula-se outro tipo de corrupção, a desmobilização deliberada de setores do hospital público que mais interessam comercialmente à iniciativa privada, com o objetivo de desviar seus respectivos pacientes com melhor poder aquisitivo para as clínicas particulares.

Conclusões

Todos esses fatores atuando em conjunto geram um desperdício incalculável de recursos aplicados na saúde. Nessas circunstâncias, embora sem dados precisos para avaliar o verdadeiro montante desse desperdício, não há risco em afirmar que, se os recursos aplicados na área da saúde, mesmo que insuficientes face aos altos custos dos medicamentos e das técnicas de tratamento disponíveis, fossem usados com honestidade e mais critério, não haveria a atual crise da assistência médica no mundo.

Embora o quadro delineado seja bastante complexo, ele fornece indicadores bem claros de que no sistema capitalista, sobretudo nos moldes do neoliberalismo, o Estado dificilmente conseguirá dispor de mecanismos de controle confiáveis para administrar ações de saúde cujo objetivo principal seja o lucro financeiro. Isso nos permite também concluir que para resolver os atuais problemas da assistência médica em nosso país, atingindo de uma forma equânime todos os segmentos da sociedade, o Estado não poderá deixar de ter uma participação efetiva e predominante na organização e, sobretudo, na própria execução de todas as ações realizadas no campo da saúde.

O sistema de saúde de Cuba é um exemplo extraordinário de como é possível o Estado estabelecer uma assistência médica de boa qualidade a custos infinitamente menores dos que os praticados no mundo, conforme eu próprio pude comprovar em visita de intercâmbio cultural que fiz àquele país. A eficiência da assistência primária conseguida na pequena ilha é claramente comprovada pelos resultados obtidos na erradicação de doenças endêmicas, nos índices mínimos de mortalidade infantil ou na própria produção de vacinas que exporta, inclusive para o Brasil. Ainda hoje, não obstante o cruel bloqueio econômico imposto pelos norte-americanos, a solidez do sistema de saúde de Cuba é de tal ordem que ainda torna possível a realização de pesquisas em setores de ponta da medicina.

1.2. Evolução dos espaços hospitalares

Os programas para o funcionamento de edifícios destinados ao setor de saúde têm sofrido modificações radicais no decorrer de nossa civilização. A origem da palavra hospital – casa de hóspede – indica que, inicialmente, sua destinação principal era a hoteleira. O conceito do edifício hospitalar vem evoluindo, sobretudo no decorrer do século 20, à medida que as técnicas de tratamento e de cura dos pacientes vêm se tornando mais eficientes e mais complexas.

Na idade média, era usual a construção de edifícios hospitalares destinados a manter os viajantes em quarentena ou em observação. Eram localizados geralmente fora dos muros da cidade por precaução contra a disseminação de epidemias devastadoras, como a da peste bubônica, muito comum naquela época.

Até meados do século 19 ainda se acreditava que as doenças eram propagadas por gases ou miasmas formados por matéria orgânica em decomposição. Baseados nessa crença, os planejadores de hospitais davam grande importância à circulação do ar, o que os levou a criar o sistema de construções pavilhonares (blocos sucessivos em um ou dois pavimentos e intercalados com espaços arborizados), dotadas de eficiente ventilação cruzada. Esse tipo de edifício, adotado para a maioria dos hospitais Santa Casa, resistiu até o século 20. Alguns, como o famoso complexo hospitalar de Karolinska na Suécia, conseguiram se ajustar ao modelo tecnológico do nosso tempo, graças a onerosas adaptações e um engenhoso sistema de túneis intercomunicando os diversos pavilhões.

Supunha-se, também, até meados do século 19, que o processo de geração de bactérias era espontâneo e que a supuração provocada por elas era fundamental para a cicatrização das feridas. Dessa forma, os cirurgiões não tinham nenhum cuidado com a assepsia durante as operações e usavam os mesmos aventais por mais de seis meses sem sequer serem lavados. Em consequência, os índices de morbidade por infecção pós-operatória eram extremamente elevados. Somente em 1860, graças principalmente a Louis Pasteur – que, entre várias contribuições científicas, definiu o processo de reprodução das bactérias –, foi possível a introdução de técnicas rigorosas de limpeza e de assepsia nos hospitais.

A introdução da vacina, por circunstâncias acidentais, ocorreu no início do século 19, antes das descobertas de Pasteur, quando o espírito aguçado de Edwing Jenner constatou que indivíduos contaminados pela varíola bovina tornavam-se imunes à varíola humana.

Embora o microscópio tenha sido descoberto no fim do século 17, decorreram cerca de cem anos para a identificação das principais bactérias. Somente a partir daí houve maior controle no diagnóstico e na prevenção dos processos infecciosos. Esse controle, aliado à difusão dos sistemas de anestesia com o emprego do éter e posteriormente do clorofórmio, foram fatores decisivos para o grande desenvolvimento dos procedimentos cirúrgicos ocorridos no início do século 20.

Até a descoberta dos antibióticos em meados do século 20, as drogas para o combate às bactérias eram pouco eficientes e doenças como a tuberculose e a hanseníase eram muito disseminadas no mundo ocidental. Os portadores dessas doenças eram tratados em sanatórios específicos, onde permaneciam em isolamento, às vezes por toda a vida. Ainda na segunda metade do século 20, por puro preconceito, muitos hospitais públicos em nosso país eram dotados de dois setores específicos com acessos independentes chamados dispensários, separando o acompanhamento ambulatorial de pacientes portadores de hanseníase e tuberculose.

Também os portadores de doenças mentais eram mantidos isolados em hospícios, pois se acreditava que todos os males do cérebro, incluindo os da epilepsia, fossem demoníacos e transmissíveis. Em alguns países, como no Brasil, até bem pouco tempo atrás, ainda subsistiam instituições desse tipo, embora tecnicamente condenáveis, uma vez que não promoviam a cura e funcionavam apenas como depósito de indivíduos rejeitados pela sociedade.

Os hospitais tecnológicos do século 20

O modelo de hospital tecnológico, integrando todas as especialidades médicas na mesma unidade, foi introduzido no século 20. A sua concepção também tem mudado muito nos últimos cinquenta anos, devido ao progresso científico e às próprias mudanças no perfil das doenças. A violência urbana, por exemplo, tem criado um grande contingente de deficientes físicos portadores de lesão medular. Em consequência, há também um ajuste no perfil de muitos hospitais para absorver o aumento da demanda na área da reabilitação.

Após a Segunda Guerra Mundial, com o fim do esforço de guerra, grandes empresas multinacionais, como a Siemens, Philips, General Eletric etc., passaram a dirigir parte significativa de sua pesquisa e produção para o setor médico-hospitalar. A grande disponibilidade de equipamentos a partir de então e a pressão que essas empresas passaram a exercer no mercado deram origem a uma incrível exacerbação tecnológica nos prédios hospitalares. Houve também um aumento da automação em vários setores dos hospitais (cozinha, lavanderia, central de materiais etc.), devido à escassez de mão de obra braçal, sobretudo nos países mais desenvolvidos da Europa Ocidental. Além disso, o progresso científico no campo da bacteriologia propiciou o desenvolvimento de numerosas técnicas para o combate à infecção, e a adoção dessas técnicas quase sempre determinou grandes inovações nos equipamentos, na organização dos espaços internos, nas instalações e nos sistemas de iluminação e de climatização dos edifícios.

Há ainda que considerar que a adoção de iluminação e ventilação naturais para a maioria dos ambientes, como ocorria com os hospitais pavilhonares, tornou-se impraticável nesse modelo tecnológico, generalizando-se assim, para quase todo o edifício, o emprego de sistemas de ar-condicionado e de iluminação artificial. Com isso, os ambientes hospitalares tornaram-se também muito mais herméticos e, principalmente, mais desagradáveis e desumanos. Os adeptos desse tipo de hospital alegavam, entretanto, que esse eventual prejuízo seria amplamente compensado pelas vantagens que ele oferecia para o conforto ambiental e, sobretudo, para a garantia da qualidade do ar. Argumentavam também que se estabeleceria um rigoroso controle contra a proliferação de bactérias e de microrganismos que poderiam prejudicar os tratamentos. Mas não atentavam para o fato de que os dutos de ar-condicionado eram inacessíveis internamente a qualquer tipo de limpeza mecânica e, portanto, se tornariam infestados de fungos, ácaros e bactérias. Além disso, devido à excessiva confiança nas tecnologias sofisticadas, nos produtos antissépticos e na eficiência dos antibióticos, os médicos e paramédicos passaram a negligenciar os procedimentos simples indispensáveis no combate sistemático à infecção. Vale mencionar que as próprias bactérias gradualmente criaram resistência a muitos produtos antissépticos e aos próprios antibióticos. Assim, não obstante os grandes investimentos realizados no controle da assepsia, a infecção hospitalar passou a constituir um dos mais sérios problemas no desempenho dos hospitais modernos.

Todos esses fatores, aliados a um intencional exibicionismo tecnológico que faz parte da cultura do nosso tempo, foram gradualmente tornando os ambientes hospitalares excessivamente artificiais e desumanos e, pela influência depressiva que geralmente provocam no estado psicológico dos pacientes, passaram até a dificultar os próprios processos de cura.

Em países subdesenvolvidos, essa tendência, resultante sobretudo da pressão do marketing das multinacionais, tem gerado situações grotescas, como, por exemplo, a importação sem critério de equipamentos caríssimos de última geração, que se estragam nos depósitos e corredores dos hospitais sem sequer serem instalados, devido à inexistência de condições físicas adequadas para seu funcionamento ou de técnicos com competência para operá-los.

Há ainda que se registrar duas características quase sempre encontradas nesses hospitais tecnológicos da segunda metade do século 20: a primeira reflete a tendência arquitetônica da época, de concepção volumétrica rígida, em monobloco ou blocos justapostos, que, consequentemente, obrigavam os diversos setores a se adaptarem aos espaços disponíveis de cada pavimento, com sacrifício, muitas vezes, de suas próprias necessidades funcionais; a segunda deve-se a um excesso de circulações seletivas, criadas com o objetivo de estabelecer rígidas disciplinas para o trânsito de pacientes, pessoal médico e paramédico e serviços de apoio, mas que também confinavam os setores numa complicada trama de corredores. Essas duas características, quase sempre associadas, reduziam significativamente a flexibilidade e extensibilidade dos edifícios, condenando, ironicamente, esse modelo tecnológico a muitas dificuldades para absorver os próprios avanços científicos.

No fim da década de 1960, já se esboçava uma reação contra esse tipo de edifício hospitalar. Na Fundação Hospitalar de Brasília, instituição encarregada de implantar e administrar o plano de saúde da cidade, houve uma tentativa de estabelecer um novo modelo de hospital extensível e flexível, de modo a absorver com facilidade as inovações proporcionadas pelo progresso científico, mas que, principalmente, promovesse uma modificação conceitual na arquitetura dos ambientes hospitalares, procurando torná-los mais amenos e menos herméticos, integrando-os, sempre que possível, a espaços externos ajardinados, onde os pacientes pudessem submeter-se a terapias ao ar livre e desfrutar de saudáveis banhos de sol.

1.3. Planejamento do atendimento à saúde

No âmbito estritamente teórico seria possível fixar as linhas gerais de um planejamento de saúde ideal à semelhança de experiências bem-sucedidas mencionadas, realizadas principalmente nos países da Europa no pós-guerra. O principal objetivo deste trabalho, entretanto, não é estabelecer ou analisar modelos teóricos para a assistência médica, até porque fugiria à minha competência, mas, simplesmente, relatar experiências realizadas em diferentes contextos do campo da saúde em nosso país.

Em 1956, seguindo padrões adotados na Europa, sobretudo nos países nórdicos, foi elaborado pelo professor Bandeira de Mello um projeto regional de saúde pública, para ser implantado em Brasília simultaneamente à construção da cidade. Durante os primeiros dez anos, esse projeto foi desenvolvido com relativo rigor e os resultados obtidos foram bastante satisfatórios. Com o crescimento dos bolsões de pobreza que gradualmente foram envolvendo Brasília e sem os investimentos indispensáveis para a manutenção das linhas básicas do plano, a eficiência do sistema foi decrescendo. Participei da implantação e desenvolvimento desse plano no período de 1967 a 1975, em que atuei como consultor da Fundação Hospitalar de Brasília.

Leitos hospitalares

O número de leitos hospitalares disponíveis vem gradativamente deixando de ser um referencial importante para a avaliação da eficiência de um sistema ou de uma unidade de saúde devido à forte tendência de criar técnicas de tratamento que reduzam ou evitem a internação hospitalar, mesmo nos procedimentos invasivos. Além disso, esse número também costuma variar muito em função da política de saúde adotada em cada país ou em determinada região de um país. Em países muito desenvolvidos, como é o caso da Suécia, na década de 1970, em que a medicina era completamente socializada em todos os níveis, existiam quatorze leitos para cada mil habitantes (incluindo os de geriatria), distribuídos de forma homogênea de acordo com a densidade demográfica de cada região. Em países em desenvolvimento com grande extensão territorial, como é o caso do Brasil, a distribuição dos leitos hospitalares, além de insuficiente, é muito heterogênea, devido às grandes diferenças socioeconômicas entre as regiões. Evidentemente, eles se concentram nos centros urbanos do Sul, em que a população tem maior poder aquisitivo.

A cidade de Ribeirão Preto em São Paulo, por exemplo, com uma população de 450.000 habitantes, tem em torno de 3.500 leitos hospitalares (cerca de oito para cada mil habitantes), enquanto o Estado do Amazonas, com uma população de 2,4 milhões de habitantes, assolada permanentemente por vários tipos de epidemias como a malária e a dengue e com uma extensão territorial dez vezes maior que a do Estado de São Paulo, tem pouco mais de sete mil leitos (em torno de três para cada mil habitantes). Nos últimos anos, com a implantação da política neoliberal, o número de leitos de Ribeirão Preto está aumentando porque sua população, em média, tem um dos maiores poderes aquisitivos do país. Enquanto isso, no Amazonas, o número de leitos está diminuindo porque a situação de pobreza em que vive a maioria dos habitantes da região evidentemente não seduz os investidores.

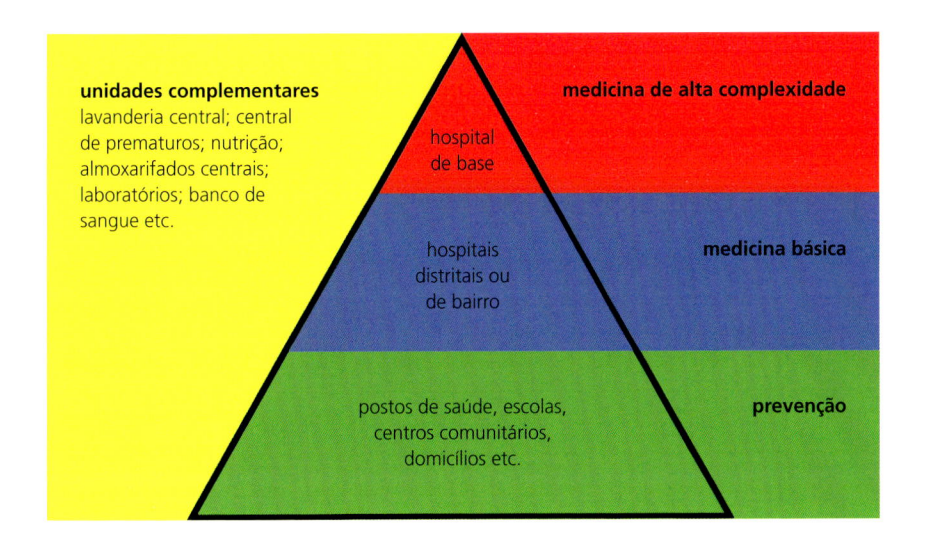

unidades complementares
lavanderia central; central de prematuros; nutrição; almoxarifados centrais; laboratórios; banco de sangue etc.

hospital de base — **medicina de alta complexidade**

hospitais distritais ou de bairro — **medicina básica**

postos de saúde, escolas, centros comunitários, domicílios etc. — **prevenção**

Modelo básico estatal proposto para Brasília em 1956, segundo plano elaborado pelo professor Bandeira de Mello

assistência primária

As ações primárias de saúde devem ser desenvolvidas de forma integrada, com a participação de outros setores da sociedade, sobretudo os da área de educação. É essencial, entretanto, que elas sejam coordenadas pelo setor de saúde que, a rigor, é o único que deve possuir as informações e as metodologias necessárias para estabelecer a relação entre as diversas ações e a prioridade de cada uma. Há que considerar também que essas prioridades mudam, à medida que se resolvem os problemas do analfabetismo, da subnutrição e do saneamento básico. É preciso frisar que as medidas de prevenção são geralmente menos onerosas do que os tratamentos médicos que estas poderiam evitar se implementadas.

Passarela Bonocô, bairro Luis Anselmo, Salvador BA, 1986-1988

Passarela Pernambués, Hospital Sarah, Salvador BA, 1986-1988

Passarela na Avenida Vasco da Gama, Salvador BA, 1986-1988

2.1. A violência do trânsito e as passarelas

A violência do trânsito, por exemplo, ceifa sistematicamente um enorme número de vidas e cria uma multidão de mutilados e de portadores de lesões irreversíveis que superlotam nossos hospitais, gerando tratamentos complexos na área de reabilitação. Os custos desses tratamentos são comprovadamente superiores aos que se teria com a adoção de medidas simples que garantissem maior segurança aos pedestres e motoristas como, por exemplo, a organização do trânsito nas cidades – que, embora tardiamente, começa a ocorrer em nosso país –, como a construção de passarelas nos locais em que se registrasse maior número de acidentes. Isto

Abaixo, esquema e montagem de passarela

À direita (acima), vale do Rio Camarugipe, habitações nas encostas se adaptam às inclinações variáveis, Salvador BA

À direita (abaixo), arruamento assoreado por canal nas encostas do Rio Camarugipe antes da intervenção, Salvador BA

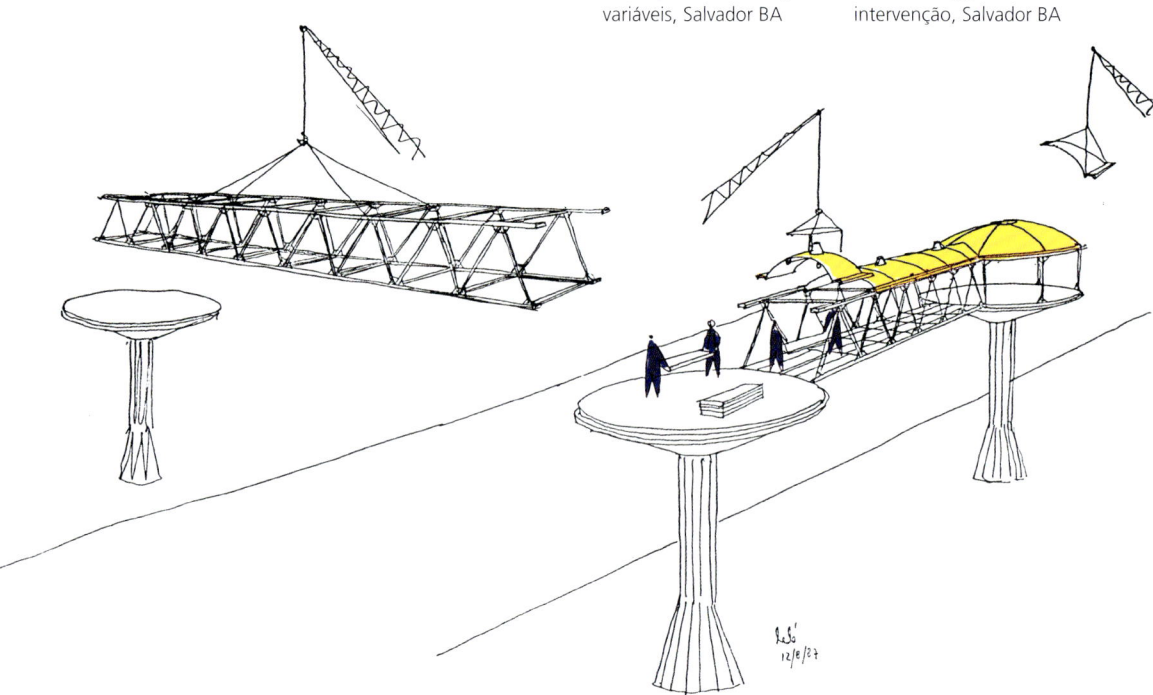

sem mencionar que seria evitada também enorme perda de vidas, o que, evidentemente, não pode ser tratado na relação custo-benefício.

A concepção do projeto das passarelas prevê apoios circulares dispostos em alturas variáveis de acordo com a topografia local, permitindo que cada tramo das treliças metálicas moduladas seja montado conforme a direção e a inclinação mais favoráveis a sua implantação em área urbana. Cada tramo é produzido industrialmente em oficina e sua montagem rápida causa poucos problemas ao tráfego da via.

No período de 1985 a 1989, foram executadas quatorze passarelas em Salvador integradas ao sistema de transportes urbanos. O modelo industrializado em aço e argamassa armada foi produzido pela Fábrica de Equipamentos Urbanos da prefeitura da cidade (FAEC). O modelo de passarela de Salvador foi adotado em outras cidades brasileiras, como Belo Horizonte, Brasília, Rio de Janeiro e Curitiba.

2.2. Saneamento básico em Salvador

Em 1980, foi implantado um sistema de drenagem no vale do Rio Camarugipe, em Salvador, utilizando pré-moldados leves de argamassa armada, que eram transportados e montados manualmente. Essa técnica foi desenvolvida como alternativa para os sistemas convencionais disponíveis, cuja execução se inviabilizava devido a alguns fatores: a baixa resistência do solo, resultante do depósito de detritos e lixo que se derramavam pelas encostas, não oferece o suporte mecânico necessário; a distribuição densa e desordenada das habitações dificulta o acesso de equipamentos de transporte e montagem; a estabilidade precária da maioria das habitações existentes exige uma implantação delicada dos canais. Devido ao relevo acidentado de Salvador, há situações em que o assoreamento dos canais ultrapassa o nível da soleira das casas e os moradores são obrigados a reconstruí-las sucessivamente em nível mais elevado para evitar que sejam invadidas por dejetos durante as inundações.

A Fábrica da Renurb, montada em Salvador em 1979, foi a primeira fábrica brasileira destinada à produção industrial de componentes de argamassa armada. O engenheiro Frederico Schieel – que iniciou as pesquisas com argamassa no Brasil em São Carlos, na Universidade de São Paulo – acompanhou e coordenou a execução dos protótipos dos componentes de drenagem

No desenho, saneamento básico precário é um dos principais fatores responsáveis pelo elevado índice de mortalidade infantil do país

47   Capítulo 2 – Assistência primária

da Renurb, que posteriormente passaram a ser produzidos em série, com técnicas e equipamentos simples e eficazes. Após a fundição, os componentes em argamassa armada eram desmoldados e deixados imersos na água dos tanques de cura durante quatro dias para evitar eventuais fissuramentos decorrentes dos efeitos da retração, fenômeno que poderia comprometer a estanqueidade e a própria integridade dos canais.

O sistema de drenagem secundária, ou microdrenagem, proposto para as encostas foi chamado de "escadaria drenante", devido a sua dupla função de coletar as águas de chuva, dirigindo-as para os canais principais, e de servir de acesso às habitações. Para sua execução, foram previstos dois tipos de peça também em argamassa armada: a inferior ou de base, destinada às canaletas de drenagem; e a superior, apoiada sobre a de base, destinada aos passadiços (degraus ou patamares com 1,5 metro de largura). O desenho do molde da peça baseava-se nas técnicas de dobragem das chapas metálicas e nas operações de fundição e desmoldagem. Após a montagem da escadaria, as duas faixas laterais que direcionam as águas de chuva para o canal são revestidas por camada de solo-cimento. Geralmente no fundo dos vales e já próximo de se conectarem à macrodrenagem os canais eram sensivelmente planos. Nesses casos sua cobertura era feita com peças planas de largura e comprimento idênticos ao dos degraus. Essas intervenções foram realizadas em caráter transitório, uma vez que os canais dos vales continuaram coletando indistintamente as águas pluviais e o esgoto primário das habitações. Criaram, entretanto, benefícios significativos para essas populações, melhorando as

Fábrica da Renurb, tanques de cura, Salvador BA

Engenheiro Frederico Schieel

profundidades médias de 40m

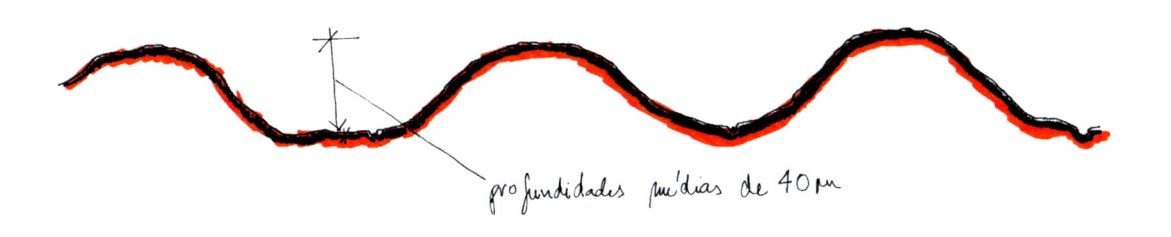

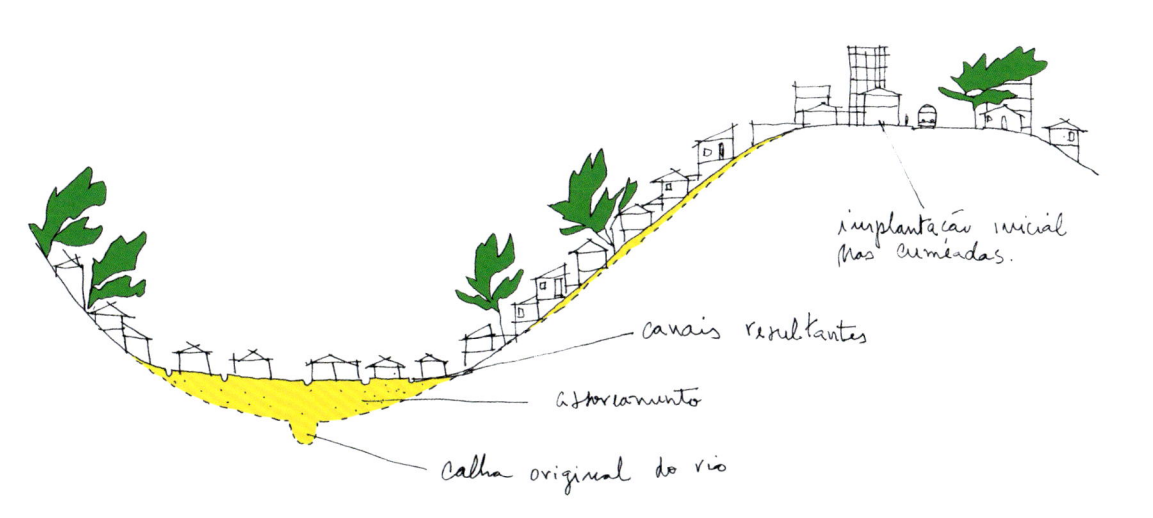

implantação inicial nas cumeadas.

canais resultantes

assoreamento

calha original do rio

condições de acesso às habitações, protegendo as encostas contra os efeitos da erosão que costumavam provocar desmoronamentos fatais durante o período de chuvas e evitando o contato direto das pessoas, sobretudo das crianças, com as águas de esgoto que antes corriam na superfície.

Para a macrodrenagem foi concebido um módulo constituído por três componentes (dois laterais e um de fundo) engastados entre si por meio de sistema de encaixe, onde uma cunha de madeira é introduzida na fenda criada entre as duas peças, enrijecendo o engate e tornando desnecessário o uso de argamassa. O módulo correspondente aos trechos curvos é formado por uma peça de forma trapezoidal no fundo e duas

No desenho, seção típica do relevo de áreas de risco, Salvador BA

Acima, módulo de canal de encosta, condução de águas pluviais (embaixo) e degrau ou peça planas de acesso às habitações (acima), Salvador BA

laterais com larguras diferentes correspondendo à dimensão do respectivo lado do trapézio da peça do fundo. As armaduras dos componentes foram executadas com telas duplas de aço soldado (malha de 5cm x 5cm e fio de 2,7m de diâmetro) ajustadas nos moldes metálicos e isoladas de suas paredes por meio de espaçadores de plástico, de modo a manter um recobrimento de argamassa mínimo de 6 milímetros. As peças resultantes não excedem o peso de 100 quilos,

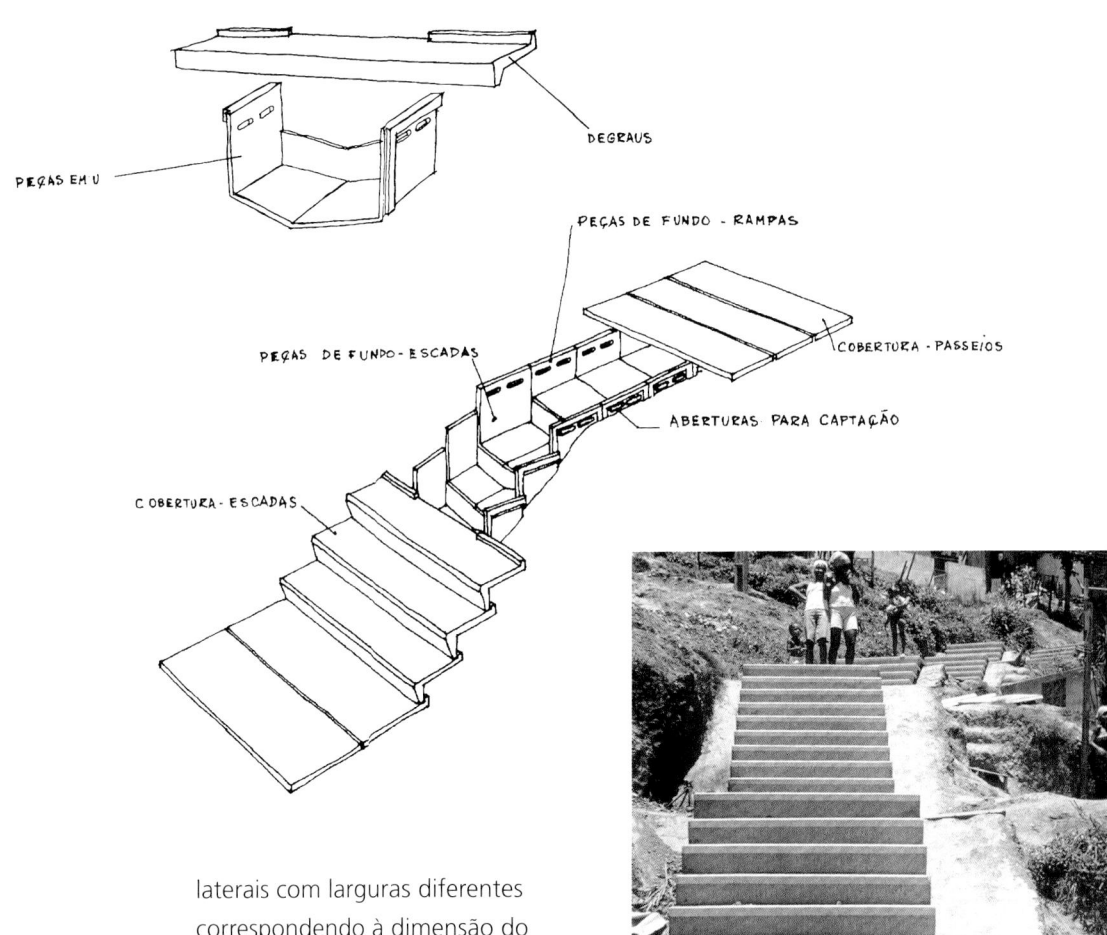

Fábrica da Renurb, desenho escada drenante, Salvador BA

Vale do Rio Camarugipe, escada drenante pronta, Salvador BA

Fábrica da Renurb, módulo de três peças para construção de canal de drenagem, Salvador BA possibilitando que dois homens façam seu transporte manualmente. Antes de se iniciar a obra nas áreas de risco, foi feita uma montagem experimental de um trecho de canal no terreno da fábrica da Renurb.

A escavação, primeira etapa da obra in loco, sempre que possível atingia o nível primitivo das fundações das casas, alcançando profundidade que podia chegar a 3 metros, tornando necessário o escoramento das construções até a operação de reaterro (preenchimento com material arenoso do espaço entre as antigas fundações e as novas laterais dos canais). Durante o processo de escavação eram visíveis sacos plásticos e lixo domiciliar incorporados ao terreno sedimentar do fundo do vale, proveniente da erosão.

Em seguida há o revestimento do canal com o módulo de três componentes, com o bordo superior das peças laterais interligado por

Vale do Rio Camarugipe, montagem das armaduras e início da montagem de canal, Salvador BA

Vale do Rio Camarugipe, peças verticais superiores para conter empuxo do terreno, Salvador BA

vigas contínuas fundidas no local e dotadas de encaixe para receber peças destinadas à passagem de pedestres ou para absorver eventuais empuxos, consequentes da pouca estabilidade das habitações das margens. O engastamento entre as peças verticais e horizontais foi dimensionado para suportar apenas o empuxo do terreno, mas em casos especiais as peças de fechamento eram utilizadas como estroncas para neutralizar as cargas adicionais oriundas da desestabilização das habitações posicionadas muito próximas às margens. Os canais

Montagem manual das peças para canalização, Baixada Fluminense RJ

À direita, trecho de canal concluído, Baixada Fluminense RJ

Fábrica de Escolas, componentes em argamassa armada para saneamento básico, Rio de Janeiro RJ

principais resultantes recebem subcanais mais estreitos e menos profundos ou escadarias drenantes que descem das encostas.

 A experiência de Salvador serviu de base para intervenções de controle de saneamento básico na baixada fluminense. Instalada em uma área próxima ao sambódromo, a Fábrica de Escolas, concebida para produzir peças para a construção dos Centros Integrados de Educação Pública (CIEPs), também fabricou componentes de argamassa armada destinados ao sistema de drenagem. O sistema permitia a execução de canais com profundidade de até 2 metros e largura de 4 metros, com montagem manual feita por trechos. Durante as operações de escavação e montagem o respectivo trecho de canal era desviado e mantido seco por meio de bombeamento, facilitando a execução da obra.

implementação das ações primárias

As ações primárias devem ser implementadas nas escolas e nos postos de saúde que atuam junto às comunidades. As tarefas básicas dessas unidades concentram-se na área de vacinação, educação sanitária, complementação alimentar (no caso de atender as áreas mais pobres), acompanhamento pré-natal, acompanhamento odontológico e triagem médica. Essas ações também devem ser exercidas nos domicílios, por meio de agentes de saúde. Na Inglaterra, a partir da década de 1920, foi introduzida, com bastante sucesso, a institucionalização dos serviços dos médicos de comunidade ou médicos de família. Eles realizavam, com o apoio dos hospitais de bairro, ações de prevenção, triagem médica e tratamentos domiciliares para os habitantes de sua zona residencial. Várias experiências bem-sucedidas nesse campo podem ser mencionadas inclusive em nosso país, como, por exemplo, a redução da mortalidade infantil no Ceará nos últimos dez anos graças ao trabalho de agentes de saúde, ou os excelentes resultados obtidos nas

Casa Comunitária, fila para cadastramento, atendimento a gestantes e controle de desenvolvimento, Baixada Fluminense RJ

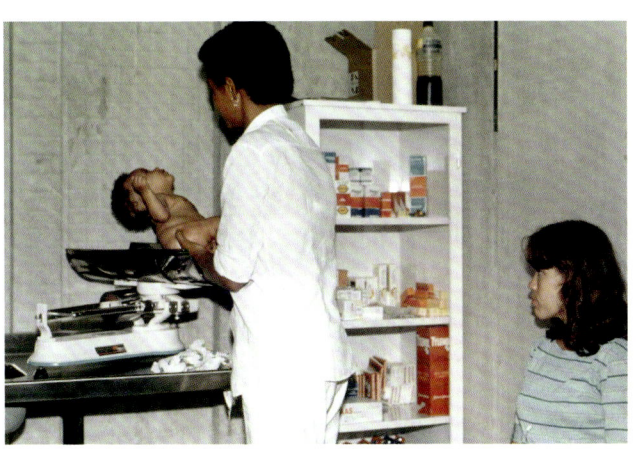

55   Capítulo 3 – Implementação das ações primárias

3.1. Ação primária no Estado do Rio de Janeiro

Durante o governo Brizola, no período de 1985 a 1988, foram implantados nas áreas mais carentes do Rio de Janeiro, segundo um plano elaborado por Darcy Ribeiro, postos de saúde, chamados de Casas Comunitárias, e creches para atender à faixa etária de um a seis anos, chamadas Casas da Criança. Essas unidades, de baixo custo de construção, foram localizadas nas áreas mais carentes do Estado e suas atividades desenvolvidas com apoio das próprias comunidades.

As Casas Comunitárias, além de atuarem nas atividades básicas próprias de sua função (vacinação, odontologia básica, pequenos curativos, acompanhamento pré-natal, complementação alimentar, triagem médica etc.), foram dotadas de instalações específicas de apoio às comunidades mais pobres, como lavanderias coletivas, locais para banho, salas para a realização de cursos ligados à higiene, educação sanitária, atividades domésticas etc. No dia a dia, atividades múltiplas de apoio se desenvolviam nas unidades: o uso dos banheiros coletivos para meninos e meninas era

cidades satélites de Brasília, decorrentes de ações bem coordenadas através de um programa de assistência médica-odontológica domiciliar.

Evidentemente, a assistência primária em nosso país deve ser prioritariamente dirigida às populações de baixa renda dos centros urbanos, que moram geralmente em áreas muito adensadas e quase sempre inadequadas à implantação de assentamentos habitacionais. Assim, é fundamental que as unidades físicas implantadas nessas áreas para o desempenho dessas funções tenham uma concepção muito flexível, inclusive sob o ponto de vista da sua própria construção, de modo a atender às peculiaridades de cada caso.

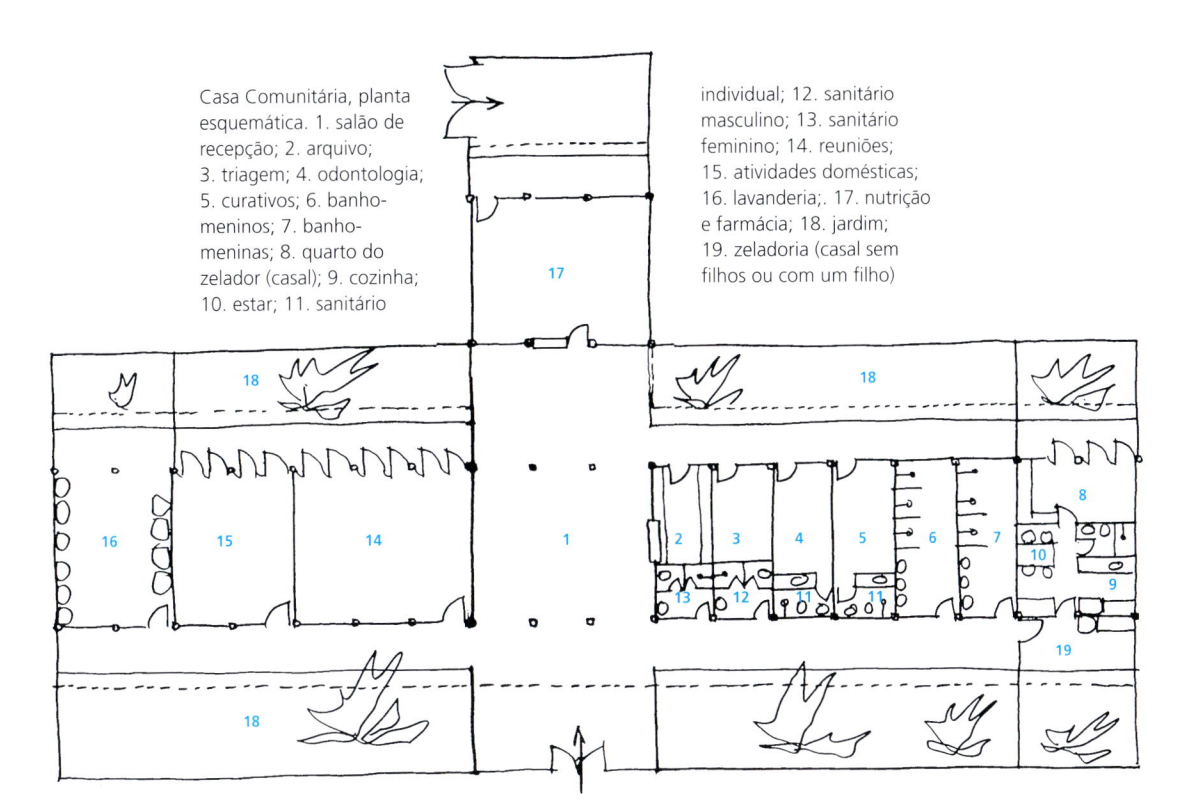

Casa Comunitária, planta esquemática. 1. salão de recepção; 2. arquivo; 3. triagem; 4. odontologia; 5. curativos; 6. banho-meninos; 7. banho-meninas; 8. quarto do zelador (casal); 9. cozinha; 10. estar; 11. sanitário individual; 12. sanitário masculino; 13. sanitário feminino; 14. reuniões; 15. atividades domésticas; 16. lavanderia;. 17. nutrição e farmácia; 18. jardim; 19. zeladoria (casal sem filhos ou com um filho)

À esquerda, Casa Comunitária, higiene das crianças e salão para atividades domésticas, Baixada Fluminense RJ

Leonel Brizola, Lelé e Darcy Ribeiro

Acima, Casa Comunitária, implantação em favela com péssimas condições de salubridade

Casa da Criança, planta esquemática, Rio de Janeiro RJ. 1. recreio coberto; 2. cozinha; 3. depósito; 4. secretaria; 5. sanitários; 6. sala polivalente; 7. armário; 8. banho ao ar livre

Abaixo, treinamento do pessoal para funcionamento da Casa da Criança e Comunitária, unidade experimental na Fábrica de Escolas, Rio de Janeiro RJ

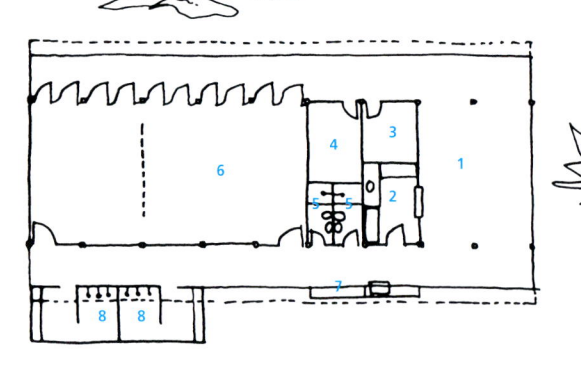

controlado por funcionárias da instituição, a sala de curativos era dirigida enfermeiras com a orientação médica fornecida pelo hospital do bairro e o ateliê para múltiplo uso com máquinas de costura e bancadas de trabalho era usado por habitantes da comunidade no conserto de roupas, pequenas confecções e trabalhos de apoio às atividades domésticas.

Os objetivos principais das Casas da Criança (tipo de pré-escola) eram os de fornecer às crianças das favelas as condições mínimas indispensáveis para proporcionar-lhes o ingresso e o bom desempenho futuro no ensino fundamental. Assim, suas principais ações visavam: manter as crianças assistidas durante todo o dia, de modo a evitar o seu convívio com as atividades marginais predominantes nessas áreas; garantir um suprimento regular de alimentação balanceada, com as proteínas necessárias ao desenvolvimento em cada faixa etária; proporcionar vacinação e assistência médica-odontológica, através de apoio da Casa Comunitária (posto de saúde) mais próxima ou do hospital do bairro; promover de forma sistemática a prática de cuidados com a higiene e exercícios no campo da sociabilização e da disciplina; e iniciar o processo de alfabetização com o apoio pedagógico da escola ou do Centro Integrado de Educação Pública (Ciep) mais próximo.

Casa da Criança, detalhe do módulo estrutural, montagem manual dos componentes e equipamentos produzidos nas oficinas da Fábrica de Escolas, Rio de Janeiro RJ

Essas unidades foram dimensionadas para atender de sessenta a noventa crianças em regime de semi-internato. Eram mantidas com verba do Estado, que contratava para cada unidade cinco pessoas selecionadas na própria comunidade. Esse pequeno staff realizava todas as tarefas rotineiras para o funcionamento da casa, incluindo limpeza e nutrição.

As edificações são construídas a partir de um módulo estrutural básico, com uma área construída de 2,40m x 10,80m, é extensível nas duas direções e a montagem é manual, utilizando pessoal treinado na comunidade local. O custo por m² das unidades industrializadas em argamassa armada ficou em torno de US$200 e a produção dos componentes era feita nas oficinas da Fábrica de Escolas do Rio de Janeiro, também responsável pela maioria dos equipamentos (mesas, cadeiras, armários etc.).

Infelizmente, por falta de continuidade desse programa no governo que sucedeu ao de Brizola, não foi possível coletar dados estatísticos importantes para a análise integral dos resultados dessa experiência, como, por exemplo, no que se refere à redução do índice de evasão no ensino fundamental dos alunos que frequentaram as Casas da Criança.

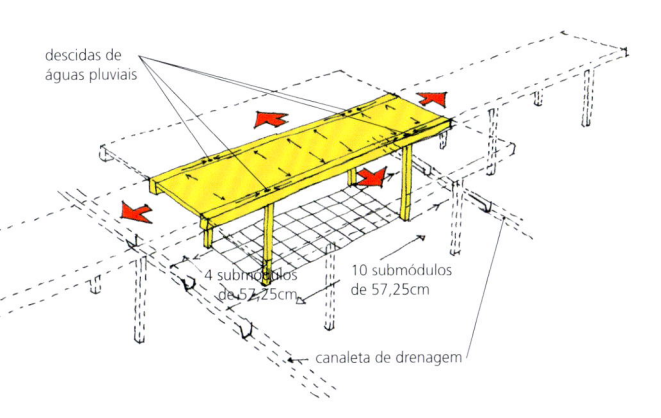

extensibilidade do prédio – módulo estrutural

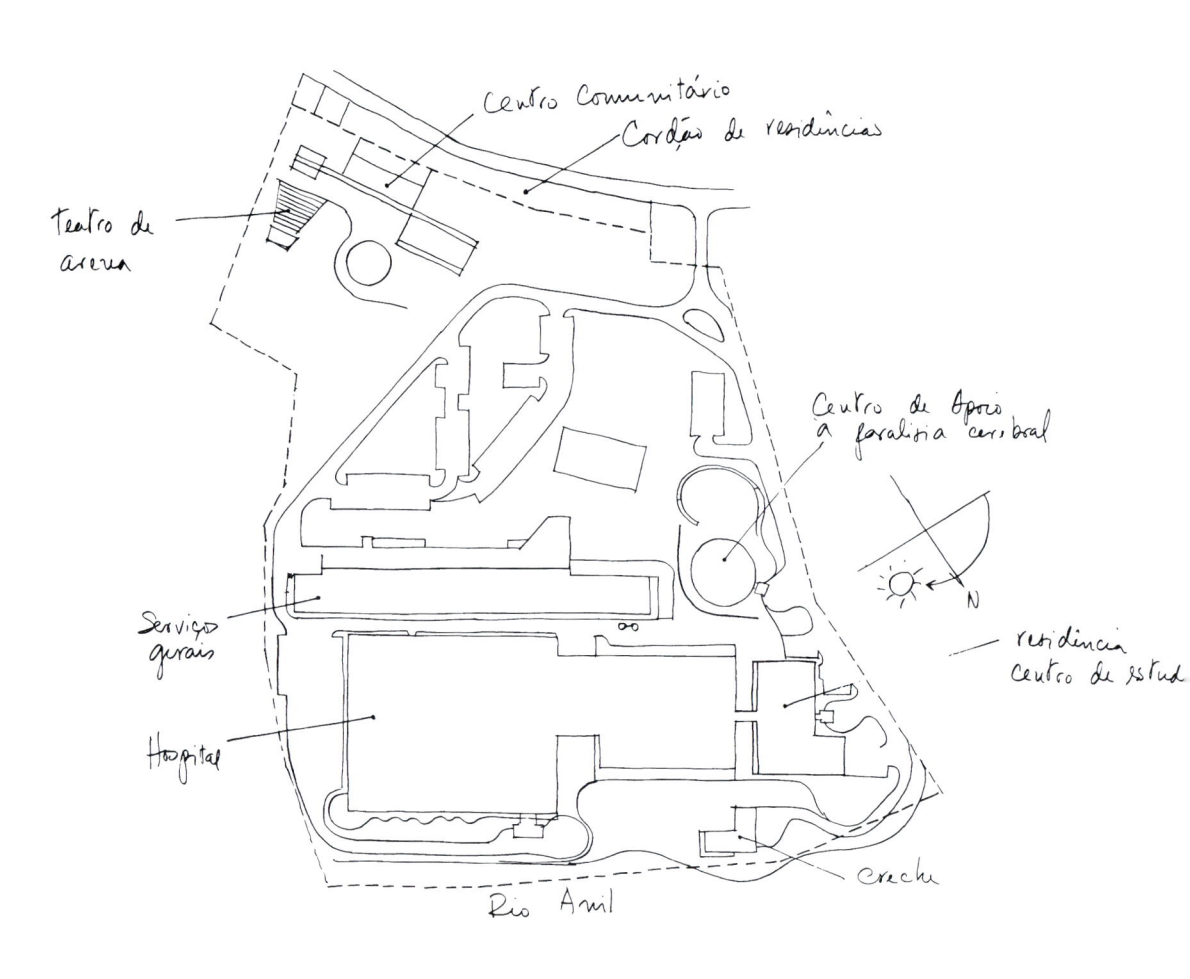

- teatro de arena
- Centro Comunitário
- Cordão de residências
- Centro de Apoio a paralisia cerebral
- residência centro de estud.
- Serviços gerais
- Hospital
- creche
- Rio Anil

3.2. Ação primária na área do aparelho locomotor em São Luís

Todo hospital da Rede Sarah possui um centro de estudos – com auditório, biblioteca e salas de aula – destinado ao treinamento regular dos funcionários da associação. Nesse centro também são organizados cursos e palestras, sobretudo na área de prevenção, dirigidos às comunidades locais.

Em 1995, foi construído um Centro Comunitário integrado ao Hospital do Aparelho Locomotor da Associação das Pioneiras Sociais do Maranhão, em um bairro muito pobre da cidade de São Luís, sem saneamento básico e com altos índices de mortalidade infantil. O objetivo principal da criação desse centro foi o de suprir as carências da comunidade local e a dos próprios pacientes do hospital no campo da puericultura, educação sanitária e prevenção. Foram previstas também salas para estudos dirigidos, biblioteca, um grande salão comunitário, teatro de arena e concha acústica para os programas culturais.

O Centro Comunitário foi implantado em área plana situada entre o hospital e a comunidade,

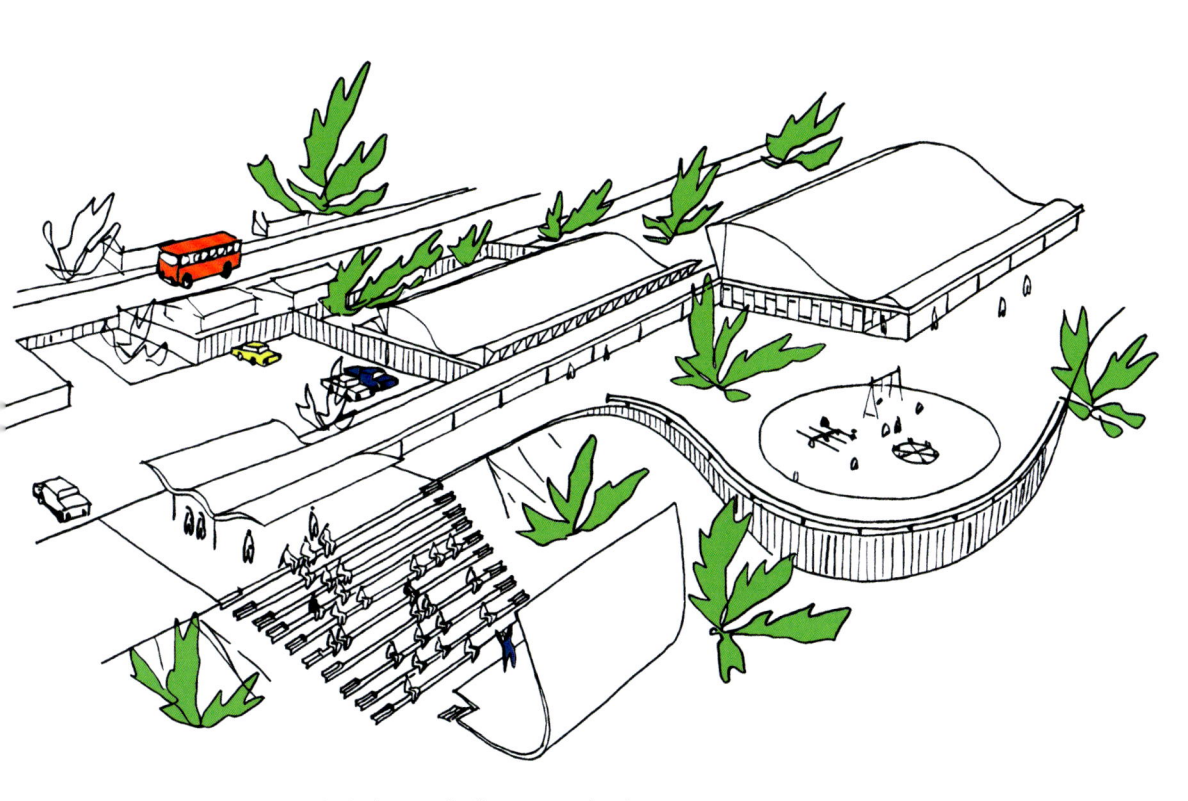

Centro Comunitário da Associação das Pioneiras Sociais, esquema de implantação, foto do jardim e perspectiva do conjunto, São Luís MA

Centro Comunitário da Associação das Pioneiras Sociais, planta da biblioteca, São Luís MA. 1. acesso independente; 2. cordão de casas existentes; 3. marquise; 4. teatro de arena; 5. palco; 6. administração; 7. sanitários; 8. sala da bibliotecária e depósito; 9. biblioteca; 10. salas de estudos dirigidos; 11. circulação coberta; 12. salão comunitário; 13. estacionamento; 14. playground

Embaixo e à direita, Centro Comunitário da Associação das Pioneiras Sociais, fotos interna e externa da biblioteca, São Luís MA

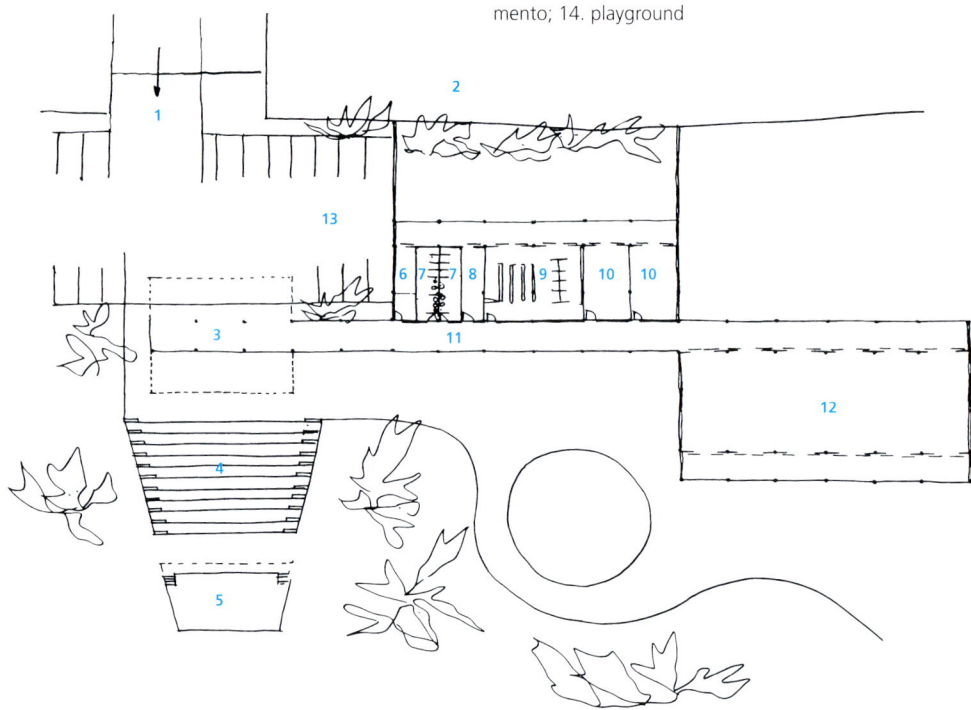

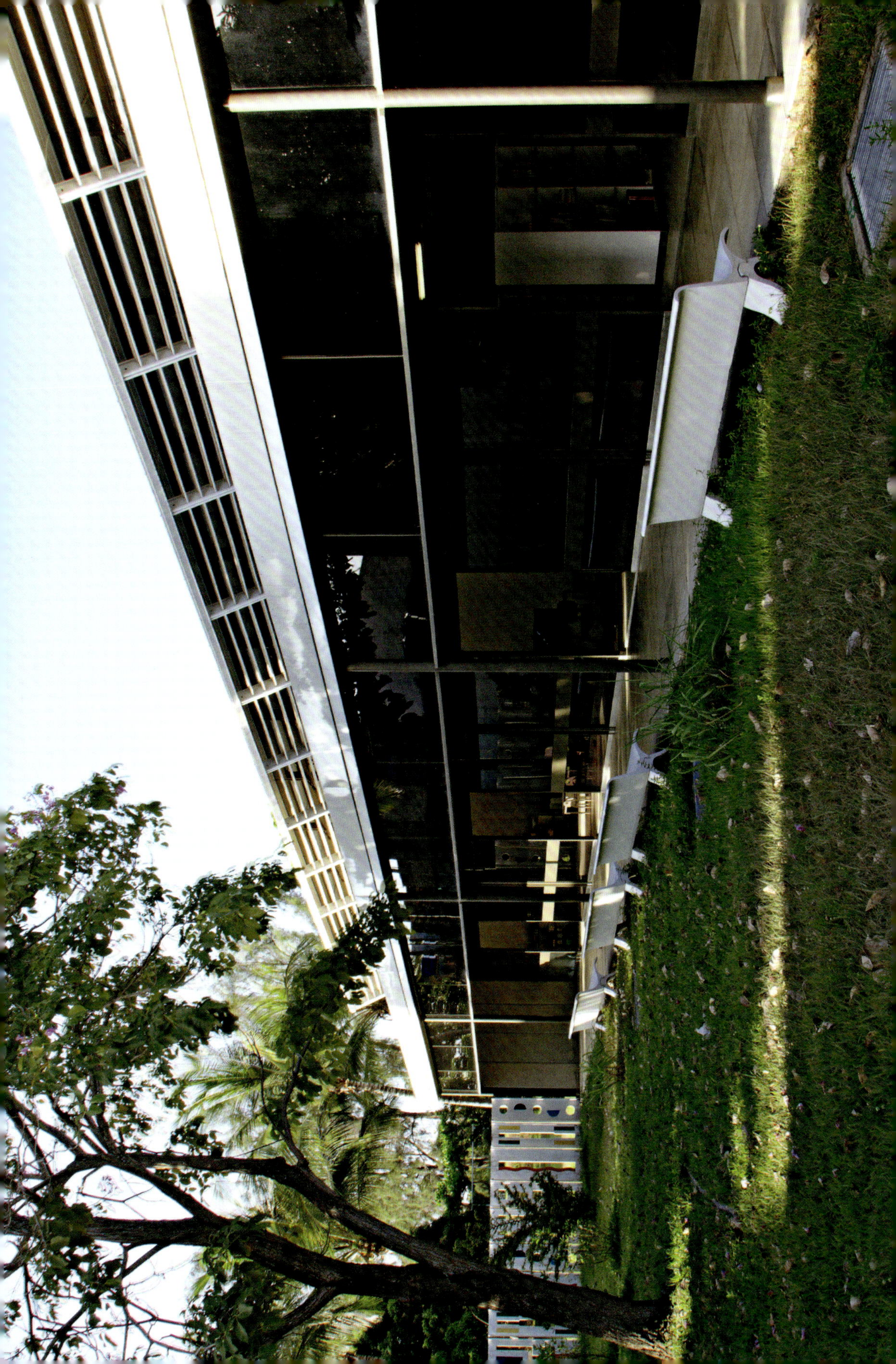

com estacionamento e acesso independente, que se comunica diretamente com o sistema viário local. A biblioteca, voltada para uso exclusivo da comunidade, é gerida pelo pessoal que dirige também a biblioteca do hospital. No grande salão comunitário são realizadas atividades culturais e de lazer, organizadas pela direção do hospital ou pela própria comunidade.

Uma área de circulação coberta, com 3,125 metros de largura, interliga todos os ambientes do centro. Aproveitando a brisa constante que sopra da direção do Rio Anil, o sistema de ventilação cruzada ocorre através das aberturas das portas e dos vãos dos sheds. Na área externa, aproveitando o desnível natural no terreno, foi criado um anfiteatro com palco em peças pré-fabricadas de argamassa, produzidas pelo Centro de Tecnologia da Rede Sarah em Salvador.

O êxito dessa unidade tem sido garantido pela presença próxima do hospital, que além de coordenar a realização de suas atividades, fornece o apoio logístico e os suprimentos materiais indispensáveis à sua manutenção.

Centro Comunitário da Associação das Pioneiras Sociais, circulações cobertas e salão comunitário, São Luís MA

Centro Comunitário da Associação das Pioneiras Sociais, portas do salão comunitário, acesso coberto, anfiteatro e esquema do sistema de ventilação, São Luís MA

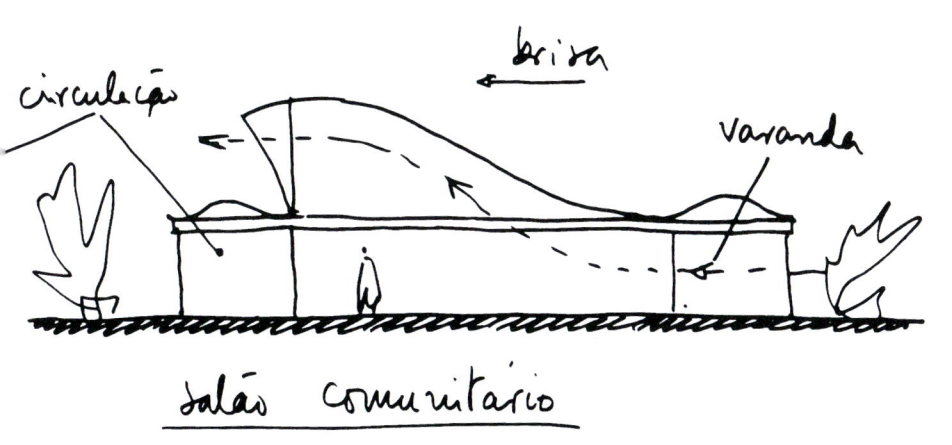

67 Capítulo 3 – Implementação das ações primárias

Hospital Distrital de Taguatinga

Assistência médica básica
Segundo o Plano Bandeira de Mello para Brasília, a assistência médica básica deveria ser exercida junto às comunidades pelos hospitais denominados distritais.[3] Suas principais atribuições seriam a supervisão e coordenação de todas as ações de saúde realizadas em sua zona de ação, tanto no campo da profilaxia, por meio dos postos de saúde e das escolas, como no de medicina curativa básica, exercida nos postos de saúde, nos domicílios ou no próprio hospital. Também deveriam atuar de forma integrada no nível da medicina básica, em todas as especialidades, transferindo para o Hospital de Base ou para centros de excelência específicos os casos cuja complexidade exigisse a aplicação de recursos técnicos fora de seu alcance.

---

3 O Plano Geral da Rede Médico-Hospitalar em Brasília, de 1959, ficou mais conhecido como Plano Bandeira de Mello, recebendo a alcunha do responsável por sua elaboração, Henrique Bandeira de Mello. Tinha como objetivo principal evitar a duplicidade de serviços hospitalares, fenômeno problemático em praticamente todo o país, visando uma medicina racionalizada e eficiente. Cf. HILDEBRAND, Stella Maris. *O modelo político-tecnológico da atenção à saúde da família no Distrito Federal: 1997 a 2006*. Tese de doutorado. Orientação de Helena Eri Shimizu. Brasília, Faculdade de Ciências da Saúde UnB, 2008.

Em 1967, por indicação do arquiteto Oscar Niemeyer, passei a participar de um programa de reformulação dos hospitais da Fundação Hospitalar do Distrito Federal, dirigida pelo então Secretário de Saúde de Brasília, Wilson Sesana. O primeiro hospital construído segundo esses novos critérios foi o da cidade satélite de Taguatinga, cuja área de influência abrangia também os bolsões de pobreza situados em Ceilândia, núcleo habitacional que estava sendo implantado em área próxima.

Hospital de Taguatinga, Brasília DF

Participaram da elaboração do programa desse hospital os médicos Wilson Sesana, Aloysio Campos da Paz e, principalmente, Carlos Gonçalves Ramos, que acompanhou todas as etapas do desenvolvimento do projeto. A grande importância atribuída ao setor de ambulatório no programa desse hospital decorre, sobretudo, da concentração de demanda existente no campo da assistência primária. O setor de emergência também foi dimensionado acima dos padrões usuais, levando em conta a pobreza dos habitantes da região, a violência urbana muito comum nas áreas de intensa marginalidade e, ainda, a grande incidência de acidentes de tráfego nas rodovias que ligavam a cidade-satélite ao Plano Piloto.

organograma básico de um hospital

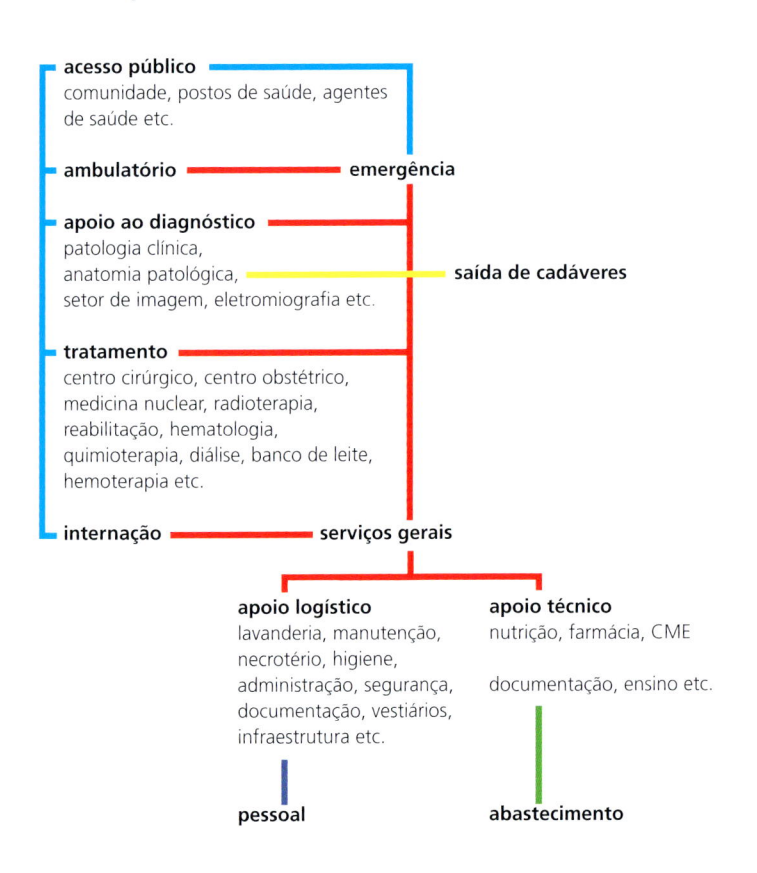

- **acesso público**
  comunidade, postos de saúde, agentes de saúde etc.

- **ambulatório** — **emergência**

- **apoio ao diagnóstico**
  patologia clínica,
  anatomia patológica, — **saída de cadáveres**
  setor de imagem, eletromiografia etc.

- **tratamento**
  centro cirúrgico, centro obstétrico, medicina nuclear, radioterapia, reabilitação, hematologia, quimioterapia, diálise, banco de leite, hemoterapia etc.

- **internação** — **serviços gerais**

  - **apoio logístico**
    lavanderia, manutenção, necrotério, higiene, administração, segurança, documentação, vestiários, infraestrutura etc.

  - **apoio técnico**
    nutrição, farmácia, CME

    documentação, ensino etc.

pessoal   **abastecimento**

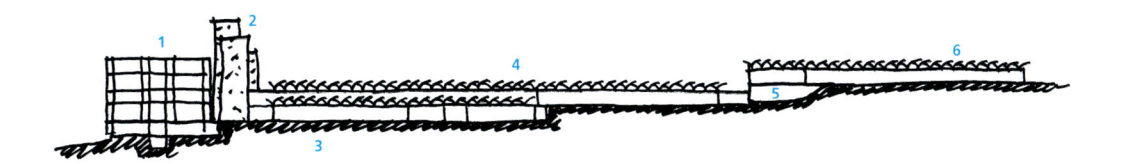

Partido arquitetônico

A principal característica do partido adotado na implantação do edifício decorreu do aproveitamento da própria topografia existente, ou seja, o escalonamento do terreno em quatro plataformas com desníveis sucessivos de um pé-direito. Os pavimentos foram parcialmente superpostos e abrigam: vestiários, enfermarias de isolamento, administração e hall de acesso às enfermarias, no nível térreo mais baixo; serviços gerais e internação de pediatria, no segundo nível; setores de apoio ao diagnóstico, setores de tratamento, centro cirúrgico, centro obstétrico, central de material e emergência, no terceiro nível; e ambulatório, no quarto nível.

Essa solução criou algumas vantagens: maior facilidade para adoção de um esquema aberto de circulações que possibilitasse a extensibilidade de qualquer setor sem prejudicar o vizinho; redução sensível nos fluxos de circulação vertical; maior integração dos ambientes a espaços verdes ao nível do solo; e maior facilidade para a solução dos acessos independentes estabelecidos no programa para os setores de ambulatório, emergência, pessoal, necrotério, serviços gerais de apoio técnico e logístico e internação de isolamento. Os pavimentos do bloco de internação foram escalonados, possibilitando a criação de terraços-jardins e solários em cada pavimento.

Infelizmente, as vantagens que esse projeto oferecia no que se refere à flexibilidade dos espaços e às facilidades de integração entre os diversos setores não foram totalmente aproveitadas. Assim, as técnicas de tratamento previstas também não puderam ser implantadas. O modelo de ambulatório proposto, por exemplo, pressupunha a integração das equipes médicas, como forma de dinamizar o atendimento, garantindo, ao mesmo tempo, mais precisão no diagnóstico e

Hospital de Taguatinga, fachada do ambulatório e esquema da distribuição do programa em corte, Brasília DF. 1. internação; 2. torres de circulação vertical; 3. serviços gerais; 4. serviços técnicos (centro cirúrgico, centro obstétrico, laboratórios, rx, central de material, emergência etc.); 5. arquivo nosológico; 6. ambulatório

mais conforto para o paciente. Mas os médicos preferiram o sistema convencional de consultórios individuais, que facilitasse o atendimento de seus clientes particulares no próprio hospital.

ambulatório convencional

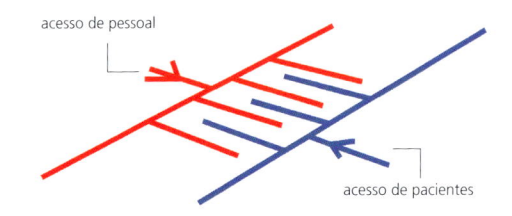

acesso de pessoal
acesso de pacientes

ambulatório de Taguatinga

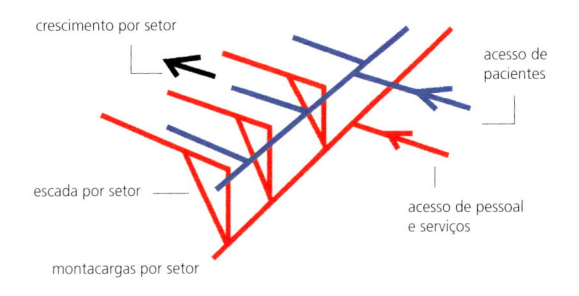

crescimento por setor
acesso de pacientes
escada por setor
acesso de pessoal e serviços
montacargas por setor

A adoção do sistema de circulações aberto e menos seletivo teve como objetivo principal possibilitar a extensibilidade de cada setor sem interferir no vizinho. No ambulatório, por exemplo, o crescimento independente da área de cada especialidade – garantindo, ao mesmo tempo, a indispensável separação das circulações de pacientes e de pessoal – foi possível graças ao aproveitamento do desnível existente no terreno. Ou seja, o acesso de pessoal e de material se faz pela circulação técnica do nível inferior e através de escadas e de monta-cargas individualizados por especialidade, enquanto que o de pacientes se faz diretamente pelo grande salão de espera disposto ao longo de todo o ambulatório.

Sistema de iluminação e ventilação e zenitais

Nos setores de ambulatório, de apoio ao diagnóstico e de serviços gerais, a iluminação e ventilação naturais dos ambientes se faz através de sheds. Essa solução possibilita a flexibilidade e a organização mais compacta dos diversos setores. Consequentemente, também os aproxima, reduzindo o comprimento das circulações de interligação entre eles. Infelizmente, nesse hospital, a velocidade de circulação interna do ar resultou muito abaixo da desejável, devido à inexistência de pontos de insuflação no nível inferior dos ambientes. Com aberturas de insuflação e de extração localizadas no teto, mesmo com o eventual reforço proporcionado pela ação do vento, a circulação de ar é insuficiente, ou seja, se o vento sopra na direção contrária a das aberturas dos sheds, praticamente não há insuflamento, existindo apenas o efeito de sucção e a lenta extração do ar quente que sobe por ser mais leve. Ainda, se o vento sopra na direção das aberturas dos sheds, a situação piora porque cessa o efeito de sucção. Dessa forma, o sistema, além de desconfortável, cria a ventilação cruzada através das portas, o que também não é recomendável porque propicia a transferência de bactérias entre ambientes contíguos.

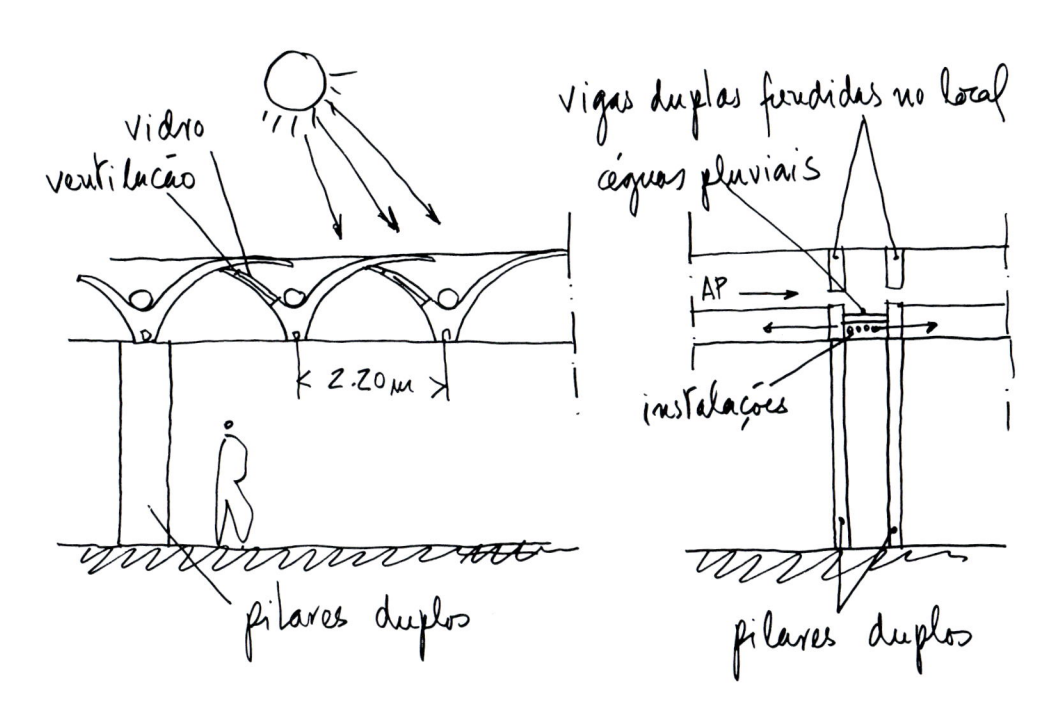

À esquerda (acima), Hospital de Taguatinga, acesso da emergência, Brasília DF

À esquerda (abaixo), esquemas dos ambulatórios convencional e de Taguatinga, Brasília DF

Acima, Hospital de Taguatinga, corte esquemático com sistema de iluminação e ventilação, Brasília DF

Hospital de Taguatinga, planta esquemática do nível 1, Brasília DF.
1. enfermaria de isolamento; 2. reservatório subterrâneo; 3. triagem do isolamento; 4. rampa; 5. vestiários; 6. em vermelho, acesso do pessoal; 7. administração; 8. acesso de pacientes e de visitantes à internação; 9. torres de circulação vertical; 10. em azul, circulação de visitantes ao isolamento

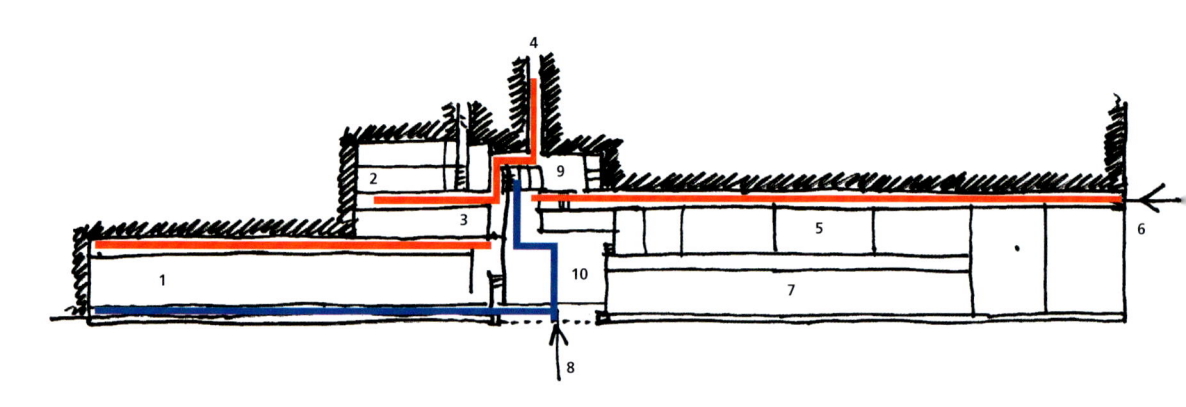

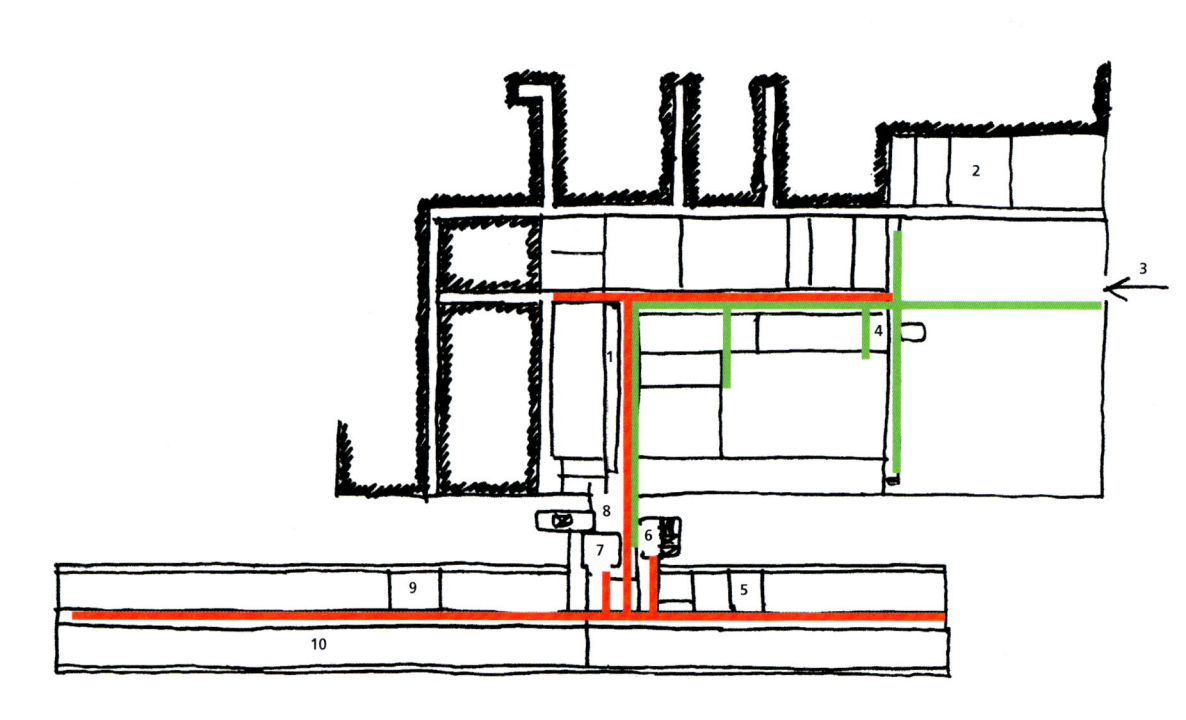

Hospital de Taguatinga, planta esquemática do nível 2, Brasília DF.
1. rampa; 2. centrais de suprimento; 3. em verde, acesso do abastecimento; 4. serviços gerais; 5. posto de enfermagem; 6. circulação vertical (serviço e pessoal); 7. circulação vertical (serviços e pessoal); 8. circulação vertical (centro cirúrgico); 9. posto de enfermagem; 10. internação clínica médica

Hospital de Taguatinga, planta esquemática do nível 3, Brasília DF. 1. rampa de pacientes (liga com a espera do ambulatório); 2. coleta laboratório; 3. arquivo nosológico; 4. escadas e montacargas de acesso ao ambulatório; 5. acesso da emergência; 6. emergência; 7. internação de obstetrícia; 8. centro obstétrico; 9. centro cirúrgico; 10. central de material; 11. laboratórios; 12. em azul, circulação de visitantes; 13. em vermelho, circulação de pessoal

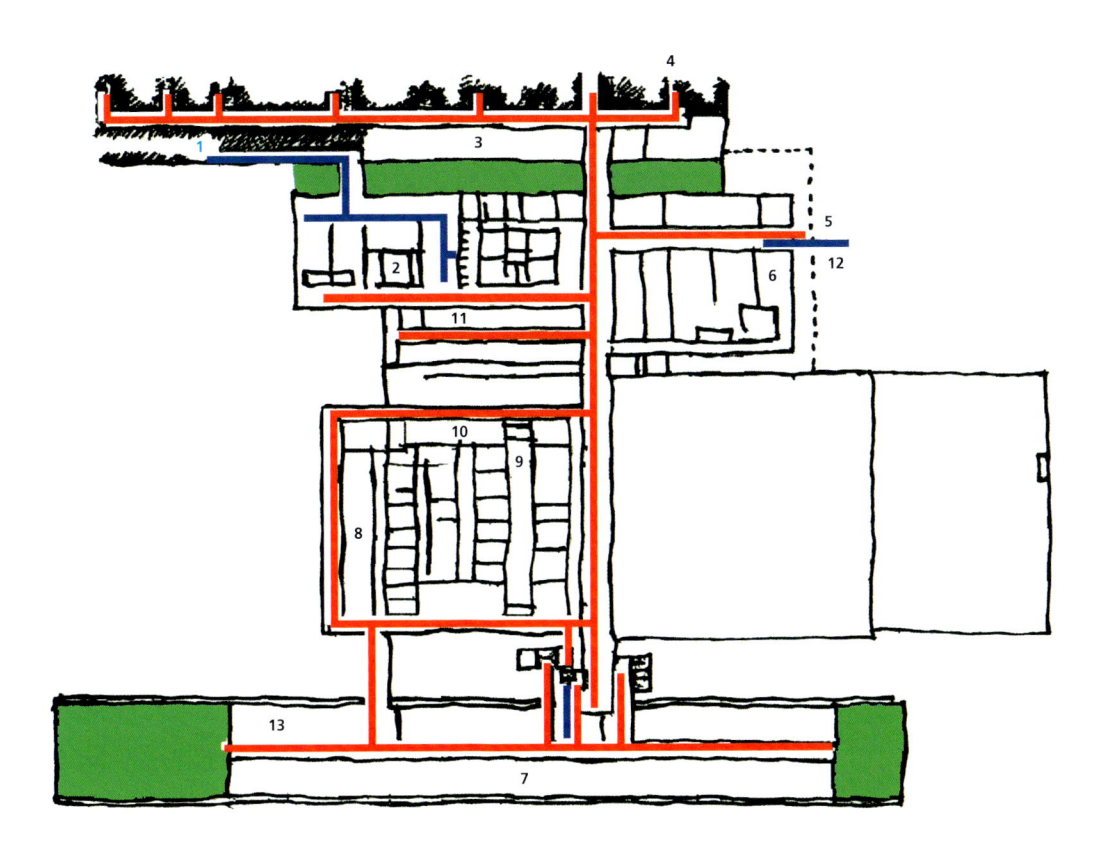

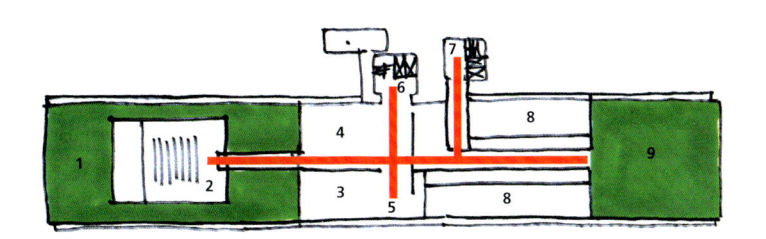

Hospital de Taguatinga, planta esquemática do nível 5, Brasília DF. 1.jardim de ambientação; 2. auditório; 3.biblioteca; 4. estar; 5. em vermelho, circulação de pessoal; 6. elevadores de pessoal; 7. elevadores de serviço e de pessoal; 8. residência médica; 9. jardim de ambientação

75 **Capítulo 4 – Hospital Distrital de Taguatinga**

Hospital de Taguatinga, planta esquemática do nível 4, Brasília DF.
1. serviço social; 2. acesso de pacientes ao ambulatório; 3. em verde, jardins de ambientação; 4. espera ambulatório; 5. torre de circulação vertical-centro cirúrgico; 6. torre de circulação vertical (pessoal e visitantes); 7. torre de circulação vertical (serviço e pessoal); 8. internação cirurgia; 9. em vermelho, circulação de pessoal; 10. em azul, circulação de visitantes

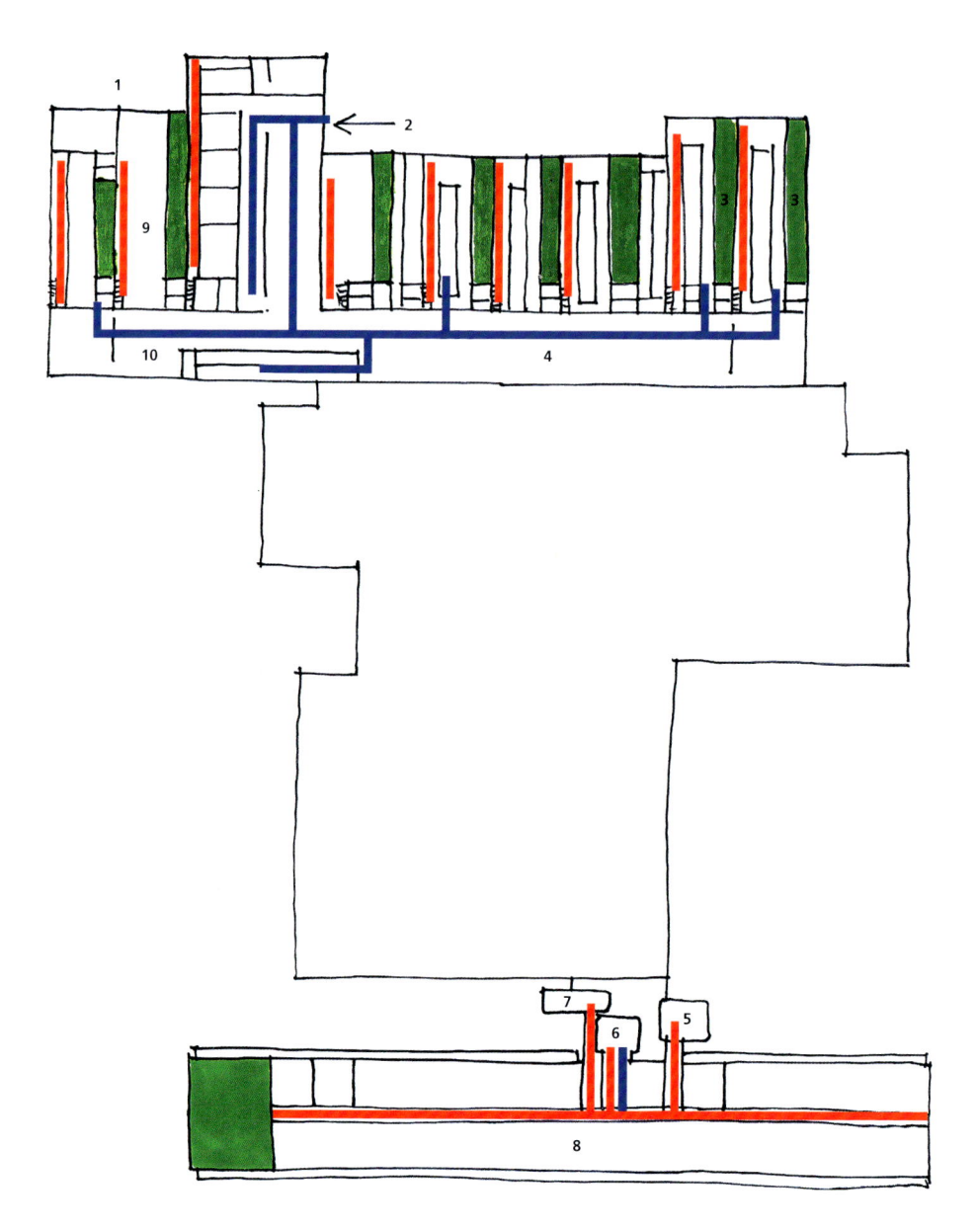

À direita, Hospital de Taguatinga, grua para montagem e operação do canteiro de pré-fabricados, Brasília DF

Sistema construtivo

O nível de industrialização estabelecido para a construção desse hospital foi bastante ambicioso para os padrões da época. As divisórias removíveis, em compensado de madeira, revestidas com chapas de aço, foram executadas em indústrias especializadas em pré-moldados de concreto executados no próprio canteiro.

Contudo, foram criados desenhos específicos para os componentes estruturais e paredes de modo que todos os componentes de concreto pré-moldado fossem produzidos em canteiro de obra; este foi montado ao lado da construção para reduzir as operações de transporte. Os moldes foram confeccionados em concreto ou aço. Uma grua com translação ao lado do bloco de internação foi utilizada simultaneamente para a montagem e operação do canteiro de pré-fabricados. A maioria das peças pré-fabricadas foi interligada após a montagem através de concretagem de segunda fase, tornando a construção praticamente monolítica.

Os principais componentes estruturais projetados foram: pilares simples ou duplos, com a seção de 20cm x 60cm, engastados através de concretagem de segunda fase nos blocos de fundação ou nos nichos específicos criados nos pavimentos; caixas estruturais, pesando cerca de 5 toneladas, dispostas ao longo das duas fachadas do bloco de internação, com encaixes específicos para fixação dos vidros e da caixilharia em chapa de aço dobrada; vigas duplas, dispostas ao longo das circulações centrais do bloco de internação, vencendo vãos de 6,60 metros e apoiadas em pilares também duplos; lajes com vazios tubulares de 1,10 metro de largura por 6,60 metros de comprimento e 20 centímetros de espessura, semiengastadas nas vigas da circulação e nas caixas de fachada do bloco de internação; lajes, com 7 centímetros de espessura na circulação do bloco de internação, parcialmente engastadas nas vigas através de concretagem de segunda fase; vigas "Y" formando os sheds dos prédios destinados aos serviços técnicos e de apoio, engastadas em vigamento duplo fundido no local (contrariando o projeto, essas vigas foram fundidas no local com fôrmas metálicas reaproveitadas); peças com vazios tubulares de 1,10 metro de largura por 15 centímetros de espessura e 3 metros de altura, destinadas à execução das paredes externas ou de separação entre setores; peças com vazios tubulares de 1,10 metro de largura por 15 centímetros de espessura e 2,70 metros de altura, destinadas à separação entre as enfermarias de quatro leitos no bloco de internação; e peças móveis basculantes, girando em torno de mancais de aço fixados nas paredes laterais das caixas das fachadas do bloco de internação.

Todas as fiações elétricas, telefônicas e de sonorização são visitáveis e correm em canaletas metálicas específicas, embutidas na parte inferior das vigas sheds, nas juntas entre as lajes do bloco de internação, ou entre as vigas duplas. Os quadros e caixas de distribuição foram localizados entre os pilares duplos dos pavimentos e são alimentados através das galerias de tubulações localizadas no subsolo. As tubulações de água e esgoto dos banheiros das enfermarias correm horizontalmente em nichos específicos, criados junto às vigas Vierendeel, e descem em armários sanitários dispostos ao longo das circulações.

À esquerda, Hospital de Taguatinga, desmoldagem de caixa da fachada, Brasília DF

À direita, Hospital de Taguatinga, corte e perspectiva esquemáticos da montagem, Brasília DF

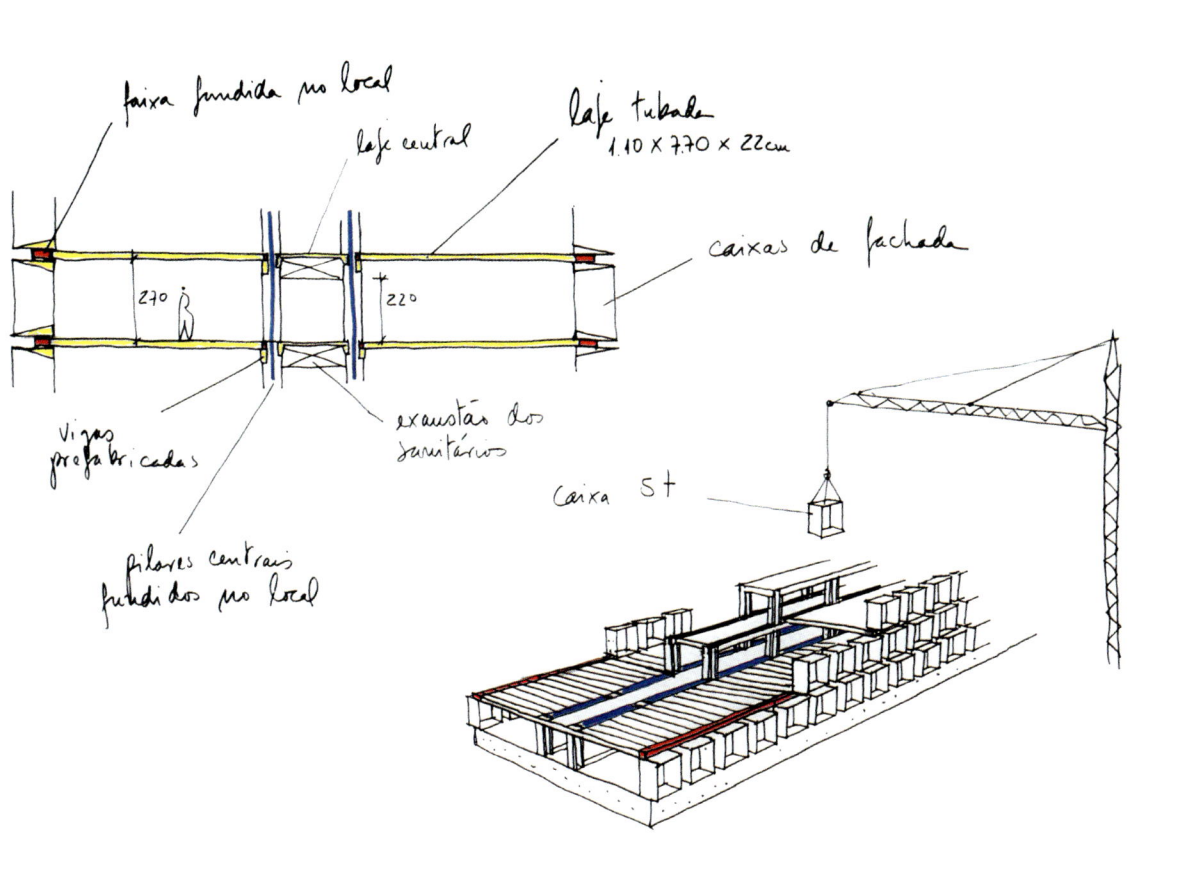

As divisórias removíveis em aglomerado de madeira têm 6 centímetros de espessura e, por exigência do Corpo de Bombeiros de Brasília, foram revestidas externamente com chapas metálicas pintadas. As instalações elétricas e telefônicas correm horizontalmente nos rodapés e verticalmente nos montantes das divisórias.

Infelizmente, devido ao despreparo técnico e dificuldades financeiras da firma construtora, aliados a problemas de ordem política, que determinaram o afastamento da equipe de projetos do comando da obra e a paralisação dos serviços por mais de dois anos, a construção não apresentou um nível de qualidade correspondente ao rigor técnico planejado. O resultado só não foi ainda pior devido ao empenho e à dedicação do engenheiro Joaquim Cambraia, contratado pela empresa construtora para dirigir a obra.

Hospital de Base de Brasília

Assistência médica de alta complexidade
De acordo com o Plano Bandeira de Mello para Brasília, a assistência médica de alta complexidade deveria ser realizada no Hospital de Base – o hospital regional, centro de referência de todo o sistema. Nesse hospital se concentrariam os procedimentos médicos mais sofisticados de todas as especialidades, quer na área do diagnóstico quer na área do tratamento. Ele não deveria possuir setor de emergência, mas atuar, sobretudo, nos casos de medicina eletiva referidos pelos hospitais distritais do sistema ou eventualmente transferidos de outros hospitais regionais localizados fora do Distrito Federal.

Nos países desenvolvidos, as unidades desse tipo, chamadas *central hospital*, construídas durante as quatro últimas décadas, foram dimensionadas para mais de dois mil leitos. O argumento usado para a implantação de hospitais tão grandes era o da economia. De fato, é desejável que se estabeleça um equilíbrio entre os procedimentos realizados e os investimentos altíssimos exigidos em equipamentos sofisticados e em pessoal qualificado nesse tipo de hospital. Nos dias de hoje, entretanto, devido às grandes inovações que vêm ocorrendo no campo da comunicação e da computação, provavelmente a tendência natural fosse a de se criar unidades menores, mais fáceis de serem administradas e que supervisionassem ou controlassem à distância grande parte dos tratamentos realizados nos hospitais distritais. De qualquer forma, o Hospital de Base, concebido como centro de referência para toda a cidade de Brasília, teria que absorver o eventual aumento de demanda e a própria evolução das técnicas de diagnóstico e de tratamento de cada especialidade.

Essa unidade deveria se dedicar também ao ensino, à pesquisa, ao

acesso público
hospitais distritais; postos de saúde, agentes de saúde etc.

ambulatório

apoio ao diagnóstico
setor de imagem, patologia clínica, anatomia patológica, eletromiografia etc.

saída de cadáveres

tratamento
centro cirúrgico; medicina nuclear; radioterapia; reabilitação; hematologia; quimioterapia; diálise; hemoterapia; laboratório etc.

ensino e pesquisa
cirurgia; experimental; biotério; biologia molecular; auditórios; salas de aula; biblioteca etc.

internação

serviços gerais

apoio logístico
lavanderia; manutenção; necrotério; higiene; segurança; documentação; infraestrutura; vestiários; residência médica etc.

apoio técnico
nutrição; farmácia; CME; administração

pessoal

abastecimento

universidade

Hospital de Base, organograma, Brasília DF

desenvolvimento técnico e científico e ao treinamento de pessoal em vários níveis para toda a Fundação Hospitalar do Distrito Federal. Para isso, seria necessário que se criassem vínculos institucionais entre o Hospital de Base e a futura Universidade de Brasília (UnB). Na Europa, sobretudo nos países nórdicos, esses hospitais são muitas vezes dirigidos pela própria universidade, sem prejuízo de sua função principal de centro de referência de cada sistema.

Partido arquitetônico

O mesmo conceito de funcionamento proposto para o hospital de Taguatinga foi adotado no projeto elaborado para o Hospital de Base de Brasília, em uma escala de complexidade muito maior. A organização do programa contou com a participação dos médicos Wilson Sesana e Carlos Ramos e foi precedida de cuidadosa pesquisa envolvendo visitas aos mais importantes hospitais do gênero na Suécia, Dinamarca, Finlândia, Alemanha e Estados Unidos.

A principal característica do layout desse projeto, tal como ocorreu no hospital de Taguatinga, foi a adoção de um sistema de circulações independentes e abertas que possibilitasse a execução de modificações ou acréscimos em qualquer setor, sem interferir no vizinho.

Essas características de flexibilidade e de extensibilidade também foram incorporadas aos sistemas de distribuição dos diversos tipos de instalações. A capacidade final de 1.800 leitos destinados à internação seria atingida em três etapas, cada uma delas resolvida arquitetonicamente com uma torre independente projetada para abrigar seiscentos leitos, cada uma delas com ligações autônomas aos três níveis inferiores do hospital, correspondentes respectivamente aos setores de serviços gerais, diagnósticos-tratamentos e ambulatório.

A área de construção prevista para o hospital em sua fase final seria de cerca de 230.000 m² (aproximadamente 130 m²/leito). Nesse projeto, o terreno também foi moldado de acordo com a topografia existente, criando-se três grandes plataformas curvas destinadas aos setores de serviços gerais (apoio técnico e logístico), no nível inferior; e aos setores de diagnóstico, ambulatório e tratamento, nos segundo e terceiro níveis, que foram integrados verticalmente.

As galerias longitudinais de circulação dos dois níveis inferiores, destinadas respectivamente aos serviços gerais e aos setores de tratamento, seriam conectadas em seus extremos a unidades complementares independentes e de apoio a todo o sistema da Fundação Hospitalar (laboratório central, banco de sangue, cirurgia experimental, central de prematuros, lavanderia central, central de nutrição etc.).

À esquerda, Lelé, Wilson Sezanna e Carlos Ramos, 1969

Acima, Hospital de Base, esquema de implantação, Brasília DF. 1. em marrom, implantação inicial; 2. em amarelo, expansão futura; 3. laboratórios; 4. canil existente

Hospital de Base, esquemas de implantação inicial e expansão futura, planta esquemática do ambulatório e corte, Brasília DF

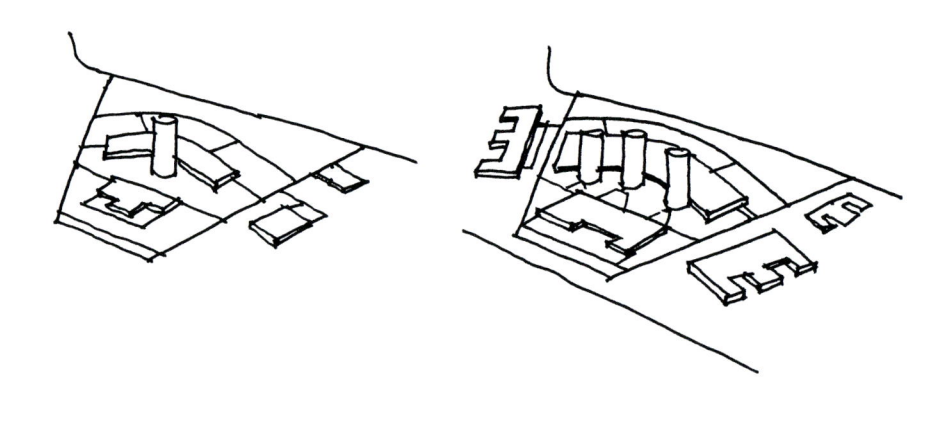

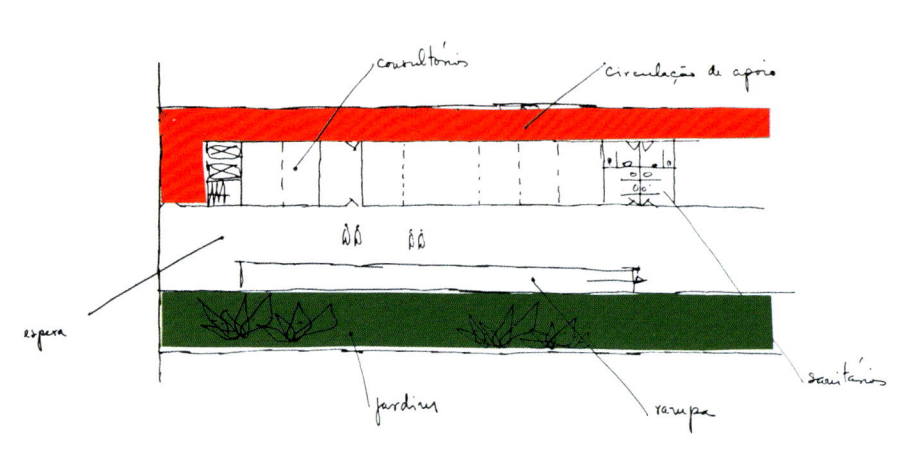

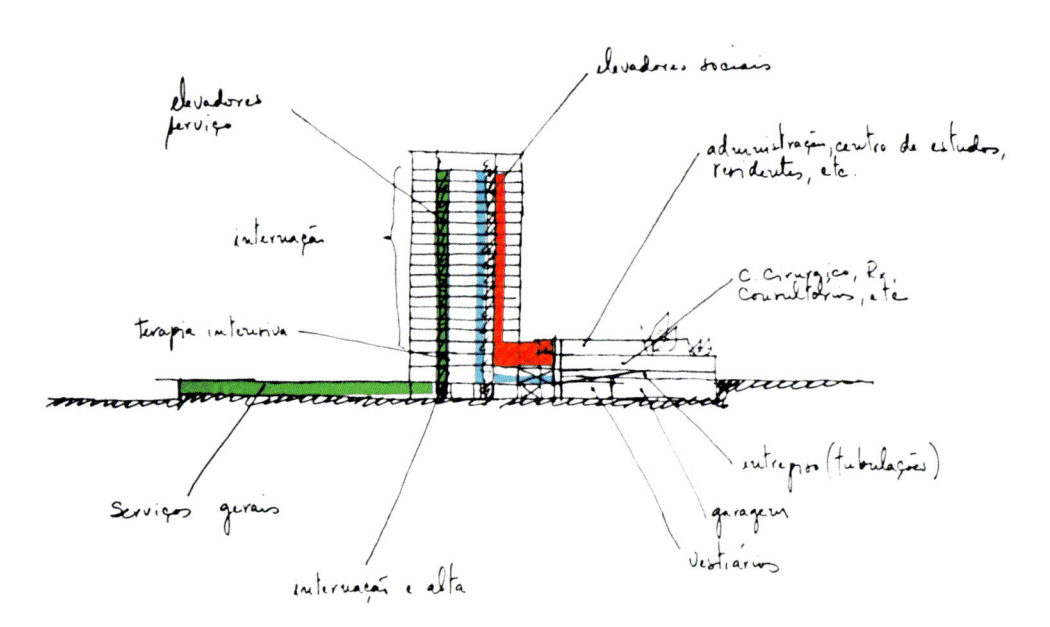

Hospital de Base, planta esquemática do pavimento tipo de internação, Brasília DF. 1. acesso de visitantes; 2. em vermelho, circulação de pessoal; 3. apartamento com acompanhantes; 4. em azul, circulação de visitantes; 5. enfermaria; 6. núcleo de apoio; 7. elevadores de serviços gerais; 8. elevadores de pessoal

No centro e embaixo, Hospital de Base, plantas esquemáticas do nível térreo (diagnóstico e tratamento) e do nível 2 (administração, centro de estudos), Brasília DF

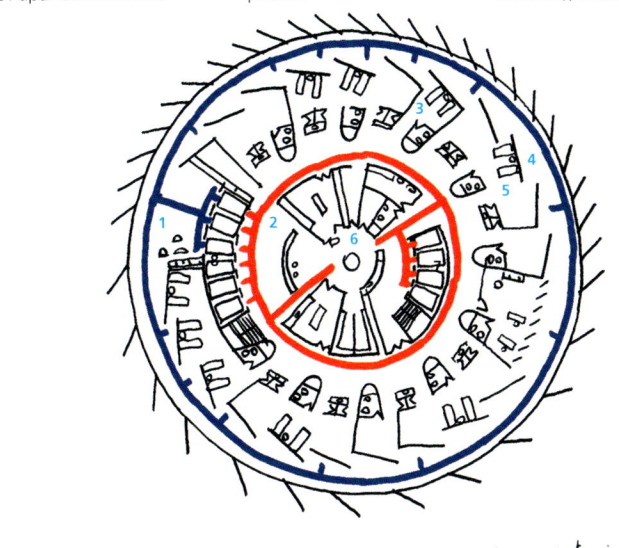

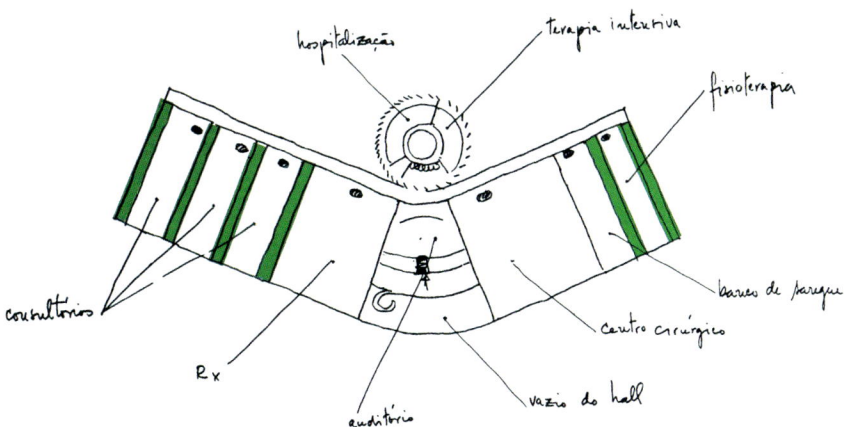

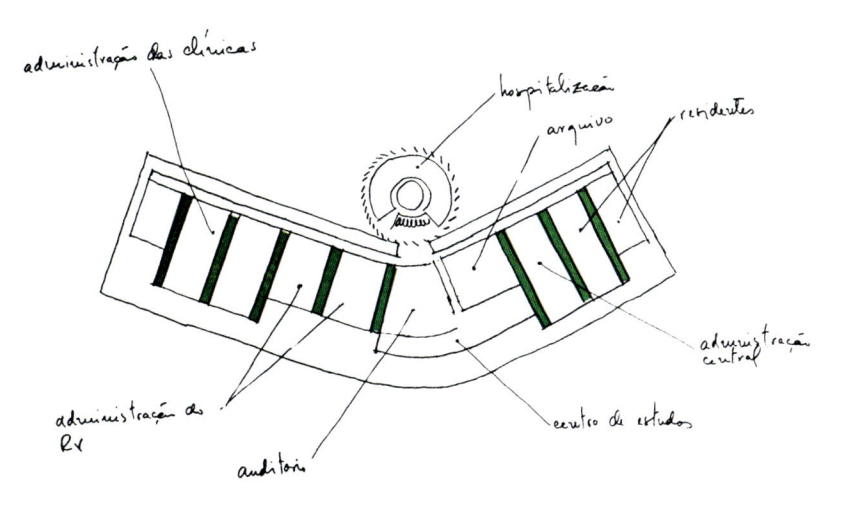

Hospital do Aparelho Locomotor de Brasília

Unidades complementares Nos grandes centros urbanos é possível e até recomendável, por questões econômicas ou para garantir maior qualidade de serviços, que setores de apoio ou de complementação às atividades hospitalares sejam centralizados em unidades autônomas de alta produtividade. Em Copenhagen, por exemplo, na década de 1970 – período em que a organização hospitalar da Dinamarca era referência mundial –, existia uma lavanderia central que atendia à demanda de diversos hospitais de mais de um sistema existente na cidade. No plano de Brasília, foram previstas unidades específicas para a realização de exames laboratoriais, atendimento a prematuros, cirurgia experimental, reabilitação, almoxarifado central etc. As crescentes facilidades que vêm sendo implementadas no campo da comunicação tornam também possível a criação de centros de excelência em áreas especializadas,

Hospital do Aparelho Locomotor, vista aérea do auditório entre o hospital e o bloco de ensino, Brasília DF

integrados a um ou mais sistemas. É o caso, por exemplo, da Rede Sarah de Hospitais, especializados na área do aparelho locomotor, que atua em diversas cidades do país, mantendo como referência o hospital de Brasília.

Pequenas unidades para tratamento especializado atuando isoladamente devem ser evitadas. São comuns os acidentes, inclusive fatais, em pequenos hospitais desse tipo, quando ocorrem complicações clínicas ou situações de emergência para cujo enfrentamento eles, via de regra, não dispõe nem de

Abaixo, Hospital do Aparelho Locomotor, vista aérea do conjunto, Brasília DF

À direita, cama-maca desenvolvida pelo designer Alex Chacon

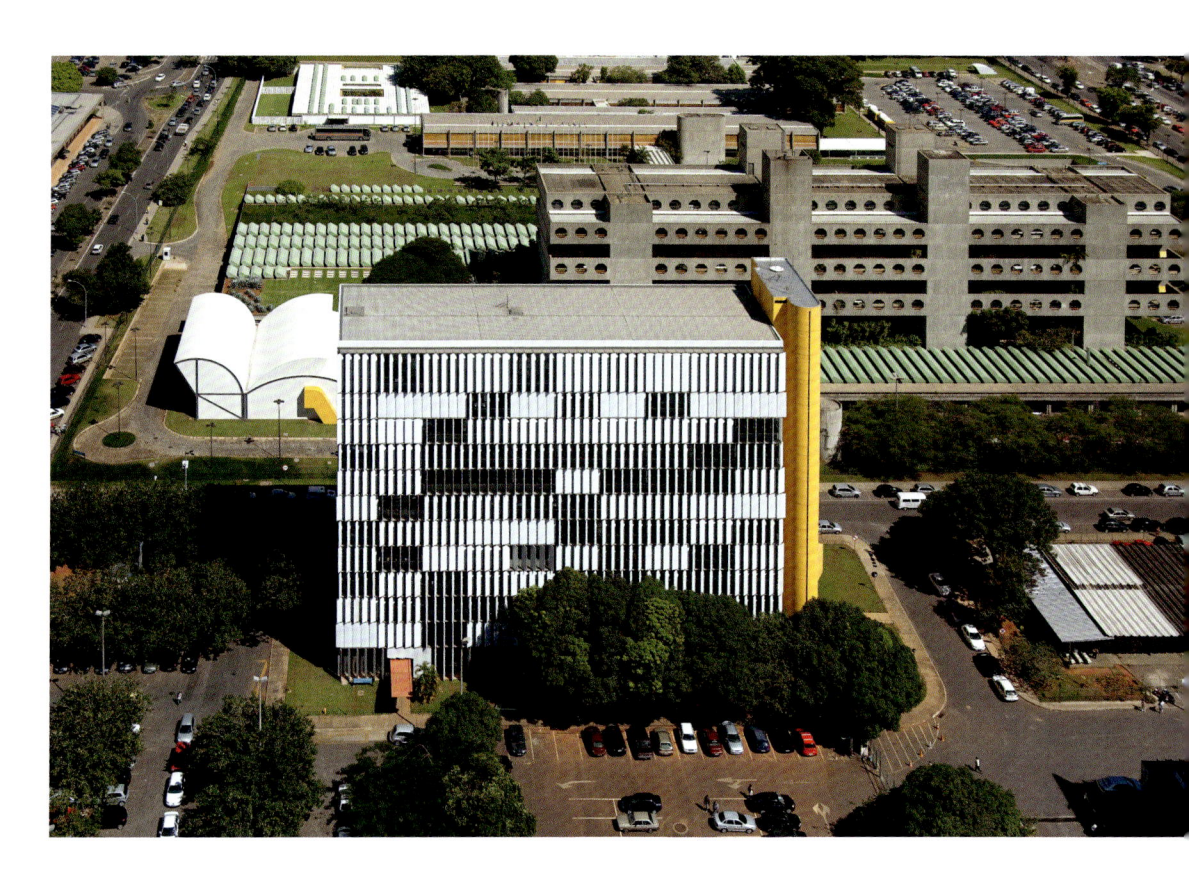

equipamentos, nem de técnicos qualificados.

Por causa do insucesso gerencial do hospital de Taguatinga e da paralisação do projeto do Hospital de Base, os novos conceitos propostos para aquelas unidades só puderam efetivamente ser retomados e desenvolvidos a partir de 1976, com o projeto do Hospital do Aparelho Locomotor em Brasília. Nessa ocasião, eu, o médico Aloysio Campos da Paz Júnior – então diretor do Centro de Reabilitação Sarah Kubitschek em Brasília – e o economista Eduardo de Mello Kertész – então diretor do Instituto de Pesquisa Econômica Aplicada (Ipea), fundação pública subordinada ao Ministério do Planejamento, Orçamento e Gestão –, elaboramos um plano para a criação de um subsistema de saúde de abrangência nacional na área do aparelho locomotor.

O centro de referência desse subsistema seria um hospital em Brasília, a ser construído em terreno selecionado pertencente à Fundação das Pioneiras Sociais e localizado no Setor Hospitalar Sul, entre o atual Hospital de Base e o Centro de Reabilitação Sarah Kubitchek, projetado pelo arquiteto Glauco Campello e inaugurado em 1960. O treinamento do pessoal que ocuparia esse hospital seria realizado durante a sua construção no próprio centro de reabilitação que, nessa época, já havia se transformado em pequeno hospital ortopédico dotado de centro cirúrgico, setor de imagem e laboratório.

A grande mobilidade do paciente internado – a cama-maca

A modificação principal nas técnicas de tratamento estabelecidas no anteprojeto desse hospital consistiu na grande mobilidade dos pacientes. Para isso, o conceito convencional de leito foi substituído pelo de "cama-maca", ou seja, houve a troca de um equipamento semifixo por outro de grande mobilidade. Em consequência, à medida que o paciente passava a se deslocar para todos os setores de diagnóstico e tratamento em sua própria cama, a estrutura física do hospital e as próprias técnicas médicas também mudavam radicalmente. As principais vantagens que o emprego da cama-maca ofereceria em relação à convencional seriam: aumentar a prevenção contra a infecção cruzada, uma vez que, ao ser internado, o paciente receberia uma cama-maca rigorosamente limpa e desinfetada que o acompanharia durante toda a sua permanência no hospital; facilitar a introdução de uma nova filosofia de hospitalização denominada de "cuidados progressivos", em que durante o tratamento o paciente seria deslocado gradativamente para espaços com características físicas e disponibilidades técnicas adequadas a cada estágio de evolução de seu quadro clínico; possibilitar que o paciente se deslocasse em seu próprio leito para os terraços ao ar livre, onde poderia receber sistematicamente banhos de sol; e eliminar as transferências leito-maca ou vice-versa, quase sempre dolorosas ou desconfortáveis para pacientes imobilizados.

A modificação conceitual de tratamento determinou a criação não só da cama-maca, mas também de diversos equipamentos não disponíveis na indústria hospitalar. Para atender a essa demanda, foi implantado em nosso escritório um setor técnico específico que, atuando em estreita ligação com a equipe médica e paramédica dirigida por

Aloysio no Centro de Reabilitação, promovesse a revisão das técnicas médicas e sua interação com os respectivos espaços e equipamentos propostos para o hospital. Para coordenar esses trabalhos foram convocados o designer Alex Chacon e o antropólogo Roberto Pinho. Foi de Alex a engenhosa proposta básica do desenho da cama-maca, incorporando estruturalmente o quadro balcânico em arco ao próprio corpo da cama. Ao iniciar a construção do hospital, essa equipe foi transferida para o canteiro da obra, onde foi implantada uma oficina de protótipos, que passou a ser chamada Equiphos. Roberto Pinho teve uma participação fundamental não só no gerenciamento do Equiphos, mas, sobretudo, no estabelecimento dos conceitos básicos de funcionamento dessa unidade, que posteriormente foram incorporados aos novos hospitais da Rede Sarah.

A humanização dos ambientes hospitalares

O Sarah Brasília, projetado para trezentos leitos e destinado a exercer a função de centro de referência de um subsistema de saúde no campo do aparelho locomotor, está situado em uma área eminentemente urbana (Setor Hospitalar Sul) e em terreno relativamente pequeno. Assim, o partido adotado para o projeto é bastante compacto, de modo a garantir uma reserva de áreas externas no seu entorno, destinadas a eventuais acréscimos posteriores (já ocorreram vários em seus 25 anos de funcionamento).

No bloco de internação foram usadas vigas do tipo Vierendeel, dispostas em pavimentos alternados ao longo das fachadas, resultando em um conjunto de oito pavimentos. Com a altura de um pé-direito e dispostas alternadamente ao longo das duas fachadas principais do bloco de internação, as vigas limitam grandes terraços ajardinados que recebem a entrada franca do sol e se integram às enfermarias. Essas grandes vigas em concreto armado – que vencem vãos de 20 metros e balanços de 10 metros – estão

Acima, Hospital do Aparelho Locomotor, fachada lateral com terraços, Brasília DF

À direita, Hospital do Aparelho Locomotor, vigas Vierendeel, Brasília DF

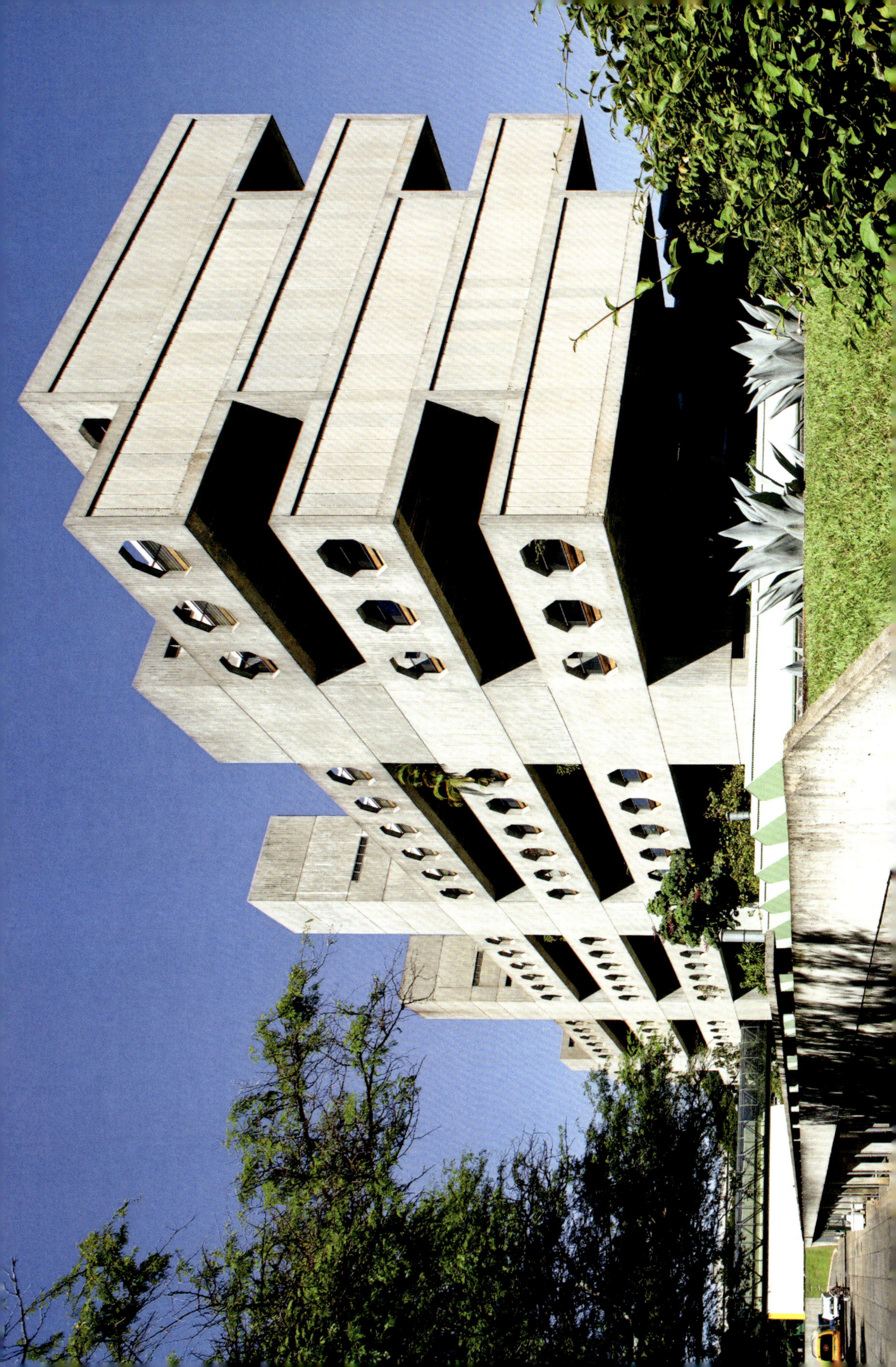

apoiadas nas paredes de concreto dos conjuntos de instalações sanitárias e nos blocos de circulação vertical com elevadores e escadas.

A integração de seus ambientes a áreas verdes e solários foi possível através da implantação de terraços ajardinados sobre as lajes dos pavimentos. Mesmo diante dessa dificuldade técnica, os jardins projetados pela arquiteta Alda Rabello Cunha, responsável pelo paisagismo do hospital, são exemplares. Concebidos como massa de vegetação, os jardins se integram de forma lógica e funcional aos diversos tipos de espaços existentes.

No caso dos terraços das enfermarias, os pacientes internados utilizam essas áreas ajardinadas ao ar livre como locais de sociabilização e solários para banhos diários de

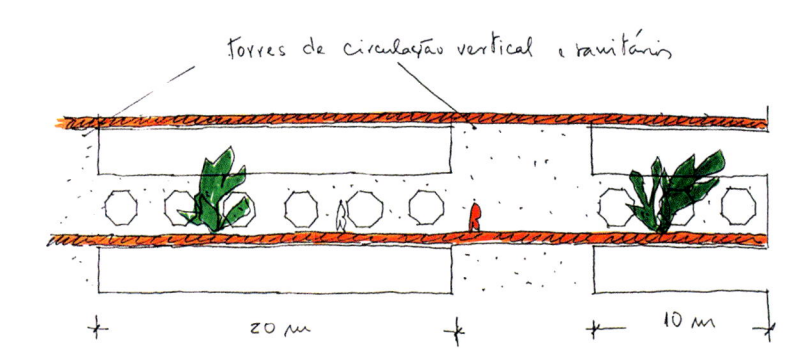

Acima, Hospital do Aparelho Locomotor, painel da recepção e corte esquemático dos terraços ajardinados, Brasília DF

À direita, Hospital do Aparelho Locomotor, terraço da enfermaria e jardim interno projetado pela arquiteta Alda Rabello Cunha, Brasília DF

sol visando à prevenção da infecção cruzada. Cumpre-se assim a função fundamental de amenizar os espaços das enfermarias, contribuindo decisivamente para o equilíbrio psicológico dos pacientes. Além disso, o deslocamento rotineiro dos pacientes para esses terraços, desocupando integralmente as enfermarias, possibilita que estas sejam limpas e desinfetadas com o rigor desejável.

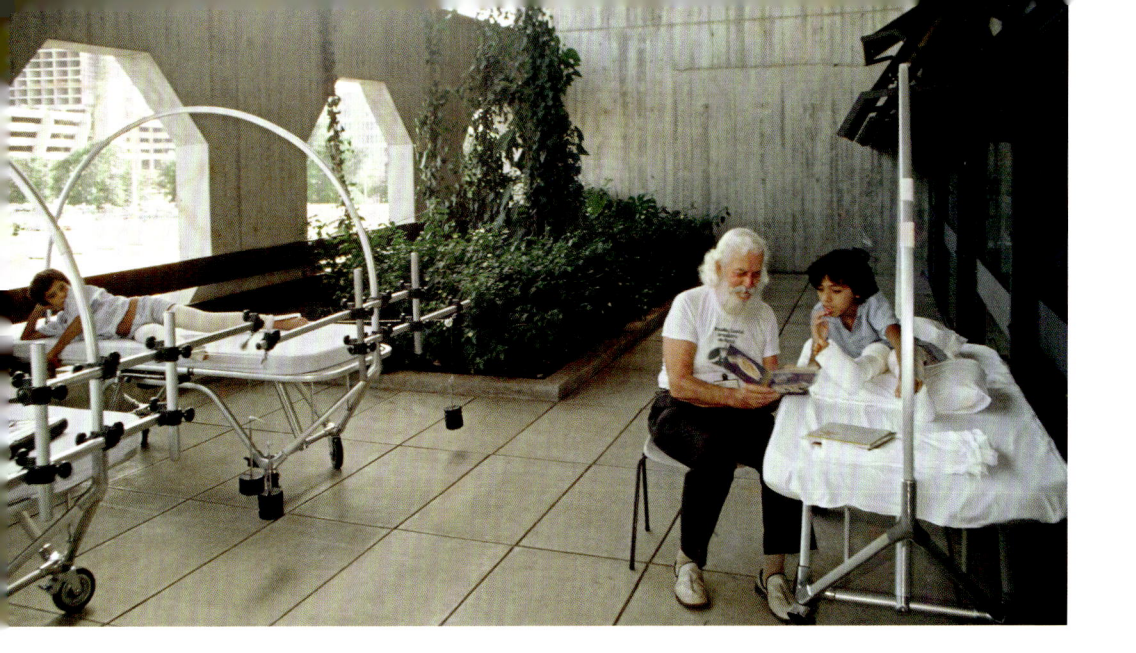

Abaixo, Athos Bulcão, Lelé e Adriana Filgueiras Lima

Hospital do Aparelho Locomotor, espera do ambulatório, com ventilação e iluminação através de sheds, Brasília DF

À direita, Hospital do Aparelho Locomotor, ambulatório e cobertura de sheds modulados dos setores de ambulatório, tratamento e de serviços gerais, Brasília DF

Também a atuação do artista plástico Athos Bulcão foi decisiva para garantir a almejada amenização dos ambientes hospitalares. Athos é, sem dúvida, o artista plástico do nosso tempo que mais integrou seu trabalho às obras de arquitetura. Interferiu em muitos ambientes desse hospital, criando soluções construtivas, quase sempre incorporadas à própria execução do edifício, como é o caso do elemento divisório em aglomerado de madeira pintada, que separa a circulação principal de acesso do hospital e a área de espera do setor de admissão e entrevistas, assim como o painel de azulejos esmaltados revestindo a parede que limita o espaço ajardinado nas esperas do setor de imagem, banco de sangue e coleta do laboratório, os relevos em madeira pintada das salas de espera dos pavimentos, o painel do hall de internação etc.

Iluminação, ventilação e sistema construtivo

O sistema de iluminação e ventilação naturais empregado nesse hospital, através de aberturas no teto (sheds) dos setores de ambulatório, embora melhor do que o adotado no hospital de Taguatinga, também não é o ideal, pois a extração do ar quente revelou-se insatisfatória, uma vez que não foram previstos pontos de insuflação na zona inferior dos ambientes, causando a baixa velocidade na circulação do ar. O uso de ventiladores para aumentá-la é desaconselhável porque provoca o turbilhonamento do ar, acarretando indesejável dispersão de partículas. A alternativa de reforçá-la através da criação de fluxos horizontais também é inconveniente, porque estabelece a conexão de ar entre ambientes diferentes e contíguos, transferindo partículas de um para o outro.

A situação é mais adequada na grande espera do ambulatório, que está integrada ao jardim iluminado e ventilado através de sheds. Do ponto de vista funcional, o sistema de ventilação e iluminação zenital permite a criação de ambientes compactos, que facilitam o desempenho das equipes médica e paramédica no atendimento em equipe adotado para os setores do ambulatório.

A estrutura foi concebida empregando componentes

Hospital do Aparelho Locomotor, planta esquemática com circulação do pavimento tipo da internação, Brasília DF. 1. enfermaria; 2. terraço-jardim; 3. apartamentos; 4. enfermaria; 5. em vermelho, circulação de pessoal; 6. em azul, circulação de visitantes

Hospital do Aparelho Locomotor, planta esquemática com circulação do último nível (residência médica), Brasília DF. 1. em azul, circulação de pacientes; 2. em vermelho, circulação de pessoal

Hospital do Aparelho Locomotor, planta esquemática de situação, Brasília DF. 1. prédio de ensino; 2. auditório 400 lugares; 3. ampliação dos laboratórios; 4. ampliação do setor de imagem; 5. escola de paralisia cerebral; 6. prédios primitivos/centro de reabilitação; 7. hospital inaugurado em 1980; 8. ampliação do refeitório de pessoal; 9. passarela de ligação do hospital com o prédio de ensino

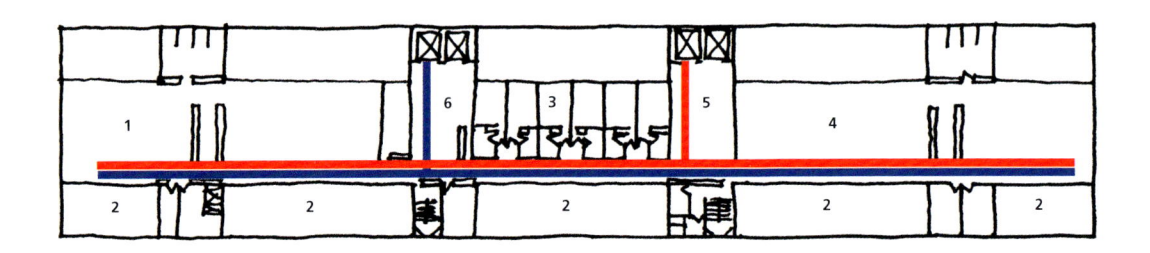

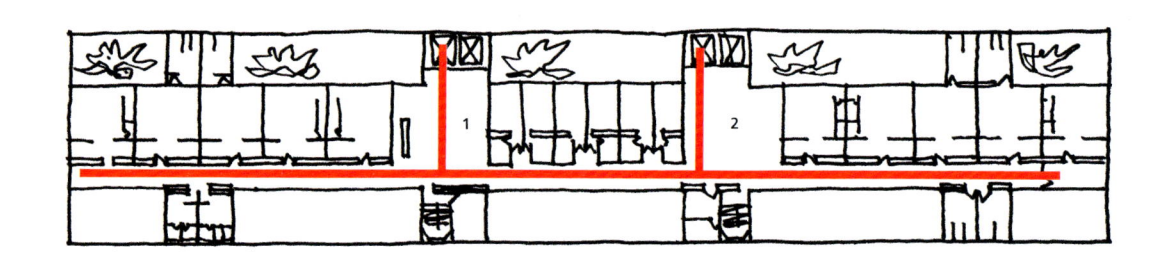

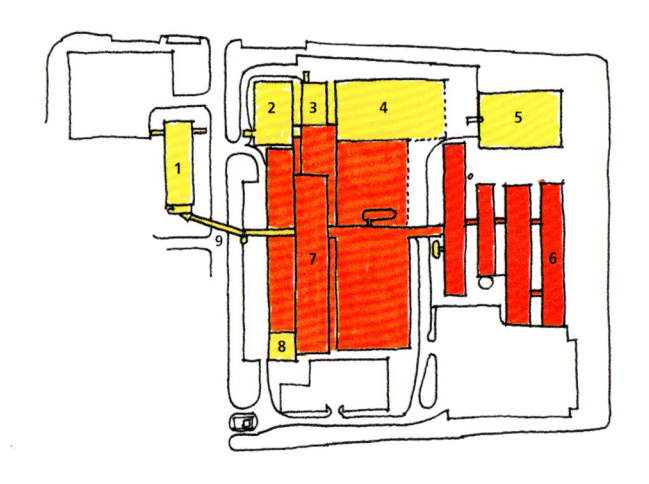

pré-fabricados de concreto armado ou de argamassa armada, padronizados dentro do módulo construtivo de 1,10m x 1,10m. As vigas Vierendeel do bloco de internação foram projetadas em pré-moldados de concreto, com 3,30 metros de largura (três módulos) pela altura total de 3,50 metros, justapostos na montagem, e interligados entre si e aos pilares (torres de circulação vertical fundidas no local) por um sistema de protensão – técnica semelhante à usada em pontes construídas em balanços sucessivos. Os principais componentes pré-fabricados projetados foram vigas-calha, vencendo vãos variáveis de 6,60m, 7,70m, 8,80m, 9,90m, 11,00m, 12,10m e 13,30m, fixadas após a montagem em vigas duplas contínuas fundidas no local; pilares simples ou duplos, engastados nos blocos de fundação ou em nichos específicos criados nas vigas duplas; módulos de sheds em argamassa armada, apoiados nas vigas-calha; módulos vazados das vigas Vierendeel, com 3,30m (largura) x

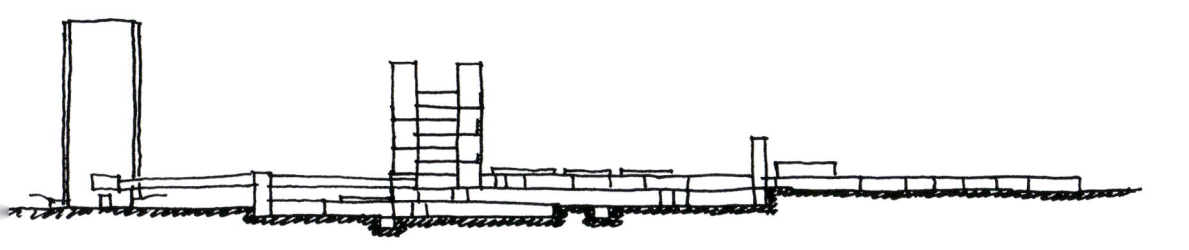

Hospital do Aparelho Locomotor, corte esquemático, execução da estrutura, peças pré-fabricadas e concretagem das vigas calhas, Brasília DF

À direita, Hospital do Aparelho Locomotor, desenho da estrutura em concreto armado, Brasília DF

Hospital do Aparelho Locomotor, jardim interno e quadros de instalações elétricas e telefônicas entre os pilares duplos, Brasília DF

3,60m (altura) x 40cm (espessura); e paredes em argamassa armada, com 1,10m ou 0,55m (largura) x 2,70m ou 3m (altura).

Infelizmente, o sistema de pré-fabricação proposto foi apenas parcialmente realizado, devido a problemas técnicos decorrentes da falta de recursos financeiros para a realização da obra em prazo curto e para aplicação em equipamentos e sistemas de produção imaginados. Embora essa proposta tenha sido abandonada no decorrer da execução da obra, todas as hipóteses estruturais estabelecidas no projeto foram mantidas. Assim, a disciplina imposta pelo projeto de pré-fabricação favoreceu a utilização de moldes metálicos, que proporcionaram também um bom acabamento às superfícies aparentes do concreto. Ou seja, embora não tenha sido utilizado todo o potencial de industrialização que o projeto oferecia, a padronização de componentes favoreceu o desenvolvimento de processos construtivos mais racionalizados e mais econômicos, que garantiram também a boa qualidade da obra dirigida pelo engenheiro Joaquim Cambraia.

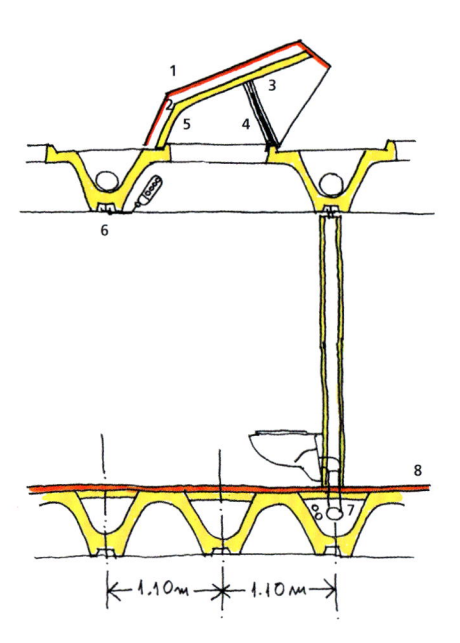

As vigas-calha foram fundidas em uma primeira fase. Após 24 horas de cura da concretagem, as superfícies eram desmoldadas, mantendo-se o molde da base apoiado em seu respectivo escoramento metálico. Assim, as formas metálicas moduladas eram imediatamente

Hospital do Aparelho Locomotor, corte esquemático da estrutura, Brasília DF. 1. em vermelho, cobertura metálica; 2. colchão de ar de isolamento térmico; 3. ventilação fixa; 4. vidro; 5. peças pré-fabricadas; 6. instalações elétricas, telefônicas e som; 7. instalações de água e esgoto; 8. em marrom, piso

reaproveitadas na concretagem subsequente. Apenas as peças da cobertura dos sheds e as paredes externas foram mantidas pré-fabricadas, conforme estabelecia o projeto original.

As instalações elétricas, telefônicas e de sonorização correm em canaletas metálicas visitáveis fixadas em nichos específicos criados na base das vigas, ou em eletrodutos alojados entre as vigas duplas. Os quadros de distribuição, localizados entre os pilares duplos, são alimentados através das galerias dos subsolos. Os quadros do bloco de internação ficam em armários metálicos localizados junto às paredes das torres da estrutura. As instalações de água, esgoto e drenagem correm horizontalmente no seio do vigamento do piso ou entre as vigas duplas, e verticalmente entre os pilares duplos. No bloco de internação, os trechos verticais estão contidos em armários metálicos localizados junto às paredes das torres da estrutura, ao lado das instalações elétricas.

As divisórias removíveis foram executadas em painéis duplos de aglomerado com 2,10m, 2,70m ou 3,00m de altura, revestidos externamente em fórmica branca e fixados em montantes tubulares metálicos. As superfícies de contato entre os montantes e os painéis são isoladas por lâminas de borracha para melhorar o isolamento acústico. As instalações elétricas ou telefônicas descem das canaletas das vigas no interior dos montantes metálicos, onde são localizados interruptores e as tomadas. Estas últimas também podem ser dispostas ao longo dos rodapés.

Expansão

O Sarah Brasília, durante cerca de trinta anos de funcionamento, tornou-se o laboratório para aprimoramento de técnicas de tratamento em sua área específica. A flexibilidade e extensibilidade do projeto têm sido usadas de forma lógica e inteligente. Assim, a incorporação de novas técnicas e as consequentes modificações na organização dos espaços físicos do hospital vêm sendo realizadas de modo a preservar a integridade da concepção básica do projeto original.

As intervenções mais significativas ocorridas durante esse período tiveram como objetivo a criação de espaços destinados ao treinamento

Hospital do Aparelho Locomotor, maquete, Brasília DF

Arquiteto Rubens de Lara Arruda, responsável pela implantação do hospital e o acompanhamento de instalação e ajuste de cada um dos setores durante cerca de quinze anos, e Lelé

de pessoal médico e paramédico para ocupar as novas unidades hospitalares da Rede Sarah que vêm sendo implantadas. O arquiteto Rubens de Lara Arruda, responsável pela implantação do hospital, acompanhou cuidadosamente a instalação e o ajuste de cada um dos setores durante cerca de quinze anos.

Assim, o antigo prédio de escritórios pertencente à Associação das Pioneiras Sociais, situado do outro lado da via de acesso ao hospital, foi totalmente reformado e nele foram instaladas gráfica, biblioteca e dependências para ensino. Uma passarela metálica, revestida de policarbonato transparente, foi montada sobre a via que separa os dois edifícios, criando a indispensável ligação entre os setores de ensino e os do hospital. O apoio intermediário da passarela, localizado no pátio de serviço, é constituído de uma torre de concreto abrigando uma escada circular.

Também foi construído um novo auditório, com palco e facilidades

Passarela de ligação entre o Hospital do Aparelho Locomotor e prédio de ensino e treinamento, Brasília DF

para a participação nos eventos de pacientes em camas-maca ou em cadeiras de rodas. O novo auditório, inaugurado em março de 1998, foi implantado junto à via que separa o bloco de ensino do conjunto de prédios do hospital e está ligado a este último na cota -3,75m – correspondente a laboratórios, setor de imagem, centro cirúrgico, arquivo nosológico etc.; e na cota -7,50m, correspondente aos serviços gerais. Com capacidade para trezentos lugares na parte central da plateia e duas amplas áreas laterais destinadas a cerca de oitenta pacientes em cadeiras de rodas ou em camas-maca, o auditório conta com palco polivalente, preparado para abrigar conferências, espetáculos musicais

Hospital do Aparelho Locomotor, vistas aérea e interna do auditório, Brasília DF

Hospital do Aparelho Locomotor, foyer e corte esquemático do auditório, Brasília DF

ou teatrais, eventualmente envolvendo os próprios pacientes. O foyer do auditório, conectado ao nível técnico do hospital, destina-se também a exposições relacionadas com os eventos científicos e culturais promovidos pela Associação das Pioneiras Sociais.

Os outros setores que mais se expandiram foram o de imagem (que já sofreu três acréscimos), os laboratórios e a escola de paralisia cerebral. Um bloco vertical, projetado inicialmente para escritórios e consultórios, foi totalmente reformado e adaptado para atender a novas funções na área do ensino e treinamento de pessoal. Hoje, o conjunto hospitalar do Sarah Brasília tem cerca de 60.000m² de área construída, dos quais cerca de 10.000m² são destinados ao treinamento e ensino.

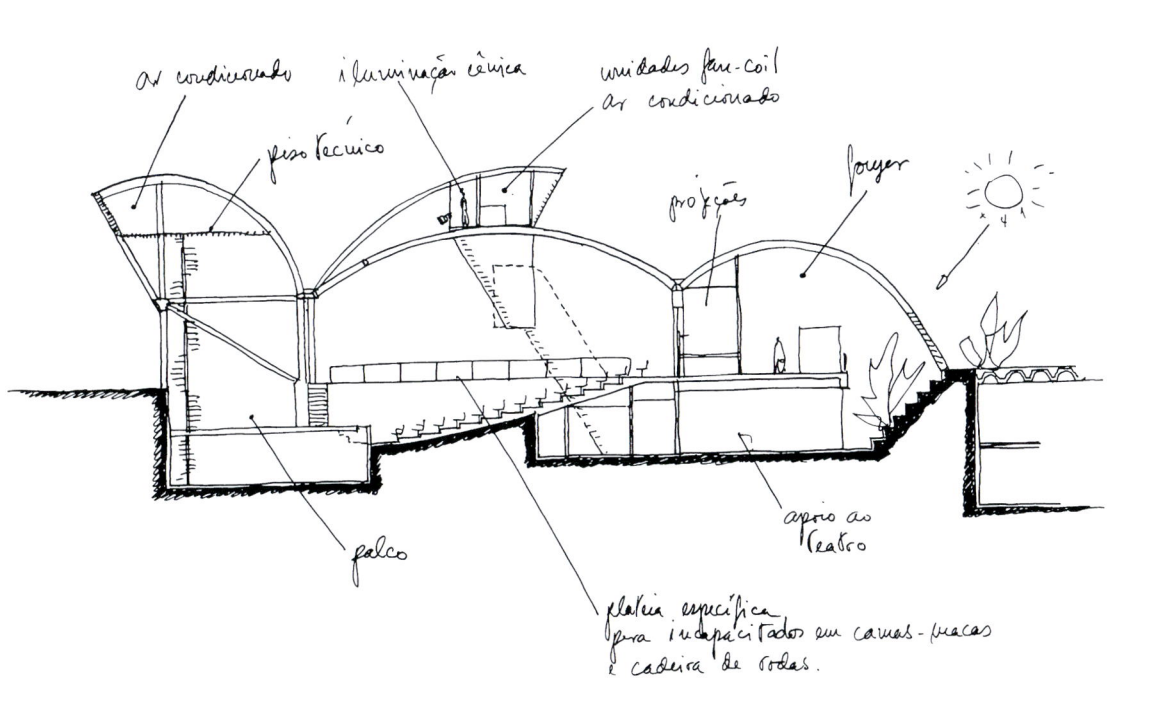

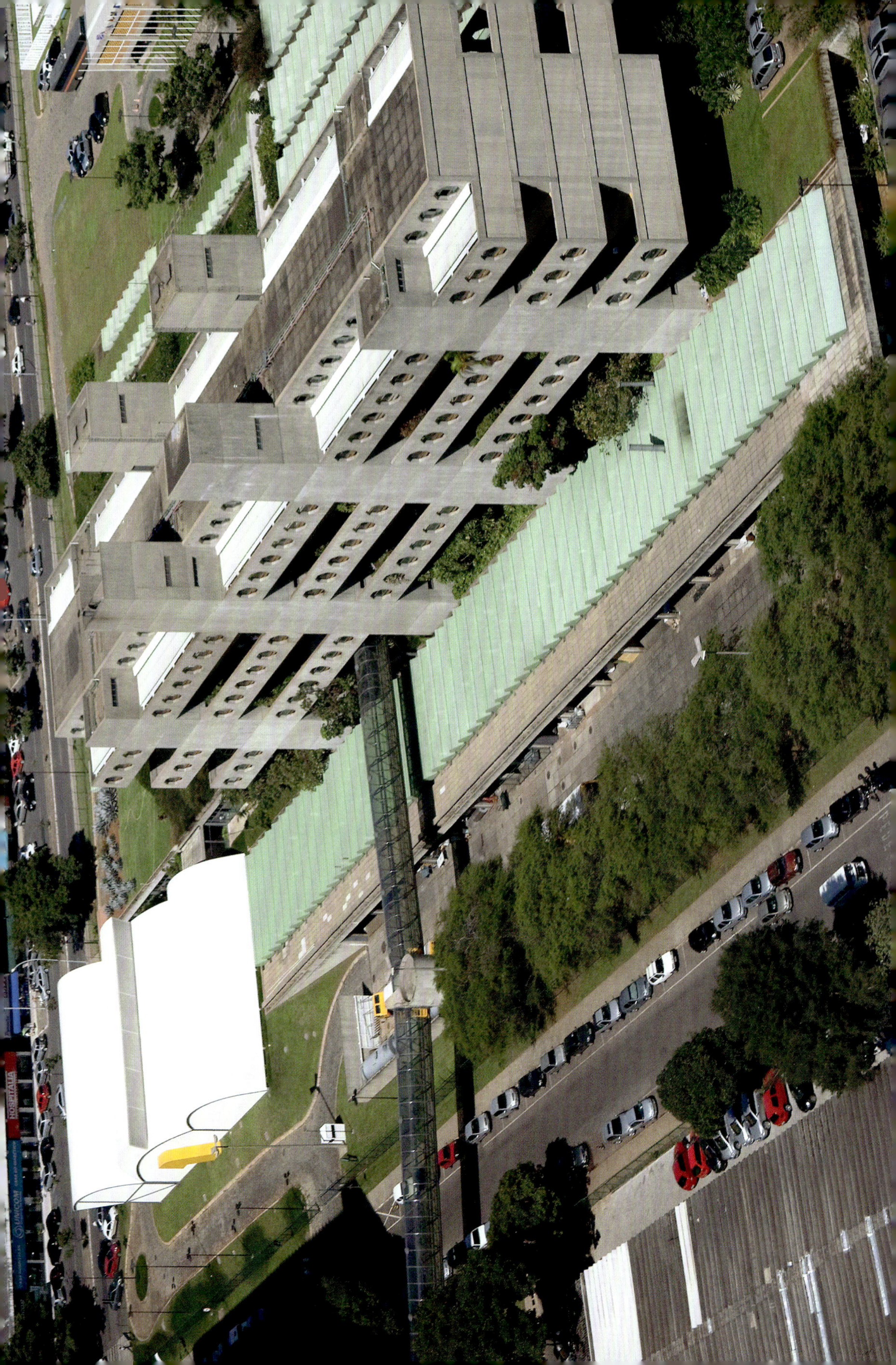

À esquerda, vista aérea da passarela de ligação entre o Hospital do Aparelho Locomotor e prédio de ensino e treinamento, Brasília DF

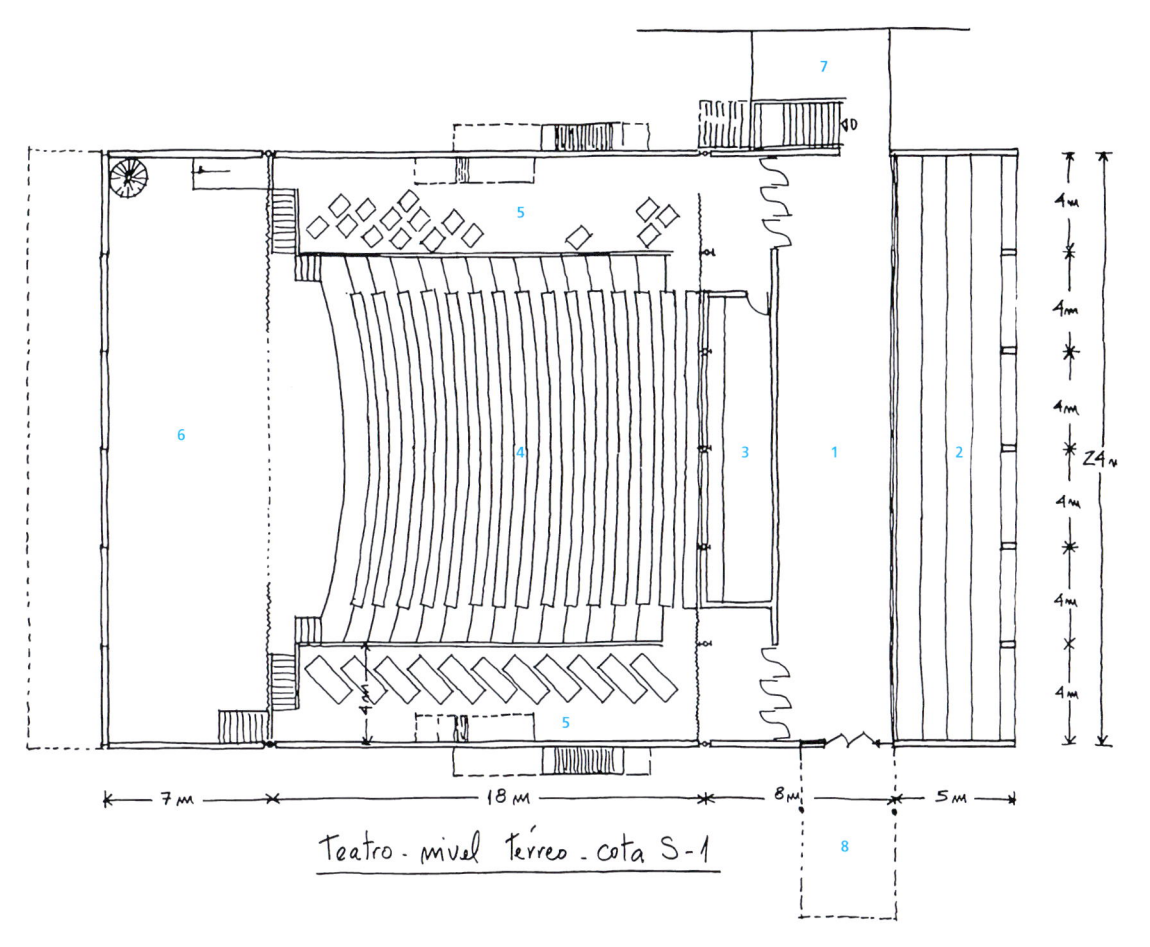

No alto, Hospital do Aparelho Locomotor, acesso independente do auditório, Brasília DF

Hospital do Aparelho Locomotor, planta do nível -3,75 do auditório, Brasília DF. 1. foyer; 2. jardim; 3. cabine de projeções; 4. plateia; 5. plateia para camas-maca e cadeiras de rodas; 6. palco; 7. ligação com o hospital

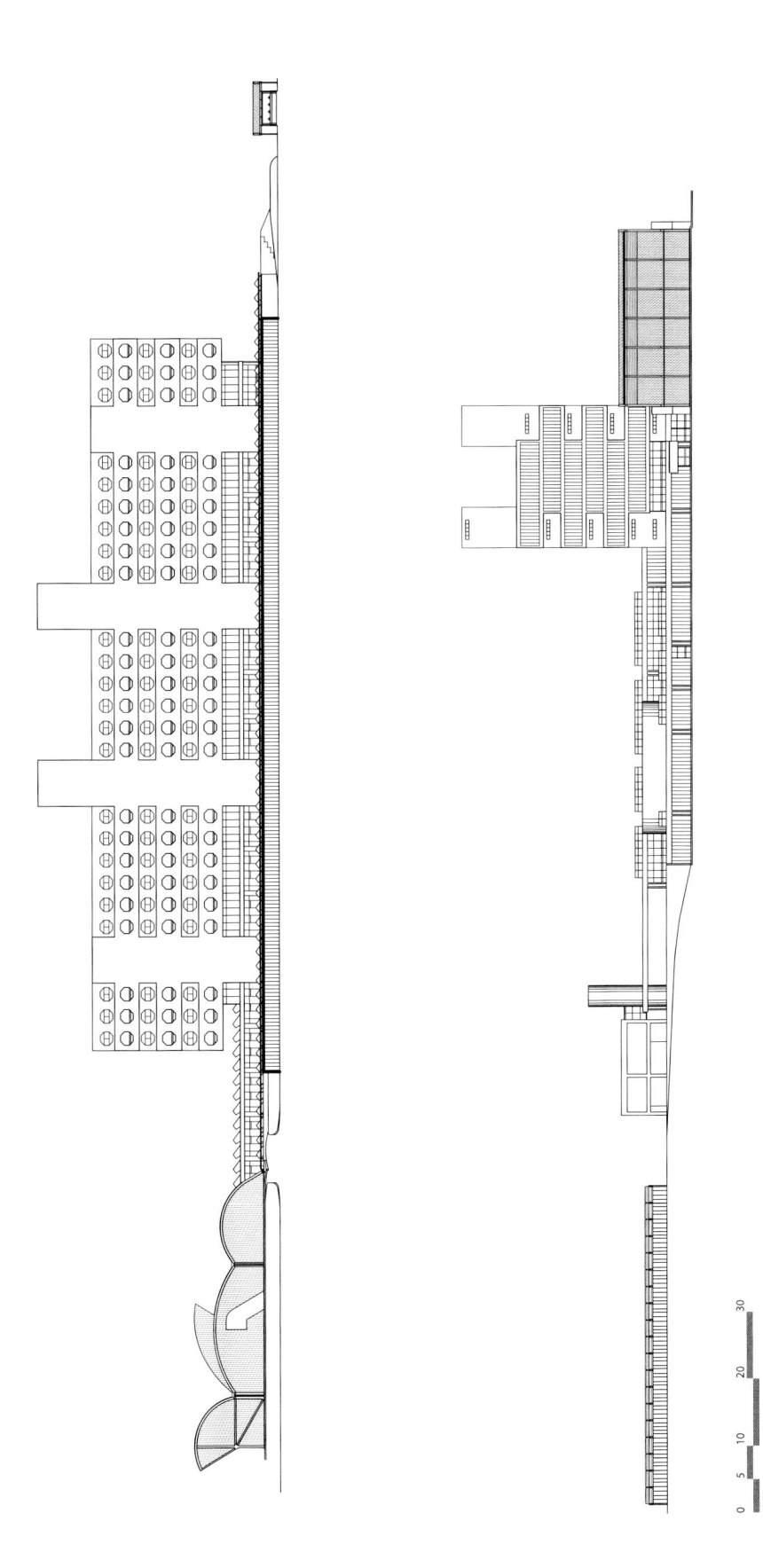

Hospital do Aparelho
Locomotor, elevações sudeste
e sudoeste, Brasília DF

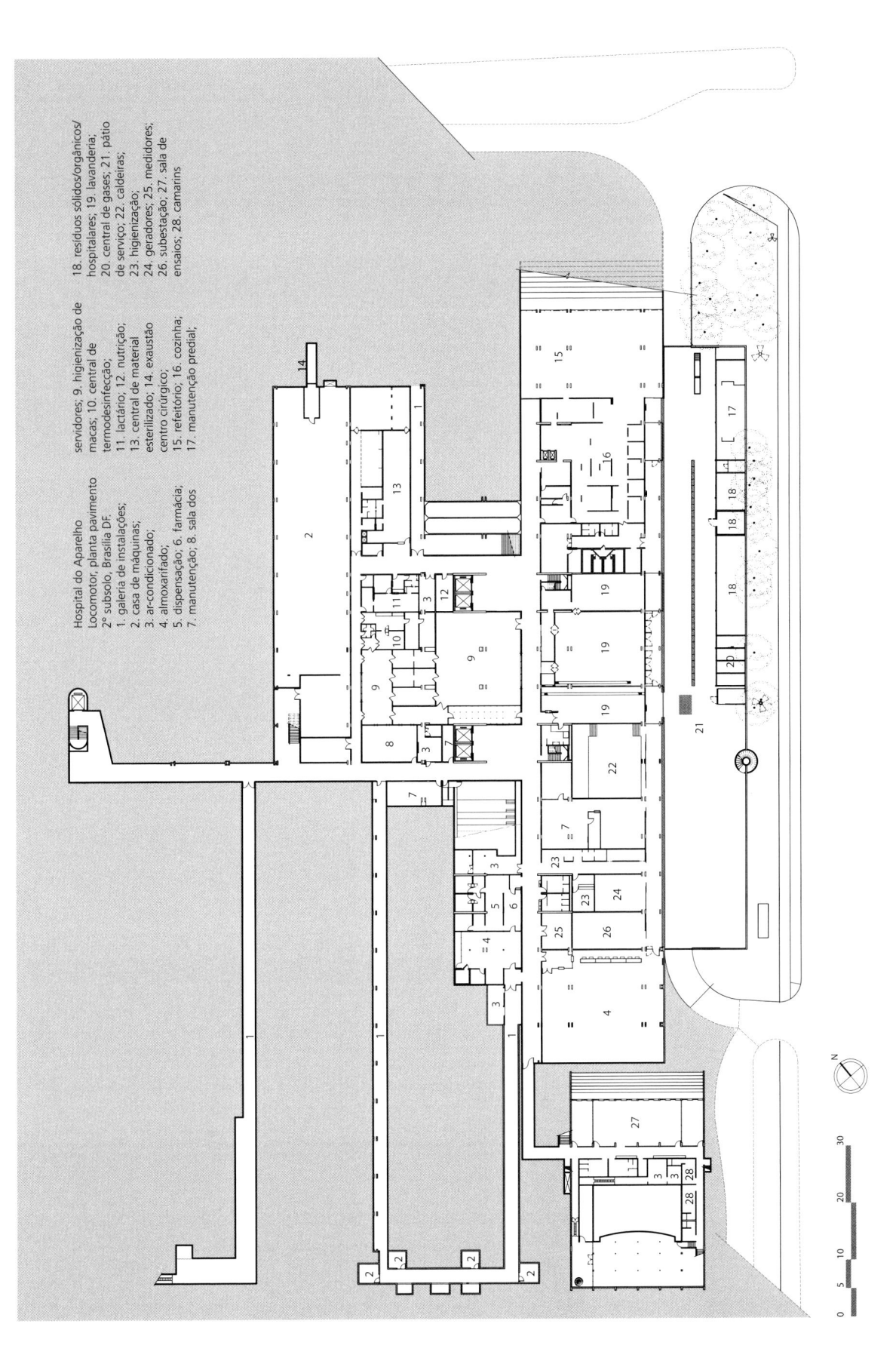

Hospital do Aparelho Locomotor, planta pavimento 2º subsolo, Brasília DF.
1. galeria de instalações; 2. casa de máquinas; 3. ar-condicionado; 4. almoxarifado; 5. dispensação; 6. farmácia; 7. manutenção; 8. sala dos servidores; 9. higienização de macas; 10. central de termodesinfecção; 11. lactário; 12. nutrição; 13. central de material esterilizado; 14. exaustão centro cirúrgico; 15. refeitório; 16. cozinha; 17. manutenção predial; 18. resíduos sólidos/orgânicos/hospitalares; 19. lavanderia; 20. central de gases; 21. pátio de serviço; 22. caldeiras; 23. higienização; 24. geradores; 25. medidores; 26. subestação; 27. sala de ensaios; 28. camarins

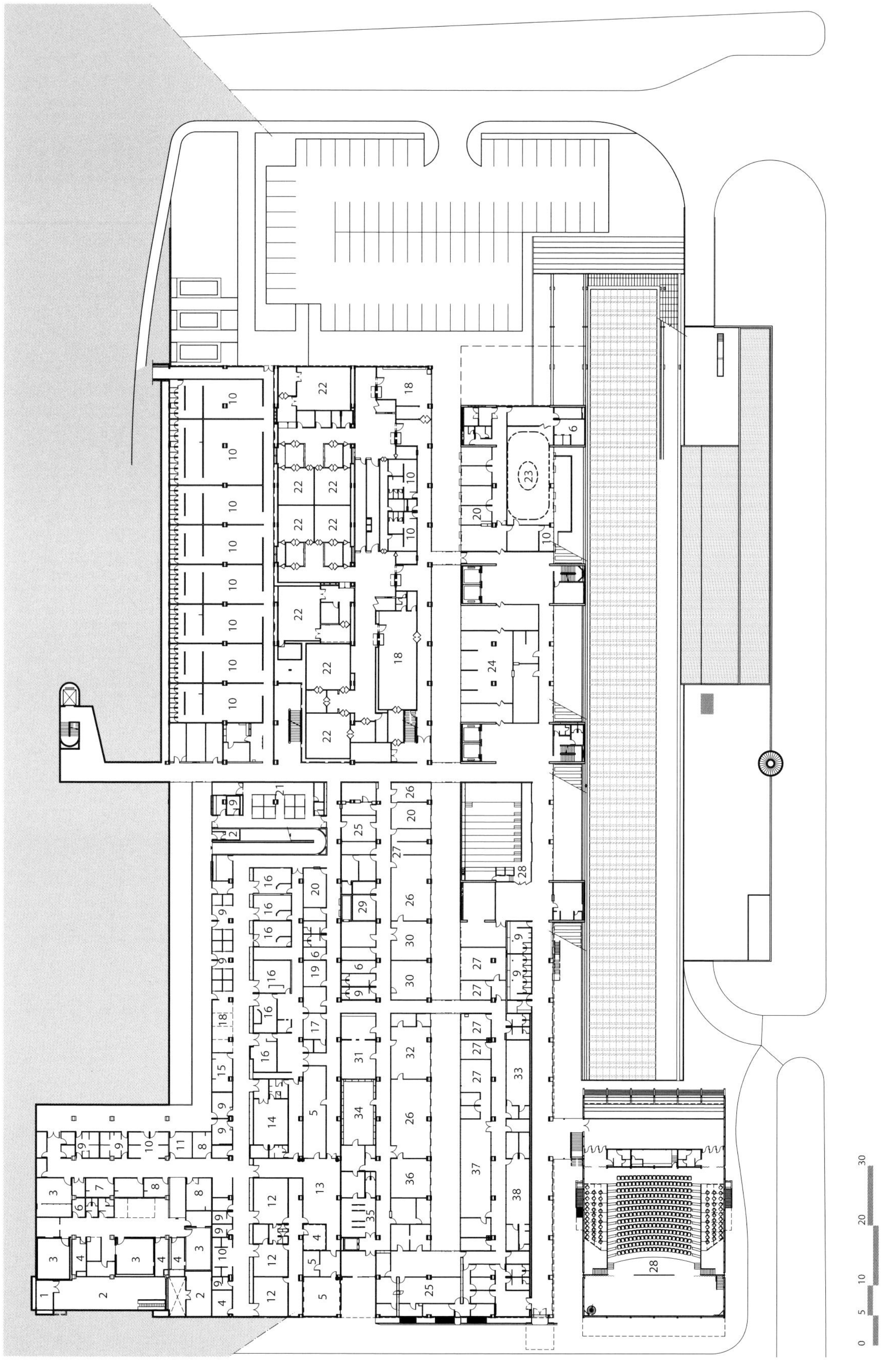
0 5 10 20 30

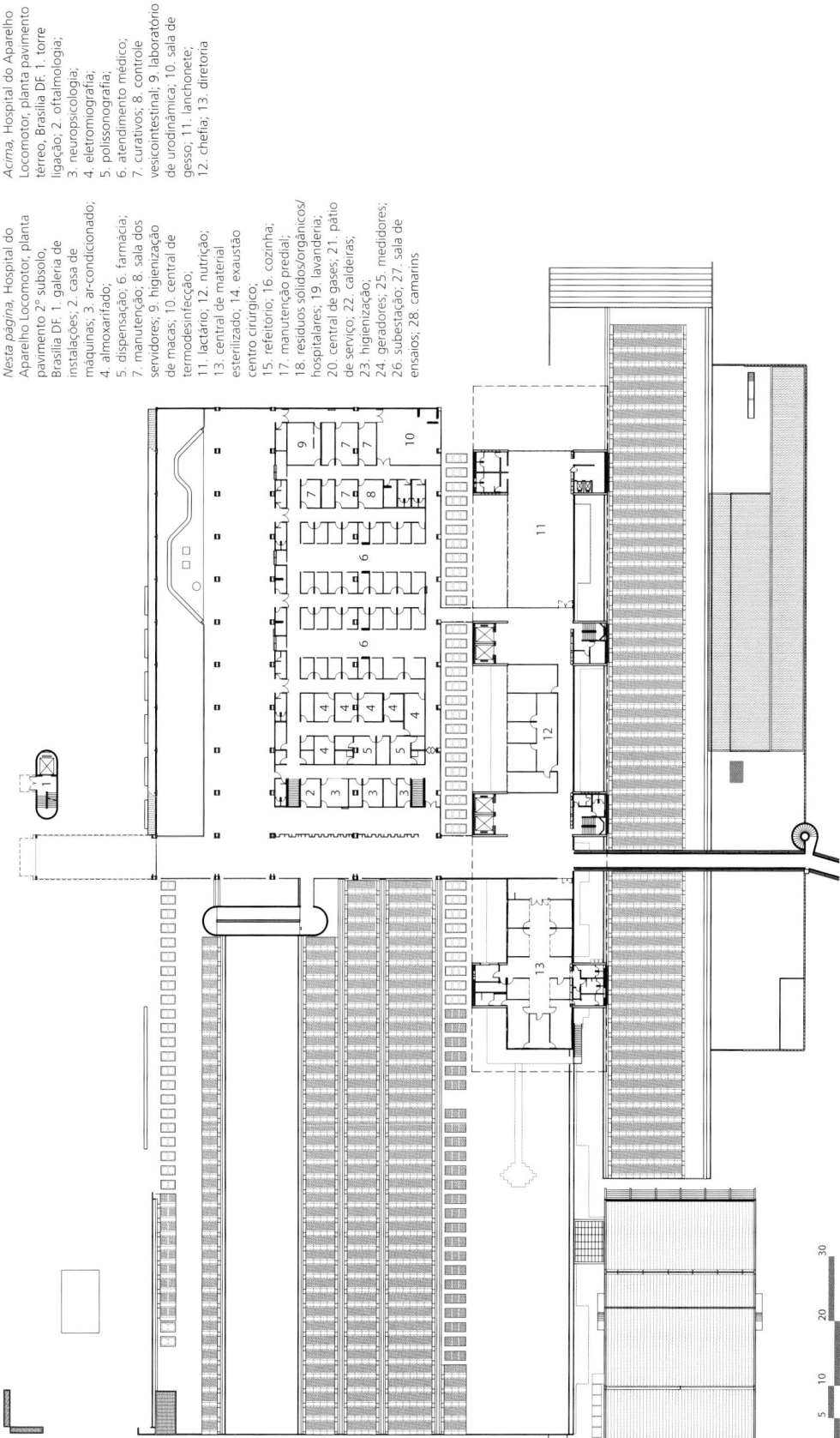

Nesta página, Hospital do Aparelho Locomotor, planta pavimento 2º subsolo, Brasília DF. 1. galeria de instalações; 2. casa de máquinas; 3. ar-condicionado; 4. almoxarifado; 5. dispensação; 6. farmácia; 7. manutenção; 8. sala dos servidores; 9. higienização de macas; 10. central de termodesinfecção; 11. lactário; 12. nutrição; 13. central de material esterilizado; 14. exaustão centro cirúrgico; 15. refeitório; 16. cozinha; 17. manutenção predial; 18. resíduos sólidos/orgânicos/hospitalares; 19. lavanderia; 20. central de gases; 21. pátio de serviço; 22. caldeiras; 23. higienização; 24. geradores; 25. medidores; 26. subestação; 27. sala de ensaios; 28. camarins

Acima, Hospital do Aparelho Locomotor, planta pavimento térreo, Brasília DF. 1. torre ligação; 2. oftalmologia; 3. neuropsicologia; 4. eletromiografia; 5. polissonografia; 6. atendimento médico; 7. curativos; 8. controle vesicointestinal; 9. laboratório de urodinâmica; 10. sala de gesso; 11. lanchonete; 12. chefia; 13. diretoria

Hospital do Aparelho Locomotor de Salvador

Os primeiros projetos concebidos como hospitais satélites da Rede Sarah foram os das cidades de São Luís e de Salvador. Os projetos das duas unidades foram elaborados simultaneamente empregando-se em ambos a tecnologia de pré-fabricação e argamassa armada desenvolvida na Fábrica de Equipamentos Comunitários (Faec) de Salvador. As grandes áreas de terreno destinadas à construção desses dois hospitais permitiram que, em ambos, fosse adotada uma implantação tipicamente horizontal, em apenas dois níveis: o inferior, para os setores de serviços gerais, de apoio técnico e logístico; e o superior, para o restante do programa. Dessa forma, foi possível integrar todas as áreas de tratamento e de internação a amplos jardins de ambientação.

Sistemas de ventilação e de construção industrializada dos hospitais da Rede Sarah do Nordeste

A ventilação natural na direção piso-teto, desenvolvida para esses dois hospitais e posteriormente aperfeiçoada para as demais unidades da rede localizadas no Nordeste, é bem mais eficiente do que a adotada no Sarah Brasília. Além de proporcionar mais conforto, reduz a dispersão de partículas nos ambientes. A proposta resulta basicamente do aproveitamento das galerias de tubulações localizadas nos subsolos para insuflamento de ar nos ambientes. O deslocamento do ar nas galerias é provocado pelo próprio vento ou por ventiladores localizados em suas respectivas aberturas para o exterior. A pulverização de água, prevista na entrada de cada galeria, além de funcionar como filtro para captação de partículas em suspensão, proporciona também,

Hospital do Aparelho Locomotor, maquete do projeto inicial, componentes pré-fabricados em argamassa armada construídos pelo Faec para o projeto inicial e galeria de tubulação, Salvador BA

pelo efeito da evaporação, um rebaixamento de temperatura em cerca de dois graus centígrados. O ar é introduzido nos ambientes a 60 centímetros do nível do piso, através de pequenos dutos contidos nas paredes. À medida que o ar aquece e sobe por convecção, é devolvido ao exterior pelo sistema de ventilação zenital. As aberturas dos sheds foram voltadas intencionalmente para a direção dos ventos dominantes e a seu favor. O efeito de sucção produzido dessa forma também ajuda na extração do ar dos ambientes.

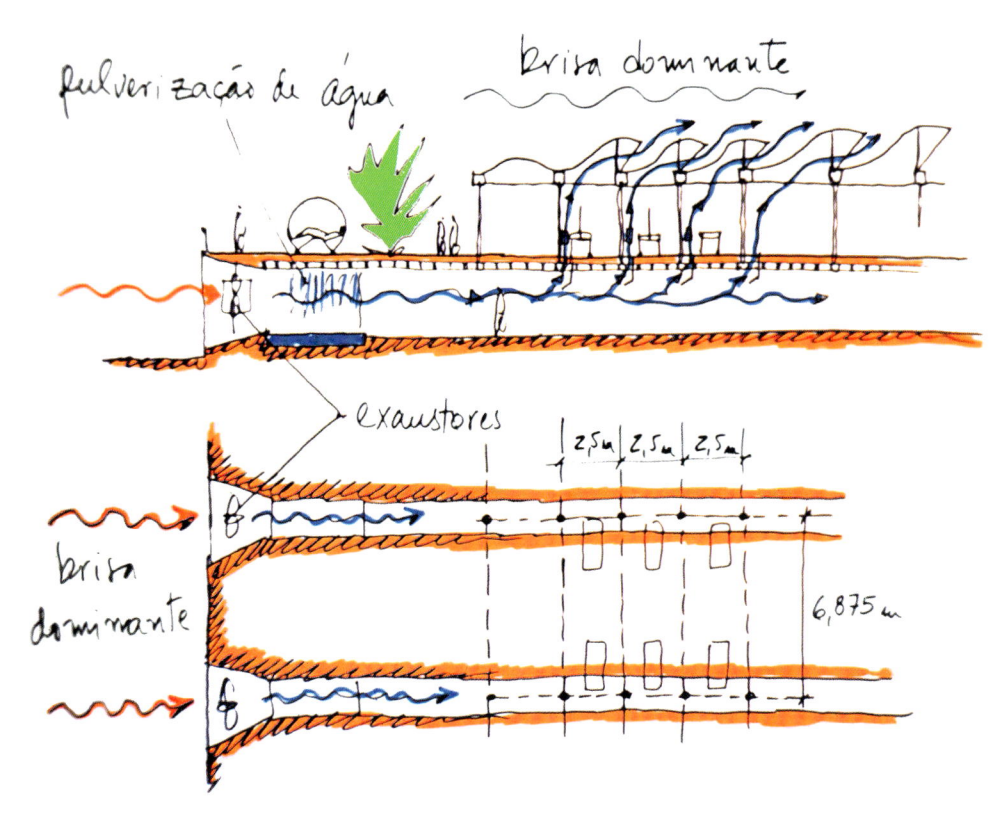

Sistema de construção industrializada em argamassa armada

Os projetos dos dois hospitais satélites – São Luís e Salvador – foram elaborados aproveitando o potencial de industrialização em argamassa armada desenvolvido na unidade para construções de interesse social, denominada Faec, montada pela Prefeitura de Salvador. Na época, foram desenhados e prototipados cerca de duzentos componentes, que seriam empregados na construção dos dois hospitais. Infelizmente,

Acima, Hospital do Aparelho Locomotor, corte e planta esquemáticos do sistema de ventilação, Salvador BA

À direita, Hospital satélite de São Luís, divisória em aglomerado pintado projetada por Athos Bulcão, São Luís MA

com o desmantelamento dessa fábrica por razões de ordem política, a construção do hospital de Salvador foi paralisada. Quando isso ocorreu, já havia sido executada parte do movimento de terra e uma quantidade significativa de componentes de argamassa armada destinados às galerias de tubulações.

A obra de São Luís, que não havia sido iniciada na época do encerramento das atividades da Faec, foi executada com projeto em pré-moldados de concreto, desenvolvido por um arquiteto de nossa equipe, Ricardo Perez. As modificações no processo construtivo, as interferências políticas durante a construção e, sobretudo, as dificuldades criadas pelo Governo do Estado do Maranhão para que o arquiteto acompanhasse a execução da obra, determinaram uma inevitável descaracterização do projeto, prejudicando o próprio funcionamento de alguns setores do hospital.

Em 1993, após a realização de um programa amplo de reformas realizado pelo Centro de Tecnologia da Rede Sarah, o hospital de São Luís foi integrado ao subsistema de saúde da Associação das Pioneiras Sociais. Além da execução de correções e

A retomada da obra do Sarah Salvador

A obra do hospital de Salvador foi retomada em 1992. Os componentes de argamassa armada que haviam sido produzidos para as galerias foram aproveitados, mas a superestrutura foi reprojetada em aço. O desenvolvimento do projeto foi coordenado pelo arquiteto Haroldo Pinheiro, que havia atuado no desenvolvimento do projeto Sarah Brasília e, a partir daí, acumulado grande experiência em planejamento hospitalar.

complementações na construção, a unidade recebeu uma intervenção do artista plástico Athos Bulcão: uma divisória em aglomerado pintado, que separa a sala de estar da circulação principal do edifício.

A Escola de Paralisia Cerebral passou por profunda reforma: aumento do pé-direito da marquise, de modo a possibilitar o acesso das ambulâncias e ônibus utilizados para o transporte de pacientes na Rede Sarah de São Luís; obras de urbanização no playground; e complementação do paisagismo, coordenada pela arquiteta Beatriz Secco.

À esquerda, Hospital satélite de São Luís, vista frontal e playground da escola de paralisia cerebral, São Luís MA

No centro, Hospital do Aparelho Locomotor, vista aérea da construção, Salvador BA

À direita, Hospital do Aparelho Locomotor, vista aérea, Salvador BA

A construção do hospital foi coordenada por uma comissão de obras composta por José Eduardo Mendonça, arquiteto responsável pela obra, Dulce Tourinho de Seixas, responsável pelo setor de suprimentos e concorrências, e Francisco Alves Nascimento, gerente administrativo da obra.

À esquerda, José Eduardo Mendonça, arquiteto responsável pela obra, Lelé e Dulce Tourinho de Seixas, responsável pelo setor de licitações e compras

No alto, Lelé e o arquiteto Haroldo Pinheiro, coordenador do novo desenvolvimento do projeto do hospital

Acima, Lelé e Francisco Alves Nascimento, gerente administrativo da obra

Hospital do Aparelho Locomotor, corte esquemático, Salvador BA. 1. nível 29 – almoxarifado; 2. nível 32 – pátio de serviço; 3. nível 33 – serviços gerais; 4. nível 34 – estacionamento de visitantes; 5. nível 37 – tratamento, ambulatório, internação etc.

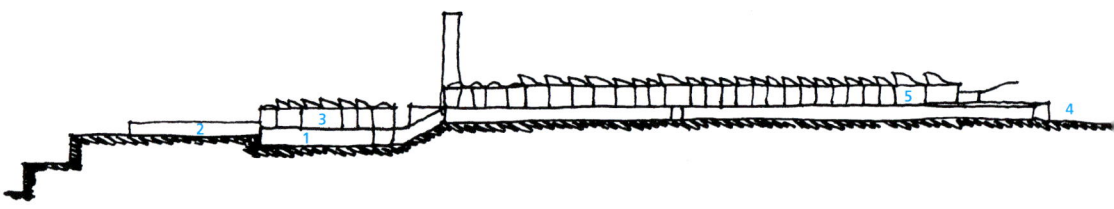

Partido arquitetônico

O conjunto de edifícios foi localizado no alto de uma colina de onde se descortina uma vista magnífica de 360 graus. O terreno foi moldado em várias plataformas, cada uma com destinação específica. A plataforma superior, na cota 37m, foi destinada para setores de ambulatório, tratamentos, diagnóstico, internação em geral, vestiários, centro cirúrgico, estacionamentos para pessoal e, em prédio independente, escola de paralisia cerebral; a plataforma inferior, na cota 33m, era reservada para os serviços gerais de apoio técnico e logístico. Na cota 32m, a plataforma funciona como pátio de serviço; na cota 34m, estacionamento de visitantes; e na cota 29m (em subsolo) fica o almoxarifado.

Modelação do terreno

O relevo da região do Recôncavo Baiano caracteriza-se por uma sucessão de vales e cumeadas com encostas abruptas e desníveis em torno de 30 metros. Desde os primórdios da construção da cidade de Salvador, os edifícios são implantados de preferência nas áreas de cumeada, de onde se usufrui a vista e a brisa refrescante que sopra do mar. A forte inclinação das encostas, entretanto, sempre exigiu um cuidado especial com os taludes. No período colonial, eram contidos por sequências de muralhas de pedra.

A implantação do hospital no alto da colina também exigiu a modelação do terreno em patamares sucessivos. A solução técnica adotada para a execução das contenções baseia-se na patente francesa da terra armada, na qual o arrimo adotado é constituído de componentes leves de argamassa armada, transportados manualmente e ancorados em fitas (ou tirantes) de aço especial do tipo corten incorporadas ao aterro. A compactação das camadas de aterro foi feita mecanicamente utilizando-se equipamentos manuais ou compactadores pesados nos casos em que fosse possível o seu tráfego ao longo dos arrimos.

Evitaram-se deliberadamente escavações, tráfego de equipamentos pesados nas áreas externas adjacentes aos patamares e movimentos excessivos de terra que pudessem causar a indesejável destruição das árvores mais próximas. Além disso, os pré-moldados pesados de concreto, adotados na solução francesa, foram substituídos por peças de argamassa armada montadas manualmente. As aberturas do sistema de ventilação para captação do ar exterior, também executadas com componentes de argamassa armada, foram incorporadas estruturalmente às contenções.

A orientação predominante dos caixilhos de vidro de correr é a norte-sul. A proteção contra a insolação norte é garantida pelas

Hospital do Aparelho Locomotor, operários com componentes para contenção de encosta, contenções para modelação do terreno e contenções com aberturas para captação de ar, Salvador BA

amplas varandas com 2,50 metros de largura, que também funcionam como áreas de estar e de tratamento, integradas aos jardins externos. As aberturas dos sheds são guarnecidas por caixilhos de vidro basculantes e por venezianas metálicas. Réguas horizontais dispostas do lado externo das aberturas impedem a incidência do sol nas esquadrias basculantes.

A proteção dos ambientes contra o eventual devassamento exterior é feita com muros vazados pré-fabricados em argamassa armada pintada de 1,80 metro de altura, desenhados pelo artista plástico Athos Bulcão.

A circulação principal com 3,75 metros de largura interliga todos os setores do hospital. O trânsito de pacientes, visitantes e acompanhantes é controlado ao

Hospital do Aparelho Locomotor, proteções contra a insolação e o devassamento, desenhados pelo artista plástico Athos Bulcão, Salvador BA

À esquerda, engenheiro Roberto Vitorino, autor do cálculo estrutural do hospital, Athos Bulcão e Lelé, 1998

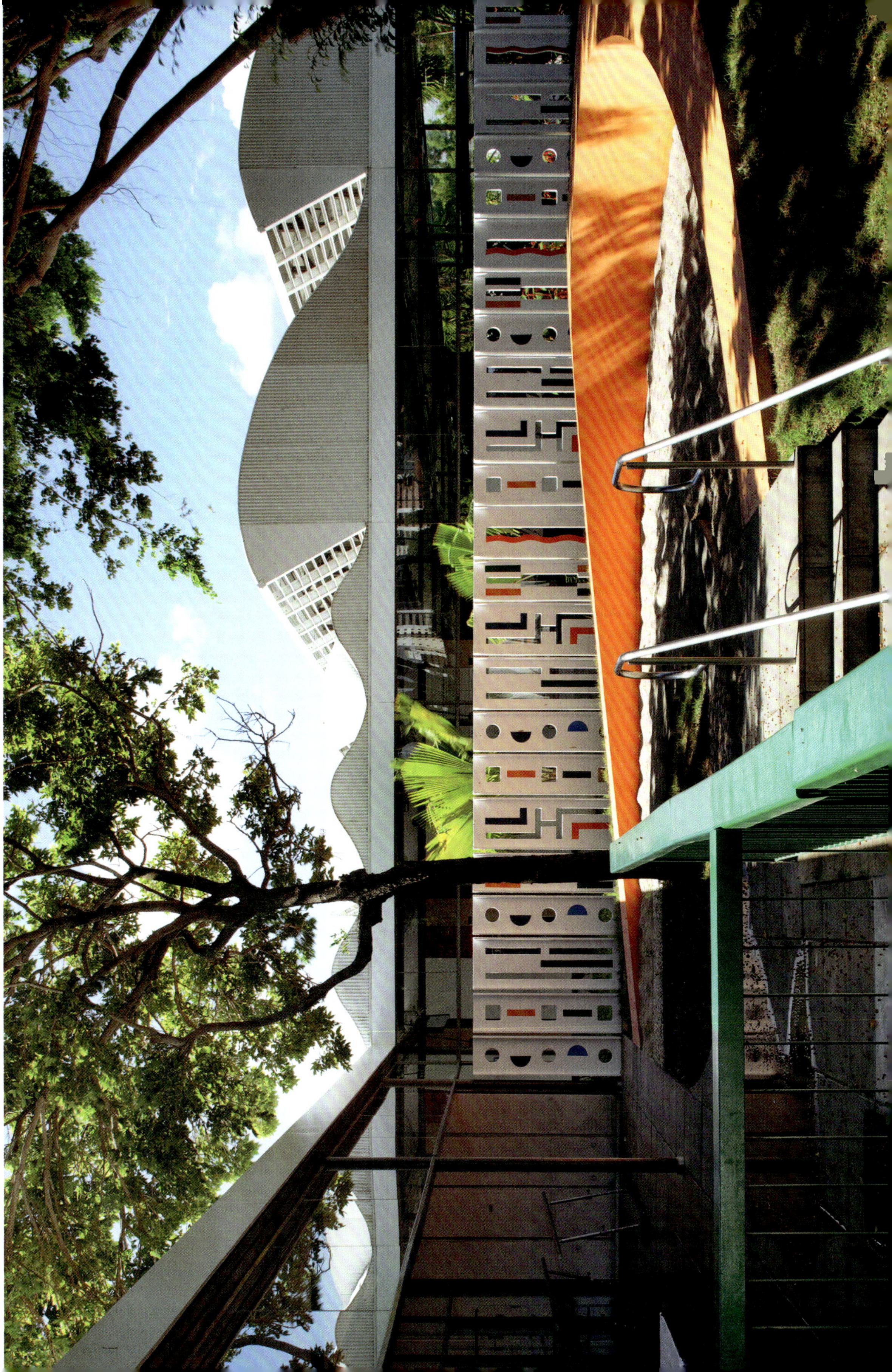

longo dessa circulação por três barreiras físicas constituídas de portas e balcões de controle. Setor importante para o tratamento desse tipo de paciente, tornou-se insuficiente.

Logo no início do funcionamento do hospital de Salvador, o atendimento ao lesado medular cresceu muito acima do previsto devido à grande demanda regional reprimida. Em consequência, a área da fisioterapia, setor importante para o tratamento desse tipo de paciente, tornou-se insuficiente. Assim, foi executada uma ampliação de cerca de 400m² contígua às enfermarias e destinada exclusivamente à fisioterapia de pacientes internados, ficando a área primitiva somente para

À esquerda, Hospital do Aparelho Locomotor, espera da fisioterapia para pacientes externos e circulação interna, Salvador BA

À direita, Hospital do Aparelho Locomotor, piscina interna aquecida e piscina externa com rampa para imersão de pacientes em macas ou cadeiras de rodas, Salvador BA

o atendimento de pacientes externos, com uma espera independente ligada diretamente ao acesso principal do hospital e separada do hall por um painel metálico com elementos vazados pintados, projetado pelo artista plástico Athos Bulcão.

Diversos equipamentos e instalações foram projetados e executados voltados para atividades práticas e terapêuticas. As piscinas externas – de água fria – e internas – duas aquecidas e situadas no setor de hidroterapia – contam com rampas que permitem a entrada de pacientes paraplégicos ou tetraplégicos em macas ou cadeiras de rodas específicas para imersão.

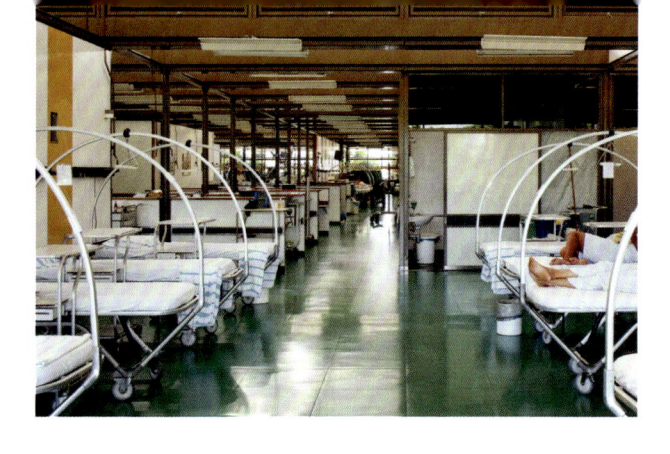

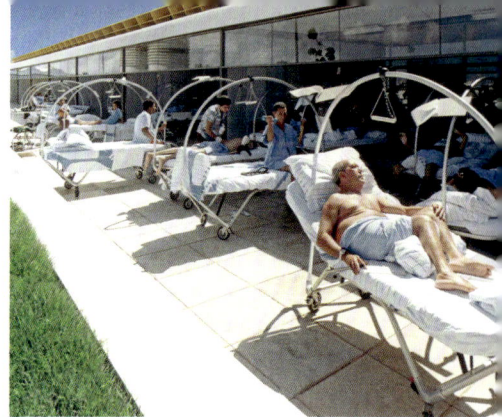

Cada paciente, deitado em seu consolo móvel, tem acesso ao controle do ponto de luz individual, interruptor para chamada da enfermagem e ponto de insuflação de ar exterior conduzido através das galerias, além de ter acesso sistemático aos solários integrados às enfermarias. Cada posto de enfermagem dá assistência a vinte pacientes e sua localização estratégica em relação às respectivas enfermarias permite que os funcionários especializados tenham o controle visual de todos os pacientes.

Para facilitar o transporte, foram desenhados e executados veículos especiais com a função de acomodar pacientes em camas-maca ou em cadeiras de roda, que têm o acesso facilitado por uma rampa acionada por sistema hidráulico. No interior do módulo, as paredes contam com dispositivos especiais para fixação das camas-maca durante o transporte. Esses veículos fazem o transporte de pacientes e visitantes da portaria principal através da via pública localizada na cota 15m para o acesso do hospital na cota 37m e vice-versa. São utilizados também para levar os pacientes internos para as áreas de esportes e lazer adjacentes ao hospital.

À esquerda, Hospital do Aparelho Locomotor, posto de enfermagem e solário, Salvador BA

Veículo para transporte de pacientes do Hospital do Aparelho Locomotor, vistas externa e interna, Salvador BA

À direita, Hospital do Aparelho Locomotor, prédio do Escola de Paralisia Cerebral, Salvador BA

Centro de Apoio à Paralisia Cerebral

No conglomerado também foi criado um Centro de Apoio à Paralisia Cerebral – atualmente chamado de Setor de Apoio ao Lesado Cerebral –, instalado em prédio independente localizado no extremo da colina principal do hospital.

Este centro seguia a mesma orientação adotada anteriormente em Brasília. Na década de 1960, foi implantado no Centro de Reabilitação Sarah Kubitschek em Brasília um programa de assistência aos pacientes portadores de paralisia cerebral, sob a direção de Aloysio Campos da Paz. Para a realização desse trabalho, foi construído, em 1966, no terreno pertencente à Fundação das Pioneiras Sociais, um pequeno prédio projetado pelo arquiteto Glauco Campello, autor também do projeto do Centro de Reabilitação. Esse prédio, não obstante sua excelente qualidade arquitetônica, tornou-se, em pouco tempo, pequeno e inadequado para atender às necessidades funcionais da "escolinha de paralisia cerebral", como era então chamado esse setor do hospital. Em 1980, ele passou a ocupar uma grande área no próprio Centro de Reabilitação. A psicóloga

Lelé e a psicóloga Lúcia Willadino Braga, atual presidente da Associação das Pioneiras Sociais

Hospital do Aparelho Locomotor, parque de terapia do Escola de Paralisia Cerebral, Salvador BA

Lúcia Willadino Braga, integrada à equipe do Sarah na década de 1970, assumiu gradualmente a direção desse centro e, atualmente, compõe a diretoria da Associação das Pioneiras Sociais e é responsável pela implantação das unidades de apoio à paralisia cerebral em todas as unidades da Rede Sarah.

O Centro de Apoio à Paralisia Cerebral exerce funções bastante específicas, o que explica sua localização em prédio separado com acesso também independente do restante do hospital de Salvador. No parque de terapia da unidade, situado na área externa, foram instalados playground com rampas e pavimentações especiais para a realização de exercícios de locomoção, área de lazer para pacientes e acompanhantes, caixa de areia com brinquedos e uma piscina para hidroterapia. O fundo da piscina, com apenas 80 centímetros de profundidade, está situado no mesmo nível do piso externo. Essa solução permite que os acompanhantes, mesmo sem entrar na piscina, mantenham-se em contato com os respectivos pacientes, dando-lhes mais segurança durante as sessões de hidroterapia.

Galerias de instalações e de ventilação

A infraestrutura do conjunto de edifícios é constituída de uma trama de galerias subterrâneas que acompanha a distribuição dos pilares da superestrutura. Essas galerias exercem tripla função: constituem o próprio sistema de fundações dos edifícios; canalizam o ar externo para todos os ambientes do hospital; e alojam todas as tubulações gerais de suprimento e serviços, possibilitando sua fácil manutenção.

Todas as tubulações correm ao longo dos tetos e paredes das galerias. As tubulações de esgoto foram dispostas fora do corpo das galerias, mas são visitáveis através de caixas herméticas localizadas ao longo das paredes. Essa solução tem como objetivo evitar que um eventual vazamento nessas tubulações possa provocar a contaminação do ar insuflado que penetra nos ambientes do hospital.

Produzidos na Fábrica de Equipamentos Comunitários de

Hospital do Aparelho Locomotor, execução das galerias, Salvador BA

Abaixo, Hospital do Aparelho Locomotor, corte esquemático das tubulações e galeria de tubulações, Salvador BA

À direita, Hospital do Aparelho Locomotor, montagem da cobertura, Salvador BA

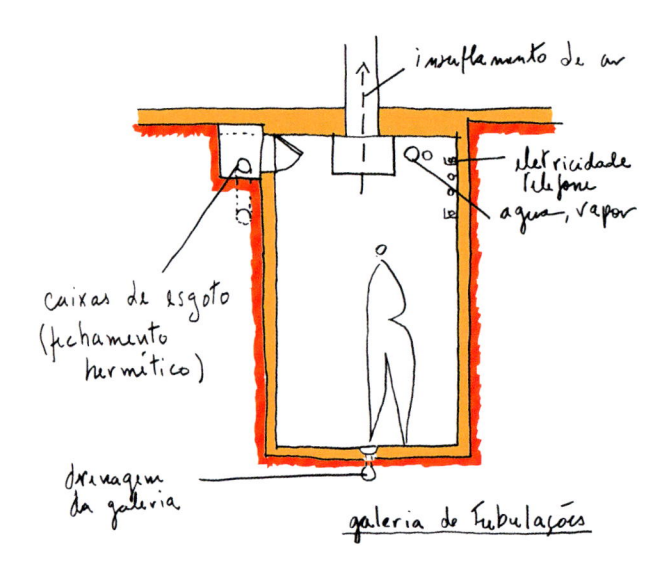

Salvador (FAEC), os componentes em argamassa armada empregados na execução das galerias de todos os hospitais da Rede são: canaletas de fundação, com 1,25 metro de comprimento, dispostas ao longo das laterais das galerias e engastadas em faixas contínuas de concreto armado fundidas no local; e paredes com 62,5 centímetros de largura e 2,75 metros de altura, engastadas nas canaletas com argamassa de segunda fase e ligadas entre si por pilaretes de concreto, também fundidos após a montagem em nichos previstos nas laterais de cada peça.

O engastamento de pilaretes com as vigotas forma quadros rígidos que resistem a eventuais desequilíbrios provocados pela pressão no sentido transversal. Os pilares metálicos da cobertura se apoiam ao longo do eixo das galerias em vigotas específicas com 30 centímetros de altura.

À direita, componentes de argamassa armada das galerias, produzidos na Fábrica de Equipamentos Comunitários – FAEC, Salvador BA

O desenho da superestrutura (sheds e coberturas) em aço tem evoluído e se ajustado às diversas propostas arquitetônicas desenvolvidas pelo CTRS. A proposta original, adotada no hospital de Salvador, é constituída de treliças metálicas (arcabouço das coberturas onduladas e dos sheds) apoiadas em vigamento duplo em chapa dobrada que, por sua vez, descarrega em pilares tubulares também metálicos.

Os principais componentes empregados na superestrutura são: as treliças metálicas curvas com 30 centímetros de altura, vencendo vãos de 2,50m, 3,125m, 3,75m e 5m, e que formam o arcabouço das coberturas abobadadas e dos sheds; vigas duplas em chapa dobrada, com 35 centímetros de altura, vencendo vãos de 5m, 6,25m e 7,5m, e que recebem entre elas as calhas de aço inoxidável para águas pluviais; e pilares tubulares, que servem também como dutos de águas pluviais.

No trecho correspondente ao auditório, em que as vigas duplas a cada 2,5 metros vencem dois vãos consecutivos de 7,5 metros, os pilares da linha central foram eliminados e sua função de apoio substituída pela de tirantes metálicos, sustentados por um arco também metálico com vão de 20 metros, envolvendo externamente esse trecho do edifício.

O arco metálico, por sua vez, se apoia em pilares de argamassa armada localizados fora do perímetro da construção.

O isolamento térmico e acústico da cobertura é garantido pelo colchão de ar de 30 centímetros formado entre a telha e o forro, ambos com as respectivas superfícies internas revestidas com camada de bidim.

As instalações elétricas, telefônicas e de sonorização correm em canaletas específicas criadas no próprio desenho das vigas duplas. As luminárias, ventiladores e caixas de som padronizados, produzidos pelo CTRS, são dotados de dispositivos de fixação e de alimentação ajustáveis às abas dessas canaletas. As fiações gerais de lógica correm nas galerias de tubulações.

As instalações de ar-condicionado servem ao centro cirúrgico, à central de material, ao setor de imagem (salas dos aparelhos, câmara clara e escura), ao auditório, a algumas salas do laboratório, ao primeiro estágio, ao lactário e ao laboratório de movimento. A solução adotada é constituída de uma central frigorígena situada no pavimento dos serviços gerais que distribui água gelada para as unidades do tipo fan-coil, localizadas em nichos específicos, anexos às galerias e próximos das respectivas áreas atendidas no pavimento superior.

Hospital do Aparelho
Locomotor, vistas externa
e interna do auditório,
Salvador BA

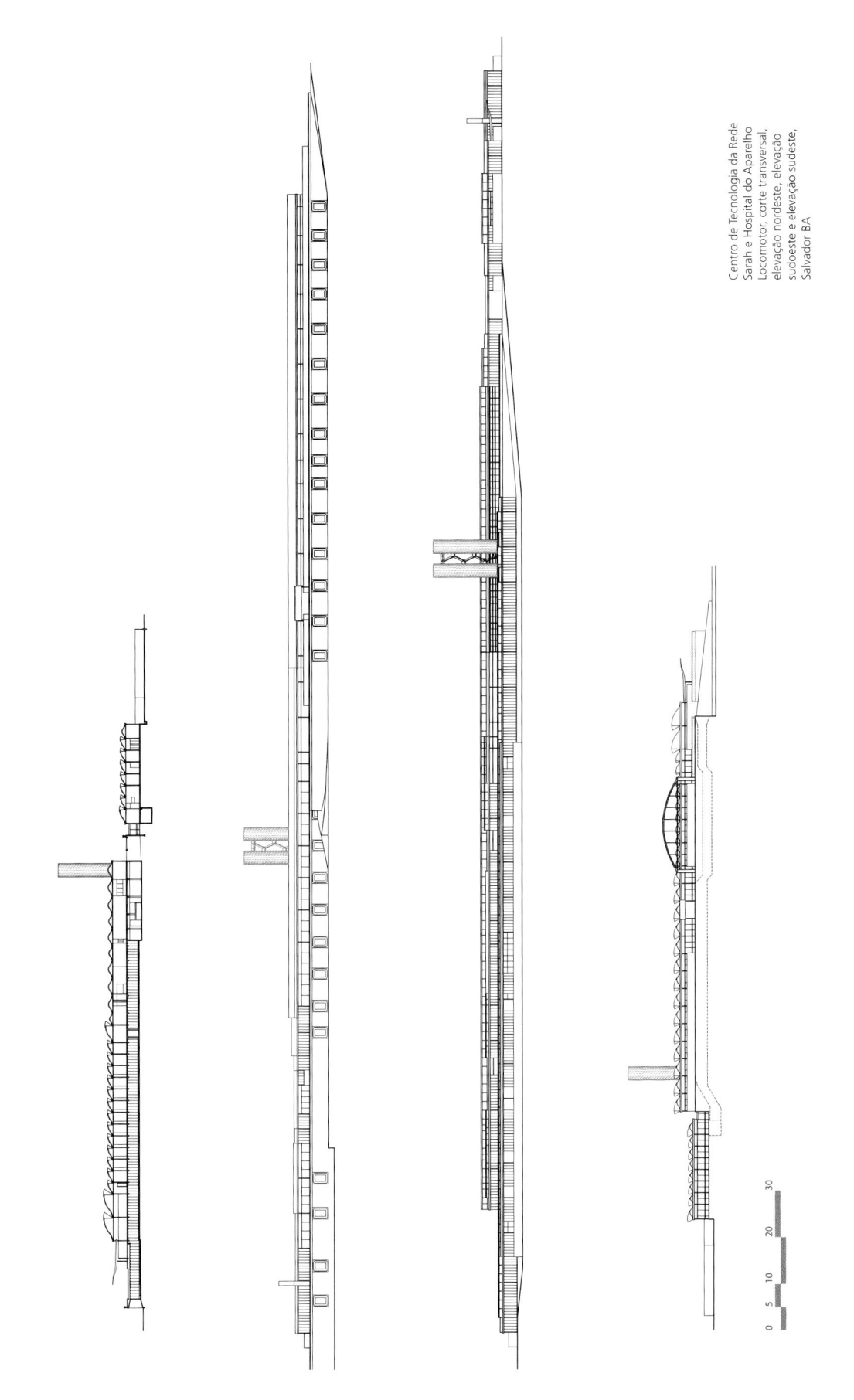

Centro de Tecnologia da Rede Sarah e Hospital do Aparelho Locomotor, corte transversal, elevação nordeste, elevação sudoeste e elevação sudeste, Salvador BA

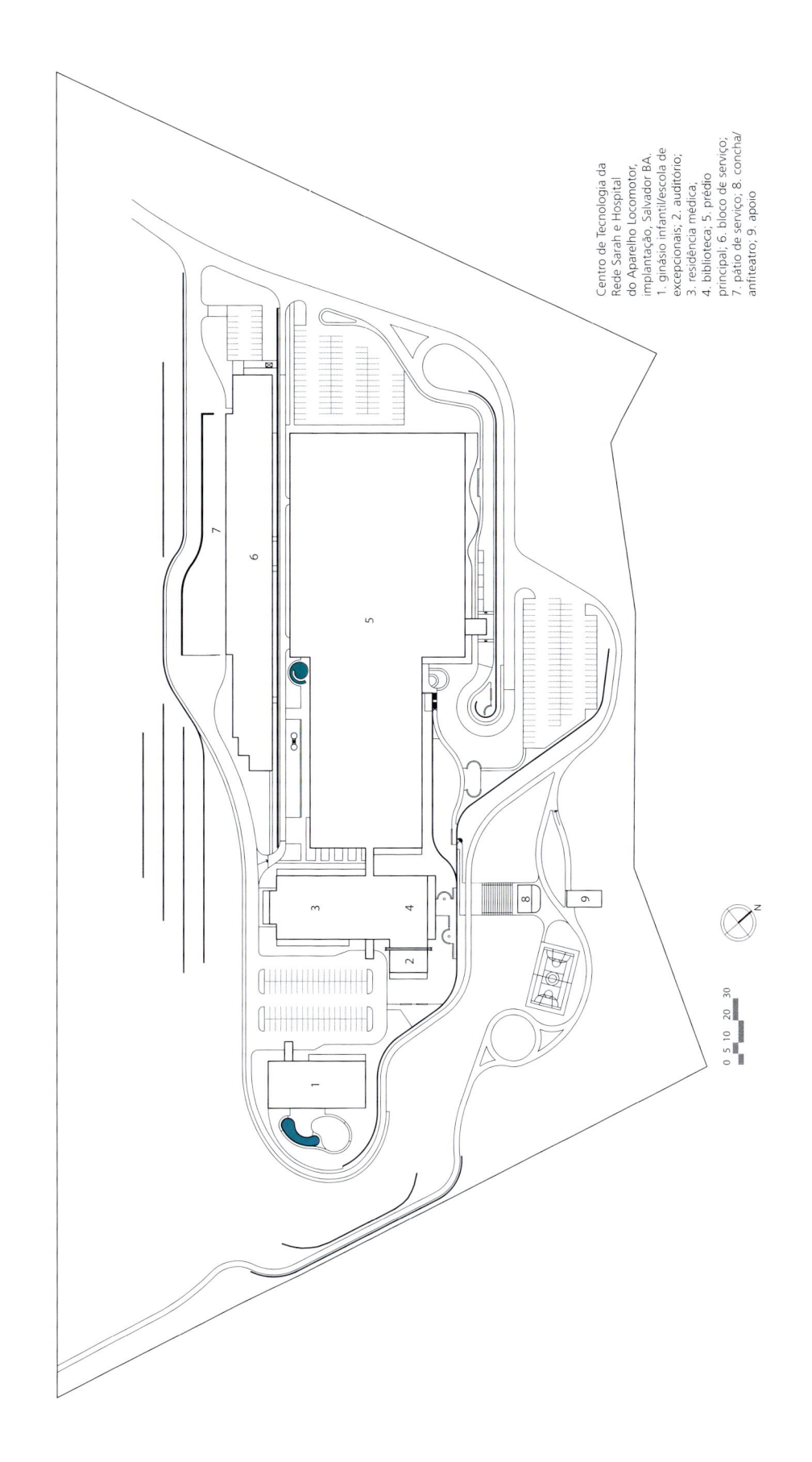

Centro de Tecnologia da Rede Sarah e Hospital do Aparelho Locomotor, implantação, Salvador BA. 1. ginásio infantil/escola de excepcionais; 2. auditório; 3. residência médica; 4. biblioteca; 5. prédio principal; 6. bloco de serviço; 7. pátio de serviço; 8. concha/anfiteatro; 9. apoio

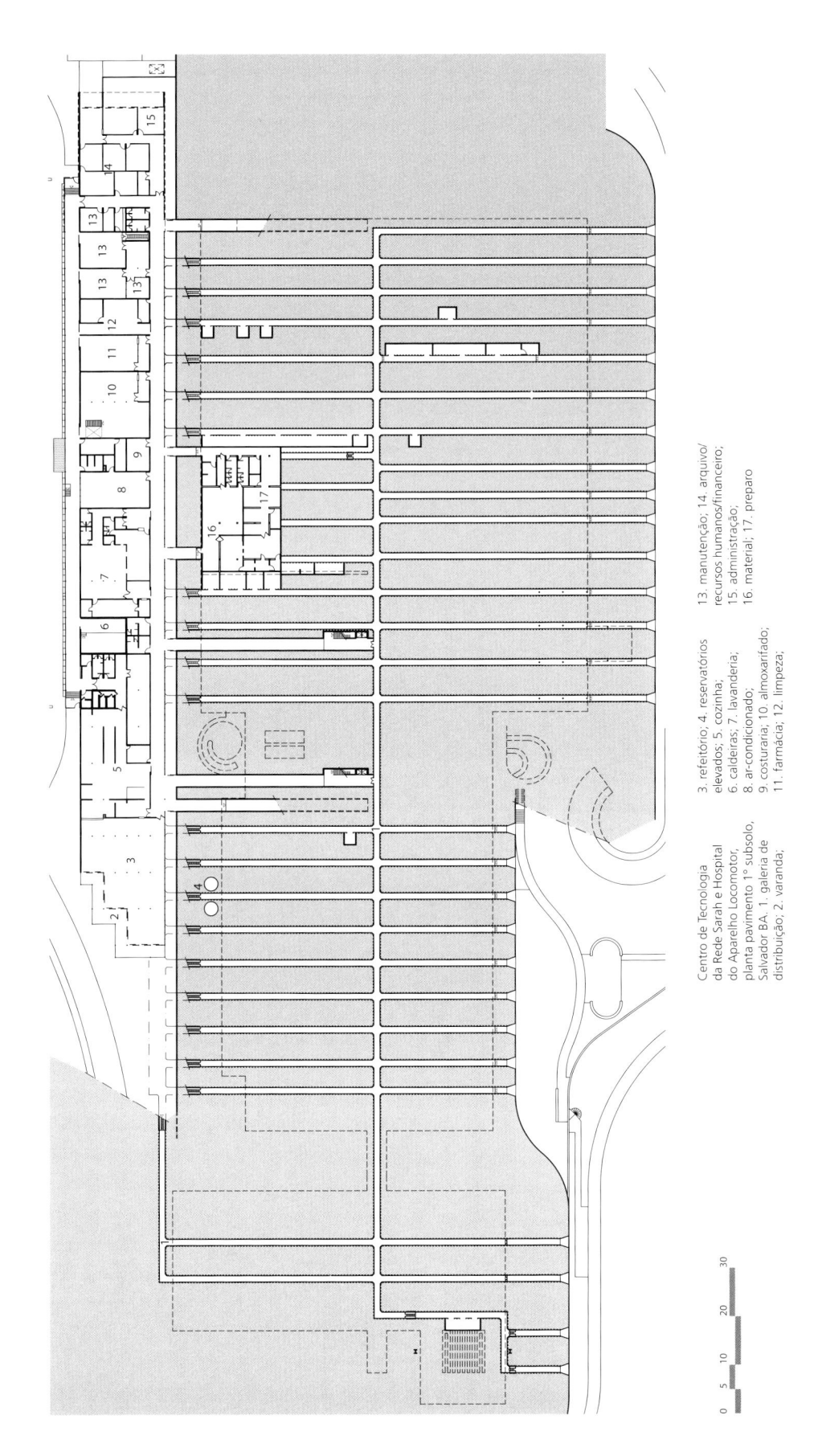

Centro de Tecnologia da Rede Sarah e Hospital do Aparelho Locomotor, planta pavimento 1º subsolo, Salvador BA. 1. galeria de distribuição; 2. varanda; 3. refeitório; 4. reservatórios elevados; 5. cozinha; 6. caldeiras; 7. lavanderia; 8. ar-condicionado; 9. costuraria; 10. almoxarifado; 11. farmácia; 12. limpeza; 13. manutenção; 14. arquivo/recursos humanos/financeiro; 15. administração; 16. material; 17. preparo

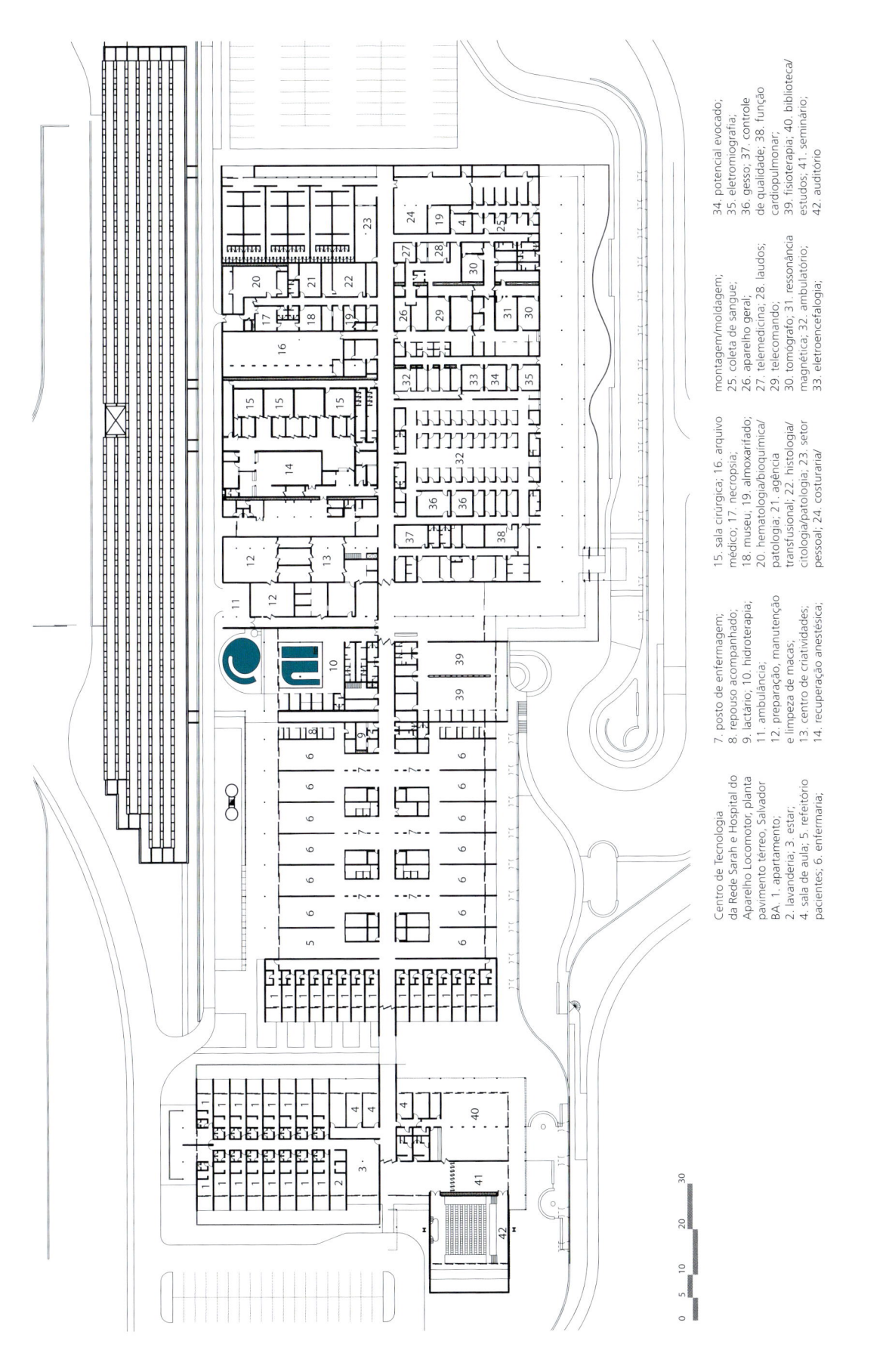

Centro de Tecnologia da Rede Sarah e Hospital do Aparelho Locomotor, planta pavimento térreo, Salvador BA. 1. apartamento; 2. lavanderia; 3. estar; 4. sala de aula; 5. refeitório pacientes; 6. enfermaria; 7. posto de enfermagem; 8. repouso acompanhado; 9. lactario; 10. hidroterapia; 11. ambulância; 12. preparação, manutenção e limpeza de macas; 13. centro de criatividades; 14. recuperação anestésica; 15. sala cirúrgica; 16. arquivo médico; 17. necropsia; 18. museu, 19. almoxarifado; 20. hematologia/bioquímica/patologia; 21. agência transfusional; 22. histologia/citologia/patologia; 23. setor pessoal; 24. costuraria; montagem/moldagem; 25. coleta de sangue; 26. aparelho geral; 27. telemedicina; 28. laudos; 29. telecomando, 30. tomografo; 31. ressonância magnética; 32. ambulatório; 33. eletroencefalogia; 34. potencial evocado; 35. eletromiografia; 36. gesso; 37. controle de qualidade; 38. função cardiopulmonar; 39. fisioterapia, 40. biblioteca/estudos; 41. seminário; 42. auditório

Centro de Tecnologia da Rede Sarah – CTRS

O Sarah Salvador foi a primeira unidade da rede

construída na vigência do atual contrato de gestão, que define as relações entre a Associação das Pioneiras Sociais e o Ministério da Saúde. Esse contrato, que foi aprovado por lei específica do Congresso Nacional, criou uma nova forma de administração pública, em que a Associação das Pioneiras Sociais, instituição de interesse privado, assumiu o compromisso de gerir o patrimônio público de uma rede de hospitais. Esse contrato estabeleceu também um conjunto de metas, cujo cumprimento ficaria subordinado ao repasse de recursos fixados em orçamento anual específico e segundo normas estabelecidas pelo Tribunal de Contas da União.

Uma das metas fixadas no contrato de gestão foi a da ampliação da rede, de modo a estender sua ação a todo o território nacional. Para cumprir esse programa, a direção da Associação das Pioneiras Sociais decidiu pela criação de um grande centro de tecnologia, localizado em Salvador. O Centro de Tecnologia da Rede Sarah (CTRS) e o Hospital de Salvador foram implantados em terreno com cerca de 250.000m^2, pertencente ao INPS, situado a uma distância de cerca de 2 quilômetros do mar e na principal área de expansão da cidade denominada Iguatemi.

A implantação desse centro criou também a oportunidade de aprimorar e desenvolver as experiências acumuladas no campo da industrialização do concreto armado, da argamassa armada, do aço, dos aglomerados de madeira, dos plásticos injetados e em fibra de vidro. O módulo construtivo de 1,10m x 1,10m, adotado nos projetos dos hospitais de Taguatinga e Sarah Brasília, foi alterado para 0,625m x 0,625m. Essa modificação, além de permitir mais rigor no

Centro de Tecnologia da Rede Sarah e Hospital do Aparelho Locomotor, vista aérea, Salvador BA

dimensionamento dos espaços, possibilitou melhor aproveitamento de materiais industrializados disponíveis no mercado. Todos esses fatores atuando em conjunto proporcionaram uma melhoria considerável na adequação dos espaços hospitalares e no aprimoramento dos equipamentos e dos componentes industrializados para a construção.

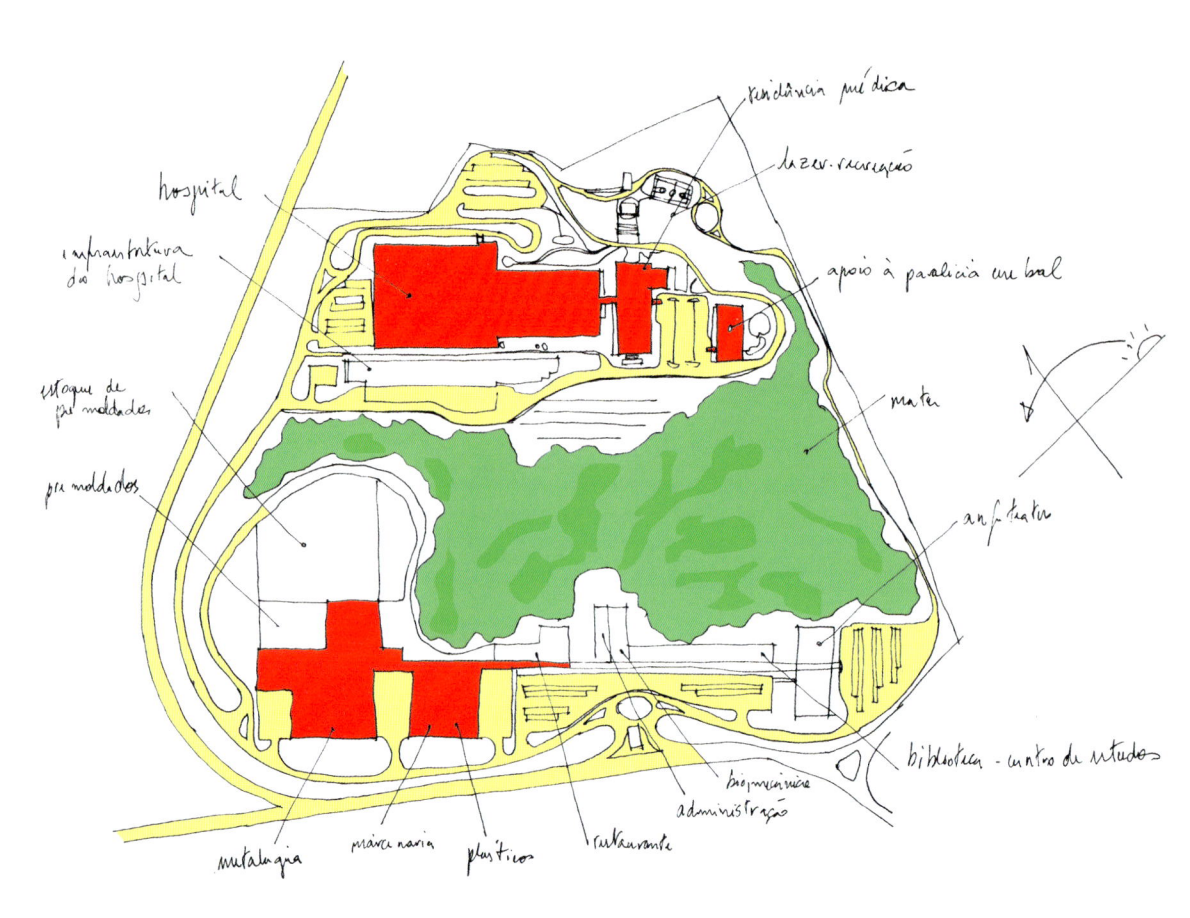

Objetivos do CTRS

A construção do Sarah Salvador tornou-se, assim, o embrião de um centro tecnológico com quatro objetivos principais: projetar e executar as obras destinadas à implantação da rede, com base em princípios de industrialização visando economia, rapidez de execução e criação de unidade construtiva entre elas; interagir com as equipes médicas e paramédicas da associação com o objetivo de aprimorar os espaços hospitalares e equipamentos existentes, ajustando-os à aplicação de novas técnicas de tratamento introduzidas nos hospitais da rede; projetar e produzir equipamentos hospitalares convencionais sempre que for constatada vantagem econômica ou de qualidade em relação aos oferecidos pelo mercado; e executar a manutenção dos prédios, equipamentos e instalações de todas as unidades da rede.

O CTRS foi implantado na parte mais baixa do terreno (cota 14), que se desenvolve ao longo da avenida Tancredo Neves. Foi preservada uma área de mata densa

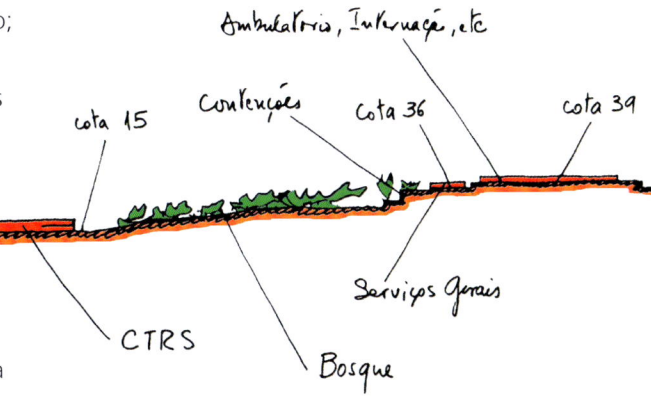

À esquerda, Centro de Tecnologia da Rede Sarah e Hospital do Aparelho Locomotor, esquema de implantação, Salvador BA

À direita, Centro de Tecnologia da Rede Sarah, vista aérea, Salvador BA

Centro de Tecnologia da Rede Sarah e Hospital do Aparelho Locomotor, corte esquemático, Salvador BA

137 Capítulo 8 – Centro de Tecnologia da Rede Sarah – CTRS

localizada na encosta que separa o terreno do centro da colina, onde foi construído o hospital (cota 39).

Unidades de Pesquisa e de Produção do CTRS

O Centro de Tecnologia da Rede Sarah iniciou suas atividades no canteiro de obras do hospital de Salvador em 1992. A partir de 1993, foi gradualmente sendo implantado em suas instalações definitivas, localizadas em uma área plana com cerca de 800 metros de comprimento e largura média de 100 metros, disposta ao longo da encosta da colina onde está situado o hospital. Atualmente, o centro ocupa uma área construída de cerca de 20.000m², onde foram instaladas as oficinas de metalurgia pesada, metalurgia leve, marcenaria, argamassa armada e plásticos.

Foram investidos na construção, nas instalações e nos equipamentos do centro cerca de R$ 50.000.000 (valor atualizado). O potencial médio de produção do CTRS equivale à execução, no prazo de um ano, de um hospital de duzentos leitos equipado no valor de R$ 60.000.000. O potencial máximo pode atingir R$ 120.000.000 sem perda de qualidade e de custos de produção. A produção mínima para manter o centro economicamente viável não pode ser inferior a R$ 20.000.000 por ano.

A portaria é comum ao CTRS e ao hospital. Uma única marquise cumpre dupla função: do lado externo, abriga os passageiros do sistema de transporte coletivo da cidade; do lado interno, abrigam os visitantes, funcionários e pacientes do hospital que aguardam o veículo de transporte interno. A entrada e saída de veículos ocorrem através de duas pistas laterais à construção.

As oficinas se desenvolvem em um conjunto de prédios térreos interligados, com pé-direito duplo (6 metros) e com mezaninos ocupando parte da projeção do pavimento térreo e destinados aos setores técnicos, administrativos e vestiários. A interligação das oficinas se faz através de galerias com 5 metros de largura localizadas na zona central do conjunto, que se desenvolvem em dois níveis superpostos: a do nível inferior é destinada ao abastecimento e intercomunicação dos setores de produção das oficinas; e a do nível superior, aos

À esquerda, Centro de Tecnologia da Rede Sarah, cobertura e circulações principais, Salvador BA

Acima, Centro de Tecnologia da Rede Sarah e Hospital do Aparelho Locomotor, portaria, Salvador BA

Centro de Tecnologia da Rede Sarah, circulações do nível inferior, do nível superior e do nível superior externo, Salvador BA

escritórios e vestiários, na qual é mantida uma exposição atualizada das realizações do centro. Seu principal objetivo é informar os visitantes, e sobretudo os funcionários da produção, sobre o andamento de todos os projetos, obras e equipamentos executados pelo centro.

As oficinas recebem iluminação e ventilação naturais através de linhas de sheds dispostas a cada 7,50 metros. O arcabouço dos sheds é formado por treliças metálicas apoiadas em vigamento duplo de chapa metálica dobrada, vencendo vãos de 10 metros. Os pilares tubulares são utilizados também como condutores das águas pluviais coletadas por calhas de aço inoxidável alojadas entre as vigas duplas.

A oficina de argamassa armada foi instalada com um excelente nível

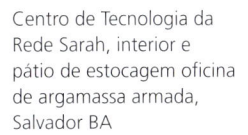

Centro de Tecnologia da Rede Sarah, interior e pátio de estocagem oficina de argamassa armada, Salvador BA

de automação e por isso emprega apenas cinquenta funcionários. A decisão de adotar esse modelo de industrialização com baixo custo operacional visava sobretudo impedir que a variação inevitável da demanda de cada obra nas diferentes fases da construção afetasse significativamente os custos da produção. A automação atinge principalmente os setores de preparo e transporte da argamassa, o da manipulação e o de transporte de componentes em todas as fases da produção. A oficina de argamassa armada tem um pátio de estocagem relativamente pequeno, o que determina um eficiente sistema de paletização de componentes e uma perfeita sincronização entre as operações de produção, de transporte e de montagem das obras.

A oficina de metalurgia pesada executa principalmente os componentes estruturais e já atingiu a produção de mais de 600 toneladas mensais em chapas de aço dobradas e soldadas. Anexo à oficina de metalurgia foi previsto um pátio com piso reforçado para suportar um estoque permanente de mais de 5.000 toneladas de chapas de aço do tipo corten de diversas bitolas. As chapas finas pré-pintadas, de aço galvanizado e de aço inoxidável são armazenadas dentro da própria oficina.

A oficina de plásticos possui setores distintos: o de produção de moldes metálicos com sistema de eletroerosão computadorizado, o das injetoras, o de confecção de moldes, o de componentes de fibra de vidro e o de montagem.

Foram instaladas duas oficinas de pintura: uma integrada à oficina de metalurgia pesada e destinada ao acabamento de peças estruturais ou de grande porte; a outra para equipamentos e mobiliário, integrada à oficina de metalurgia leve. Ambas são constituídas de três setores distintos: o de decapagem e preparo das superfícies, o de aplicação da pintura eletrostática à base de epóxi ou poliuretano (a pó ou líquido), e o de secagem com estufas. A estufa de secagem da oficina de pintura

À esquerda, Centro de Tecnologia da Rede Sarah, pátio de armazenagem da oficina de metalurgia e oficina de metalurgia pesada, Salvador BA

À direita, sentido horário, Centro de Tecnologia da Rede Sarah, oficina de plásticos, oficina de marcenaria, oficina de pintura e estufa de secagem da oficina de pintura, Salvador BA

integrada à metalurgia pesada pode receber peças estruturais com 6,5 metros de comprimento.

A oficina de marcenaria se encarrega da produção de todos os componentes em aglomerado de madeira ou, excepcionalmente, em madeira maciça, necessários à execução das obras e à instalação dos hospitais (portas, mobiliário em geral, armários, equipamentos, divisórias etc.).

Cada oficina tem uma administração independente, exercida por técnicos que no decorrer de quase vinte anos vêm atuando juntos e de forma integrada em várias realizações no campo da industrialização da construção.

Waldir Silveira Almeida é o responsável pela serralheria pesada, cuja produção abrange os componentes estruturais pesados, os de serralheria fina das esquadrias e os de área especializada da criação de moldes para a fundição de componentes de concreto e de argamassa armada. Hurandy Marcos, responsável pela metalurgia leve, dedica-se à produção de equipamentos hospitalares. Jurandir Amorim dirige a oficina de marcenaria, que se ocupa da execução de portas, painéis divisórios e mobiliários em geral. Joaquim Anacleto é responsável pela produção de plásticos em geral, modelos e maquetes. Tomás Bacelar é o responsável pela oficina de produção de peças de argamassa armada.

A produção e o abastecimento desse conjunto de oficinas são controlados pelo superintendente do CTRS, o administrador Francisco Alves do Nascimento.

Equipamentos

A complexidade e a diversificação das ações exercidas nas unidades de saúde geram uma enorme quantidade de equipamentos. Alguns têm demanda tão pequena que sua produção industrial é inviável. Ao mesmo tempo, a evolução das técnicas médicas compromete a funcionalidade da maioria deles em pouco tempo, exigindo a criação de novos modelos para atender às modificações introduzidas nos tratamentos.

Desse imenso arsenal de equipamentos, as características que mais criam problemas para a integração do funcionamento dos setores hospitalares são: a grande variedade de sistemas de produção empregando as mais diversas tecnologias, a falta de unidade nos desenhos e a ausência de padronização de materiais. Somado a isso, os desenhos criados levam em conta apenas características funcionais e a viabilidade econômica da produção, ignorando as características dos espaços hospitalares em que serão instalados.

Esse conjunto de fatores gera toda a sorte de problemas, principalmente nos hospitais dos países do terceiro mundo, que costumam importar indiscriminadamente todos os tipos de equipamentos produzidos nos centros mais desenvolvidos. Uma das consequências dessa desordem é a enorme quantidade de sucata que se amontoa nos almoxarifados dos nossos hospitais.

A implantação da Rede Sarah de Hospitais do Aparelho Locomotor, iniciada em 1976 com a construção da unidade de referência em Brasília, tem representado, ao longo de trinta anos, uma tentativa real de estabelecer princípios de padronização para os diversos equipamentos hospitalares, levando em conta características de interação entre eles e a de sua integração

À esquerda, Lelé com os operários da metalurgia pesada do CTRS

Acima, Lelé com a equipe de técnicos do CTRS

aos espaços criados nos projetos arquitetônicos. Durante a elaboração do projeto do Sarah Brasília, foi criado um grupo específico de técnicos para reavaliar os aspectos funcionais e construtivos de cada equipamento utilizado nos diversos setores do hospital. Esse grupo deu origem a um organismo da própria Fundação das Pioneiras Sociais, denominado Equiphos. O escritório técnico e a oficina para produção de protótipos do Equiphos foram implantados em instalações provisórias no próprio terreno do hospital. O trabalho realizado pelo grupo, entretanto, se restringiu à produção de equipamentos e de instrumental ortopédico. A unidade construtiva entre os equipamentos e os componentes da construção do edifício ficou aquém daquela que havia sido planejada. Isto ocorreu devido principalmente ao fato de que os sistemas de construção industrializados, previstos inicialmente no projeto, não foram integralmente observados na execução da obra.

Em 1992, quando começou a se concretizar a implantação da Rede Sarah de Hospitais com a construção das unidades de São Luís e Salvador, a demanda em equipamentos tornou-se muito maior que a capacidade de produção do Equiphos. A criação do Centro de Tecnologia possibilitou atender a essa demanda crescente e, mais ainda, realizar a almejada integração entre a produção dos componentes dos equipamentos e os da própria construção do edifício. Essa reformulação conceitual permitiu não apenas uma significativa redução nos custos dos equipamentos e da construção, mas também a implantação de uma manutenção centralizada eficiente e muito mais econômica.

Do mesmo modo, o potencial de industrialização do CTRS possibilitou redução significativa na terceirização de componentes que quase sempre não se ajustavam corretamente às necessidades requeridas pelo desenho e pela produção, acarretando aumento de custos e perda sensível de qualidade. Assim, as oficinas do CTRS começaram a executar com desenhos próprios todo o mobiliário dos setores de residência médica dos hospitais – sofás, camas, mesas, estantes, armários etc. – e diversos equipamentos em plástico injetado – ventiladores, caixas para som etc. Os ventiladores de baixa rotação são fabricados com suportes longos e dispositivos para fixação nas canaletas padronizadas de distribuição das fiações elétricas. O CTRS produz também unidades móveis, que permanecem estacionadas em locais específicos na área dos postos de enfermagem e servem para guardar as roupas utilizadas nas enfermarias. As unidades móveis,

À esquerda, mobiliário, móveis e equipamentos produzidos pelo CTRS, com desenhos próprios

Acima, Hospital Sarah *Lago Norte,* sala de espera, com luminárias, ventiladores e caixa de som produzidos pelo CTRS

executadas inicialmente em alumínio para o Hospital de Brasília, foram redesenhadas em aço inoxidável com o objetivo principal de reduzir custos por meio de sistema de produção mais industrializado.

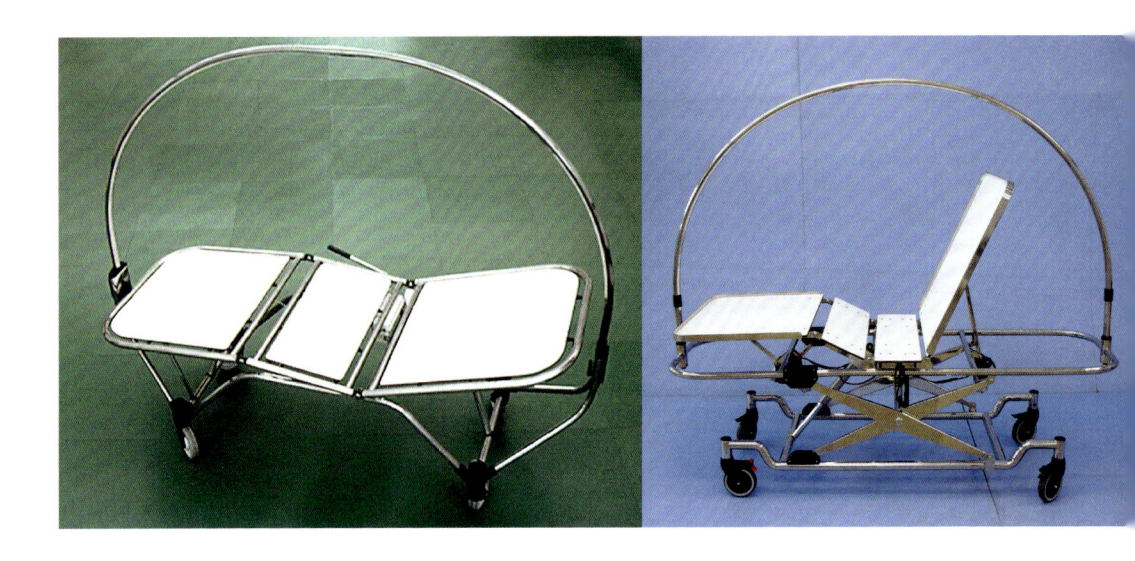

Algumas inovações simples e eficazes, considerando a deficiência de locomoção, foram incorporadas no mobiliário, como é o caso do assento móvel do sanitário, que facilita a higienização de pacientes paraplégicos, e do movimento de rotação da maca pivotante, que permite ao médico se posicionar de ambos os lados do paciente durante os exames nos boxes do ambulatório, que têm apenas 2,50 metros de largura.

Vários outros equipamentos foram redesenhados, como a própria cama-maca, originalmente confeccionada em alumínio e que passou a ser produzida em aço inoxidável com conexões e componentes em plástico injetado nas próprias oficinas do CTRS. Um modelo com regulagem de altura foi criado com o objetivo de dar mais autonomia ao paciente paraplégico, facilitando sua transferência do leito para cadeira de rodas e vice-versa.

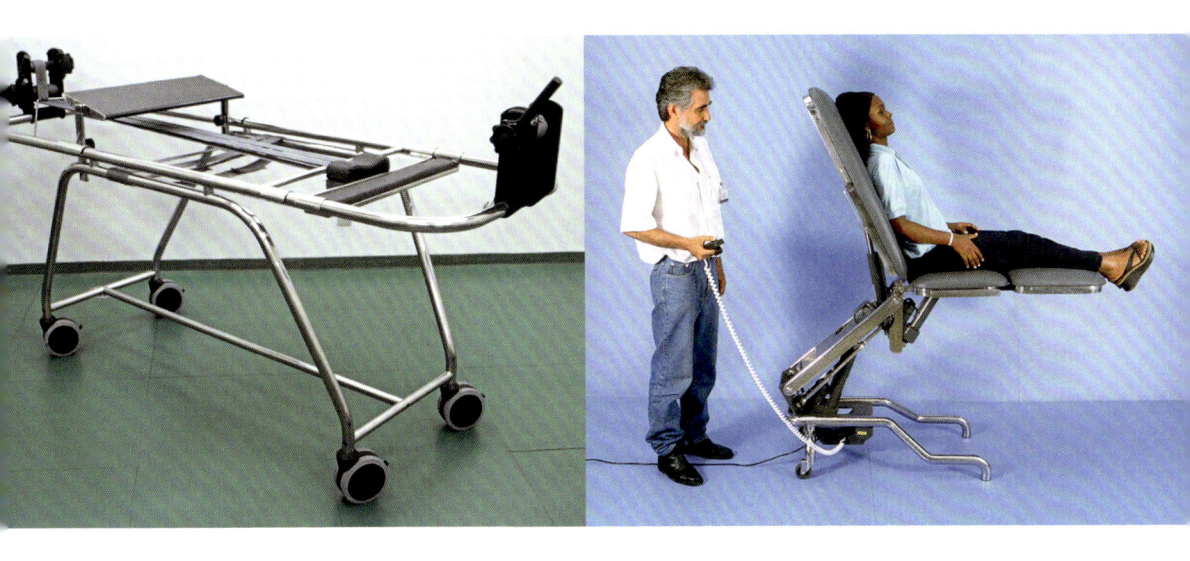

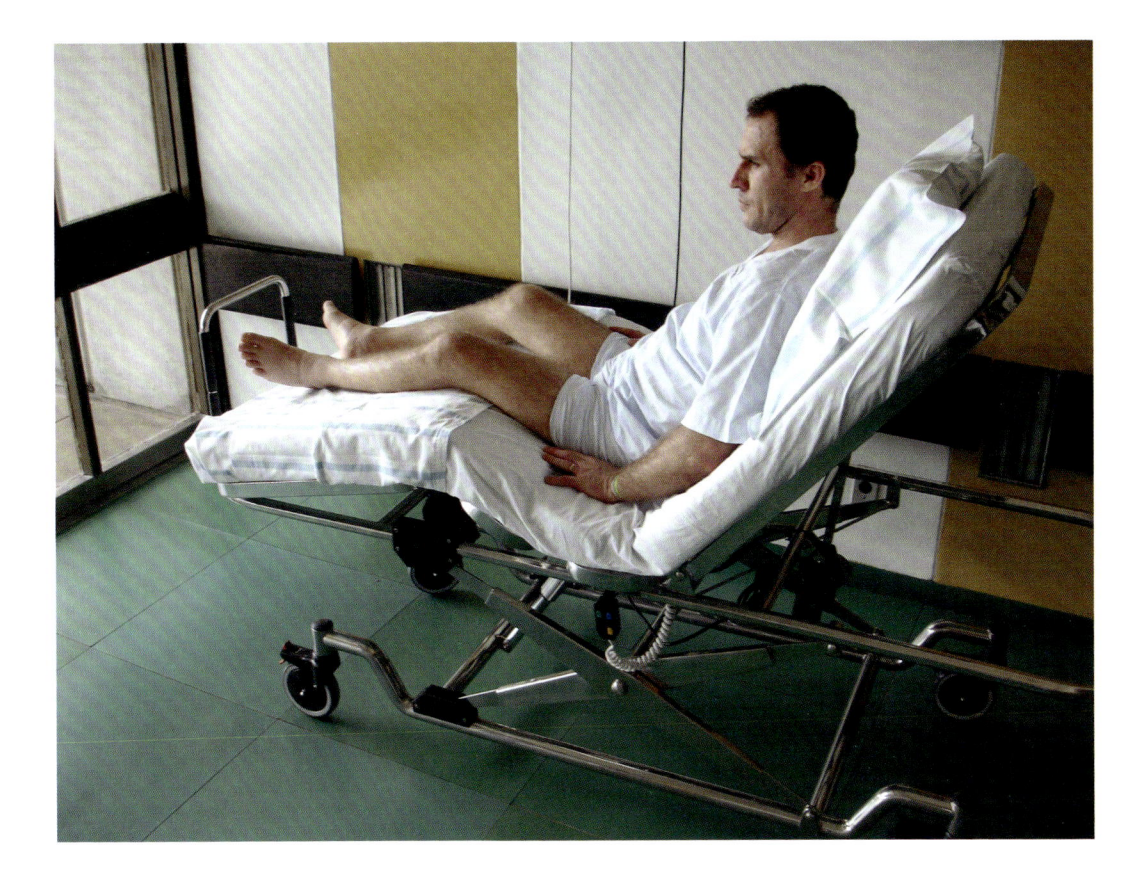

À esquerda, camas-maca e unidades móveis para instrumentos e roupas produzidas pelo CTRS

Acima, máquina de Hise, mesa de urodinâmica e cama-maca com controle de altura produzidas pelo CTRS

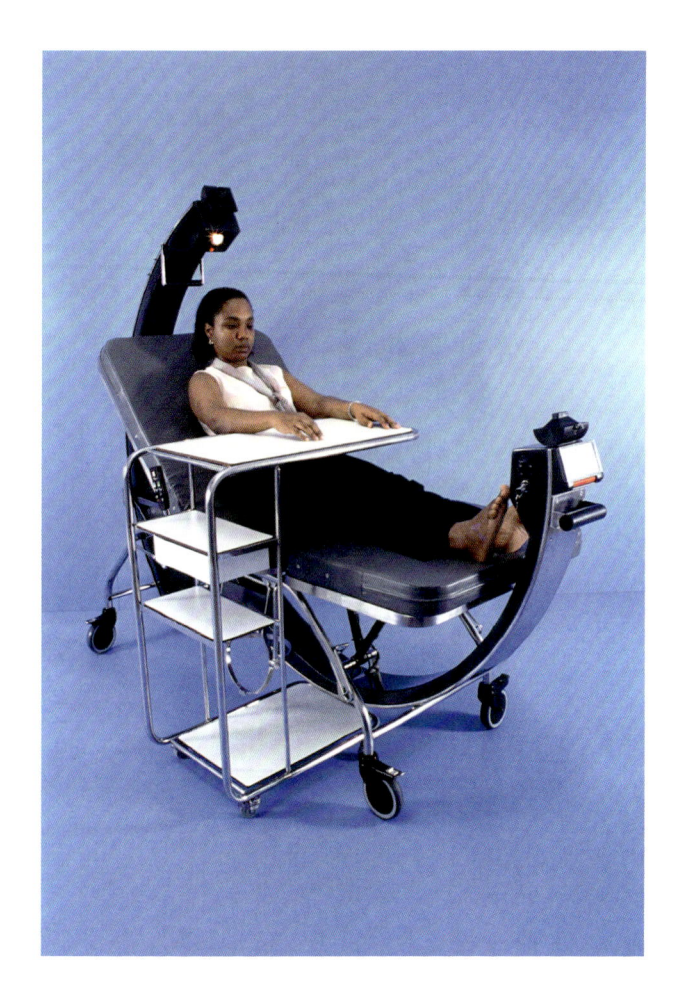

O novo modelo de cama-maca desenvolvido no CTRS conta com controles eletrônicos que permitem que o próprio paciente acione os movimentos do leito, o chamado da enfermeira e a iluminação, enquanto os movimentos do quadro balcânico são controlados exclusivamente pela enfermagem. O sistema elétrico, normalmente conectado à energia do hospital, possui um conjunto de baterias de 12 volts que proporcionam ao equipamento uma autonomia de cerca de quatro horas quando o paciente estiver afastado de seu posto na enfermaria. A luminária possui um controle rotativo que permite a orientação conveniente do foco no caso de exame, manipulação do paciente ou para leitura em qualquer posicionamento do leito.

Além disso, a diversificação industrial do CTRS também permitiu

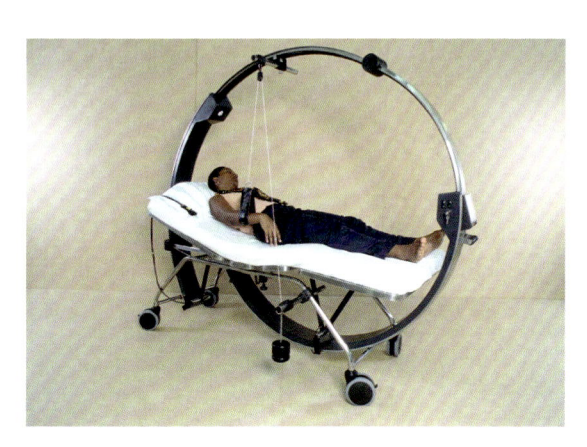

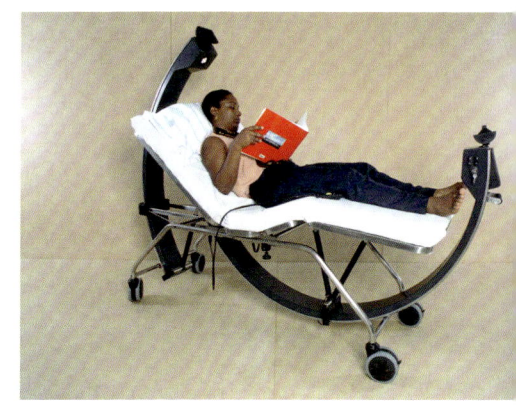

Sequência de fotos do novo modelo de cama-maca produzida pelo CTRS, com sistema de engate das mandíbulas para montagem das trações em tubos de secção octogonal, controle rotativo, quadro balcânico totalmente embutido nas estruturas em arco da cabeceira e dos pés e chave controlada pela enfermagem para liberação dos movimentos do quadro balcânico

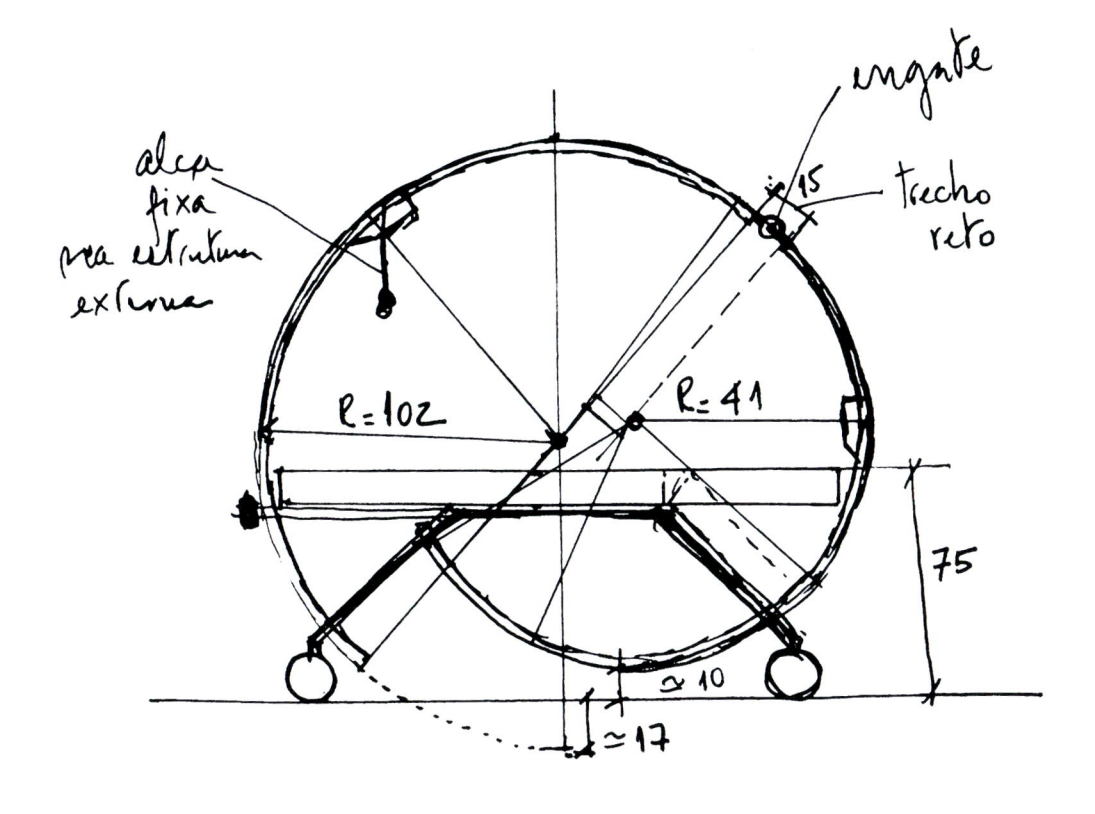

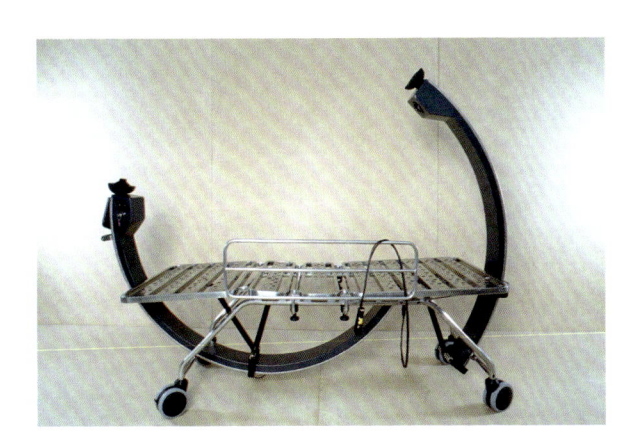

Desenho de novo modelo de cama-maca produzida pelo CTRS

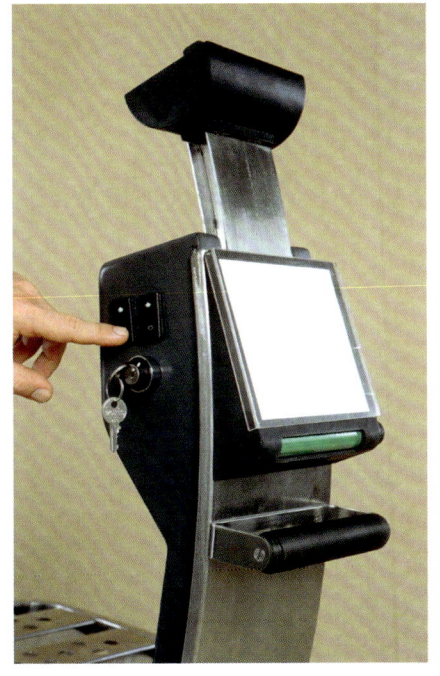

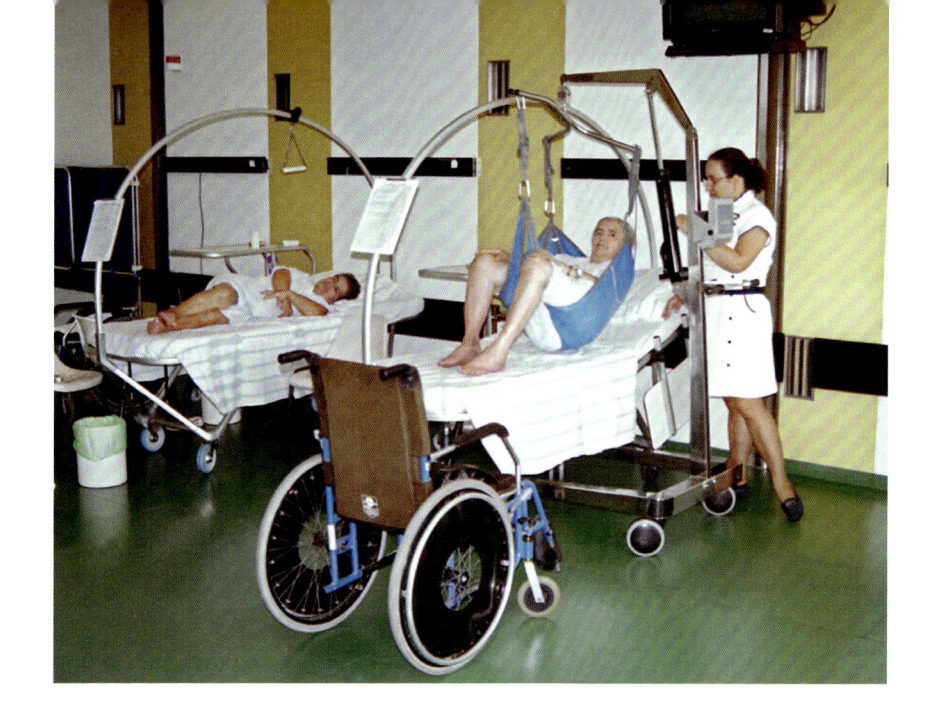

a execução de vários equipamentos hospitalares mais complexos e muito específicos, de produção semiartesanal, que eram importados a custos muito elevados de empresas estrangeiras especializadas e que, sem o indispensável apoio técnico no Brasil, não ofereciam manutenção confiável. É o caso, dentre outros, das mesas de urodinâmica e das eclusas dos centros cirúrgicos. Estas últimas, fabricadas pela Siemens, eram importadas da Alemanha, mas passaram a ser totalmente

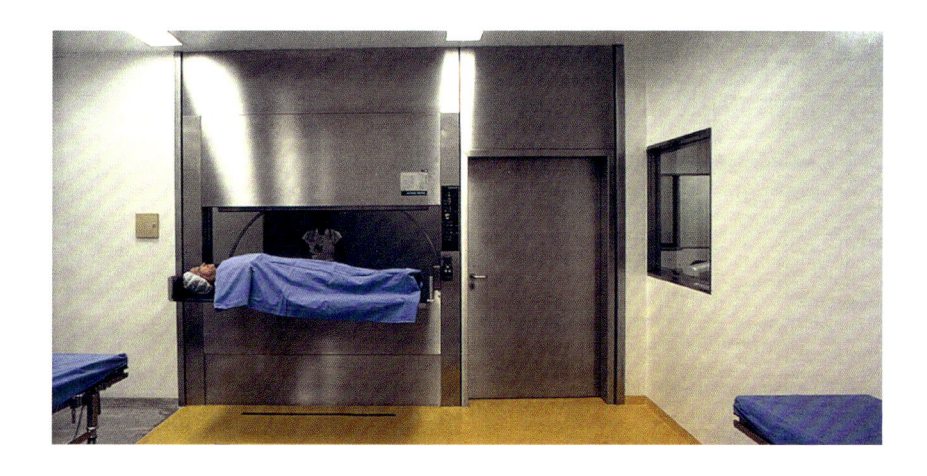

Acima, guindaste para pacientes e eclusa dos Centros Cirúrgicos produzidos pelo CTRS

À direita, monta-cargas e elevador hidráulico, instalado no Tribunal de Contas da União de Salvador, produzidos pelo CTRS

produzidas no CTRS a um custo pelo menos cinco vezes menor ao despendido na importação. Além disso, a manutenção desses equipamentos tornou-se muito mais fácil com o emprego de componentes produzidos pelo próprio CTRS ou pela indústria nacional.

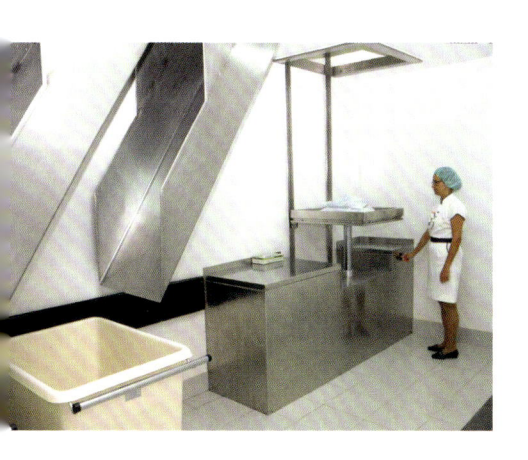

Outra vertente importante na pesquisa e produção do CTRS se encontra no setor de equipamentos incorporados à construção, tais como os sistemas de transportes verticais específicos e de baixo custo (elevadores, monta-cargas, planos inclinados etc.), que por sua pequena demanda não são produzidos pelas grandes empresas do setor, como, por exemplo, o guindaste para pacientes, equipamento utilizado para transporte e pesagem de pacientes paraplégicos ou tetraplégicos.

O CTRS vem produzindo elevadores e monta-cargas com duas ou três paradas, movidos por meio de sistema hidráulico. Os elevadores panorâmicos com cabine revestida de policarbonato transparente têm sido instalados em diversos prédios públicos, executados a partir de convênios sem fins lucrativos com outras instituições também públicas. O elevador em plano inclinado foi estudado para o Centro Internacional de Neurociências de Brasília e para o Hospital de Salvador. Em Brasília foi implantado em dois estágios interligando os três principais patamares em que estão estabelecidas as edificações. Em Salvador foi implantado em um único estágio interligando o patamar principal do hospital com o nível do acesso principal, onde estão as oficinas do CTRS.

O CTRS produziu mais recentemente um veículo para o transporte de pacientes nas vias das cidades, com características de conforto semelhantes às dos existentes no Hospital de Salvador. Foi projetado para atender ao transporte de pacientes entre o

Acima, elevadores em plano inclinado produzidos pelo CTRS e instalados no Centro Internacional de Neurociências de Brasília e no Hospital do Aparelho Locomotor de Salvador

À direita, barca produzida pelo CTRS no lago e no abrigo do Centro Internacional de Neurociências de Brasília

Centro de Tecnologia da Rede Sarah, produção do veículo para tráfego externo, Salvador BA

Hospital de Brasília e o Centro de Reabilitação da Península Norte. Produziu também, em nível experimental, uma barca destinada ao lazer e fisioterapia de pacientes internados no Centro Internacional de Neurociências de Brasília.

Hospital de Belo Horizonte

Após o término da obra do Sarah Salvador, em 1994, o CTRS iniciou a implantação do hospital de Belo Horizonte, localizado em um terreno na avenida Amazonas, onde já existia um hospital em funcionamento projetado por Oscar Niemeyer e construído na década de 1950. O conjunto de edifícios existentes se encontrava em situação muito precária. Além disso, as condições de funcionamento do hospital eram péssimas, devido principalmente aos inúmeros acréscimos e modificações executados sem nenhum critério e que descaracterizaram totalmente o projeto original. Em consequência, tornou-se inviável adaptar o conjunto de edifícios existentes às exigências estabelecidas no programa de instalações do novo hospital. Assim, foi aproveitada apenas a estrutura em concreto armado do antigo bloco de internação, um prédio de cinco pavimentos com 100 metros de extensão.

Hospital de Belo Horizonte, vista aérea, Belo Horizonte MG

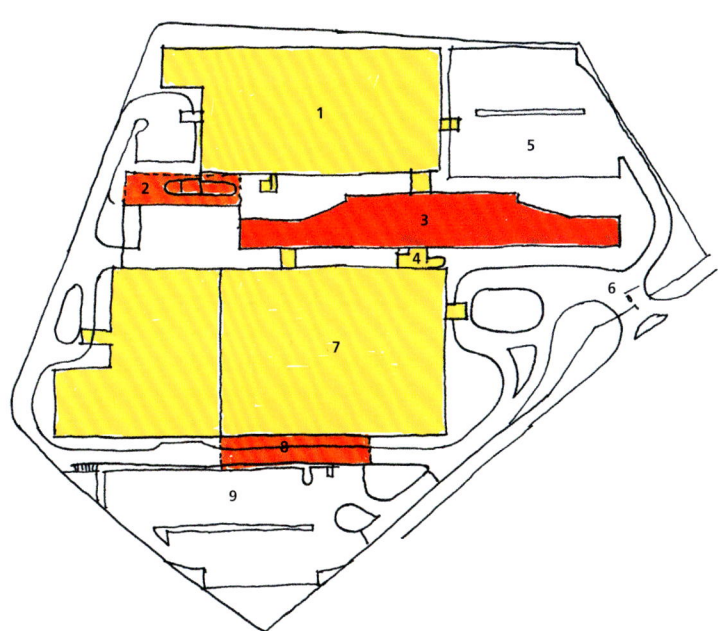

Hospital de Belo Horizonte, implantação, Belo Horizonte MG. 1. bloco menor (fisioterapia e apoio à paralisia cerebral); 2. subsolo-almoxarifado; 3. prédio existente; 4. torre de elevadores e escada; 5. estacionamento; 6. portaria de acesso; 7. bloco maior (ambulatório, serviços técnicos, centro de estudos etc); 8. subsolo – infraestrutura; 9. estacionamento

Os três pavimentos superiores desse prédio foram destinados às enfermarias – 180 leitos, sessenta em cada pavimento. Cada uma das duas enfermarias projetadas por pavimento tem capacidade para 28 leitos. A disposição dos leitos e a posição estratégica do posto de enfermagem permitem o controle visual de todos os pacientes. Foram previstos também seis apartamentos por pavimento para eventual isolamento de pacientes. No pavimento térreo, foram instalados o refeitório para pessoal, a administração e o arquivo nosológico, e no pavimento inferior, a cozinha, a lavanderia e a farmácia. Foram construídos, anexos à estrutura remanescente, uma torre de circulação externa com dois elevadores, escada e reservatório de água na parte superior, e mais dois novos edifícios.

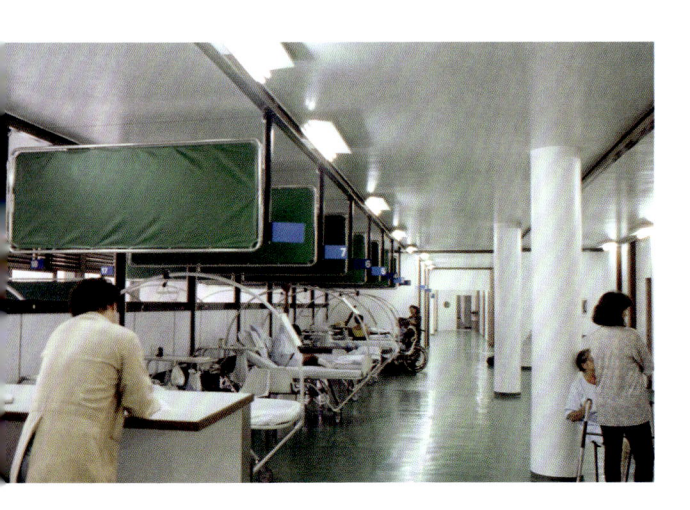

O bloco maior foi projetado com três pisos parcialmente superpostos, mas todos com acesso externo, graças ao escalonamento dos pavimentos aproveitando o desnível existente no terreno. O pavimento superior – onde se localiza o acesso principal e correspondente ao pavimento térreo do bloco de internação – é destinado ao ambulatório, setor de internação e alta, laboratório de movimento, de coleta etc.; no pavimento intermediário – ligado ao pátio de serviço e correspondente ao inferior do bloco de internação – ficam o setor de imagem, centro cirúrgico, primeiro estágio, laboratório, setor de limpeza e desinfecção de camas-maca, banco de sangue, auditório e biblioteca, os três últimos com acesso independente; e o inferior – ligado ao estacionamento do pessoal e conectado à torre do bloco de internação – é destinado aos vestiários, à central de material e ao almoxarifado.

O bloco menor, em um pavimento, é destinado à fisioterapia e ao Centro de Apoio à Paralisia Cerebral e está situado no nível correspondente ao do térreo do bloco de internação. Os estacionamentos e acessos aos dois setores do prédio são independentes.

Acima, Hospital de Belo Horizonte, enfermaria, Belo Horizonte MG

À direita, Hospital de Belo Horizonte, vista aérea, Belo Horizonte MG

Os dois blocos são dotados de sistema de iluminação e ventilação zenitais em sheds de estrutura metálica, semelhantes aos do hospital de Salvador.

Além desses prédios, foi construída também uma extensão ao pavimento dos serviços gerais, constituída de uma laje de concreto armado formando terraço ajardinado no nível superior, no nível zero, e abrigando as centrais de abastecimento e almoxarifado de obras no nível inferior, na cota 3,75m.

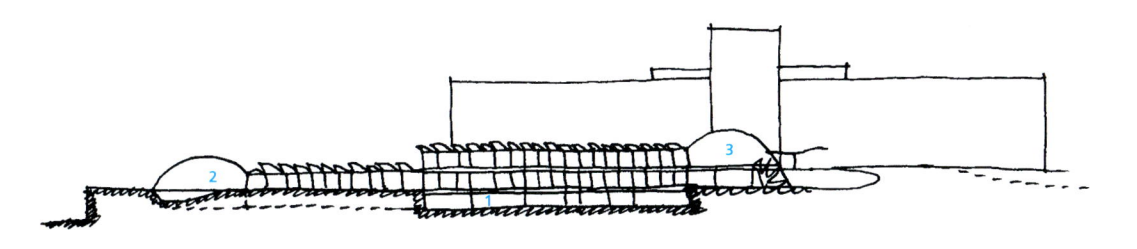

Hospital de Belo Horizonte, corte esquemático da implantação, Belo Horizonte MG. 1. nível -7,50 – almoxarifado, vestiários etc.; 2. nível -3,75 – rx, centro cirúrgico, laboratórios, centro de estudos, primeiro estágio etc.; 3. nível zero – ambulatório, setor de internação e alta etc.

O auditório tem capacidade para trezentas poltronas convencionais. Há também um espaço lateral nivelado destinado aos pacientes em camas-maca ou em cadeiras de rodas. O painel em relevo aplicado em uma das paredes laterais é de autoria do artista plástico Athos Bulcão.

Seguindo os mesmos conceitos adotados nos demais hospitais da Rede Sarah, os ambientes de espera para os pacientes externos são amplos e integrados a espaços verdes. No hospital de Belo Horizonte, os jardins se desenvolvem em dois níveis e em um mesmo espaço com pé-direito duplo, incorporando-se simultaneamente à espera do ambulatório, no

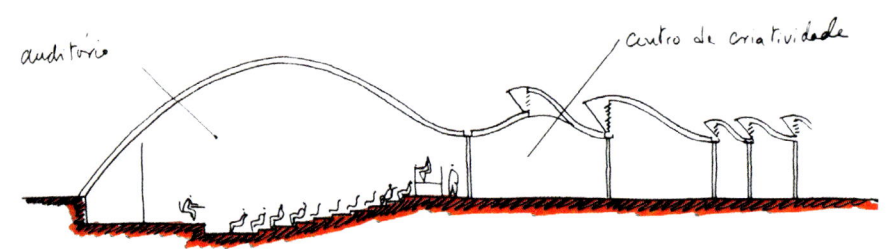

Hospital de Belo Horizonte, auditório, Belo Horizonte MG

Hospital de Belo Horizonte, ambiente de espera dos pacientes externos, Belo Horizonte MG

Hospital de Belo Horizonte, croqui da cobertura do auditório, Belo Horizonte MG

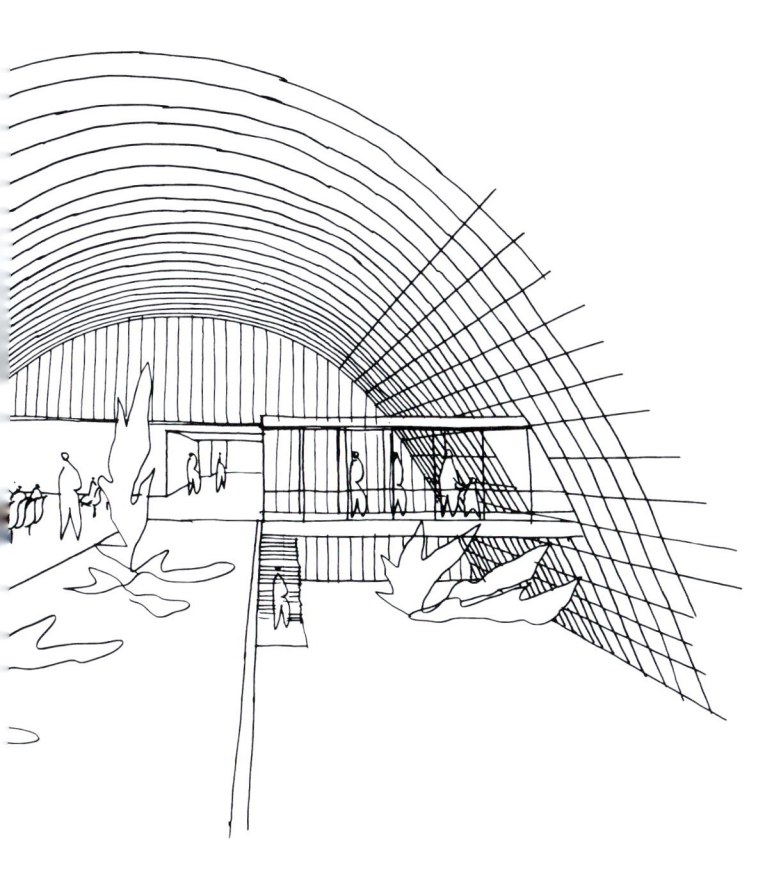

Hospital de Belo Horizonte, perspectiva interna e foto externa do ambiente de espera dos pacientes externos, Belo Horizonte MG

161   **Capítulo 9 – Hospital de Belo Horizonte**

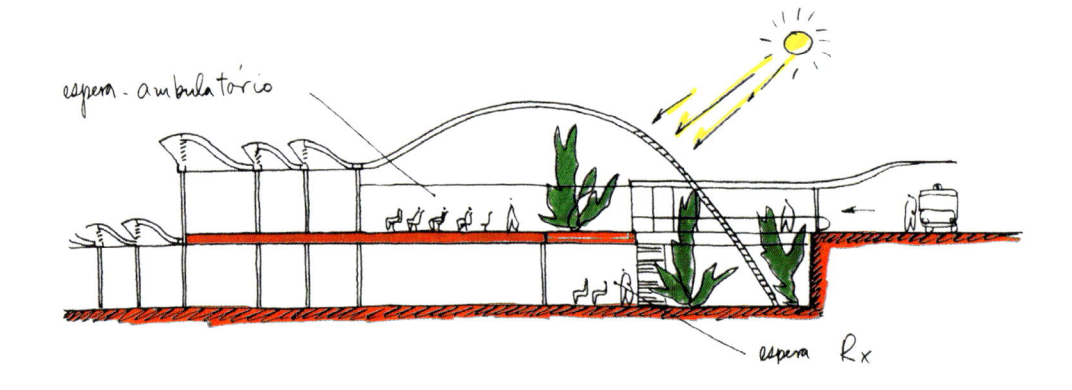

pavimento superior, e à espera do setor de imagem, no inferior. Nos trechos correspondentes à projeção dos jardins, as telhas e forros da cobertura em arco são substituídos por venezianas metálicas que proporcionam a ventilação e a iluminação natural desses ambientes.

As áreas externas, destinadas aos solários dos pacientes, foram criadas em três grandes plataformas adjacentes ao bloco de internação, com a forma de octógono inscrito em um círculo com diâmetro de 17 metros. A estrutura em concreto armado de cada plataforma está

Hospital de Belo Horizonte,
corte do ambulatório
e foto dos ambientes
de espera para
os pacientes externos,
Belo Horizonte MG

engastada em pilar único localizado no centro geométrico dos octógonos.

O desenvolvimento desse projeto foi coordenado pelos arquitetos Haroldo Pinheiro, José Fernando Minho e Ana Amélia Monteiro. O arquiteto Fábio Savastano foi o responsável pelo gerenciamento da obra.

Hospital de Belo Horizonte, perspectiva e foto do solário da enfermaria, Belo Horizonte MG

163   Capítulo 9 – Hospital de Belo Horizonte

Hospital de Belo Horizonte, cortes longitudinal, transversal e longitudinal, Belo Horizonte MG

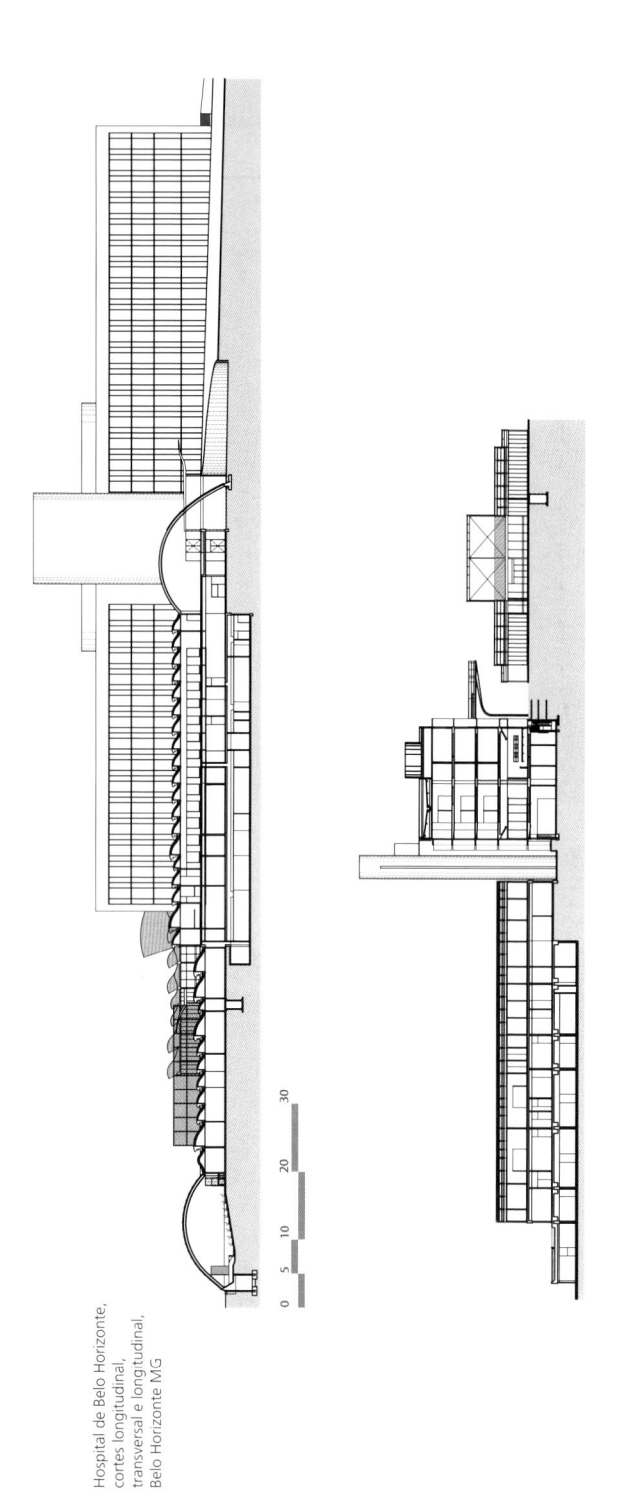

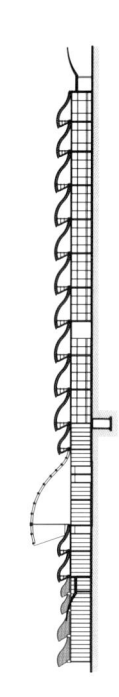

0 5 10 20 30

Abaixo, Hospital de Belo Horizonte, planta do pavimento 1º subsolo, Belo Horizonte MG.

1. almoxarifado; 2. caldeiras; 3. casa de máquinas; 4. galeria; 5. chefia; 6. ferramentas; 7. manutenção; 8. reservatório; 9. controle; 10. despensa 11. copa; 12. distribuição; 13. cozinha; 14. subestação; 15. rouparia; 16. lavanderia; 17. costuraria; 18. farmácia; 19. espera; 20. apoio/coleta; 21. aparelho geral; 22. telecomando; 23. recuperação anestésica; 24. posto de enfermagem; 25. indução anestésica; 26. ultrassom; 27. tomógrafo computadorizado; 28. consulta; 29. vídeo; 30. ressonância magnética; 31. depósito; 32. enfermaria; 33. isolamento; 34. secretaria; 35. engenheiros; 36. câmara clara; 37. laudos; 38. arquivo; 39. limpeza; 40. sala de estar médicos; 41. expurgo; 42. materiais esterilizados; 43. cirurgia; 44. lavabo; 45. limpeza e manutenção de macas; 46. acervo técnico; 47. museu; 48. bacteriologia; 49. hematologia/bioquímica/patologia clínica; 50. sorologia; 51. sala de aula; 52. histologia/citologia/citogenética; 53. patologia cirúrgica; 54. biblioteca; 55. armazenagem; 56. necropsia; 57. preparação de cadáveres; 58. central de gás; 59. sala de criatividade; 60. foyer; 61. sala de reuniões; 62. auditório

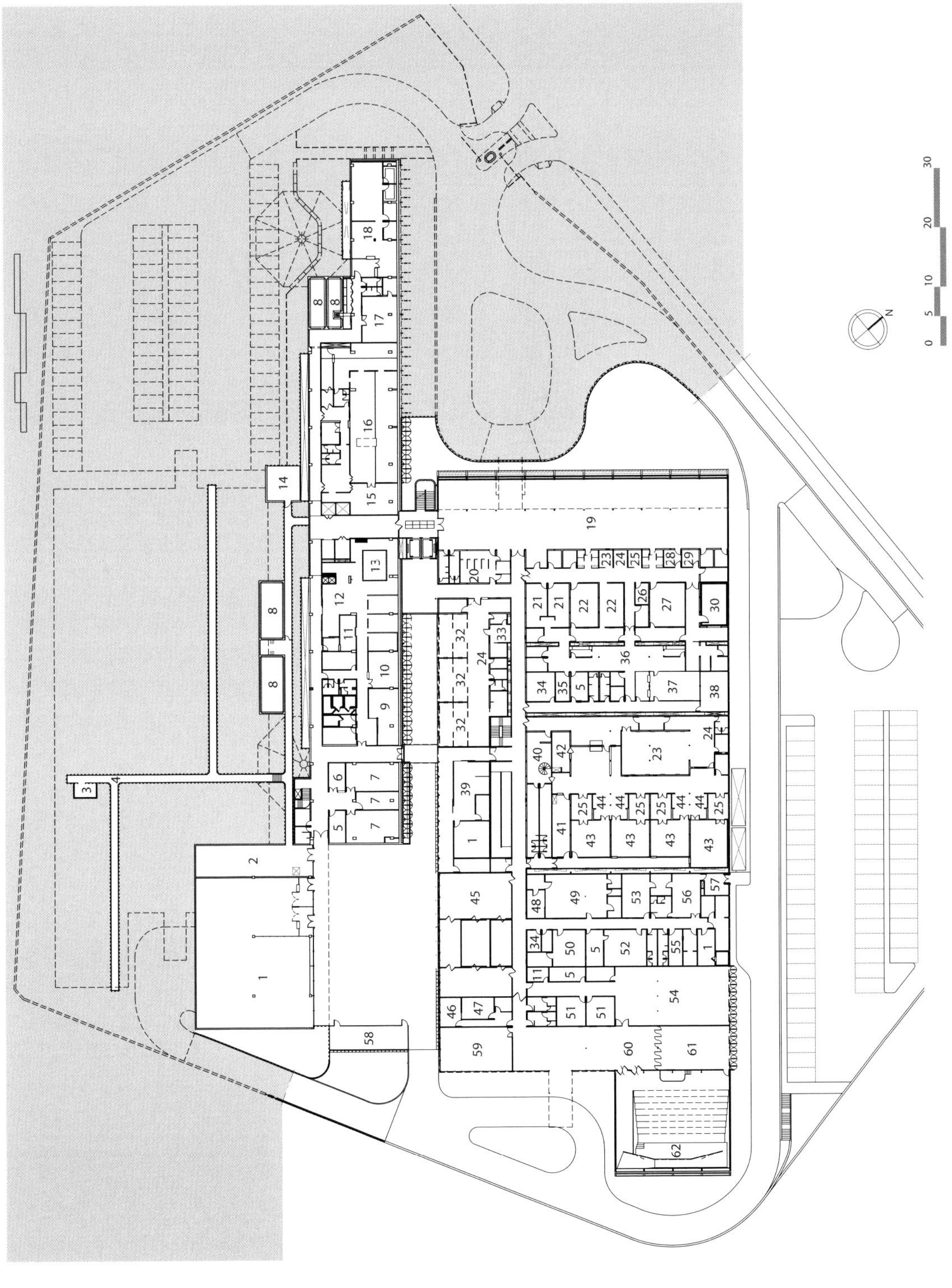

N
0
5
10
20
30

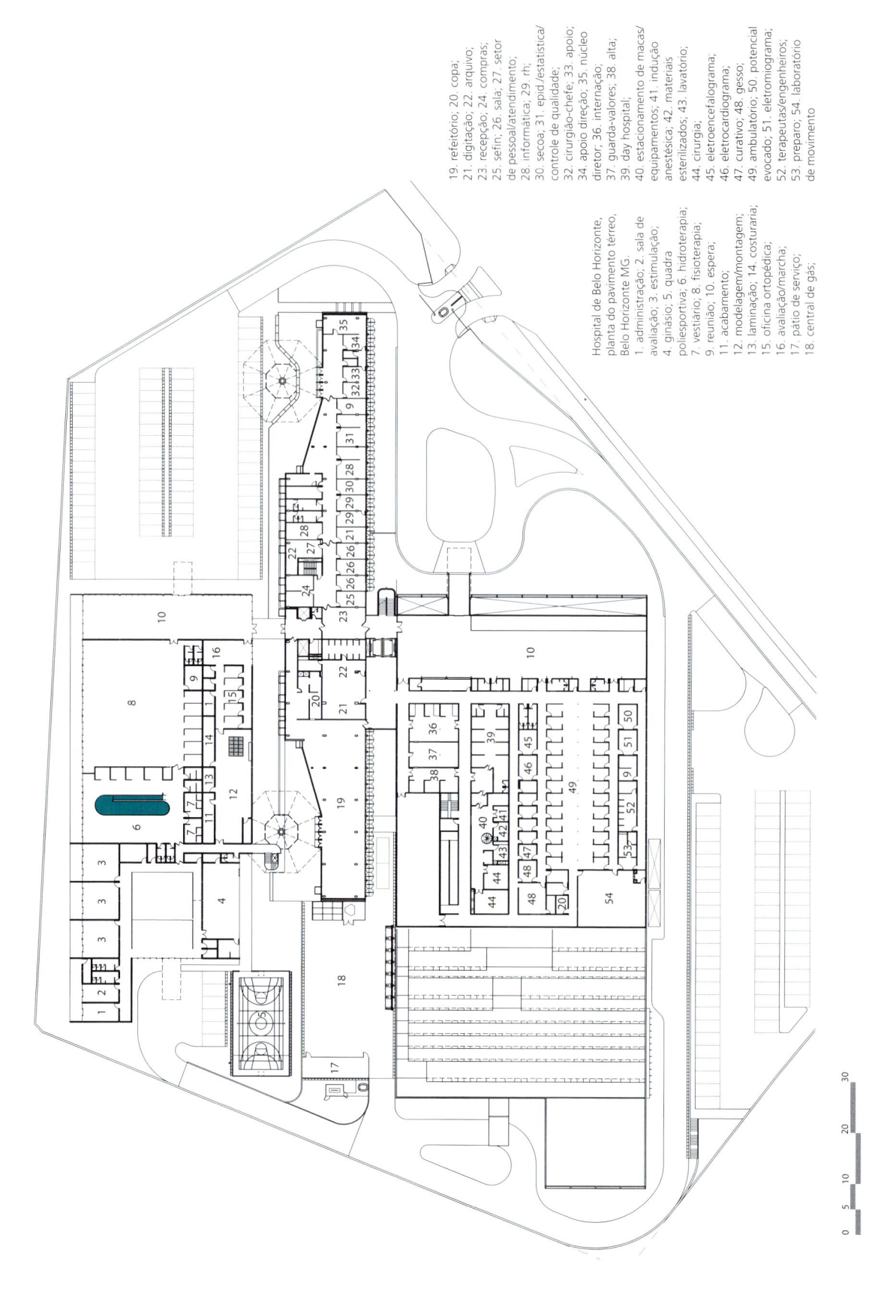

Hospital de Belo Horizonte, planta do pavimento térreo, Belo Horizonte MG.

1. administração; 2. sala de avaliação; 3. estimulação; 4. ginásio; 5. quadra poliesportiva; 6. hidroterapia; 7. vestiário; 8. reunião; 9. reunião; 10. espera; 11. acabamento; 12. modelagem/montagem; 13. laminação; 14. costuraria; 15. oficina ortopédica; 16. avaliação/marcha; 17. pátio de serviço; 18. central de gás; 19. refeitório; 20. copa; 21. digitação; 22. arquivo; 23. recepção; 24. compras; 25. sefin; 26. sala; 27. setor de pessoal/atendimento; 28. informática; 29. rh; 30. secoa; 31. epid/estatística/controle de qualidade; 32. cirurgião-chefe; 33. apoio; 34. apoio direção; 35. núcleo diretor; 36. internação; 37. guarda-valores; 38. alta; 39. day hospital; 40. estacionamento de macas/equipamentos; 41. indução anestésica; 42. materiais esterilizados; 43. lavatório; 44. cirurgia; 45. eletroencefalograma; 46. eletrocardiograma; 47. curativo; 48. gesso; 49. ambulatório; 50. potencial evocado; 51. eletromiograma; 52. terapeutas/engenheiros; 53. preparo; 54. laboratório de movimento

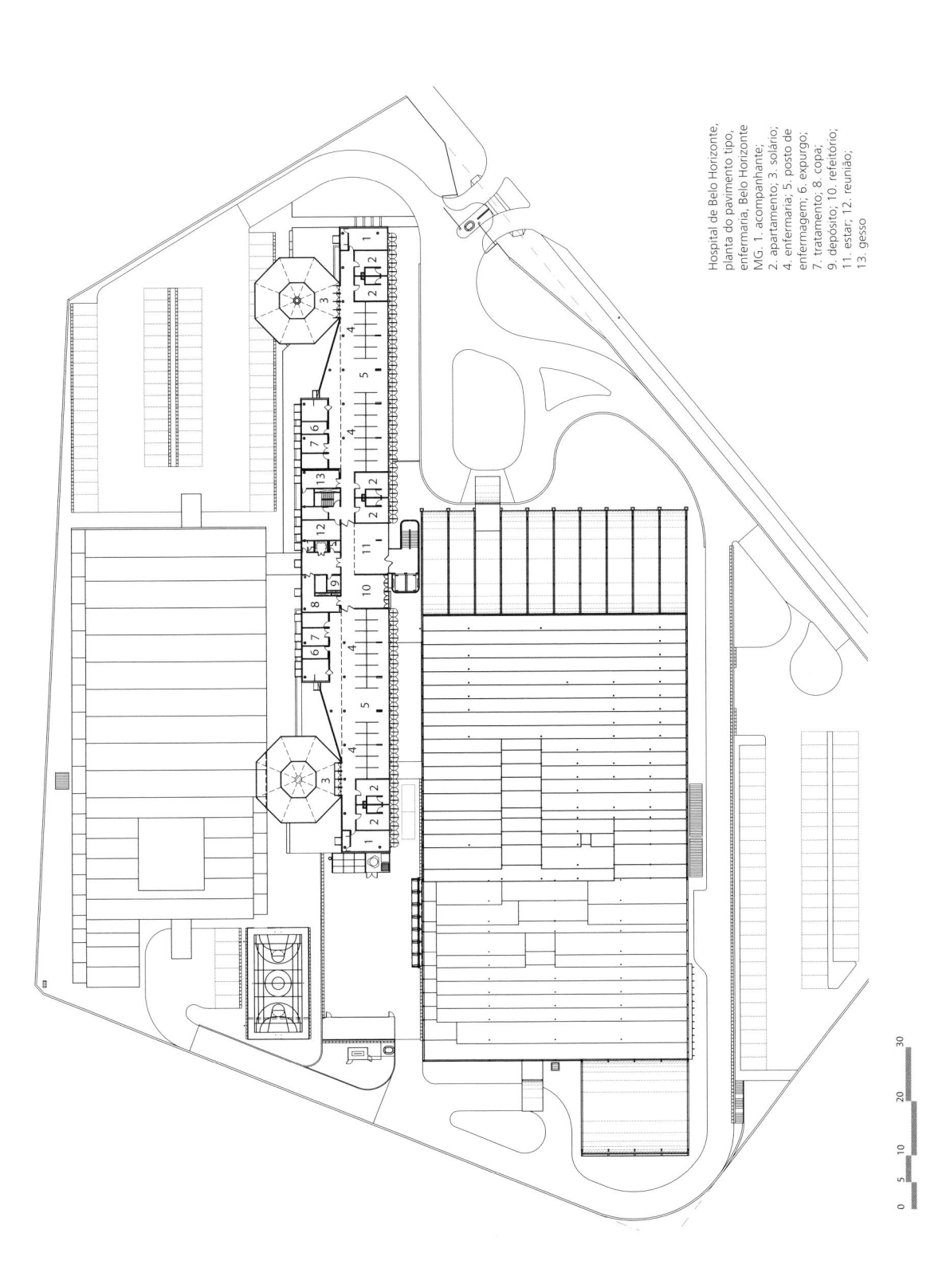

Hospital de Belo Horizonte, planta do pavimento tipo, enfermaria, Belo Horizonte MG. 1. acompanhante; 2. apartamento; 3. solário; 4. enfermaria; 5. posto de enfermagem; 6. expurgo; 7. tratamento; 8. copa; 9. depósito; 10. refeitório, 11. estar; 12. reunião; 13. gesso

Hospital de Fortaleza

O projeto do hospital de Fortaleza foi o primeiro desenvolvido integralmente com base no potencial de industrialização do CTRS.

O terreno destinado à construção do Sarah Fortaleza – relativamente próximo do aeroporto e a aproximadamente 12 quilômetros do mar – está localizado em uma área de expansão da cidade próxima a uma zona de preservação ambiental do vale do Rio Cocó.

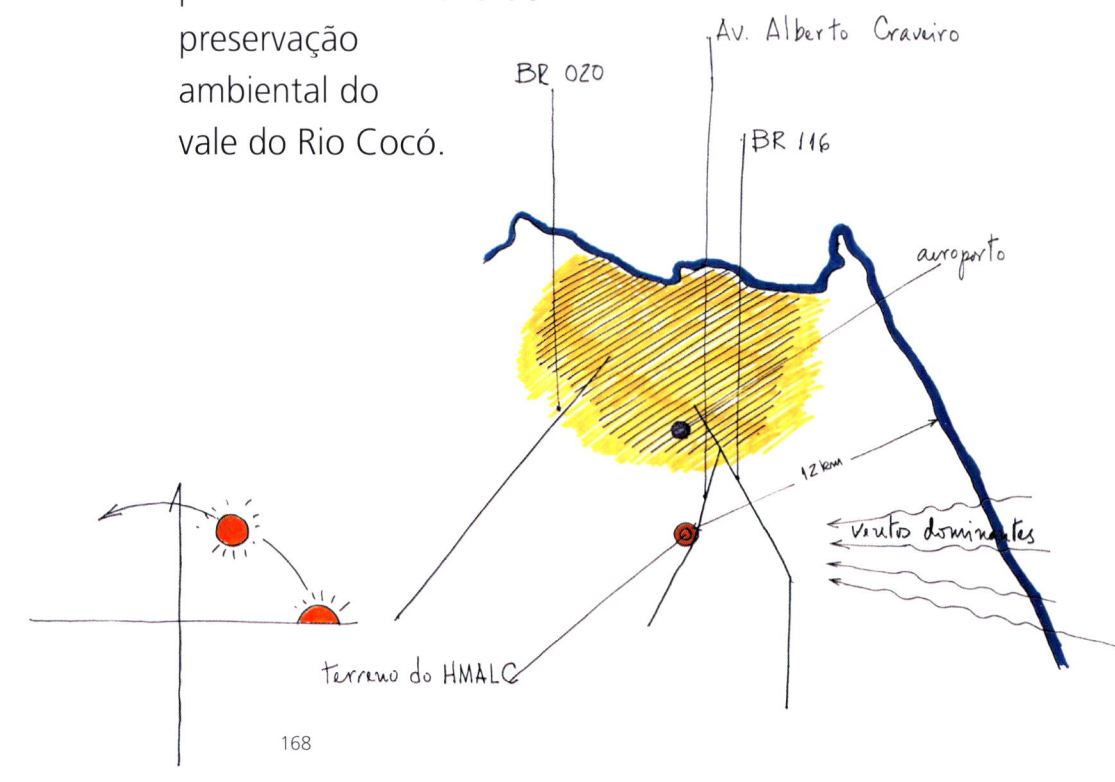

Hospital de Fortaleza,
planta esquemática de
localização e vista aérea,
Fortaleza CE

Hospital de Fortaleza, planta esquemática com distribuição do programa, Fortaleza CE. 1. primeiro estágio; 2. laboratórios; 3. estacionamento do pessoal; 4. estacionamento de pacientes e visitantes; 5. residência médica; 6. pátio de serviço; 7. serviços gerais; 8. bloco de internação; 9. centro cirúrgico; 10. fisioterapia; 11. ambulatório; 12. biblioteca e centro de estudos; 13. portaria; 14. apoio à paralisia cerebral; 15. bosque preservado

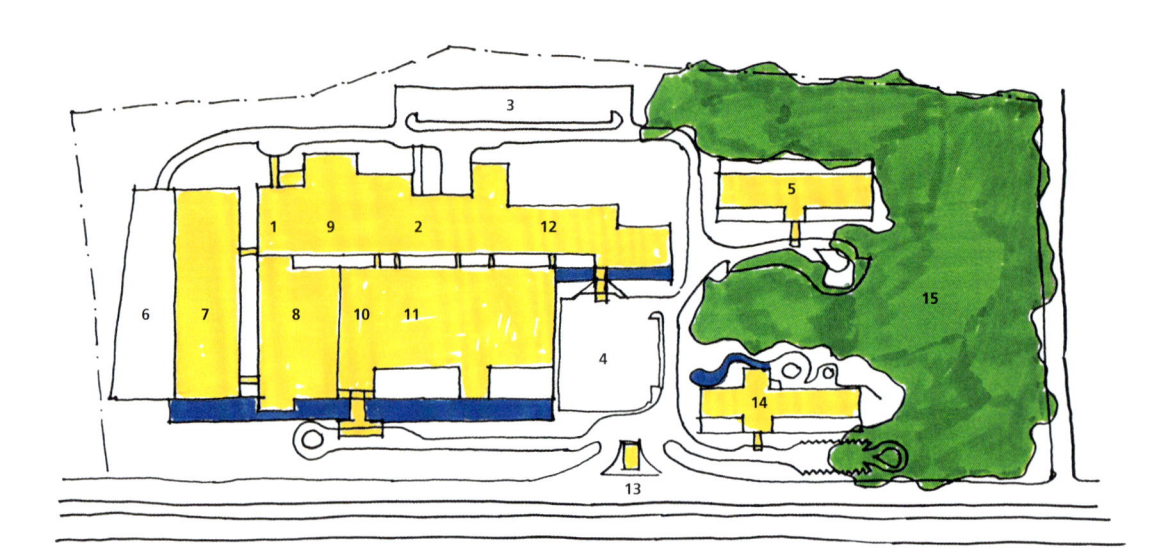

Acima, Hospital de Fortaleza, acesso, Fortaleza CE

À direita, Hospital de Fortaleza, marquise do acesso principal e acesso de pacientes internados, Fortaleza CE

Hospital de Fortaleza, Fortaleza CE

O acesso único ao terreno do hospital é feito pela avenida principal, com portaria, serviços de comunicação e de informações. O acesso principal, com embarque e desembarque de pacientes e de visitantes, é protegido por uma grande marquise e está ligado à entrada principal do hospital por uma ponte protegida por cobertura e que vence o vão de 8 metros, correspondente ao lago que se desenvolve ao longo de toda a fachada do edifício. Foi previsto um acesso específico ao setor de internação e alta, para pacientes transportados em ambulância.

Grande parte do terreno destinado à construção desse hospital era ocupada por um bosque de árvores frutíferas. A deliberação de preservá-lo para o lazer dos pacientes e terapias ao ar livre implicou na redução significativa da área disponível para a implantação das construções, inviabilizando a desejável adoção do mesmo partido horizontal do hospital de Salvador. Assim, foi necessário verticalizar a internação em um bloco de sete pavimentos, localizado, como convém, entre os setores de serviços gerais e os setores técnicos. Em cada extremidade desse bloco foi projetada uma torre destinada à circulação vertical – dois elevadores e uma escada – e sanitários.

A declividade do terreno no sentido longitudinal, com cerca de 3 metros, exigiu moldá-lo em duas plataformas niveladas, onde foram implantados dois pavimentos térreos parcialmente superpostos e destinados aos serviços gerais no nível inferior e ao ambulatório e setores de diagnósticos e tratamento no nível superior. O refeitório dos funcionários está localizado ao lado da cozinha e se integra a um espaço verde que separa o prédio de serviços gerais do bloco de internação. Com entrada independente, o centro de estudos está situado no extremo do prédio em área próxima ao bosque e é constituído por biblioteca, salas para estudos, reuniões e auditório com 250 poltronas convencionais e galeria para pacientes em camas-maca ou cadeiras de rodas.

Com base em experiência bem-sucedida realizada no hospital de Salvador, foi planejado nesse hospital um setor específico de reabilitação, destinado a dar assistência à cerca de quarenta pacientes-dia. Esses pacientes são geralmente portadores

À esquerda, Hospital de Fortaleza, refeitório dos funcionários, Fortaleza CE

À direita, Hospital de Fortaleza, centro de estudos e entrada de ar para galerias, Fortaleza CE

de lesão medular ou cerebral, em sua maioria paraplégicos, que recebem tratamento diário, sobretudo, nos setores de fisioterapia, hidroterapia e nas áreas de lazer externas. Ao ingressar no hospital, pela manhã ou à noite, são submetidos, no setor de internação e alta, às mesmas rotinas realizadas com os pacientes internados. Para atender a essas características funcionais, os pacientes-dia aguardam seus respectivos tratamentos em uma área localizada no pavimento térreo, próxima ao setor de internação e alta, e junto ao hall utilizado pelos pacientes internados em seu trânsito para as terapias ao ar livre.

O Centro de Apoio à Paralisia Cerebral e a residência médica foram localizados em dois prédios autônomos, integrados às áreas do bosque destinadas ao lazer e terapias ao ar livre. O Centro de Apoio à Paralisia Cerebral conta com piscina e playground para tratamentos ao ar livre em áreas externas próprias, com estacionamento e acesso independentes. Os ambientes internos da residência médica estão protegidos do devassamento exterior por muros de 1,80 metro de altura, executados com componentes de argamassa armada pintada, projetados pelo artista plástico Athos Bulcão.

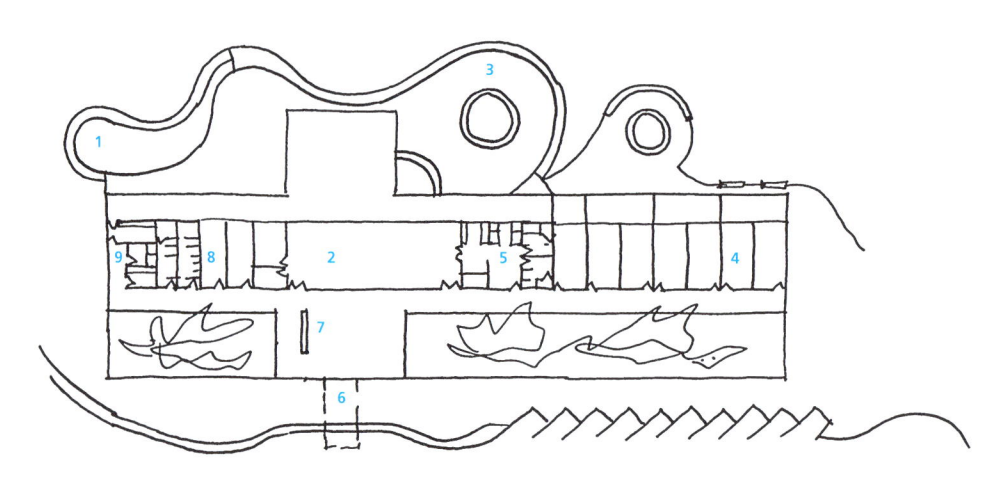

Hospital de Fortaleza, acesso principal do Centro de Apoio à Paralisia Cerebral, Fortaleza CE

Hospital de Fortaleza, planta esquemática do Centro de Apoio à Paralisia Cerebral, Fortaleza CE.
1. piscina; 2. ginásio; 3. playground; 4. salas de tratamento; 5. vestiários; 6. marquise de acesso; 7. espera; 8. salas de exame; 9. limpeza, apoio

Abaixo, Hospital de Fortaleza, galerias de tubulação, Fortaleza CE

Ventilação e conforto ambiental

O sistema de ventilação natural adotado em Salvador foi aprimorado nesse projeto através da introdução de modificações. Houve um crescimento do número de galerias, com o consequente aumento do volume de ar insuflado, e uma distribuição mais homogênea das galerias possibilitando posicionamento mais adequado dos pontos de insuflação em cada ambiente. Houve ainda o aumento da altura e dimensões das aberturas dos sheds destinadas à sucção do ar, criando maior velocidade no seu deslocamento de baixo para cima no interior dos ambientes. O ar fresco penetra nas galerias através de aberturas dispostas ao longo de um lago com 8 metros de largura adjacente a toda a fachada do edifício. Junto a cada abertura de penetração da brisa, aspersores criam uma cortina de água pulverizada que, além de reter as eventuais partículas de poeira em suspensão, provocam, pelo efeito da evaporação, o rebaixamento da temperatura do ar insuflado nas galerias.

A cobertura em arco do bloco de internação se prolonga até o nível do solo de um dos lados do edifício e em toda a sua extensão. Dessa forma, o grande espaço interno de convivência do hospital abriga um jardim escalonado com 20 metros de largura, projetado pela arquiteta Alda Rabello Cunha, que liga o nível do pavimento térreo (pátio de convivência e área da fisioterapia) ao nível -3,50m do bloco de internação, onde está localizado o setor de administração dos serviços gerais. Visualmente, o jardim escalonado e o grande vão livre se integram às circulações das enfermarias nos níveis superiores, que se abrem como galerias para o grande espaço ajardinado, que foi deliberadamente localizado em um ponto de convergência entre as circulações internas e de visitantes ou pacientes externos. Assim, poderá servir não só de extensão da fisioterapia, mas também a diversos eventos culturais e de divertimento envolvendo a participação de toda a população que utiliza o hospital. Os pacientes internados, distribuídos ao longo das galerias do bloco de internação, podem observar as sessões de fisioterapia e os eventos culturais que se realizam no pátio polivalente do pavimento térreo.

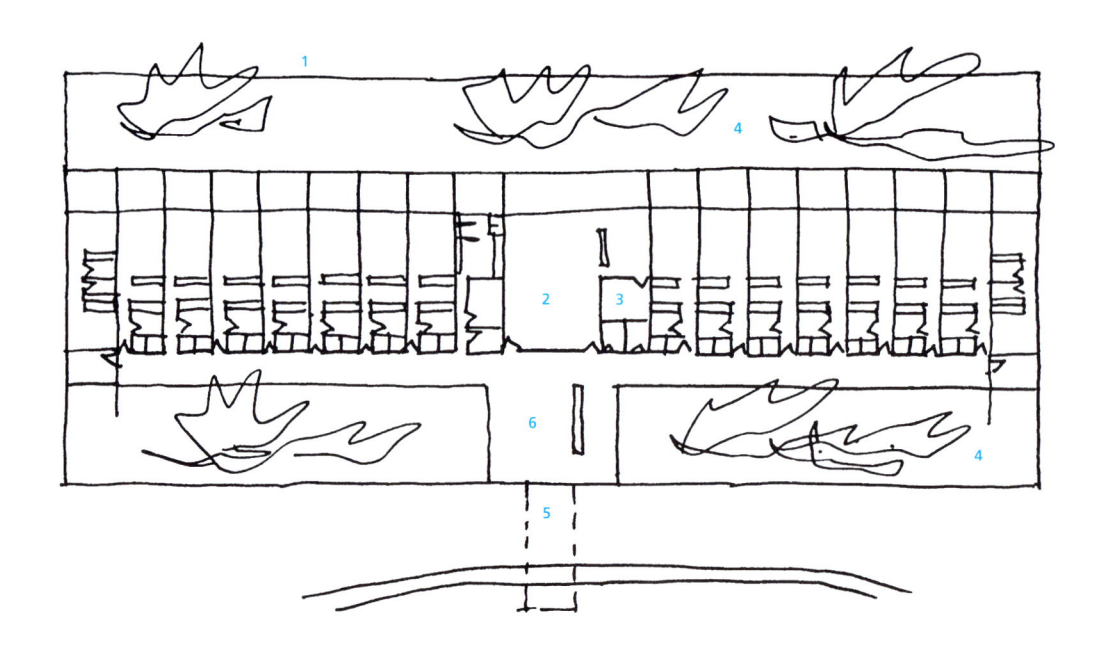

Acima, Hospital de Fortaleza, planta esquemática da residência médica, Fortaleza CE.

1. muro athos bulcão;
2. estar; 3. copa; 4. jardim;
5. marquise de acesso;
6. portaria.

À direita, Hospital de Fortaleza, aberturas para penetração da brisa, Fortaleza CE

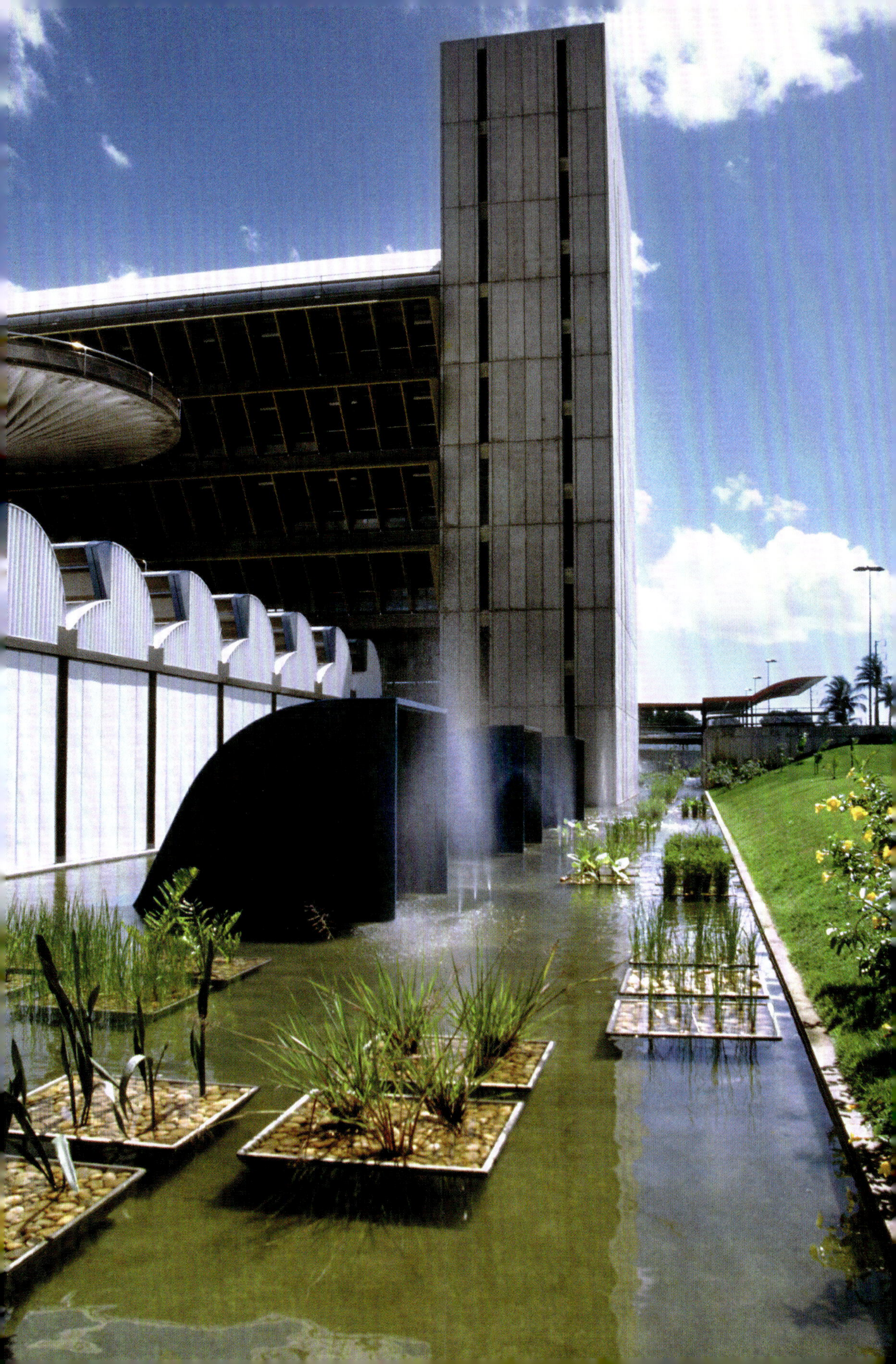

À esquerda, Hospital de Fortaleza, perspectiva do pátio da fisioterapia e pátio do bloco de internação, Fortaleza CE

À direita (acima), Hospital de Fortaleza, planta esquemática do bloco de internação, Fortaleza CE. 1. fisioterapia do pavimento; 2. galeria; 3. posto de enfermagem; 4. torre de circulação vertical; 5. varanda; 6. solário

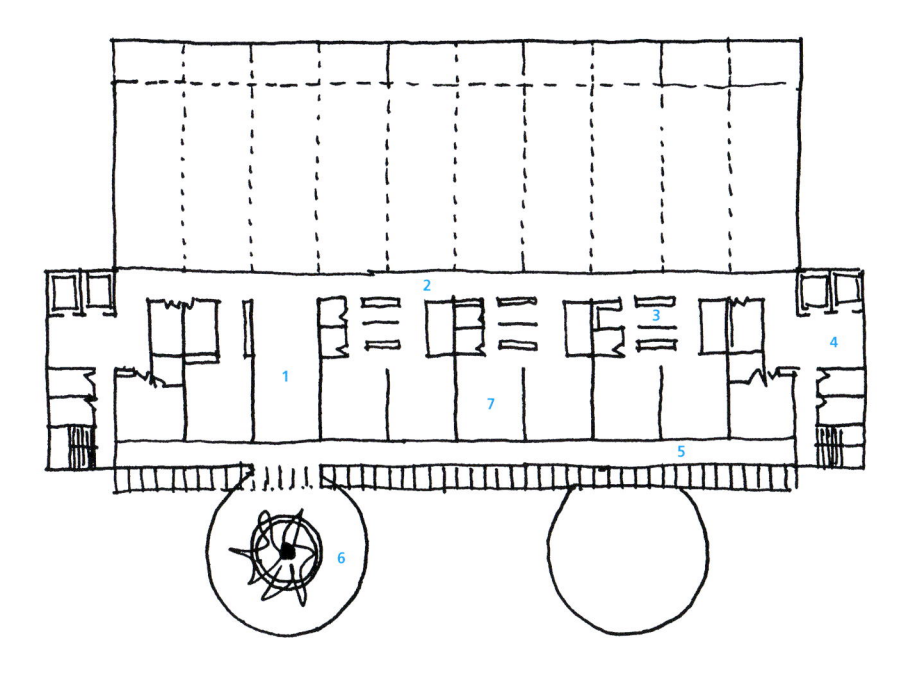

Na projeção do trecho ajardinado, a cobertura e forro metálico foram substituídos por peças metálicas horizontais móveis. Inicialmente, previu-se o movimento sincronizado dessas peças em torno de seus respectivos eixos centrais através de um motor controlado por relógio. Dessa forma, elas girariam lentamente, de acordo com o movimento do sol, permitindo que os raios solares incidissem verticalmente no solo do pátio, mas impedindo que eles atingissem as enfermarias localizadas nos pavimentos superiores. Após a montagem, concluiu-se que esse objetivo poderia ser atingido sem a movimentação

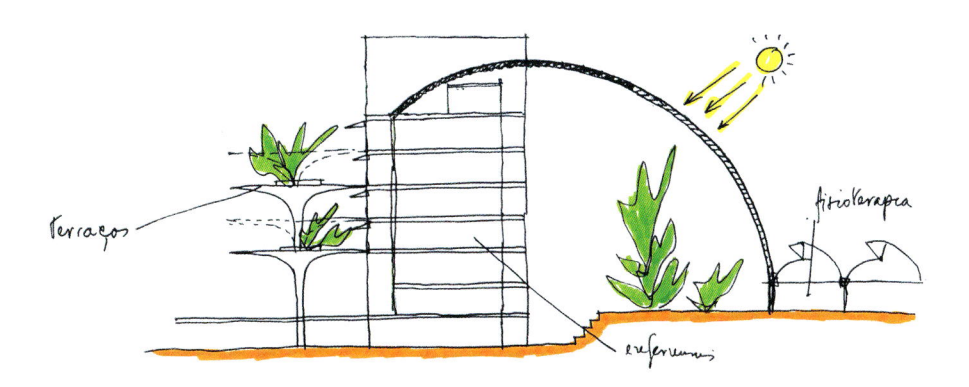

Hospital de Fortaleza, corte esquemático da cobertura em arco, Fortaleza CE

das peças, desde que elas fossem fixadas em uma posição estratégica, formando um ângulo variável com o nível do piso, em função de seu posicionamento ao longo da superfície circular segundo a qual estão dispostas.

As enfermarias contam com 144 leitos e ocupam quatro pavimentos do bloco de internação; cada pavimento conta com três conjuntos, totalizando doze conjuntos; cada conjunto conta com doze leitos e é atendido por um subposto de enfermagem. O espaço ocupado por cada paciente nas enfermarias pode ser eventualmente protegido visualmente por meio de cortinas de enrolar fixadas nas estruturas metálicas do teto. No último pavimento foram previstos quatorze apartamentos individuais, que dispõem de um amplo terraço contíguo às respectivas varandas e destinado a banhos de sol e terapias ao ar livre.

Nos dois níveis térreos foram localizados respectivamente o setor

Hospital de Fortaleza,
piscina externa,
Fortaleza CE

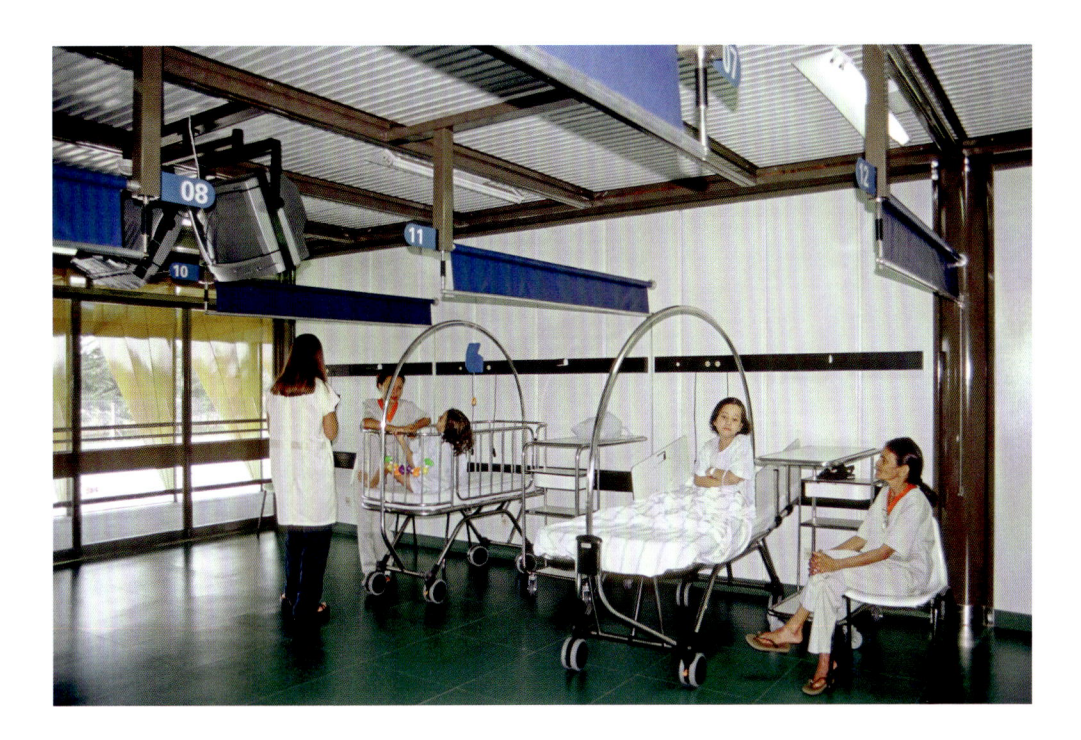

Hospital de Fortaleza, vistas
da enfermaria, Fortaleza CE

181 Capítulo 10 – Hospital de Fortaleza

Abaixo, Hospital de Fortaleza, terraço dos apartamentos, Fortaleza CE

À direita, Hospital de Fortaleza, setor de serviços gerais e pátio de serviços e abastecimento em primeiro plano, Fortaleza CE

de internação e alta – nível térreo superior, que corresponde aos setores de diagnóstico e tratamento – e a administração – nível térreo inferior, que corresponde ao setor de serviços gerais. Este setor se desenvolve em um pavimento ao longo do pátio de serviços e abastecimento, e todos os seus ambientes são dotados de iluminação e ventilação naturais por meio de sheds. O ar fresco é introduzido nas salas através de três galerias em subsolo.

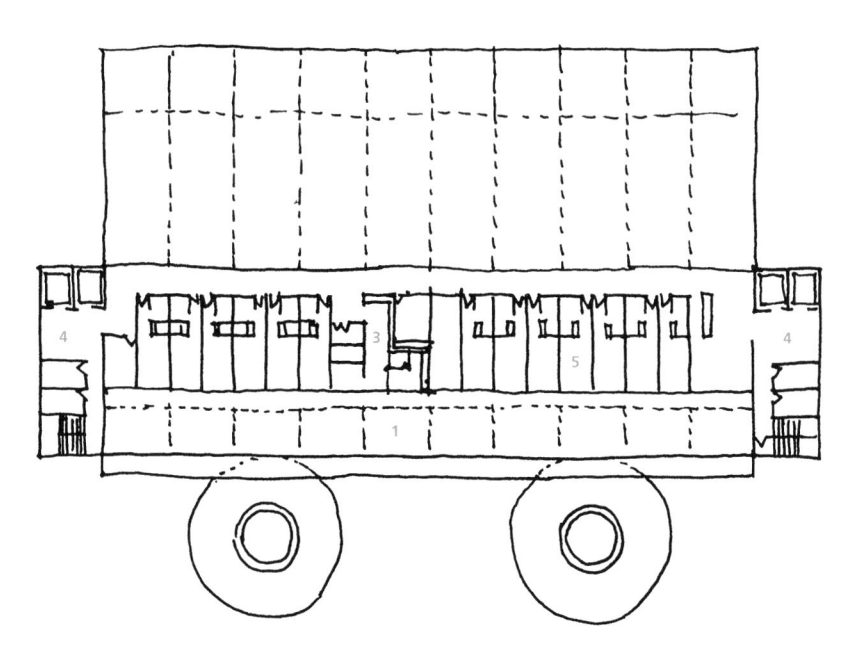

Hospital de Fortaleza, planta esquemática do pavimento de apartamentos, Fortaleza CE. 1. terraço dos apartamentos; 2. galeria; 3. posto de enfermagem; 4. torre de circulação vertical; 5. apartamentos

Hospital de Fortaleza, corte esquemático da implantação, Fortaleza CE. 1. nível -3,50 – serviços gerais; 2. bloco de internação; 3. nível zero – acesso de pacientes e visitantes, diagnóstico e tratamento, centro de estudos, auditório, setor de internação e alta, fisioterapia, centro cirúrgico, laboratórios etc.

Capítulo 10 – Hospital de Fortaleza

Como mencionado, as enfermarias estão ligadas a galerias ao longo do espaço abrigado pela cobertura em arco. Do lado oposto, as enfermarias se integram a uma varanda protegida da insolação sudoeste por uma colmeia de elementos metálicos, revestidas em sua superfície interna por material termoacústico. Ao longo dessa fachada, foram projetados dois conjuntos estruturais independentes destinados aos solários das enfermarias. Cada um desses conjuntos é constituído de duas plataformas circulares com 17 metros de diâmetro, engastadas respectivamente em um pilar único central e ligadas a pavimentos alternados do bloco de internação. Resulta, assim, entre cada duas plataformas superpostas, um pé-direito duplo de 6 metros, que favorece, como convém, a franca penetração do sol. Os solários estão ligados às varandas do respectivo pavimento do bloco de internação sempre no trecho correspondente ao salão de fisioterapia. Assim, poderão ser utilizados também como extensão da fisioterapia para tratamentos ao ar livre.

Construção

Os componentes de argamassa armada das galerias foram projetados com 130 quilos de peso de modo que possam ser transportados e montados manualmente. Por conveniência da obra, foram utilizados nessas operações equipamentos mecânicos do tipo Munck fixados em caminhões. As galerias de tubulações formam também o sistema de fundações. Os componentes verticais se encaixam em calhas pré-fabricadas dispostas ao longo da projeção das paredes da galeria. Essas calhas, por sua vez, se ancoram na laje de concreto do fundo, fundida no local. As galerias de tubulações são semelhantes às presentes nos hospitais de Salvador e Belo Horizonte.

A estrutura básica do bloco de internação é constituída de dois tipos de vigamento metálico: o principal, no sentido transversal do prédio, executado em perfis soldados e descarregando em pilares tubulares a cada 6,25 metros; o secundário, executado em chapa dobrada, se apoiando no vigamento principal.

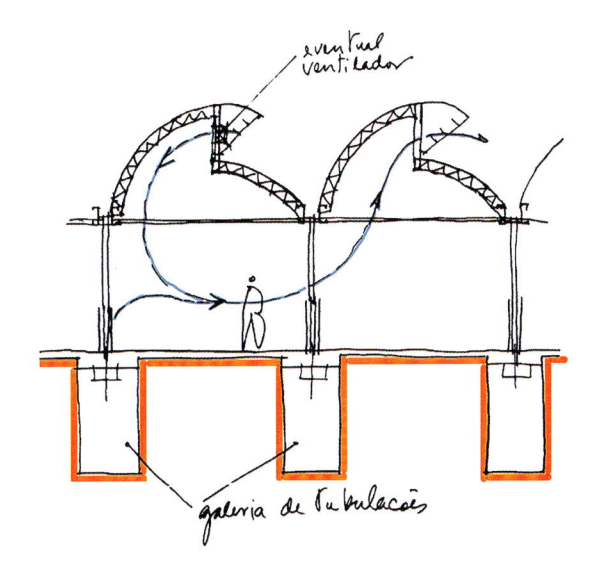

À esquerda, Hospital de Fortaleza, colocação de componentes de argamassa armada das galerias, Fortaleza CE

Acima, Hospital de Fortaleza, corte esquemático da galeria de tubulações e construção da galeria de tubulações, Fortaleza CE

Os componentes de argamassa das lajes se apoiam no vigamento secundário e recebem um contrapiso armado estrutural após a montagem de cada pavimento. As paredes das torres de circulação vertical, com 25 centímetros de espessura, são constituídas de componentes duplos de argamassa armada com 62,5 centímetros de largura e com a altura do pé-direito. Pilaretes de concreto são fundidos no local, em nichos específicos criados nos bordos dos componentes.

Os arcos metálicos a cada 6,25 metros, que formam a estrutura básica da cobertura do bloco de internação e do espaço de convivência, vencem vãos de 35,625 metros. Descarregam de um dos lados diretamente no solo e do outro na linha de pilares metálicos que se desenvolve ao longo da fachada do bloco de internação. Os empuxos no apoio superior são absorvidos pela laje do pavimento e por ela transferidos para as torres de circulação vertical.

O arcabouço dos sheds é constituído de treliças metálicas que recebem as terças, também metálicas, nas quais são fixadas as telhas calandradas em chapas pré-pintadas de branco. No banzo inferior das treliças, são fixados os forros metálicos em chapa corrugada também pré-pintada de branco. O isolamento termoacústico dos ambientes internos é garantido por uma camada de bidim colado nas superfícies internas do forro e das telhas, e pelo colchão de ar ventilado que se forma entre ambos.

Os componentes de argamassa armada que formam as plataformas dos solários foram produzidos no CTRS com alto nível de precisão, sobretudo em suas medidas externas, para atender ao espaçamento de montagem de apenas 3 milímetros, estabelecido em projeto. Cada componente de argamassa armada se apoia na parte inferior, em consolo metálico criado no fuste do pilar. Na parte superior, é fixado em anel metálico no topo do pilar com um único parafuso. A operação de nivelamento da peça também é executada com esse parafuso. Após a montagem de todos os componentes pré-fabricados, é lançada sobre a área de cada plataforma a pavimentação fundida no local, constituída de

À esquerda, Hospital de Fortaleza, construção dos arcos metálicos da cobertura do bloco de internação, Fortaleza CE

Acima, Hospital de Fortaleza, arcabouço dos sheds, Fortaleza CE uma camada de argamassa armada com 4 centímetros de espessura. A função também estrutural dessa pavimentação exige uma boa aderência à superfície dos pré-moldados, que é garantida por armação de espera, prevista nos bordos de cada componente. As plataformas dos solários que se projetam sobre os sheds do prédio de serviços gerais são montadas com guindastes, dispensando qualquer tipo de escoramento.

A construção desse hospital foi prejudicada pelas paralisações ocorridas devido à falta de recursos financeiros. Não obstante essas dificuldades, o aumento dos custos da construção não foi significativo devido ao controle de todas as etapas de produção e montagem, proporcionado pelo rigoroso desenvolvimento do projeto, coordenado pelo arquiteto Haroldo Pinheiro, e pelo detalhamento e coordenação da produção, dirigidos pela arquiteta Ana Amélia Monteiro. A coordenação técnica da obra foi realizada inicialmente pelo engenheiro José Otávio Vieira e posteriormente pelos arquitetos Eliane Terra e Luberto Moreira. A administração da obra foi coordenada por Jurandir Fermon Ribeiro, administrador de longa experiência na própria Associação das Pioneiras Sociais, na qual exerceu várias funções importantes, inclusive a de vice-presidente, durante o período em que trabalhou em Brasília.

À esquerda, Hospital de Fortaleza, montagem dos solários e detalhe do consolo metálico de apoio dos componentes de argamassa, Fortaleza CE

Acima, Hospital de Fortaleza, solário, Fortaleza CE

Lelé e Jurandir Fermon Ribeiro, administrador da obra do Hospital de Fortaleza

Hospital de Fortaleza, cortes longitudinal e transversal, elevações sudeste e sudoeste, Fortaleza CE

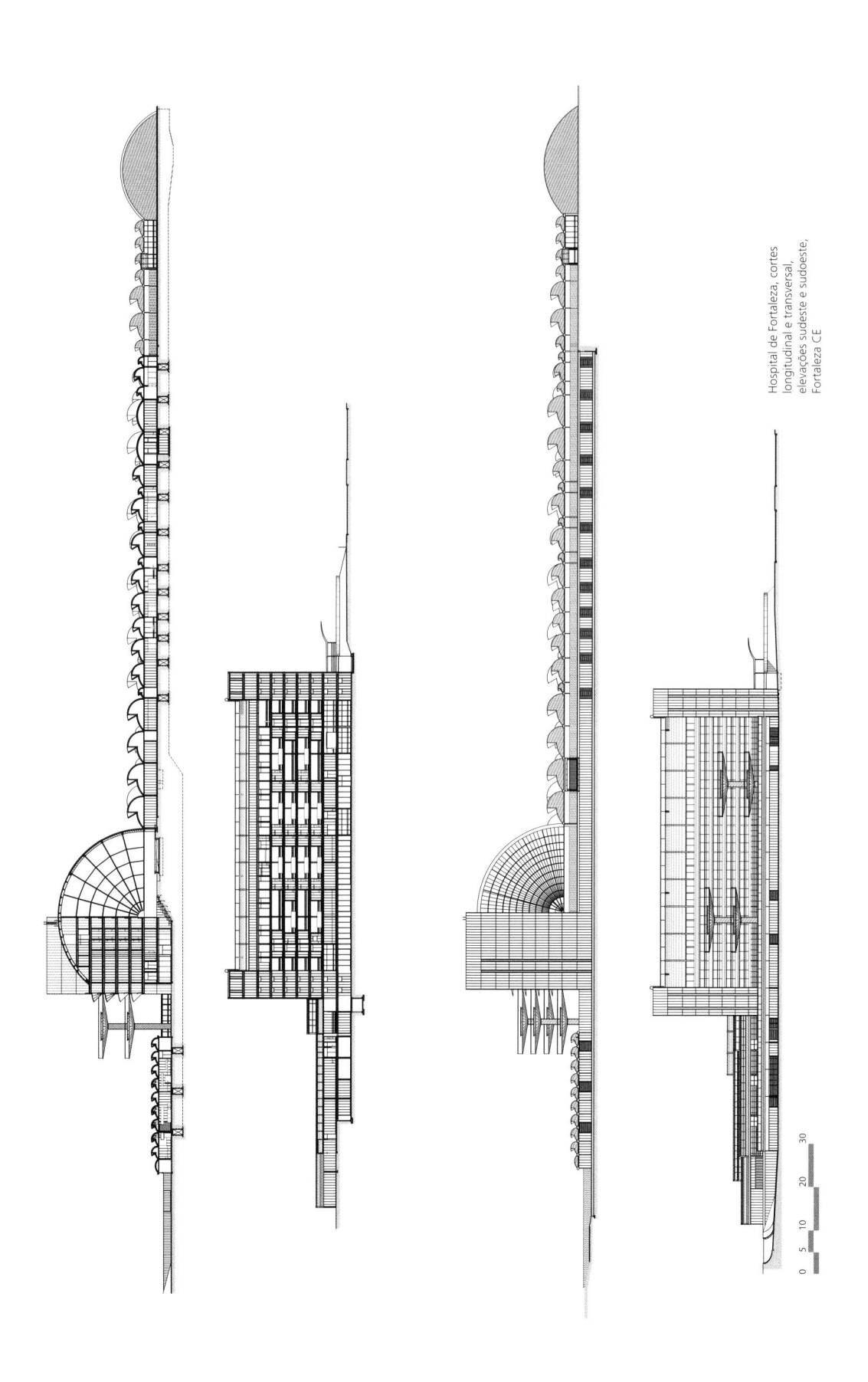

Hospital de Fortaleza, planta pavimento 1º subsolo, Fortaleza CE. 1. pátio de serviço; 2. almoxarifado; 3. manutenção; 4. controle; 5. subestação; 6. segurança; 7. chefia/motoristas; 8. limpeza; 9. depósito; 10. lavanderia; 11. rouparia; 12. farmácia; 13. nutricionista; 14. cozinha; 15. copa; 16. refeitório; 17. despensa; 18. central de água gelada; 19. bombas; 20. reservatório; 21. vácuo/ar-comprimido; 22. espera; 23. telefonista; 24. diretor; 25. reuniões; 26. controle de qualidade; 27. informática; 28. administração; 29. setor de patrimônio; 30. setor econômico-financeiro; 31. setor de compras; 32. chefia; 33. licitações; 34. protocolo; 35. controle de saída; 36. armazenagem; 37. material; 38. secretaria; 39. galeria de distribuição

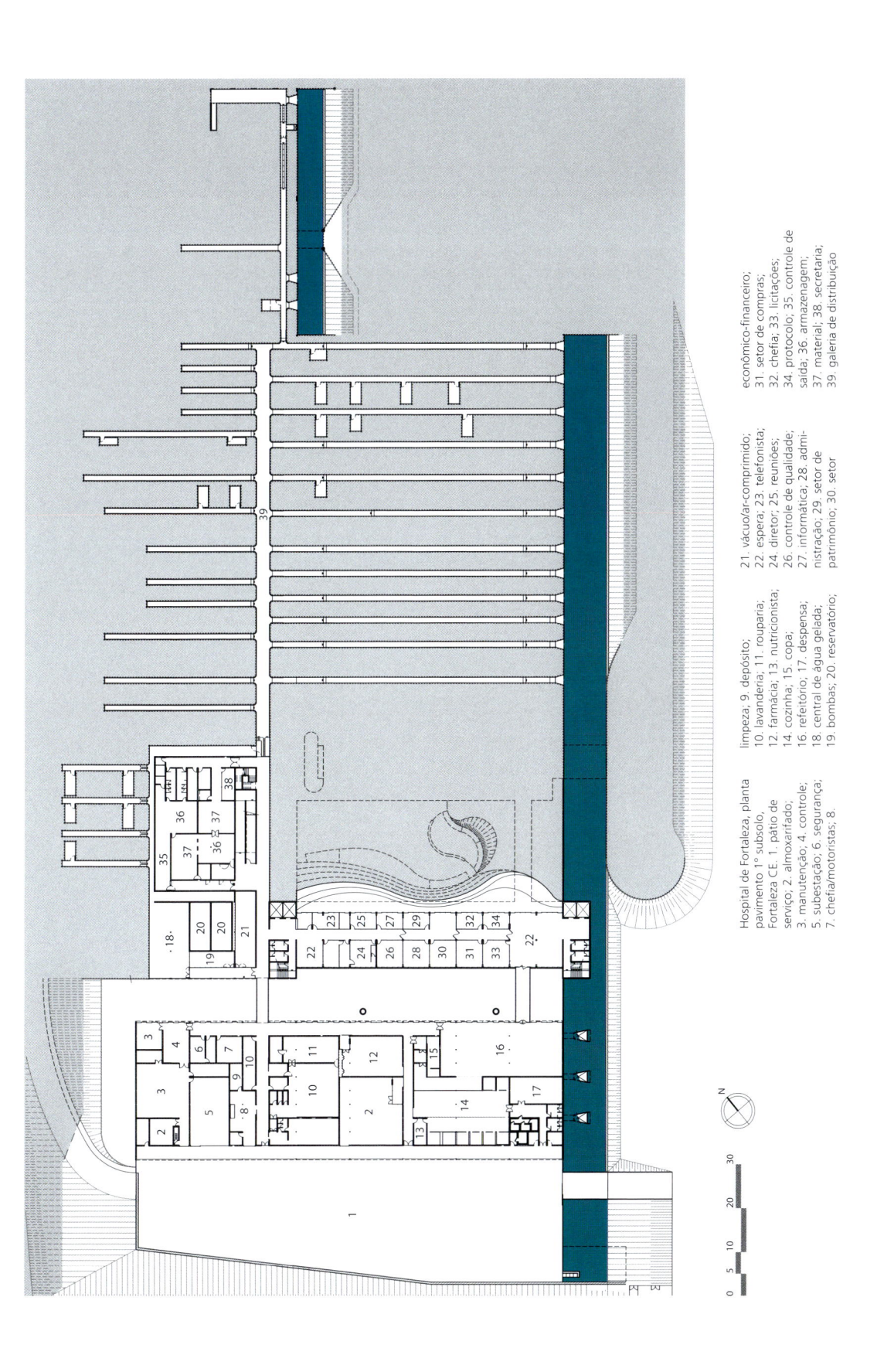

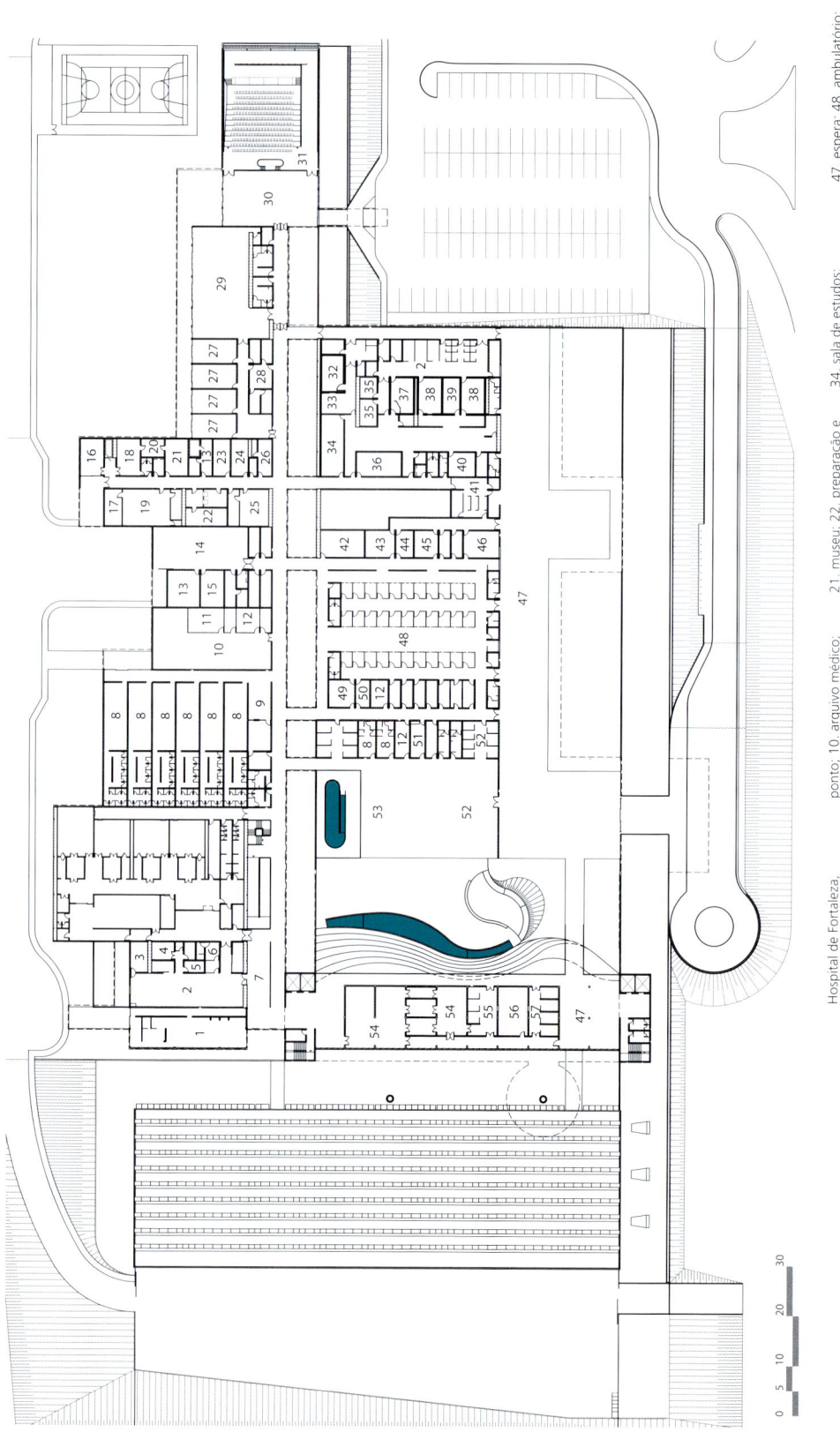

Hospital de Fortaleza, planta pavimento térreo, Fortaleza CE. 1. refeitório; 2. posto de enfermagem; 3. repouso de plantonistas; 4. depósito de equipamentos; 5. copa; 6. isolamento 7. espera de acompanhantes; 8. vestiário; 9. controle de ponto; 10. arquivo médico; 11. datilografia; 12. reuniões; 13. almoxarifado; 14. oficina ortopédica; 15. acabamento; 16. preparo de cadáveres; 17. bacteriologia; 18. necropsia; 19. hematologia/ imunologia/imunofluorescência bioquímica; 20. peças; 21. museu; 22. preparação e armazenagem/esterilização; 23. reserva; 24. agência transfusional; 25. citogenética; 26. secretaria; 27. aula; 28. estúdio fotográfico; 29. biblioteca; 30. foyer; 31. auditório; 32. ressonância magnética; 33. comando; 34. sala de estudos; 35. ultrassom; 36. laudos; 37. telecomando; 38. tomógrafo; 39. equipamentos; 40. arquivo; 41. laboratório; 42. informática; 43. curativos; 44. gesso; 45. fotografia; 46. peças prontas/provas; 47. espera; 48. ambulatório; 49. eog; 50. urodinâmica; 51. exames; 52. fisioterapia; 53. hidroterapia; 54. macas; 55. alta; 56. guarda-valores; 57. internação

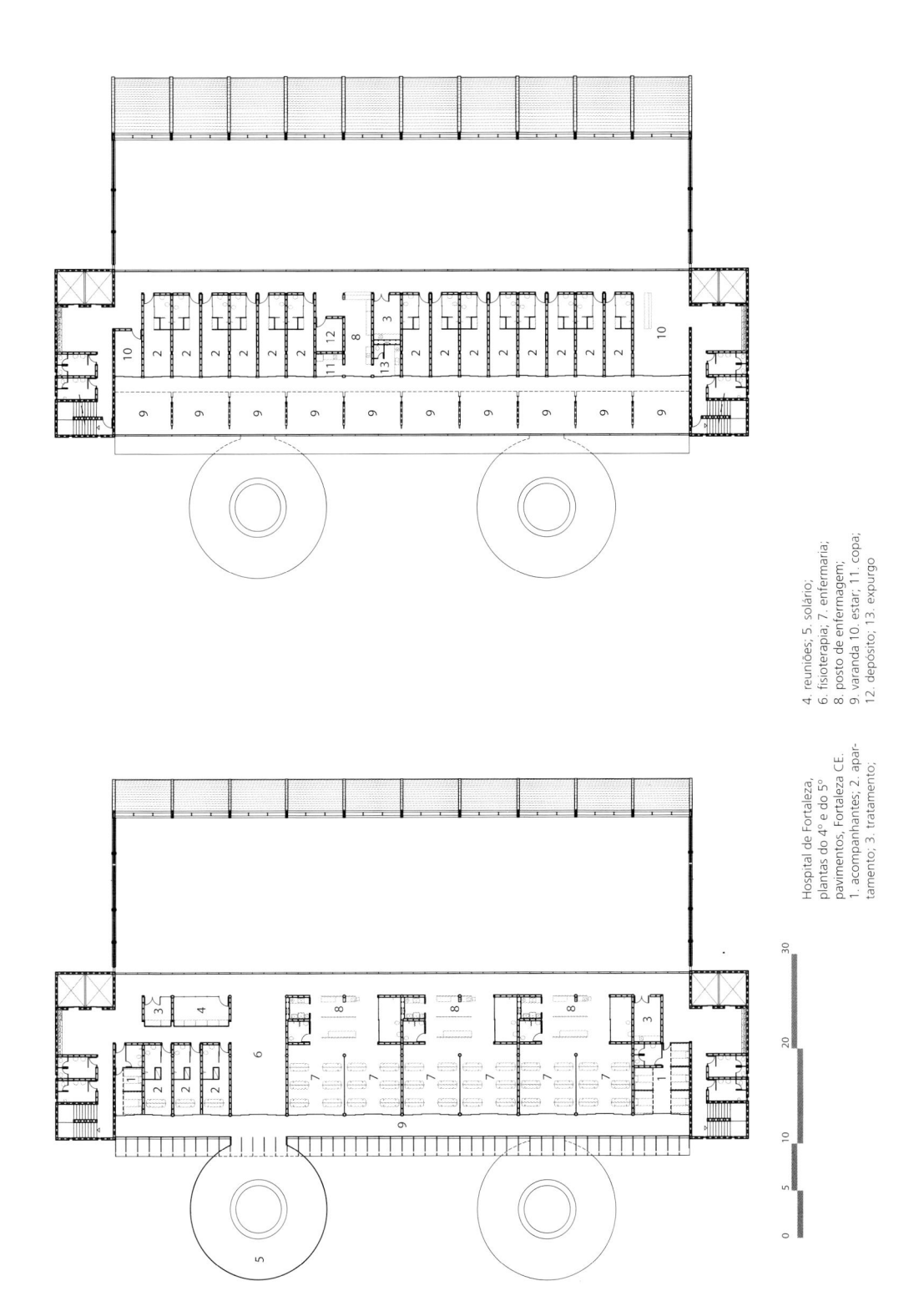

Hospital de Fortaleza, plantas do 4º e do 5º pavimentos, Fortaleza CE. 1. acompanhantes; 2. apartamento; 3. tratamento; 4. reuniões; 5. solário; 6. fisioterapia; 7. enfermaria; 8. posto de enfermagem; 9. varanda 10. estar; 11. copa; 12. depósito; 13. expurgo

Hospital de Recife

O hospital de Recife deveria ser construído em uma zona próxima ao Rio Capibaribe, onde se concentra a maioria das atividades médicas e hospitalares da cidade. Haviam sido previstas duas unidades localizadas em lotes contíguos, separados por via marginal que acompanha o curso do Rio Capibaribe: uma unidade externa destinada à reabilitação – fisioterapia e Centro de Apoio à Paralisia Cerebral –, localizada junto à área de mangue às margens do rio; e uma unidade interna, destinada aos demais setores e constituída de um conjunto de prédios interligados à unidade externa por túnel sob a via marginal que separa os dois lotes.

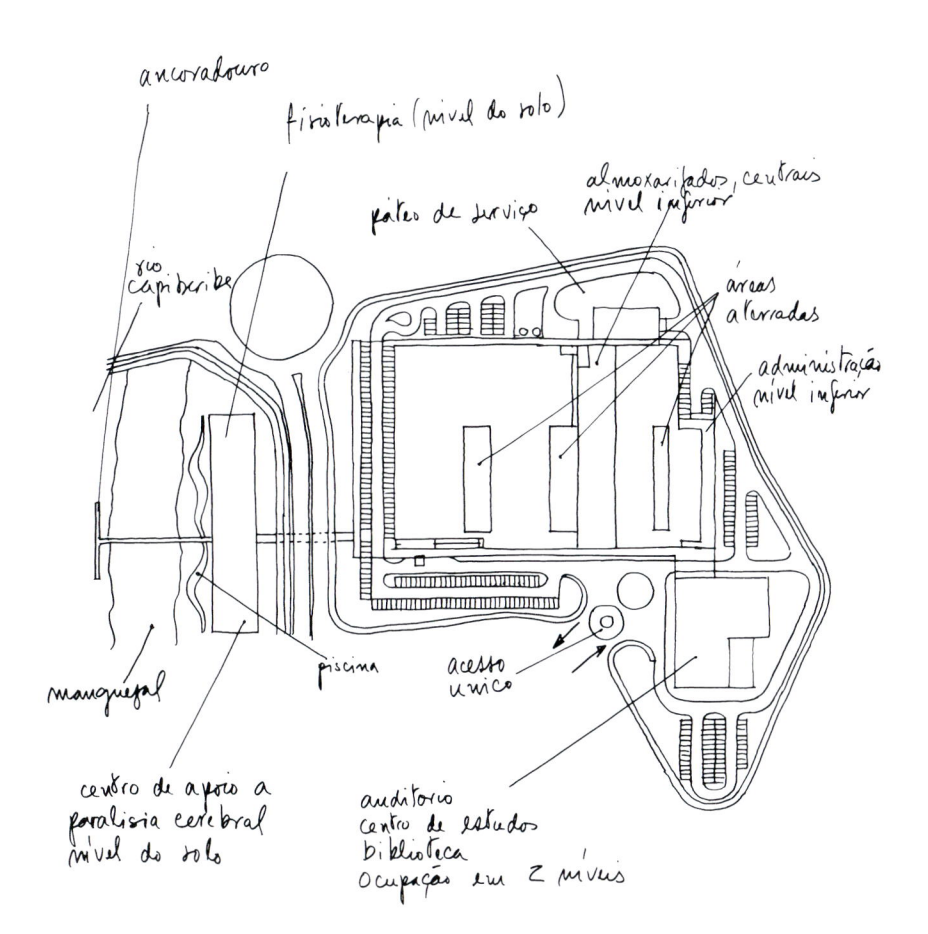

[Planta esquemática com anotações manuscritas:]

- ancoradouro
- fisioterapia (nível do solo)
- rio capibaribe
- pátio de serviço
- almoxarifados, centrais nível inferior
- áreas aterradas
- administração nível inferior
- manguezal
- piscina
- acesso único
- centro de apoio a paralisia cerebral nível do solo
- auditório centro de estudos biblioteca ocupação em 2 níveis

A unidade externa, às margens do Capibaribe, seria constituída de um grande ginásio abrigando as áreas de esportes e de terapia ao ar livre, destinadas à fisioterapia e ao Centro de Apoio à Paralisia Cerebral. Os serviços de apoio seriam instalados em uma ala de salas disposta entre o ginásio e a rua. Foi projetada também uma piscina para hidroterapia e recreação ao ar livre, localizada ao longo do limite do

Hospital de Recife, fotos da maquete e planta esquemática de distribuição do programa, Recife PE

195 Capítulo 11 – Hospital de Recife

terreno do hospital com a área de mangue que acompanha o rio.

Galerias de tubulações e ventilação semelhantes às dos demais hospitais da rede foram evitadas em virtude das dificuldades técnicas para sua construção, consequentes do afloramento do lençol freático em todo o terreno. Assim, o pavimento principal da unidade interna seria elevado 3 metros em relação ao nível do solo, criando em cerca de 70% de sua projeção um piso técnico destinado à distribuição e manutenção das tubulações. Os restantes 30% do pavimento térreo seriam destinados aos acessos e a estacionamentos.

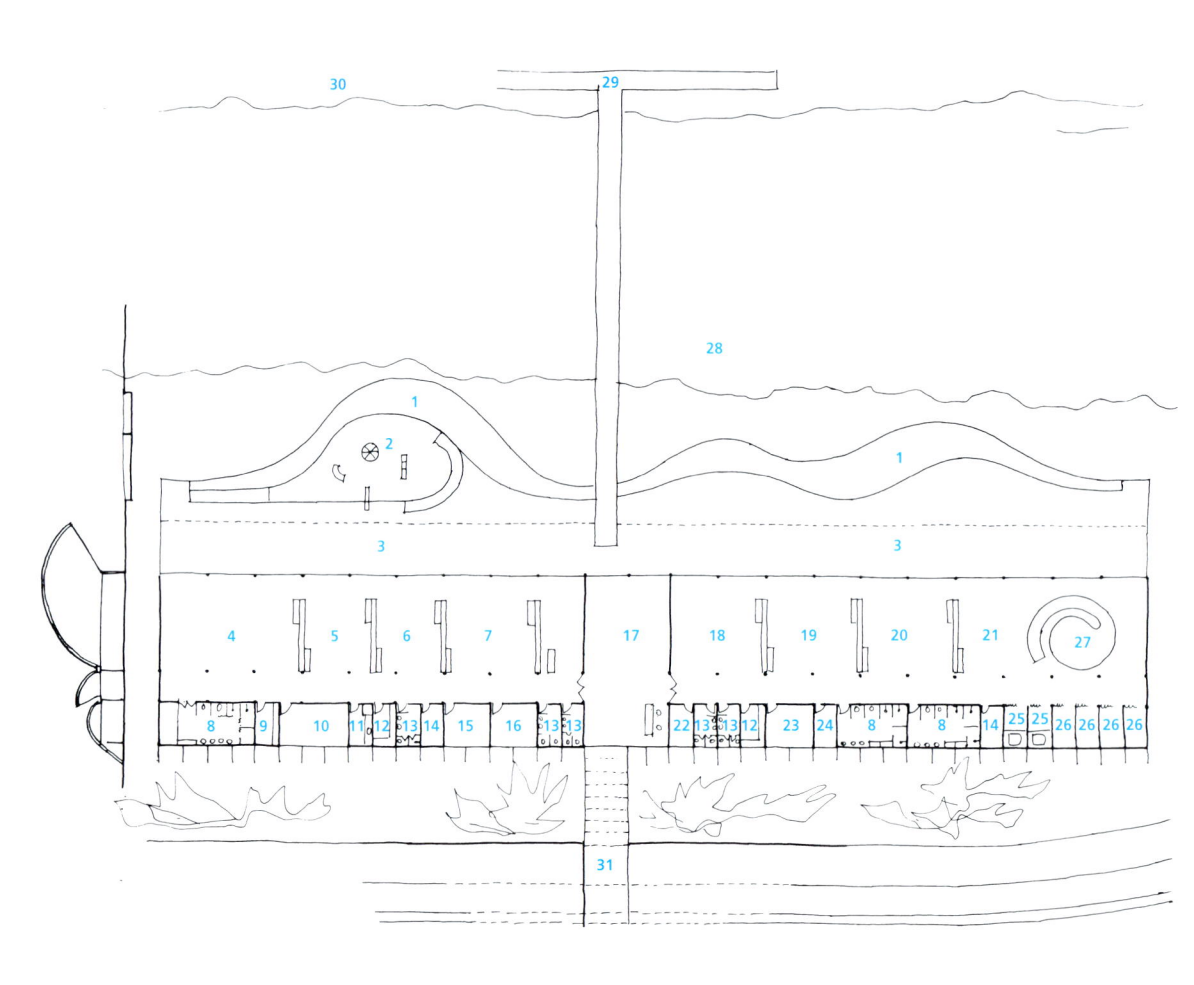

Hospital de Recife, planta do pavimento principal, Recife PE. 1. piscina; 2. playground; 3. fisioterapia; 4. ginásio infantil; 5. ludoterapia; 6. estimulação; 7. espera 8. vestiário; 9. fraldário; 10. avaliação; 11. copa; 12. limpeza; 13. sanitário; 14. depósito; 15. administração; 16. exames clínicos; 17. espera da fisioterapia; 18. fisioterapia-ortopedia; 19. fisioterapia-lesado medular; 20. fisioterapia-lesado cerebral; 21. hidroterapia; 22. reuniões; 23. testes funções respiratórias; 24. chefia; 25. turbilhão; 26. boxes; 27. piscina de água quente; 28. manguezal; 29. ancoradouro; 30. Rio Capibaribe; 31. túnel

Recife não é tão privilegiada pela brisa constante que sopra do mar como as outras capitais do Nordeste. Além disso, o alto teor de umidade atmosférica, normalmente registrado na região, também contribui para aumentar o desconforto ambiental na área em que seria construído o hospital. Assim, além da alternativa da ventilação natural através dos sheds da cobertura, foi prevista a instalação de sistema de ar-condicionado central, constituído de uma central frigorígena, situada no pavimento térreo, que distribuiria água gelada para as unidades fan-coil, localizadas também no pavimento térreo (piso técnico) e próximo das áreas de utilização situadas no pavimento superior.

Sistema de ventilação e iluminação naturais

Foram projetados sheds semelhantes aos dos demais hospitais da rede, destinados à iluminação e ventilação naturais. O ar que corre livremente no piso técnico seria insuflado nos ambientes através de dutos contidos nas paredes e extraído pelo efeito de sucção através das aberturas dos sheds, voltados para o sentido oposto à direção dos ventos dominantes.

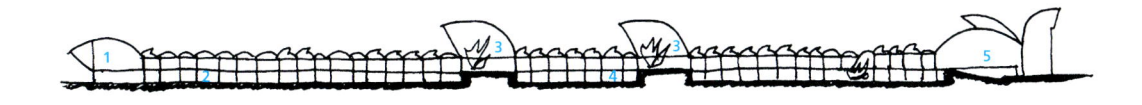

Hospital de Recife, maquete, Recife PE

Hospital de Recife, corte esquemático do pavimento principal, Recife PE.
1. espera do ambulatório;
2. piso técnico e estacionamentos; 3. pátios das enfermarias; 4. piso técnico; 5. auditório

Capítulo 11 – Hospital de Recife

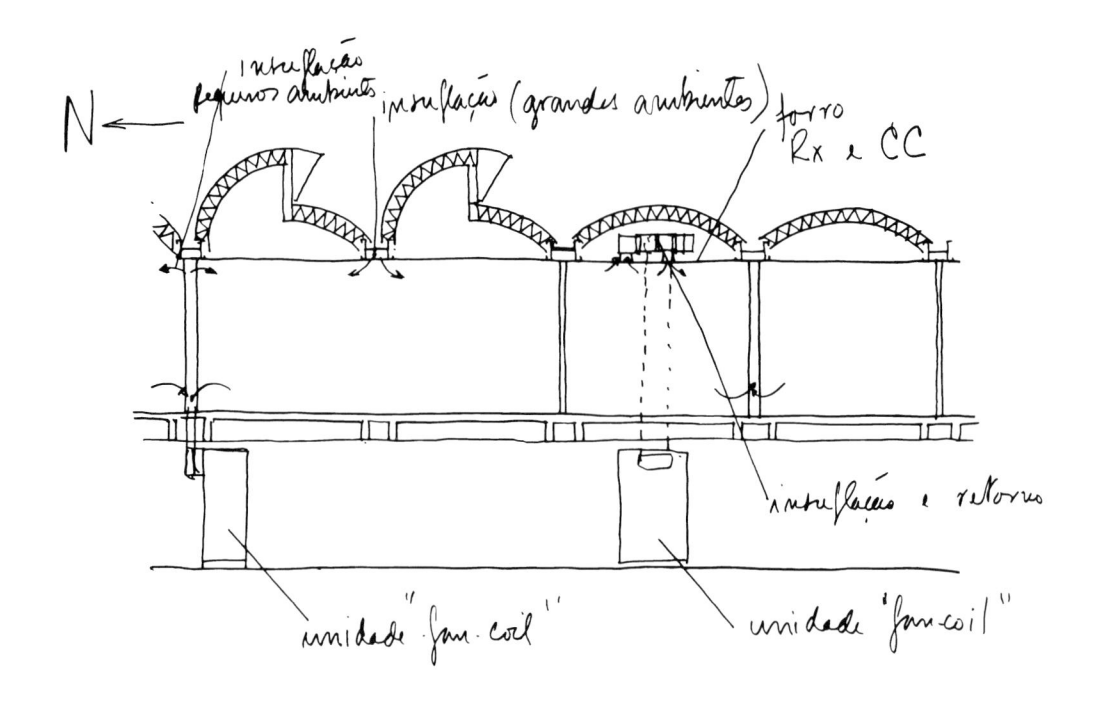

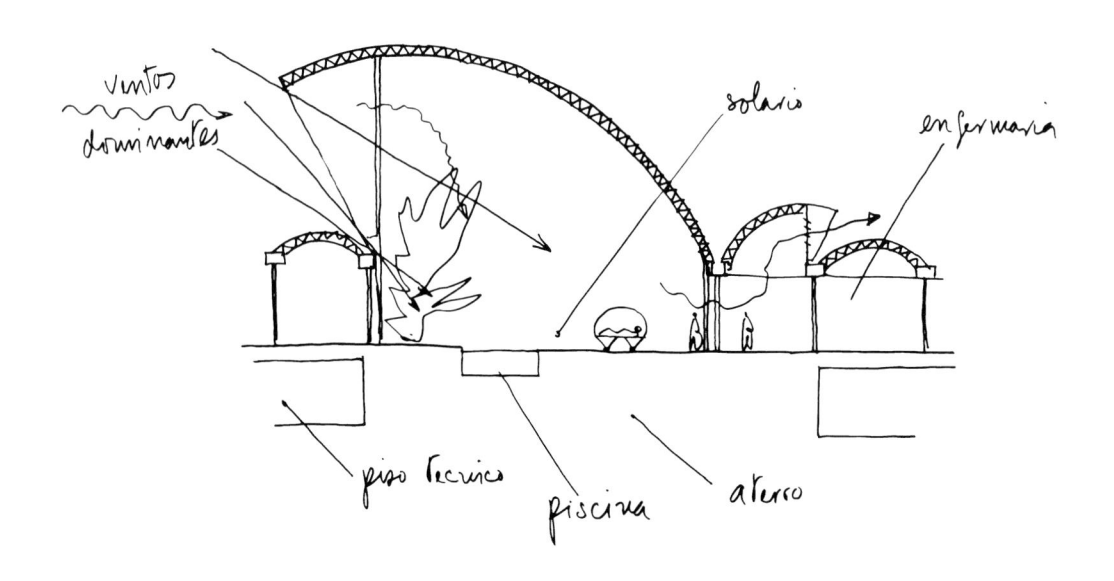

Acima, Hospital de Recife, cortes esquemáticos do sistema de ventilação/iluminação naturais e do sistema de ventilação no solário, Recife PE

À direita, Hospital de Recife, perspectivas do pátio das enfermarias e da espera do ambulatório, e detalhe do sistema construtivo, Recife PE

Sistema construtivo

A construção seria totalmente industrializada segundo os padrões adotados pelo CTRS para os demais hospitais da rede. Os componentes em argamassa armada, destinados às lajes do piso elevado, previstos com 62,5 centímetros de largura e comprimentos variáveis de 3,125m, 3,75m, 4,375m e 5m, ficariam apoiados em vigas duplas de concreto armado fundidas no local. Camada de concreto com 5 centímetros de espessura também fundida in loco seria incorporada às lajes durante a execução das vigas duplas.

A superestrutura em aço seria constituída de pilares tubulares que receberiam vigamento duplo em chapa dobrada, com 45 centímetros de altura, e venceriam vãos variáveis de até 15 metros. O arcabouço dos arcos, abóbodas e sheds seria formado por treliças metálicas descarregando nas vigas duplas. Os pilares tubulares de aço teriam também a função de dirigir as águas pluviais recolhidas por calhas de aço inoxidável alojadas entre as vigas duplas.

A distribuição de luz, telefone, intercomunicação etc. seria feita em canaletas nas vigas duplas, tal como ocorre nos demais hospitais da Rede Sarah. Infelizmente, essa obra não foi realizada porque, logo após a elaboração do projeto, o terreno destinado à construção do hospital foi totalmente ocupado por população de baixa renda.

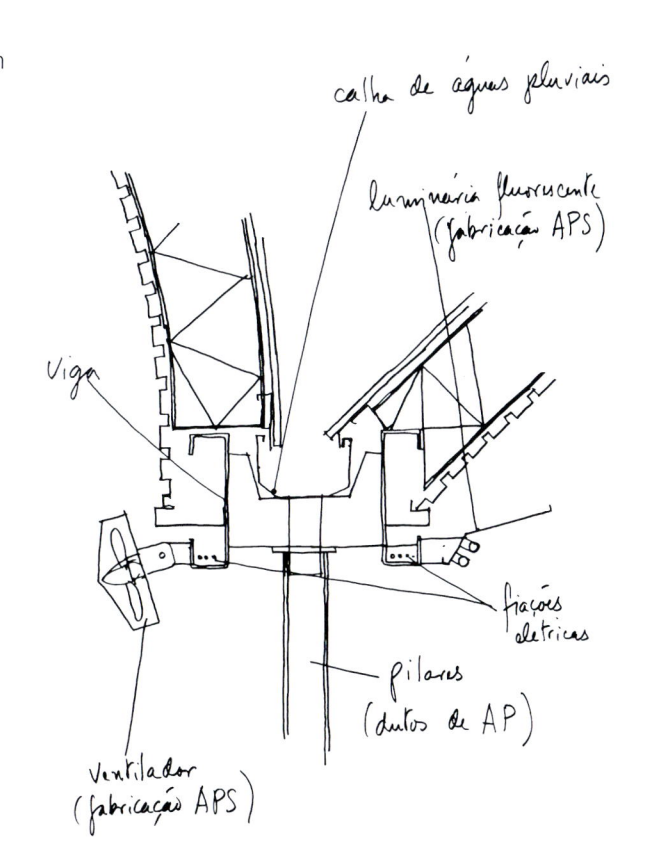

199   Capítulo 11 – Hospital de Recife

Hospital de Natal

O aumento do número de pacientes portadores de lesão medular vem exigindo gradualmente maiores espaços para os setores de fisioterapia e hidroterapia. As experiências desenvolvidas nos hospitais da Rede Sarah vêm contribuindo decisivamente para a introdução de novos conceitos no diagnóstico e no tratamento desse tipo de paciente. Assim, o programa estabelecido para o Sarah Natal já reflete a incorporação de várias inovações no campo da reabilitação. Além disso, o Governo do Estado do Rio Grande do Norte, sensível às ponderações de Campos da Paz quanto à necessidade de usar o mar para o desenvolvimento de programas de reabilitação, cedeu à Associação das Pioneiras Sociais dois terrenos: o primeiro, em

À direita (acima), unidades hospitalares, implantação, Natal RN. 1. unidade de reabilitação; 2. hospital do aparelho locomotor; 3. parque das dunas; 4. campus UFRN

À direita (meio e abaixo), Hospital de Natal, maquete e planta esquemática do programa da unidade litorânea, Natal RN situação privilegiada na Praia de Ponta Negra, destinado exclusivamente à reabilitação, e o segundo, localizado em uma colina 50 metros acima do nível do mar e a 3 quilômetros do primeiro, destinado à implantação dos demais setores hospitalares.

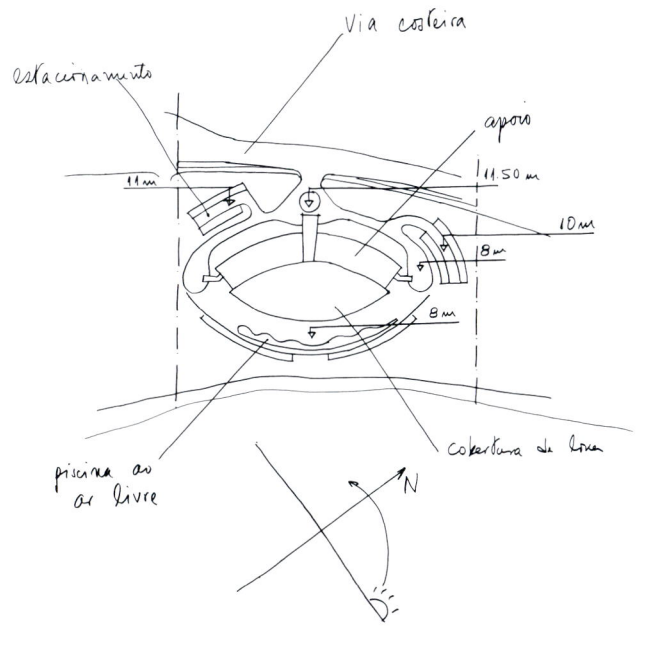

Capítulo 12 – Hospital de Natal

Essa separação, semelhante a que ocorre em Brasília com a construção do novo Centro Internacional de Neurociências do Lago Norte, cria certos inconvenientes, como, por exemplo, a necessidade de implantar um eficiente serviço de transporte para pacientes interligando as duas unidades. Esse problema, entretanto, já foi parcialmente contornado com a criação de veículos específicos produzido pelo CTRS, com tecnologia semelhante à adotada nos de Salvador. O novo modelo de veículo para transporte de pacientes em camas-macas ou em cadeiras de rodas foi criado para circular fora dos limites dos terrenos dos hospitais. Por isso, é mais alto que o anterior e tem chassis e suspensão mais resistentes, podendo enfrentar com segurança o tráfego e as diferentes pavimentações urbanas.

Também, no caso de Natal, a localização dos dois terrenos oferece algumas vantagens: as terapias de reabilitação, administradas à beira-mar, podem ser mais diversificadas e lúdicas, explorando inclusive as atividades esportivas marítimas que vêm sendo empregadas com sucesso em outros centros do gênero; enquanto os demais setores, implantados em uma colina na cota 50m – de onde se desfruta de vista magnífica e de brisa constante –, estão a uma distância de 3 quilômetros do mar, o suficiente para proteger os equipamentos que se concentram nessas áreas do hospital contra a salinidade excessiva do litoral da região.

A unidade litorânea

A unidade litorânea é constituída de um corpo principal coberto por lona branca translúcida de forma elíptica com 130 metros de comprimento e uma largura máxima de 70 metros. Leve e delicada, harmonizando-se com a paisagem local predominante de dunas, essa grande cobertura, suspensa por cabos de aço, protege do sol e da chuva as áreas destinadas à fisioterapia e esportes, localizadas em uma plataforma criada na cota 4m e limitada do lado do mar por uma contenção curva constituída de peças pré-fabricadas de argamassa armada.

Ao longo dessa contenção foi projetada uma piscina externa

Acima, Hospital de Natal, veículo para transporte de pacientes em camas-macas ou cadeira de rodas, Natal RN

À direita, Hospital de Natal, perspectiva dos setores de terapia e lazer e cortes esquemáticos do sistema construtivo da unidade litorânea, Natal RN

para terapia e recreação. Do lado oposto e parcialmente protegida por essa cobertura, foi projetada uma construção curva coberta por laje também pré-fabricada em argamassa armada, e que forma um terraço-jardim no mesmo nível do acesso, na cota 7,5m. Essa laje abriga os setores de apoio à fisioterapia e o Centro de Apoio à Paralisia Cerebral, ambos integrados à área de esportes. O acesso principal do lado

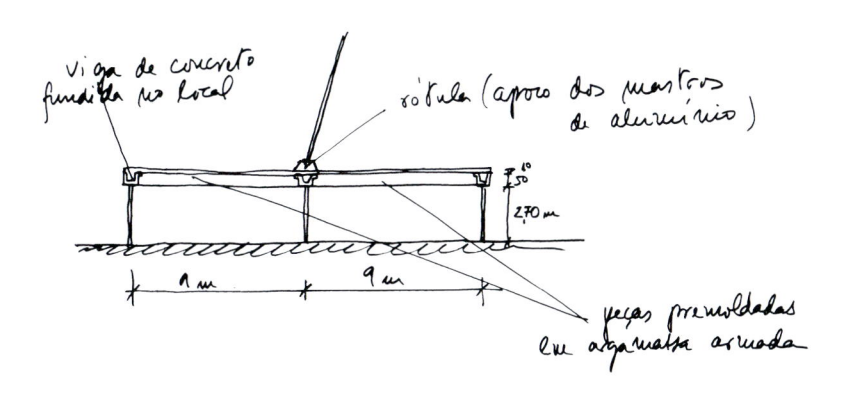

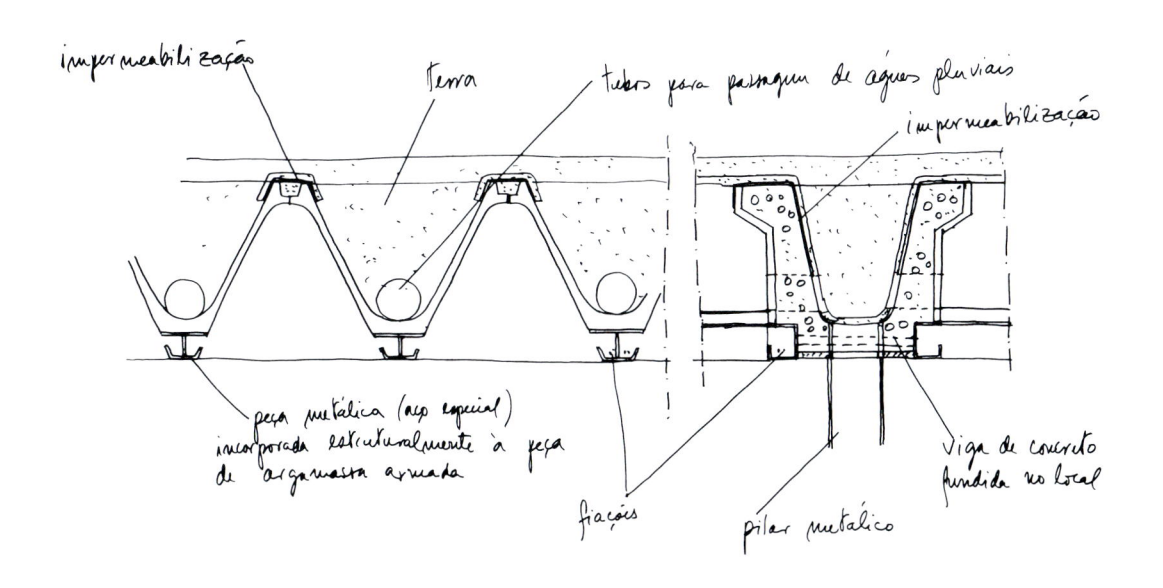

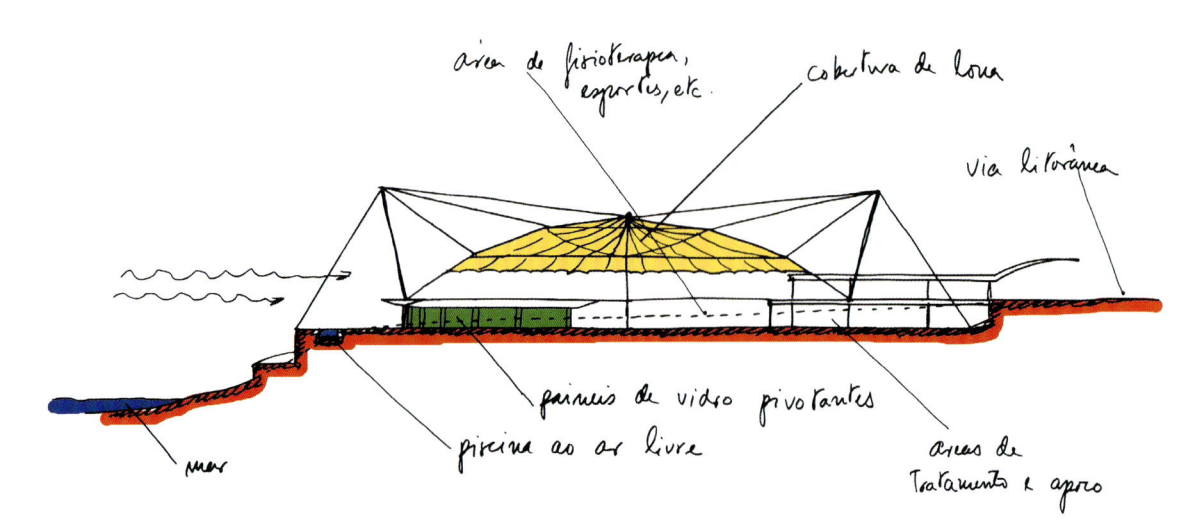

[Sketch labels: área de fisioterapia, esportes, etc.; cobertura de lona; via litorânea; painéis de vidro pivotantes; piscina ao ar livre; áreas de tratamento e apoio; mar]

da rua e mais dois acessos laterais na cota 4m para pacientes em camas-maca ou cadeiras de rodas, destinados à fisioterapia e ao Centro de Apoio à Paralisia Cerebral, são protegidos por marquises metálicas. Foram previstas também duas rampas laterais para pedestres que comunicam a plataforma da cota 4m com a praia.

Foram criados três acessos ao edifício da unidade litorânea: o principal, no nível superior, abrigado por uma grande marquise; e os secundários, localizados no nível

Acima, Hospital de Natal, corte esquemático da implantação e distribuição do programa e maquete da unidade litorânea, Natal RN

À direita, Hospital de Natal, maquete e planta esquemática dos acessos da unidade interior, Natal RN

inferior, um em cada extremo do edifício, destinados respectivamente ao Centro de Apoio à Paralisia Cerebral e à unidade de Fisioterapia.

A unidade interna

A situação privilegiada do terreno destinado à unidade interna (50 metros acima do nível do mar) permite, ao mesmo tempo, o aproveitamento da brisa fresca que sopra do mar e a contemplação de uma vista magnífica da praia de Ponta Negra onde está situada a unidade litorânea.

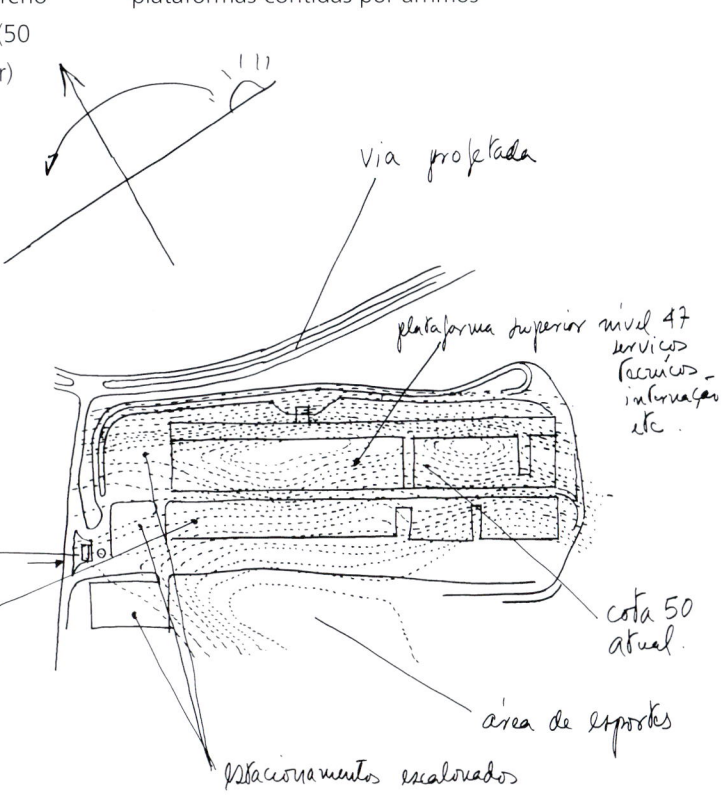

A implantação da unidade interna em uma colina alongada, com cerca de 400 metros de comprimento por uma largura máxima de 70 metros, é bastante semelhante a do hospital de Salvador, resultado de uma modelação do terreno formando plataformas contidas por arrimos em terra armada. A plataforma na cota 48m destina-se a ambulatório, diagnóstico, tratamento, centro cirúrgico, internação, vestiários, estacionamento para funcionários e visitantes; a plataforma na cota 44,5m, a serviços gerais, pátio de serviço, centro de estudos, auditório, biblioteca, residência médica etc.; e a plataforma na cota 41m, aos setores externos destinados ao lazer e às atividades esportivas dos pacientes.

Os setores implantados na plataforma correspondente à cota 48m são servidos por duas circulações paralelas: a dos visitantes e pacientes externos; e a dos serviços e pessoal técnico. Ao longo desta última, foi criada uma via externa exclusiva para o tráfego de veículos especialmente projetados para a transferência de pacientes em camas-maca ou em cadeiras de rodas entre as duas unidades. Protegendo os locais de embarque e desembarque de pacientes ao longo dessa via, foram previstos abrigos, constituídos de coberturas metálicas em arco.

Hospital de Natal, perspectiva da circulação de serviços e pessoal técnico da unidade interior, via externa com cobertura metálica em arco, Natal RN

Hospital de Natal, planta esquemática de distribuição do programa do pavimento superior da unidade interior, Natal RN. 1. atendimento público/espera; 2. fisioterapia interna/hidroterapia; 3. oficina ortopédica; 4. coleta de sangue; 5. radiologia; 6. laboratório de movimento; 7. ambulatório; 8. administração; 9. arquivo médico; 10. laboratórios; 11. centro cirúrgico; 12. internação e alta; 13. primeiro estágio; 14. enfermarias; 15. rampa; 16. elevador; 17. escada; 18. acesso; 19. terraço da fisioterapia; 20. via de acesso técnico; 21. circulação; 22. estar de pacientes e visitantes

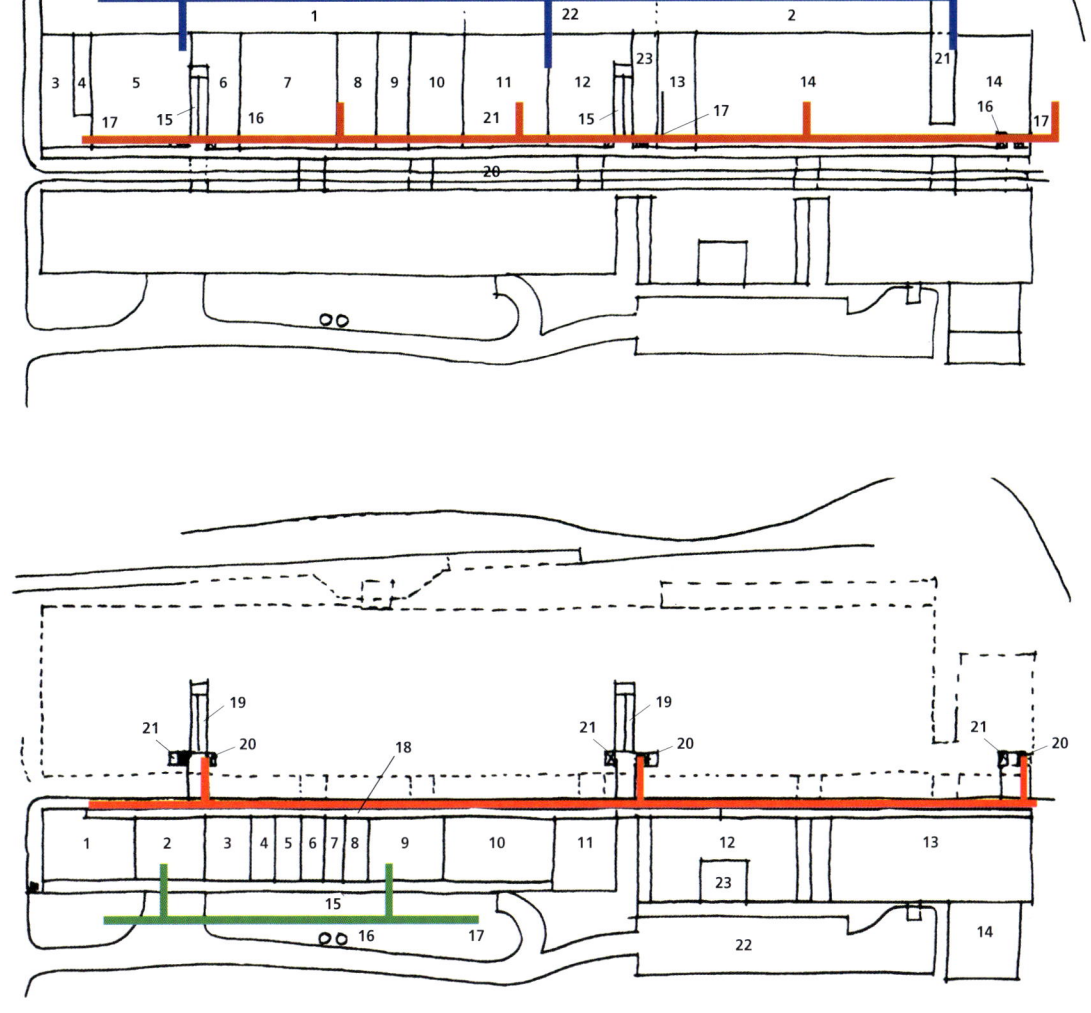

Hospital de Natal, planta esquemática de distribuição do programa do pavimento inferior da unidade interior, Natal RN. 1. vestiários; 2. administração dos serviços gerais; 3. manutenção; 4. higiene; 5. farmácia; 6. almoxarifado; 7. subestação; 8. ar-condicionado; 9. lavanderia; 10. cozinha; 11. refeitório; 12. residência médica; 13. centro de estudos; 14. auditório; 15. plataforma de serviço; 16. caixa d'água; 17. pátio de serviço; 18. circulação de serviço; 19. rampa; 20. elevador; 21. escada; 22. estacionamento; 23. jardim

Conforto ambiental

O sistema de ventilação natural, semelhante ao adotado nos hospitais de Salvador e de Fortaleza, é favorecido na unidade de Natal por dois fatores importantes: o pavimento principal do hospital está implantado em uma colina na cota 48m – bem mais alta que a dos hospitais de Salvador e Fortaleza –, inexistindo obstáculos físicos ou fontes de aquecimento entre ela e o mar que possam interferir na velocidade ou na temperatura da brisa que sopra do mar; e a velocidade e a constância do vento em Natal que, devido a sua situação geográfica, são bem maiores do que as ocorrentes em qualquer outra cidade do Nordeste brasileiro.

Nos casos em que há necessidade do controle rigoroso da temperatura ambiente ou da qualidade do ar, como ocorre no centro cirúrgico, setor de imagem, primeiro estágio etc., foi instalado sistema de ar-condicionado, constituído de uma central frigorígena que distribui água gelada para as unidades fan-coil, situadas junto às galerias e próximas aos locais de consumo do pavimento superior. Os dutos de ar sobem contidos nas paredes ou em armários, e se distribuem em nichos específicos criados entre o forro e a cobertura.

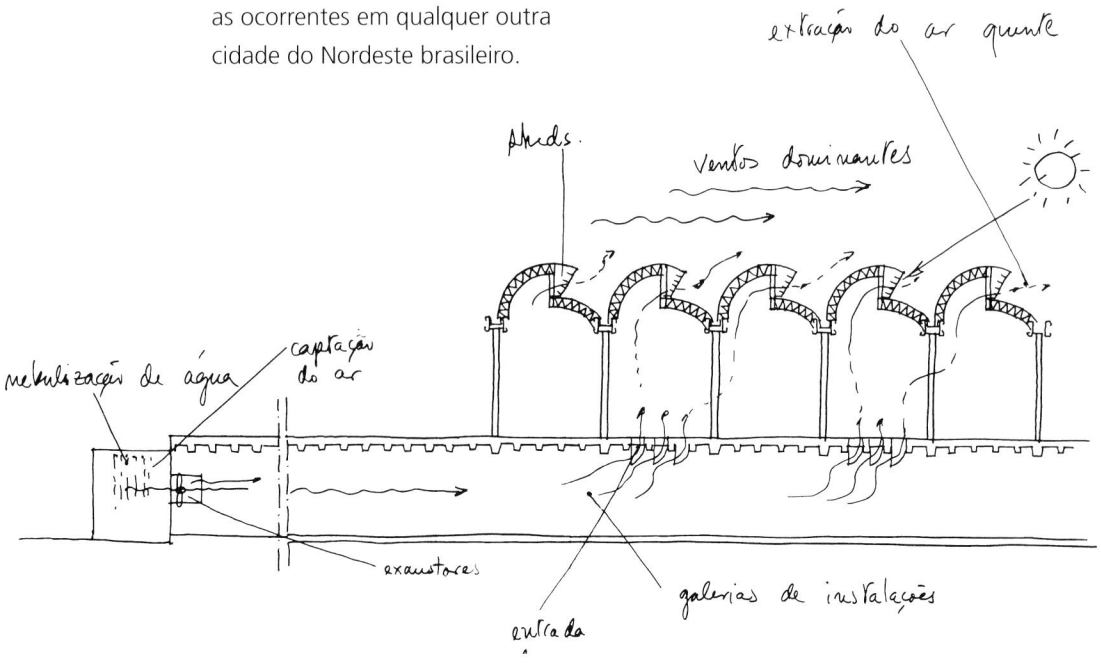

Acima, Hospital de Natal, corte esquemático do sistema de ventilação com captação da brisa da unidade interior, Natal RN

À direita, Hospital de Natal, corte esquemático dos sistemas de iluminação e ventilação da unidade interior, Natal RN

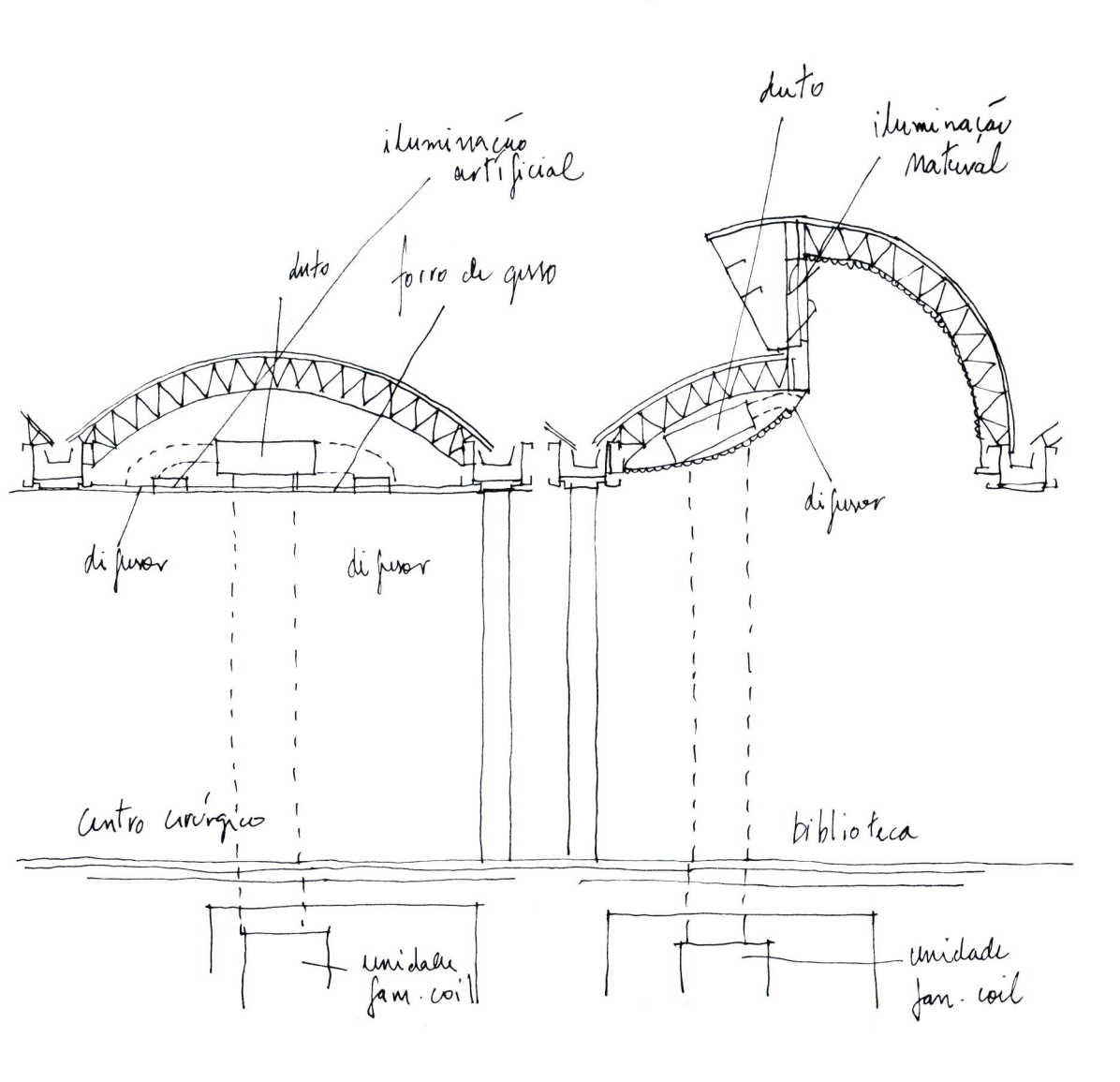

Sistema construtivo

A infraestrutura de fundações é formada pelas próprias galerias de tubulações, executadas com os mesmos tipos de componentes em argamassa armada utilizados nos hospitais de Salvador, Belo Horizonte e Fortaleza.

A superestrutura principal, em aço, é constituída de vigas duplas de chapa dobrada, vencendo vãos máximos de 12,50 metros e apoiadas em pilares tubulares, que também funcionam como condutores de águas pluviais. Fixadas nessas vigas, a cada 1,25 metro, treliças metálicas da estrutura secundária formam o arcabouço dos sheds e das coberturas em arco. As telhas calandradas em chapas pré-pintadas de branco são fixadas nas terças que se apoiam no banzo superior das treliças. Os forros, em chapas corrugadas também pré-pintadas de branco, são fixados diretamente nos banzos inferiores das treliças. No caso de instalação de sistemas de ar-condicionado, os dutos de insuflação e retorno ficam alojados em dois tipos de nichos formados entre as telhas e os forros: com forros convexos, mantendo a iluminação zenital dos respectivos ambientes; e com forros planos nivelados, quando não é conveniente utilizar a iluminação zenital, como em salas de cirurgia, salas de Raios X, laboratório de movimento etc. O isolamento termoacústico é garantido pelas camadas de bidim coladas na face interna dos forros e das telhas e pelo próprio colchão de ar ventilado formado entre as superfícies de ambos.

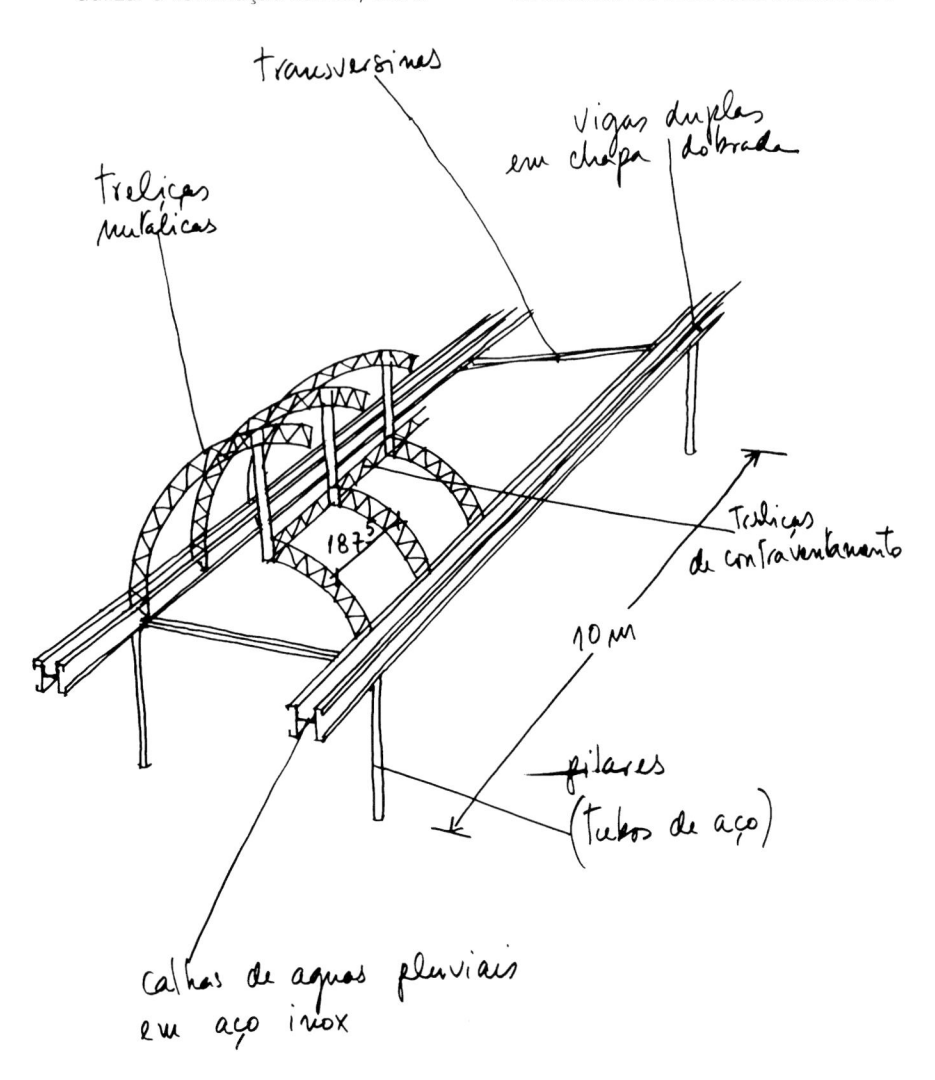

As linhas principais das instalações se distribuem ao longo das galerias de subsolo. As tubulações de esgoto primário são visitáveis através de caixas herméticas localizadas nas próprias galerias, mas correm embutidas no solo. Essa medida tem como objetivo evitar que eventuais vazamentos nessas tubulações possam provocar a contaminação do ar insuflado nos ambientes através das galerias. As águas pluviais das coberturas recolhidas por calhas de aço inoxidável, alojadas entre as vigas duplas, são coletadas pelos próprios pilares tubulares da estrutura, que, por sua vez, conduzem-nas para os respectivos ramais principais localizados no interior das galerias.

As instalações elétricas, telefônicas, de sonorização e de intercomunicação, como nos demais hospitais da rede, correm em canaletas visitáveis formadas na parte inferior do vigamento duplo da cobertura. As fiações de lógica são alojadas na parte inferior entre as vigas duplas.

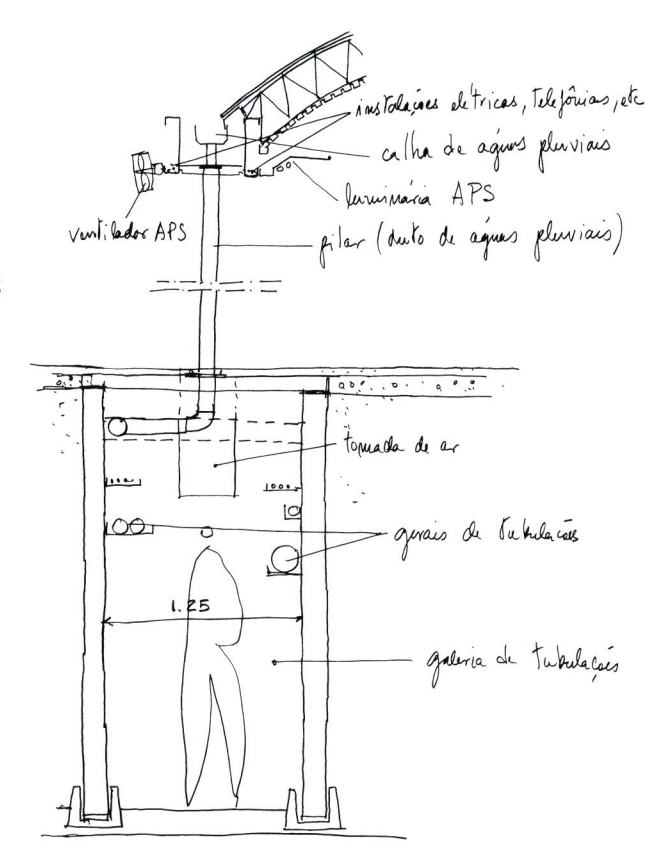

À esquerda, Hospital de Natal, estudo do sistema construtivo, Natal RN

Acima, Hospital de Natal, maquete e corte esquemático das instalações elétrica, hídrica e de ar da unidade interior, Natal RN

Sarah Brasília Lago Norte: Centro Internacional de Neurociências

O Sarah Brasília, no decorrer de vinte anos de funcionamento, absorveu sem maiores dificuldades as inovações introduzidas nos diversos tipos de tratamento. Isto se deve, sobretudo, às características adotadas no projeto que viabilizam a extensibilidade e flexibilidade de todos os setores. Ocorre, entretanto, que o conjunto de edifícios interligados que formam o hospital foi implantado em lote relativamente pequeno, em uma zona de grande adensamento urbano. Em consequência, não havia disponibilidade de áreas verdes adjacentes para desenvolvimento de terapias de reabilitação ao ar livre, como ocorre nos hospitais de Fortaleza e de Salvador. Também não havia mais áreas disponíveis para a expansão das atividades de pesquisas direcionadas, particularmente para o campo da neurologia. Assim, a direção da Associação das Pioneiras Sociais decidiu criar uma nova unidade de reabilitação em Brasília, localizada em área ampla e aprazível na beira do lago, que possibilitasse a exploração de terapias ao ar livre, inclusive as ligadas a atividades náuticas, mas que, principalmente, fosse dotada de uma significativa estrutura de apoio à pesquisa e ao treinamento.

Sarah Brasília Lago Norte, planta esquemática de localização, Brasília DF
1. península norte;
2. centro de reabilitação;
3. Hospital Sarah de Brasília

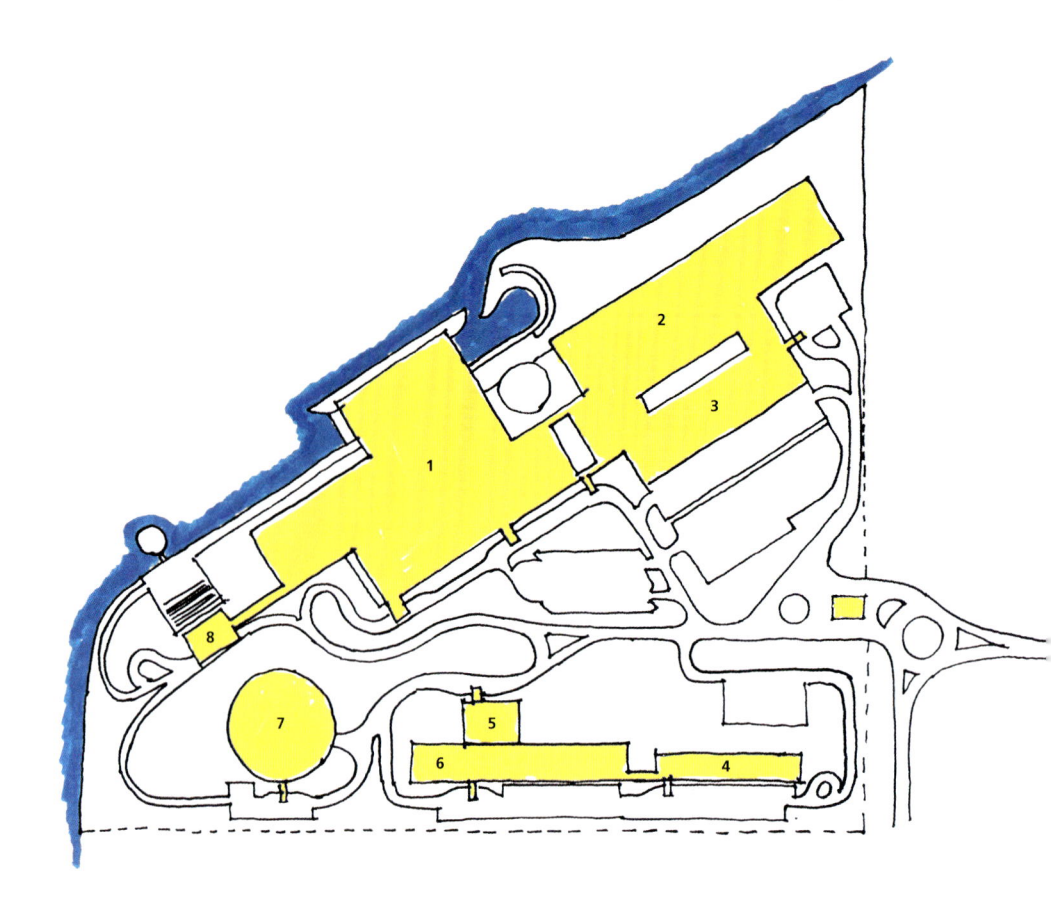

Programa

O programa estabelecido para essa unidade abrangia os seguintes usos: ambulatório pequeno, destinado à avaliação e ao controle de paciente em tratamento; setor de imagem; laboratório de movimento; laboratório e oficina mecânica para o desenvolvimento de equipamentos; amplo ginásio para fisioterapia, hidroterapia e esportes náuticos; Setor de Apoio ao Lesado Cerebral; internação para 180 leitos e instalações específicas para pacientes-dia (semi-internação); instalações para sessenta acompanhantes; centro de estudos com biblioteca; auditório para trezentos lugares; residência para vinte professores visitantes; centro de readaptação e desenvolvimento de habilidades com oficinas para atividades profissionais; setor de serviços gerais com lavanderia, cozinha, refeitório, central de materiais, almoxarifados, farmácia, setor de limpeza etc.; e anfiteatro ao ar livre para trezentos espectadores.

Sarah Brasília Lago Norte, planta esquemática do conjunto, Brasília DF.
1. esportes náuticos;
2. internação; 3. serviços gerais; 4. residência; 5. auditório; 6. centro de estudos; 7. apoio ao lesado cerebral; 8. apoio ao anfiteatro

À direita, Sarah Brasília Lago Norte, vista aérea, Brasília DF

Sarah Brasília Lago Norte, planta esquemática do conjunto, Brasília DF.
1. esportes náuticos; 2. internação; 3. serviços gerais; 4. residência; 5. auditório; 6. centro de estudos; 7. apoio ao lesado cerebral; 8. apoio ao anfiteatro

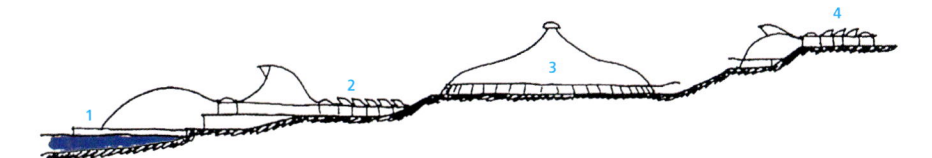

Implantação

O terreno, com declividade acentuada de mais de 20 metros, foi modelado formando uma sequência de plataformas interligadas por taludes ajardinados e por rampas suaves para pedestres, garantindo uma vista magnífica do lago à maioria dos ambientes do hospital. As destinações e respectivos níveis referidos à cota zero do lago de Brasília são as seguintes: galpão para esportes náuticos na cota 0,80m; ambulatório, setores de tratamento, fisioterapia, hidroterapia, laboratório para produção de equipamentos, internação, administração, vestiários e serviços gerais na cota 4,60m; reabilitação infantil na cota 10,70m; e, na cota 18,20m, centro de estudos, auditório, residência e centro de habilidades.

No ginásio estão localizados três setores distintos de reabilitação: hidroterapia, fisioterapia e quadra de esportes. A espera da fisioterapia está separada da circulação principal por um painel vasado em elementos verticais de aglomerado de madeira, de autoria do artista plástico Athos Bulcão. A fisioterapia para adultos é constituída de uma sequência de salões justapostos separados entre si por armários ou divisórias desmontáveis. O setor de hidroterapia possui três piscinas com água aquecida: duas internas, com 1,30 metros de profundidade; e uma externa com 90 centímetros, destinada à terapia e ao lazer dos pacientes. As vigas da cobertura, a cada 3,75 metros, vencem o vão de 25 metros e seu desenho forma uma grande abertura central ao longo de todo o edifício, destinada à iluminação e ventilação dos ambientes.

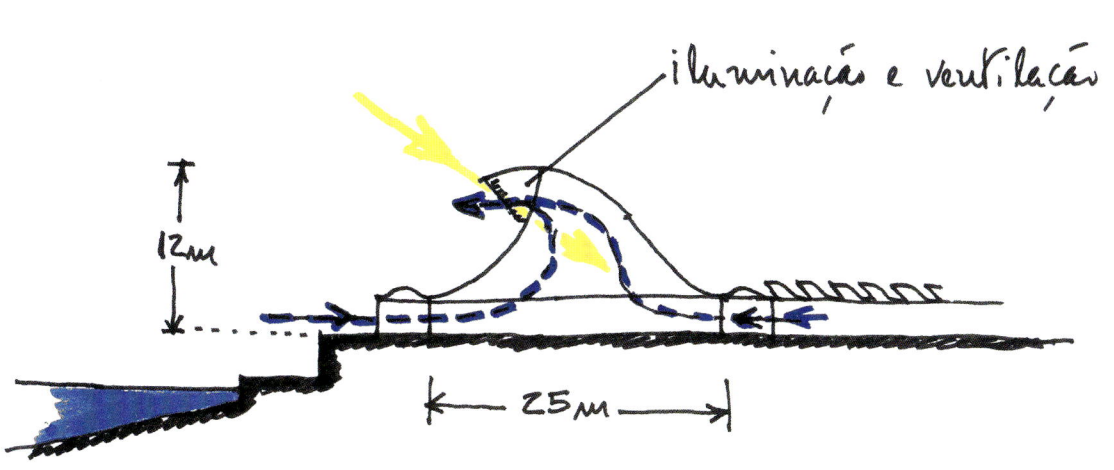

No alto, Sarah Brasília Lago Norte, vista panorâmica do conjunto, Brasília DF

À esquerda, Sarah Brasília Lago Norte, vista interna do ginásio de fisioterapia, Brasília DF

Acima, Sarah Brasília Lago Norte, corte esquemática do sistema de ventilação e iluminação, Brasília DF

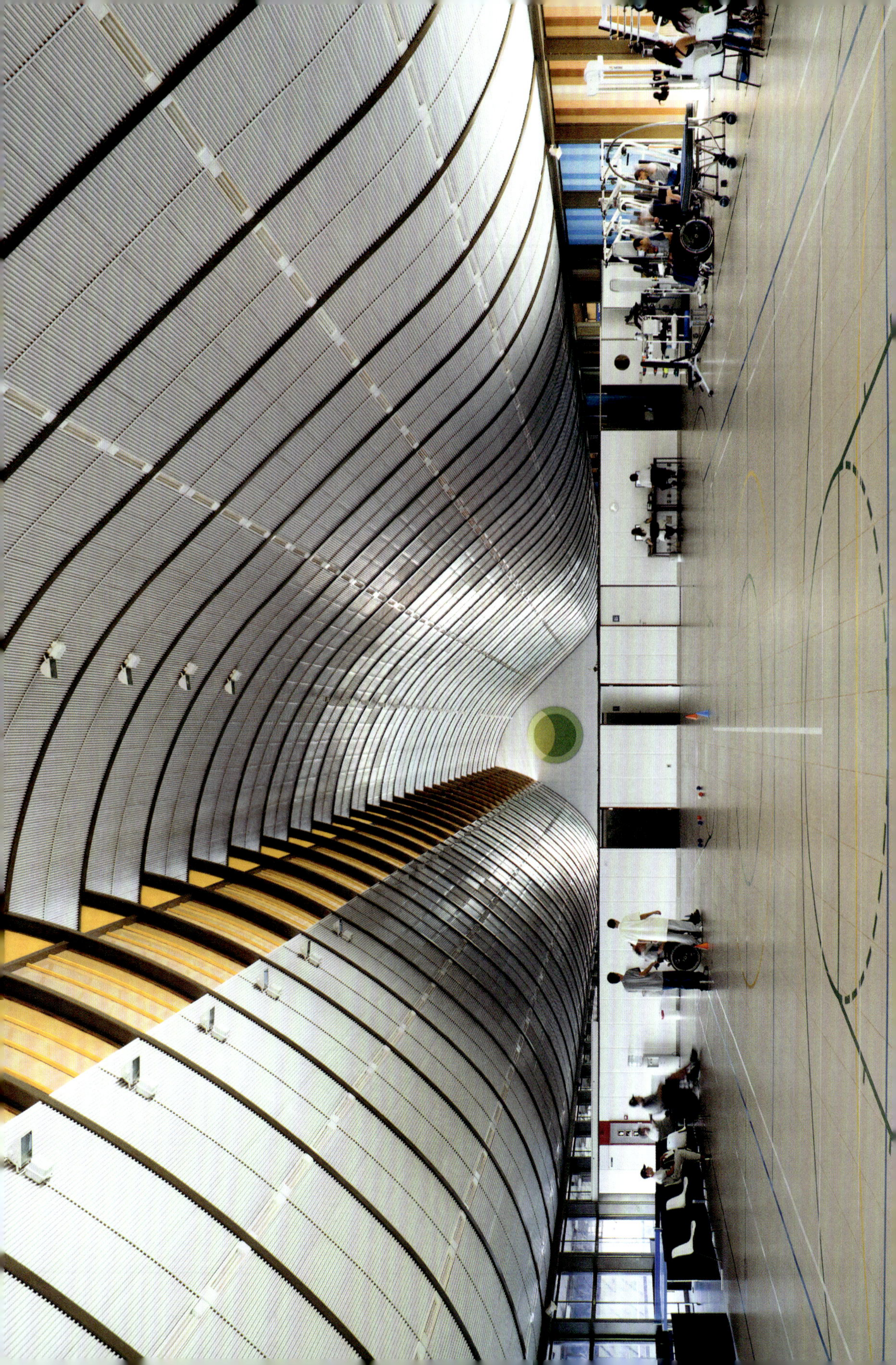

À esquerda, Sarah Brasília Lago Norte, ginásio de fisioterapia, Brasília DF

Acima, Sarah Brasília Lago Norte, setor de hidroterapia, Brasília DF

Sarah Brasília Lago Norte, área externa integrada ao setor de hidroterapia, Brasília DF

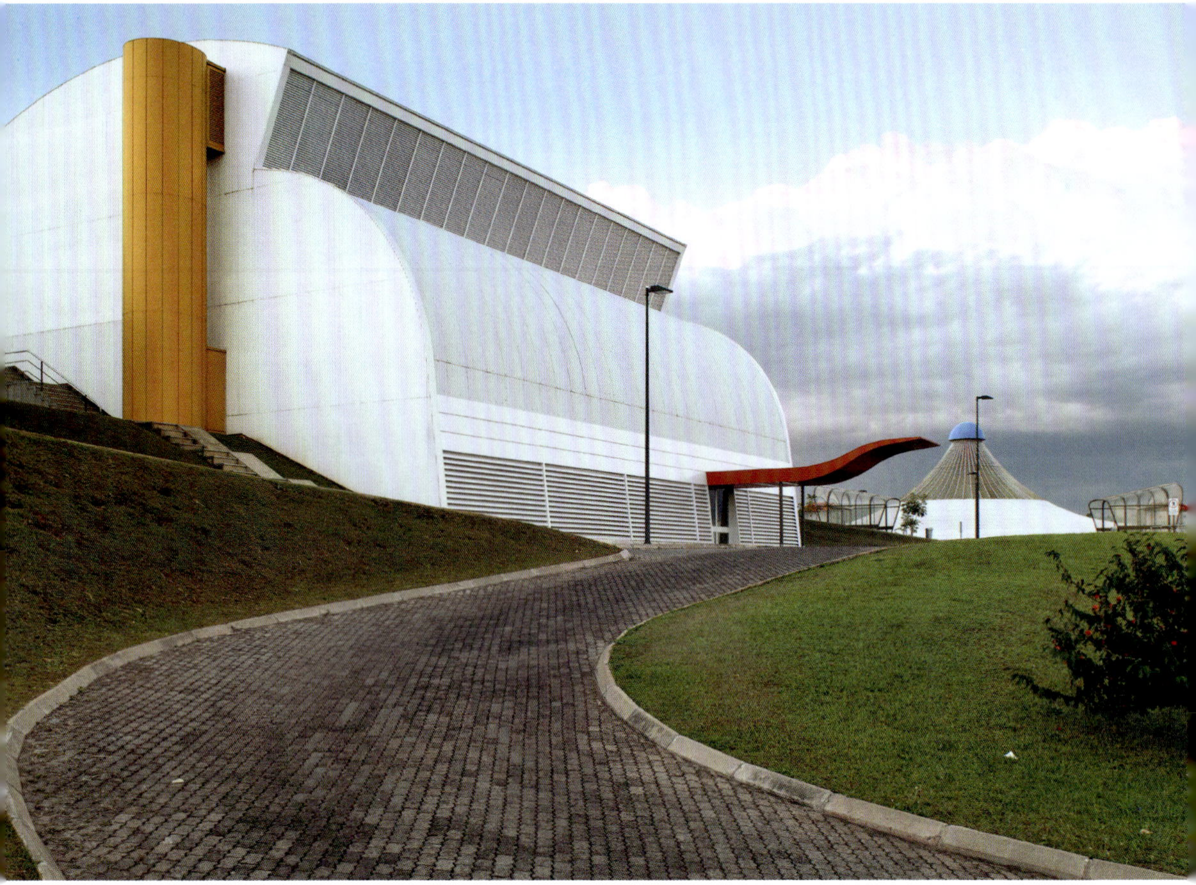

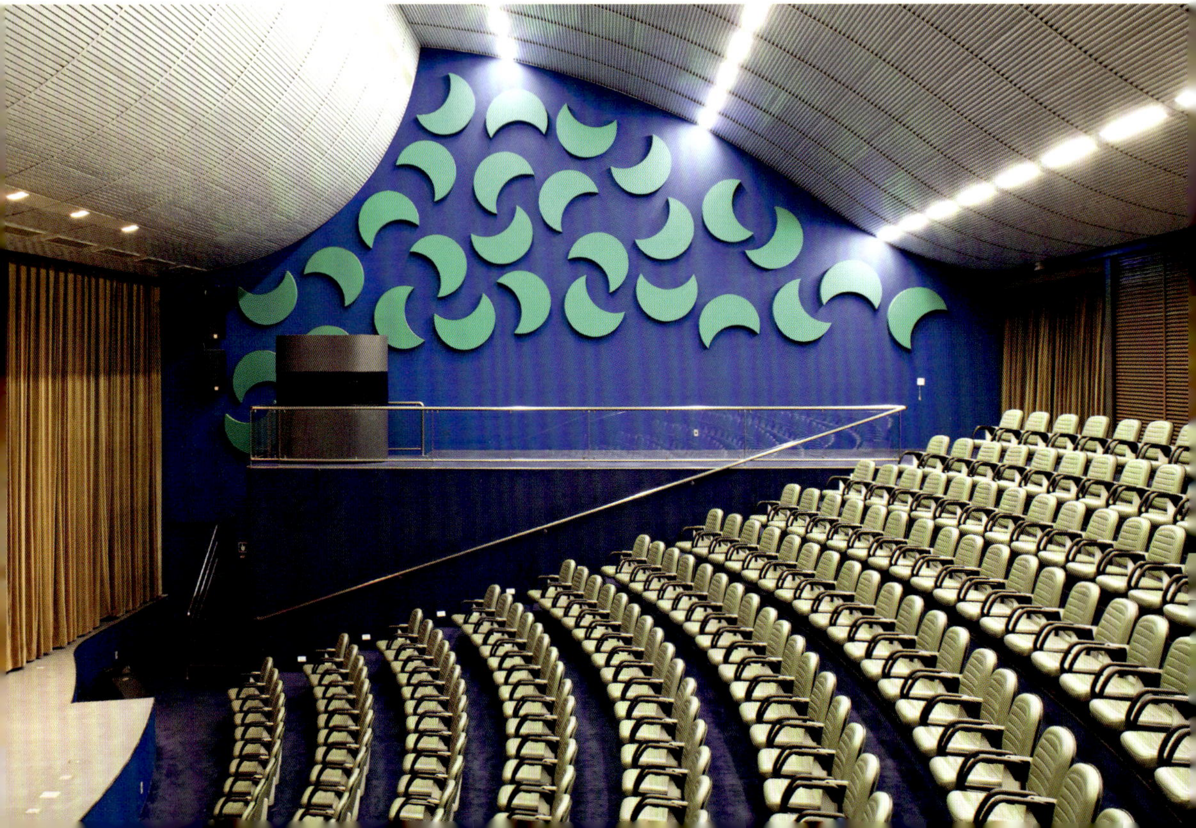

O auditório para quatrocentos lugares possui duas plataformas laterais niveladas destinadas a receber eventualmente pacientes em cadeiras de roda ou em camas-maca.

Nas áreas externas, ambientes ajardinados se integram ao acesso principal e à espera do ambulatório. O setor de apoio ao anfiteatro ao ar livre tem duas grandes marquises simétricas: uma do lado da via, que protege o embarque e desembarque de pacientes; e outra ao lado do anfiteatro, que abriga a área externa de uma pequena lanchonete e o acesso às instalações sanitárias. O playground está localizado próximo do centro de reabilitação infantil e é utilizado como área de fisioterapia ou para o lazer de crianças acompanhantes.

À esquerda, Sarah Brasília Lago Norte, vistas externa e interna do auditório, Brasília DF

Acima, Sarah Brasília Lago Norte, acesso principal, Brasília DF

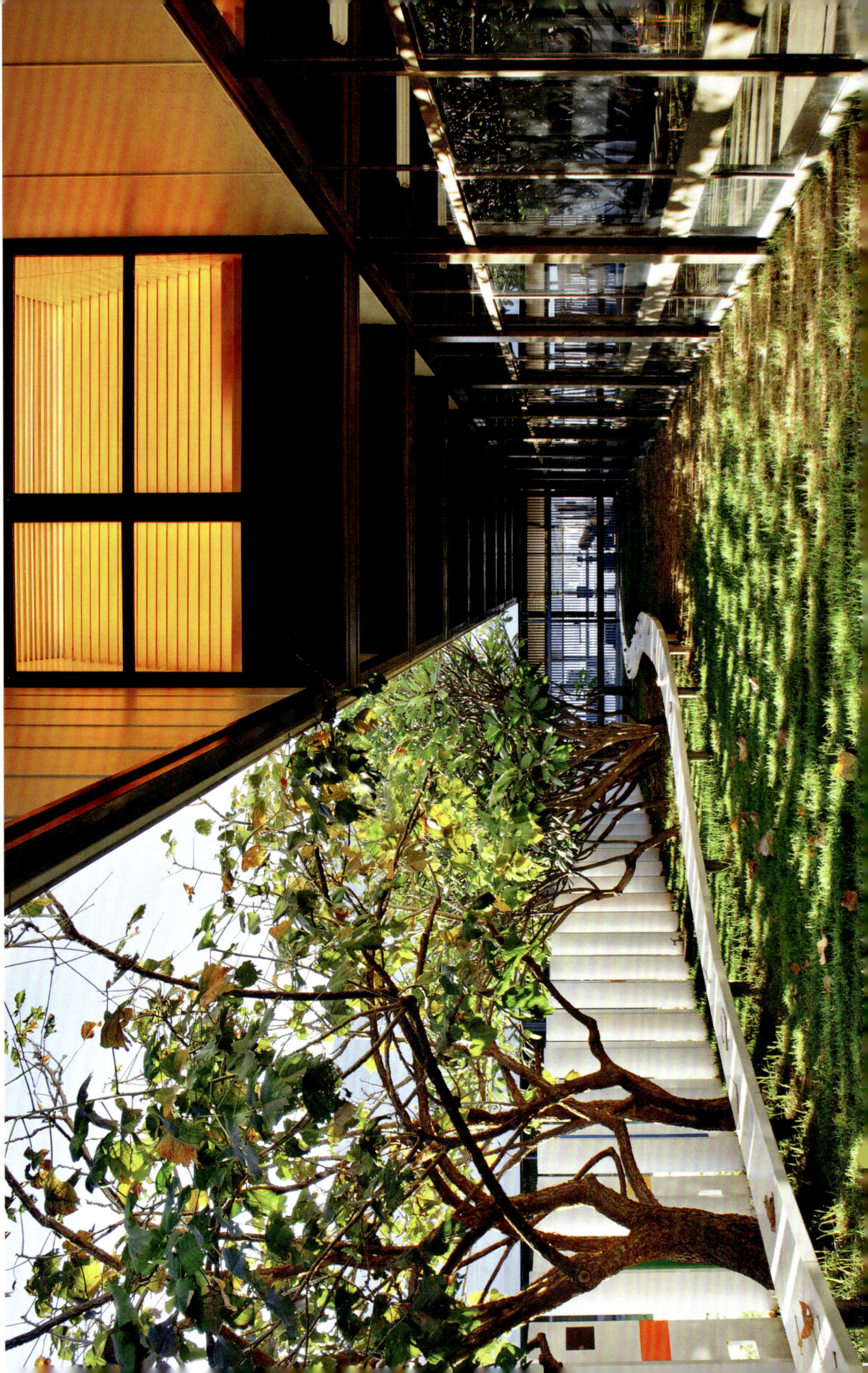

À esquerda, Sarah Brasília Lago Norte, jardim integrado ao hall principal, Brasília DF

Acima, Sarah Brasília Lago Norte, marquise de embarque e desembarque para usuários da fisioterapia e do anfiteatro e acesso principal, Brasília DF

Sarah Brasília Lago Norte, abrigo para embarque e desembarque e playground, Brasília DF

Conforto ambiental e industrialização

Não foi adotado nesse centro o mesmo sistema de ventilação adotado nos hospitais do Nordeste porque o centro é muito pouco compartimentado devido às próprias características da maioria de suas áreas de tratamento – sempre ligadas ao exterior e constituídas de grandes ginásios com espaços amplos e pés-direitos altos. Além disso, não há nesse centro a mesma concentração de instalações presentes nos hospitais, o que determinaria a necessidade de uma rede de galerias no subsolo, e que, nesse caso, seria criada exclusivamente para o sistema de ventilação. Por esse motivo, nesse projeto adotou-se um sistema bem mais simples de ventilação natural, em que o ar penetra nos ambientes pelas portas de correr – que dão para o exterior sempre protegidas por varandas – e é extraído pelas aberturas dos sheds, cujo arcabouço metálico é semelhante ao adotado no hospital de Salvador.

Sarah Brasília Lago Norte, construção dos sheds e do galpão da fisioterapia, Brasília DF

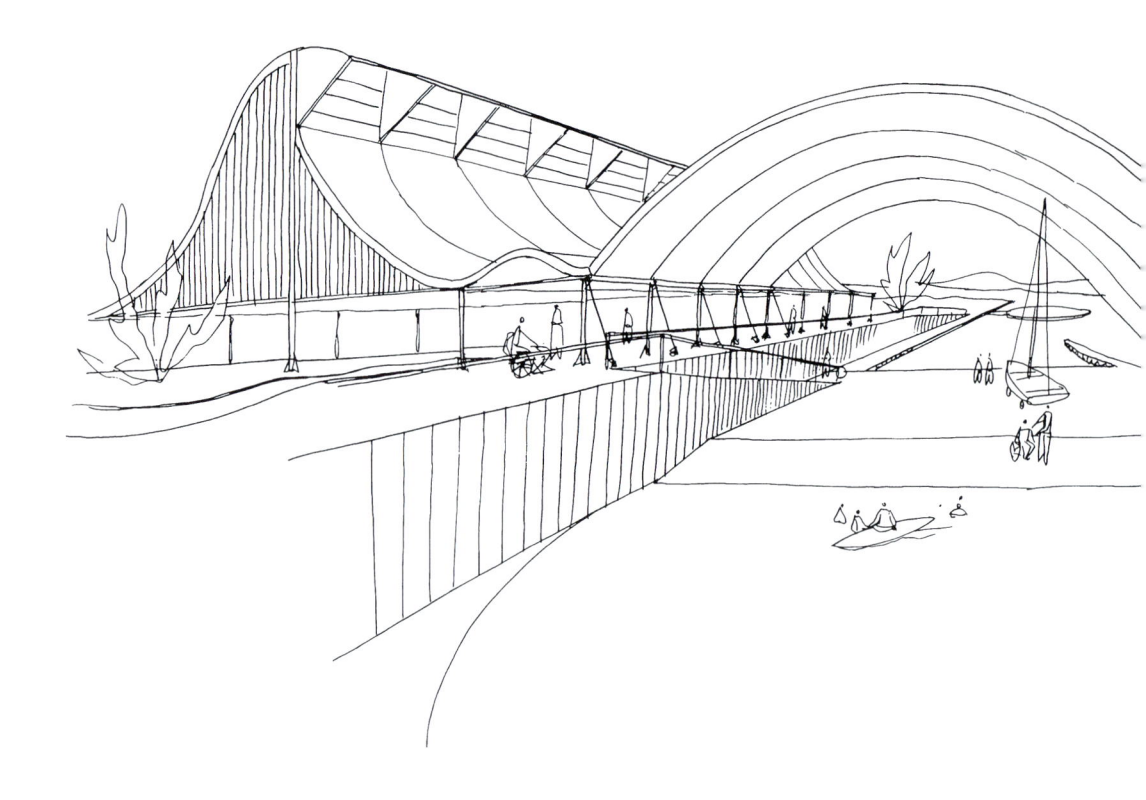

Sarah Brasília Lago Norte, galpão do setor náutico em perspectiva, em construção e concluído, Brasília DF

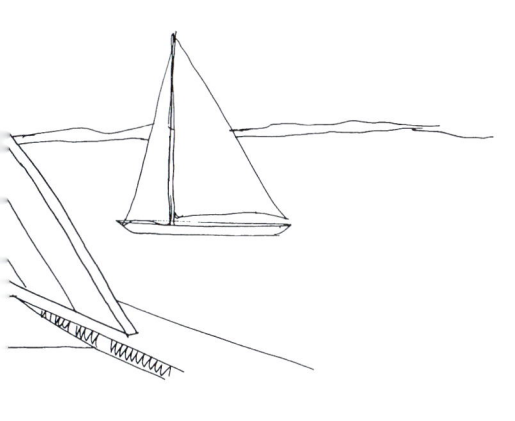

Em um dos extremos do galpão do setor náutico foi criada uma enseada artificial no lago com profundidade média de 1 metro. Nesse local os pacientes podem ser iniciados no exercício em embarcações do tipo caiaque.
A estrutura principal do galpão é constituída de arcos metálicos a cada 3,75 metros vencendo o vão de 28,75 metros. Tal como no galpão da fisioterapia, os arcos foram divididos em duas seções para maior facilidade de transporte.
As duas seções foram apoiadas em escoramento central durante a montagem, e a ligação entre ambas no local foi executada por solda.

Abaixo, Lelé com Ana Amélia Monteiro, arquiteta responsável pelo desenvolvimento do projeto e pelo planejamento da industrialização, e com Roberto Vitorino, engenheiro responsável pelo cálculo estrutural do Sarah Brasília Lago Norte

À direita, Sarah Brasília Lago Norte, área central do Centro de Apoio à Paralisia Cerebral, Brasília DF

Embora o anteprojeto desse centro tenha sido concebido em 1994, cinco anos antes do início da construção, a obra apresenta um bom nível de industrialização, graças ao ajuste entre o potencial tecnológico do CTRS e o desenvolvimento do projeto, sob a responsabilidade da arquiteta Ana Amélia Monteiro; à sincronização da produção com

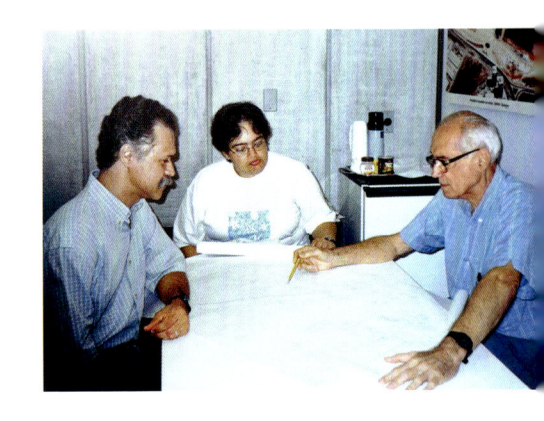

À direita (embaixo), Sarah Brasília Lago Norte, planta esquemática de distribuição do programa no Centro de Apoio à Paralisia Cerebral, Brasília DF. 1. acesso de pacientes; 2. sala de espera; 3. área de apoio, sanitários etc.; 4. acesso dos serviços; 5. piscina; 6. playground; 7. refeitório; 8. salas de tratamento; 9. ginásio

a montagem liderada pela arquiteta Adriana Rabello Filgueiras Lima; e ao rigor no detalhamento das estruturas desenvolvidas pelo engenheiro Roberto Vitorino, sobretudo naquelas destinadas aos grandes vãos do conjunto da fisioterapia, do Centro de Apoio à Paralisia Cerebral e do setor de esportes náuticos.

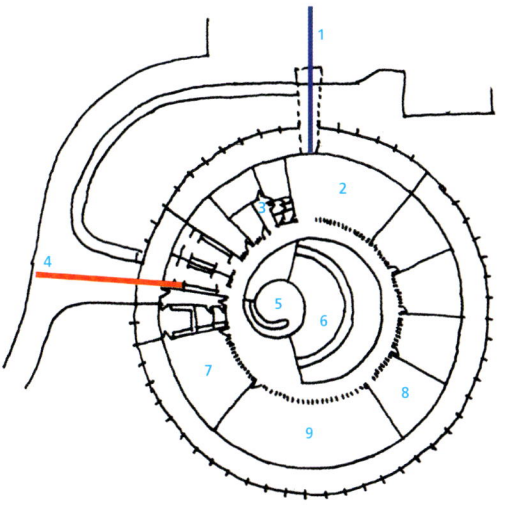

A cobertura do Centro de Apoio à Paralisia Cerebral tem 54 metros de diâmetro de vão livre e é revestida com chapas de alumínio pré-pintado moldadas nas oficinas do CTRS. No círculo central, com 20 metros de diâmetro, esta é constituída de uma grande claraboia de policarbonato transparente, em cuja projeção foi criado um espaço ajardinado integrado aos ambientes de terapia. O ar penetra através das esquadrias de vidro do perímetro externo e, quando sobe por convecção após ser aquecido pelo ambiente, é extraído por um grande exaustor localizado no anel central, no vértice da cobertura.

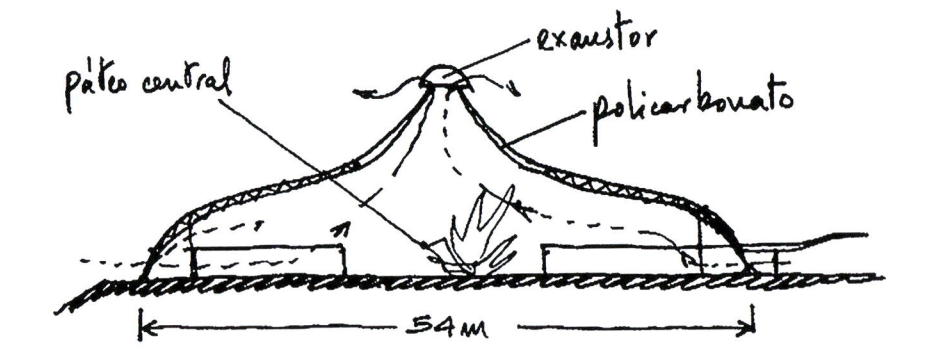

A estrutura é constituída de 64

À esquerda, Sarah Brasília Lago Norte, corte esquemático do sistema de ventilação e vista externa do Centro de Apoio à Paralisia Cerebral, Brasília DF

Acima, Sarah Brasília Lago Norte, duas etapas da montagem da estrutura do Centro de Apoio à Paralisia Cerebral, Brasília DF

vigas em treliça metálica, dispostas no sentido radial, engastadas em um anel central superior também metálico e apoiadas sobre rótulas em um anel de concreto armado na projeção do perímetro externo do edifício. O anel metálico central permaneceu escorado durante toda a operação de montagem.

A área central, destinada aos jogos e terapias coletivas, foi concebida como uma área de integração das atividades de apoio, que se realizam nas salas periféricas. Essas duas áreas são separadas por um painel criado pelo artista plástico Athos Bulcão, constituído de painéis pivotantes metálicos pintados de branco em cuja superfície foram incorporadas figuras geométricas coloridas.

Sarah Brasília Lago Norte, painéis de divisão e jardim da área central do Centro de Apoio à Paralisia Cerebral, Brasília DF

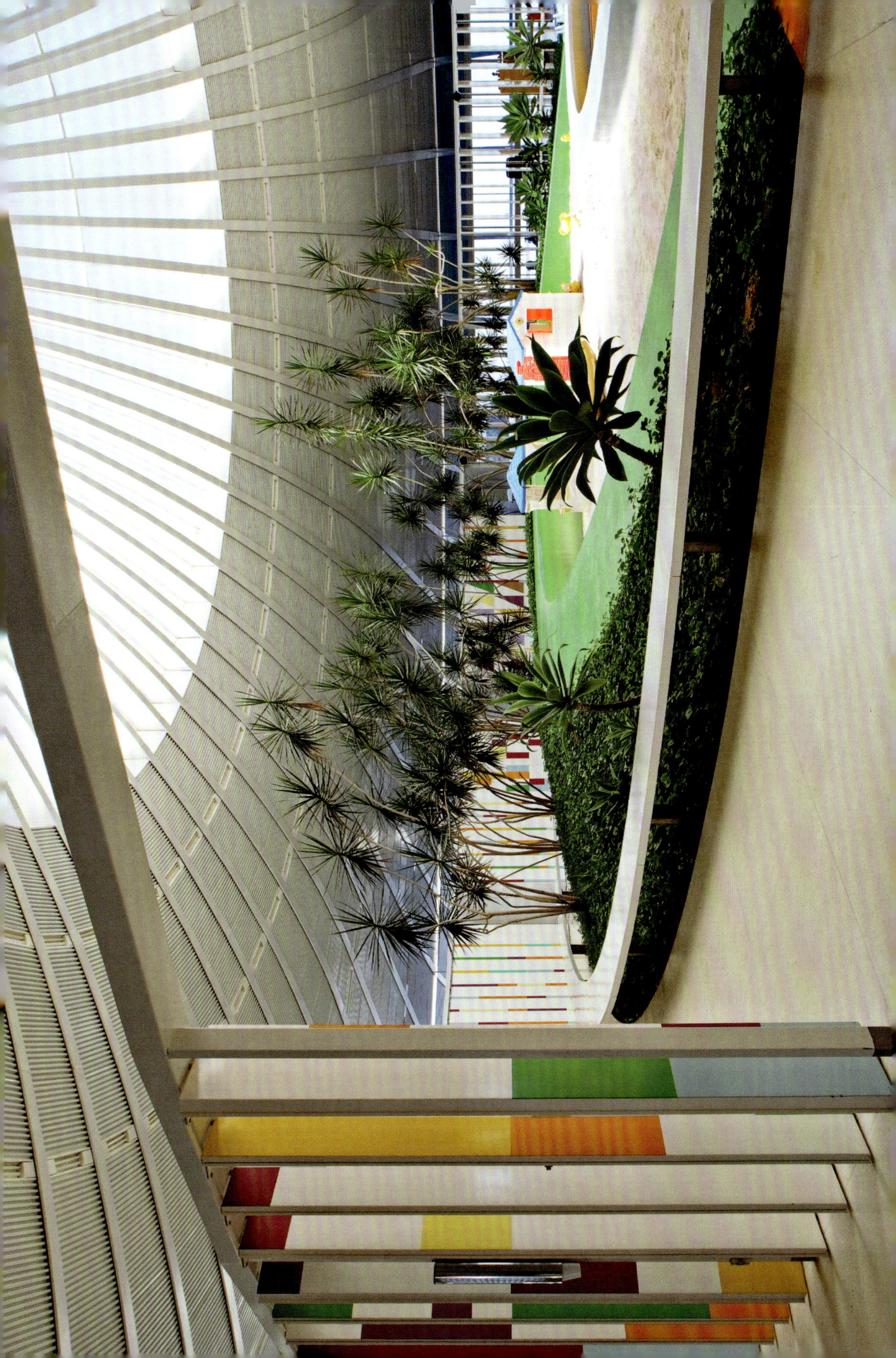

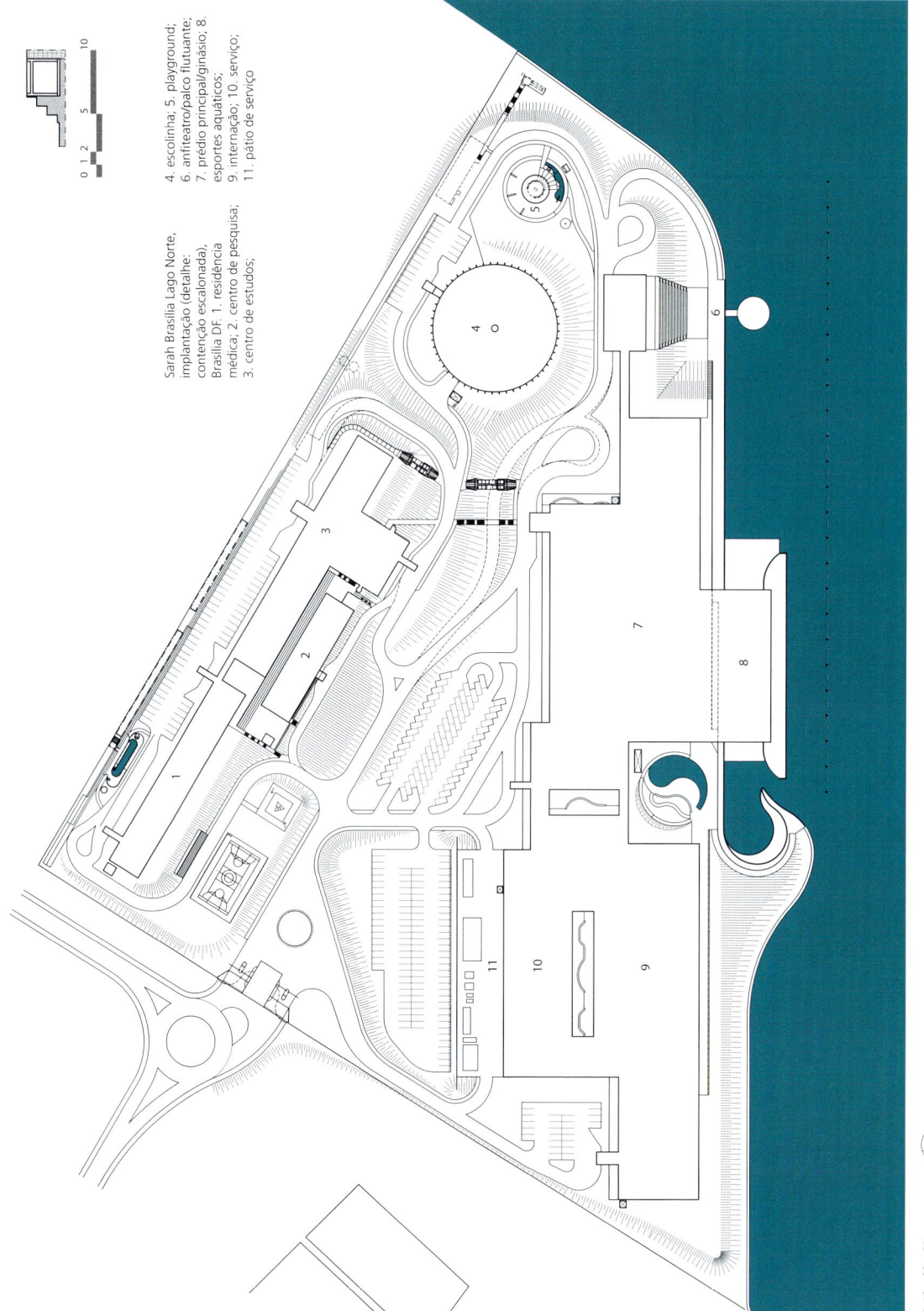

Sarah Brasília Lago Norte, implantação (detalhe: contenção escalonada), Brasília DF. 1. residência médica; 2. centro de pesquisa; 3. centro de estudos; 4. escolinha; 5. playground; 6. anfiteatro/palco flutuante; 7. prédio principal/ginásio; 8. esportes aquáticos; 9. internação; 10. serviço; 11. pátio de serviço

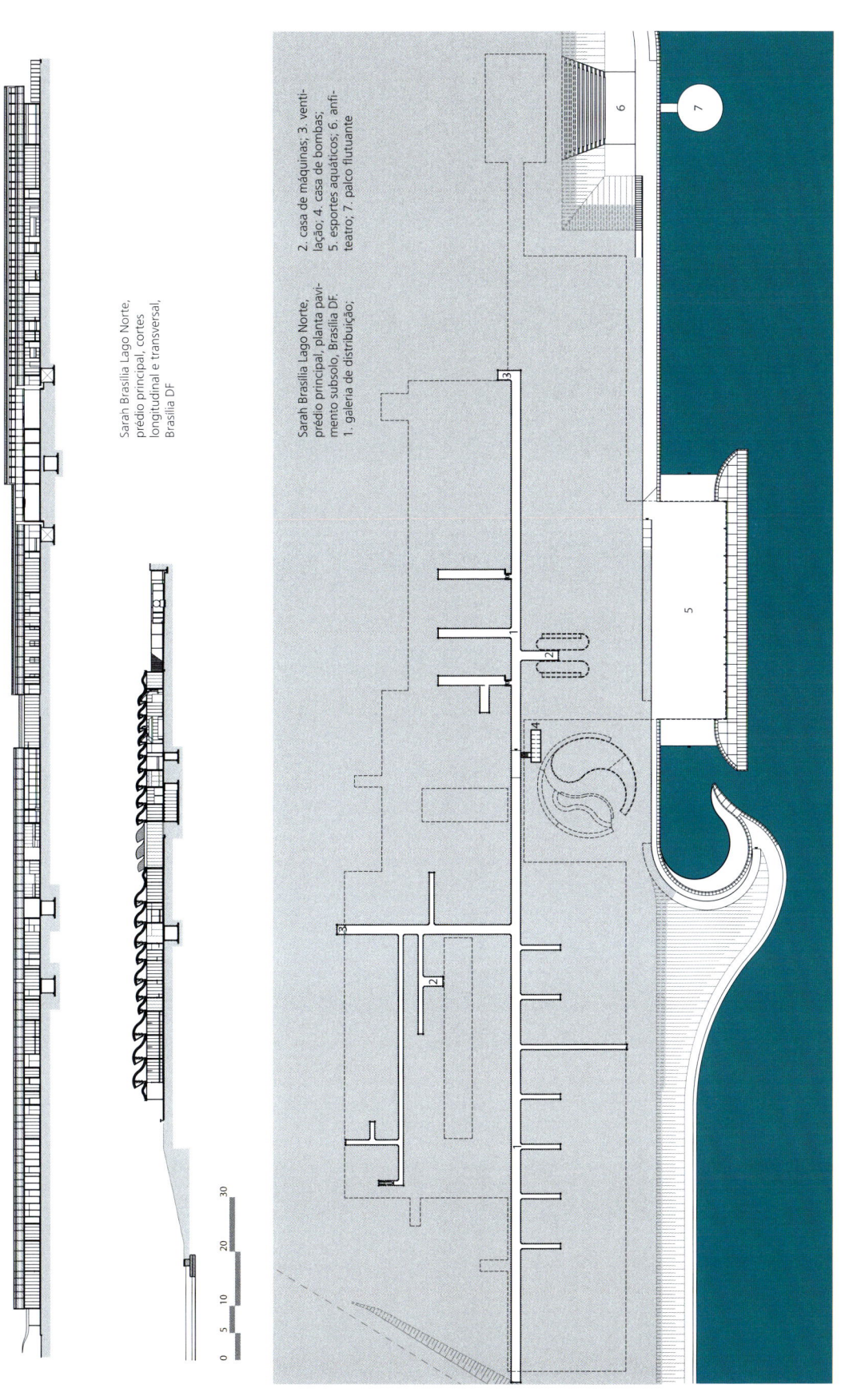

Sarah Brasília Lago Norte, prédio principal, cortes longitudinal e transversal, Brasília DF

Sarah Brasília Lago Norte, prédio principal, planta pavimento subsolo, Brasília DF; 1. galeria de distribuição; 2. casa de máquinas; 3. ventilação; 4. casa de bombas; 5. esportes aquáticos; 6. anfiteatro; 7. palco flutuante

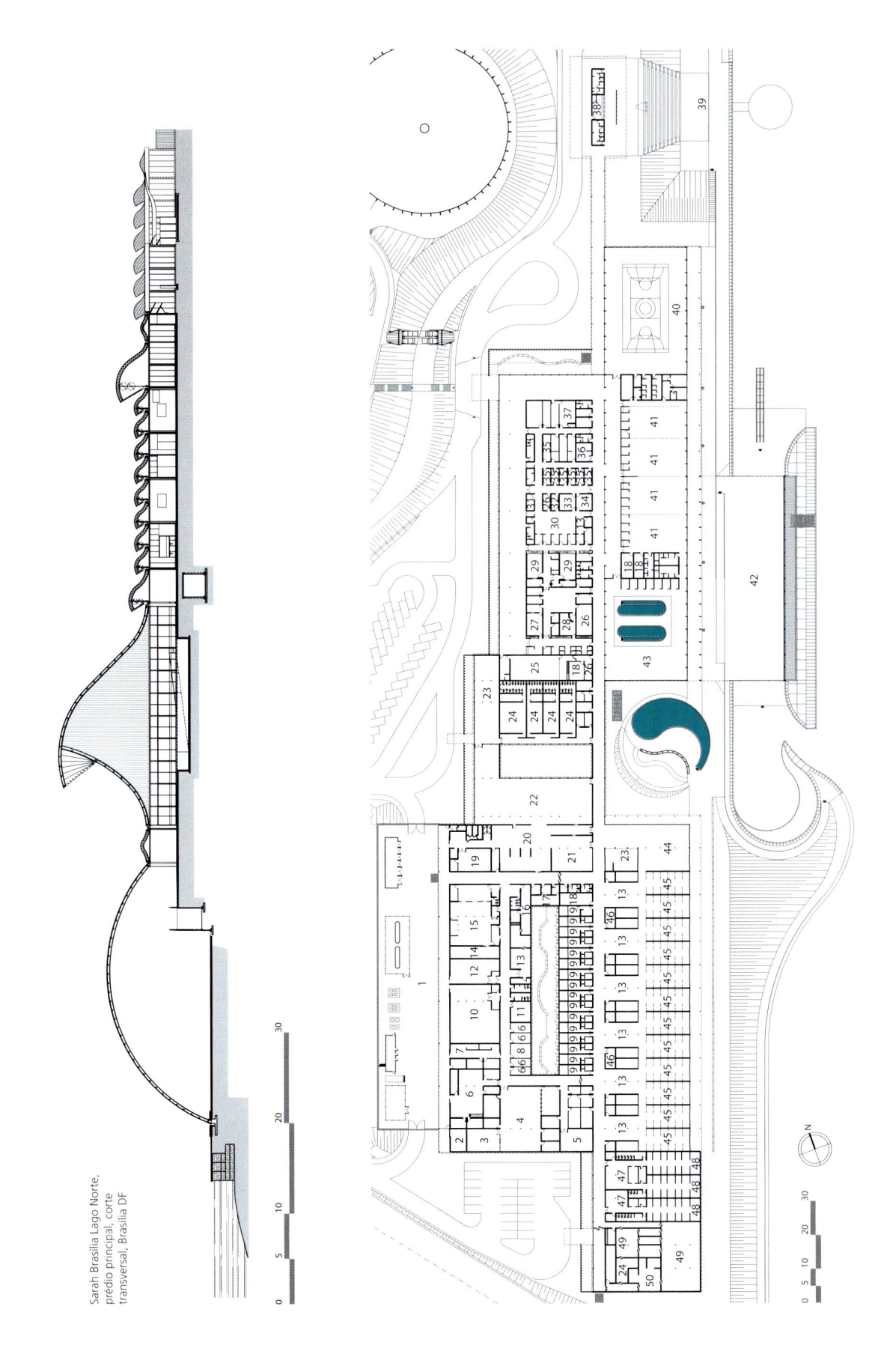

Sarah Brasília Lago Norte, prédio principal, corte transversal, Brasília DF

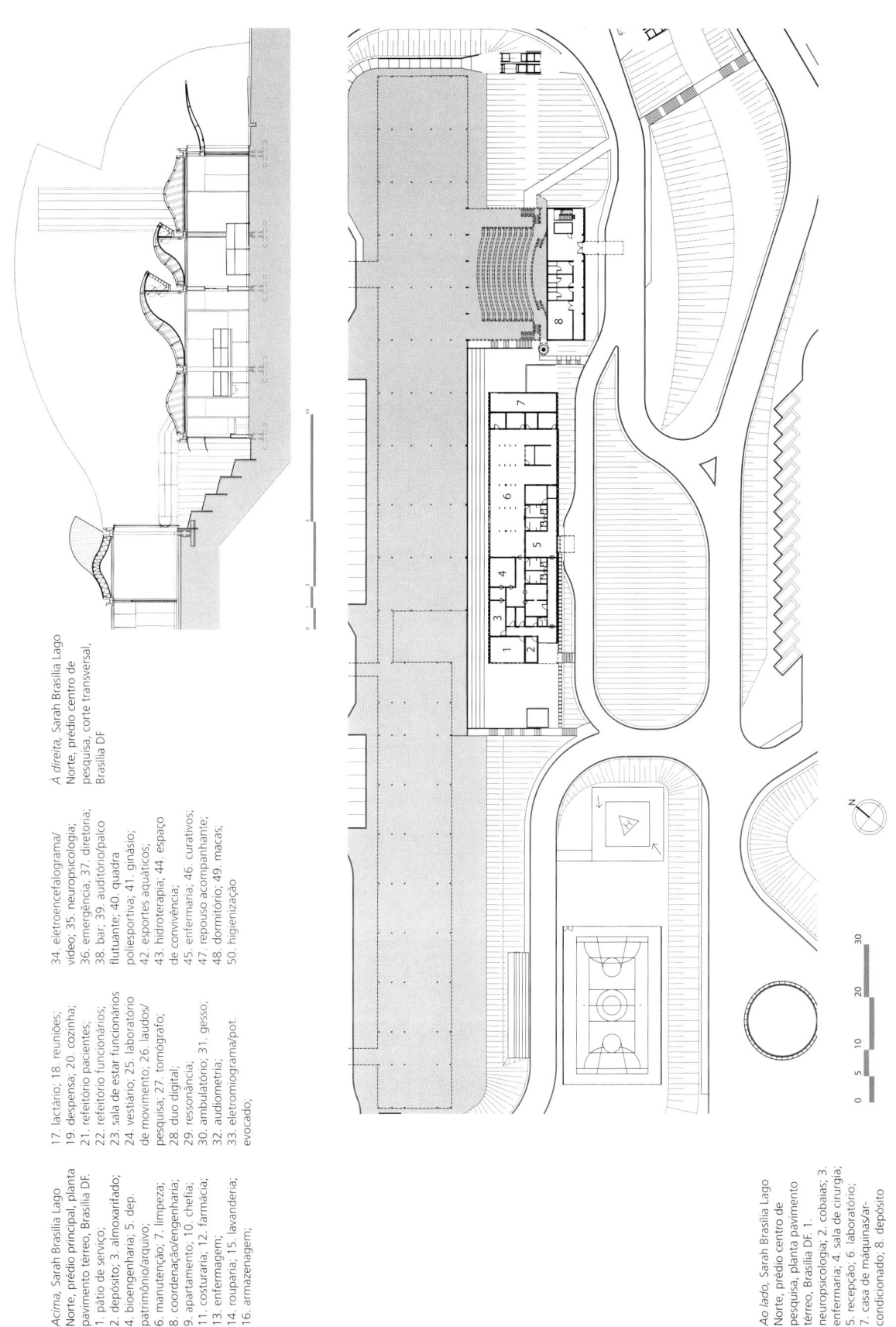

Acima, Sarah Brasília Lago Norte, prédio principal, planta pavimento térreo, Brasília DF. 1. pátio de serviço; 2. depósito; 3. almoxarifado; 4. bioengenharia; 5. dep. patrimônio/arquivo; 6. manutenção; 7. limpeza; 8. coordenação/engenharia; 9. apartamento; 10. chefia; 11. costuraria; 12. farmácia; 13. enfermagem; 14. rouparia; 15. lavanderia; 16. armazenagem;

17. lactário; 18. reuniões; 19. despensa; 20. cozinha; 21. refeitório pacientes; 22. refeitório funcionários; 23. sala de estar funcionários 24. vestiário; 25. laboratório de movimento; 26. laudos/pesquisa; 27. tomografo; 28. duo digital; 29. ressonância; 30. ambulatório; 31. gesso; 32. audiometria; 33. eletromiograma/pot. evocado,

34. eletroencefalograma/vídeo; 35. neuropsicologia; 36. emergência; 37. diretoria; 38. bar; 39. auditório/palco flutuante; 40. quadra poliesportiva; 41. ginásio; 42. esportes aquáticos; 43. hidroterapia, 44. espaço de convivência; 45. enfermaria; 46. curativos; 47. repouso acompanhante; 48. dormitório; 49. macas; 50. higienização

À direita, Sarah Brasília Lago Norte, prédio centro de pesquisa, corte transversal, Brasília DF

Ao lado, Sarah Brasília Lago Norte, prédio centro de pesquisa, planta pavimento térreo, Brasília DF. 1. neuropsicologia; 2. cobaias; 3. enfermaria; 4. sala de cirurgia; 5. recepção; 6. laboratório; 7. casa de máquinas/ar-condicionado; 8. depósito

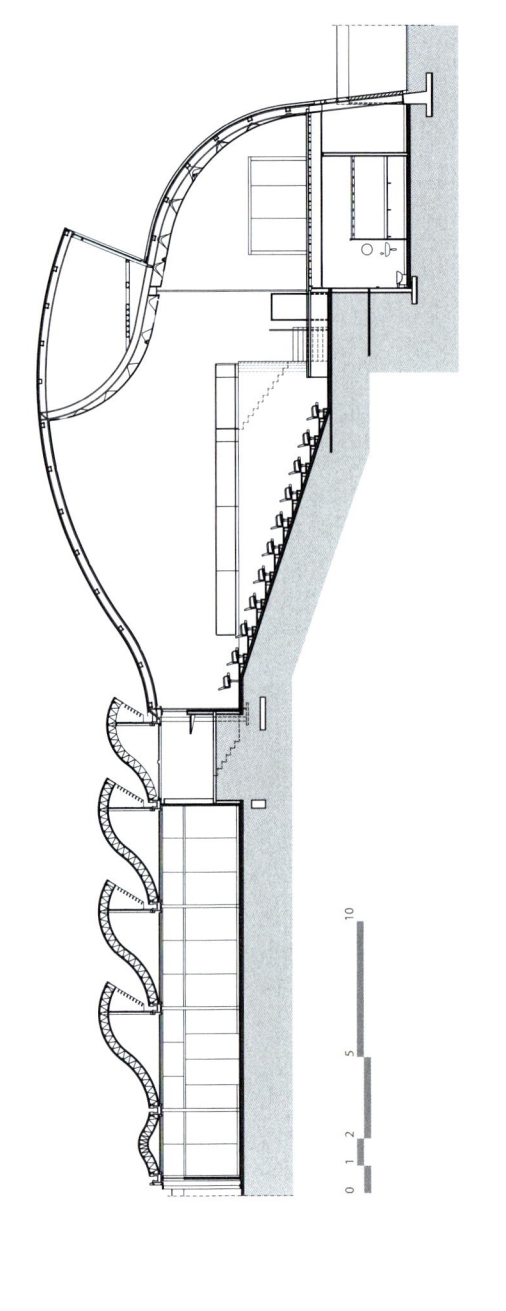

À direita, Sarah Brasília Lago Norte, prédio residência médica e centro de estudos, corte transversal, Brasília DF

Abaixo, Sarah Brasília Lago Norte, prédio residência médica e centro de estudos, planta pavimento térreo, Brasília DF. 1. apartamento; 2. quadra polivalente; 3. refeições; 4. estar; 5. sala; 6. sanitário; 7. foyer; 8. cabine; 9. auditório; 10. biblioteca

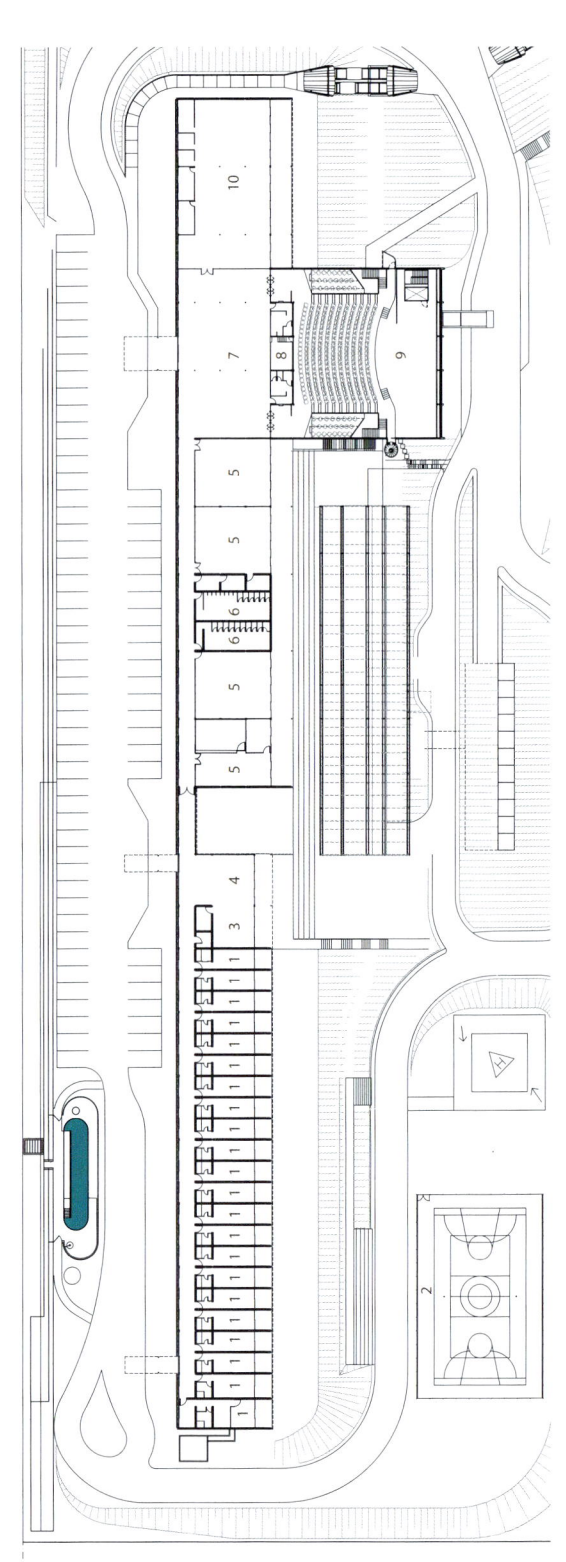

Sarah Brasília Lago Norte,
prédio escolinha, corte,
Brasília DF

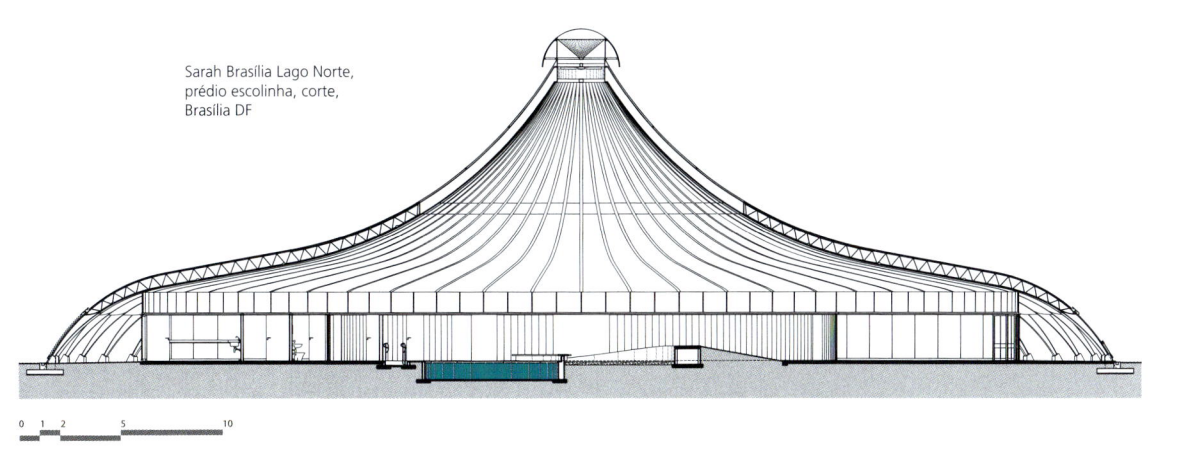

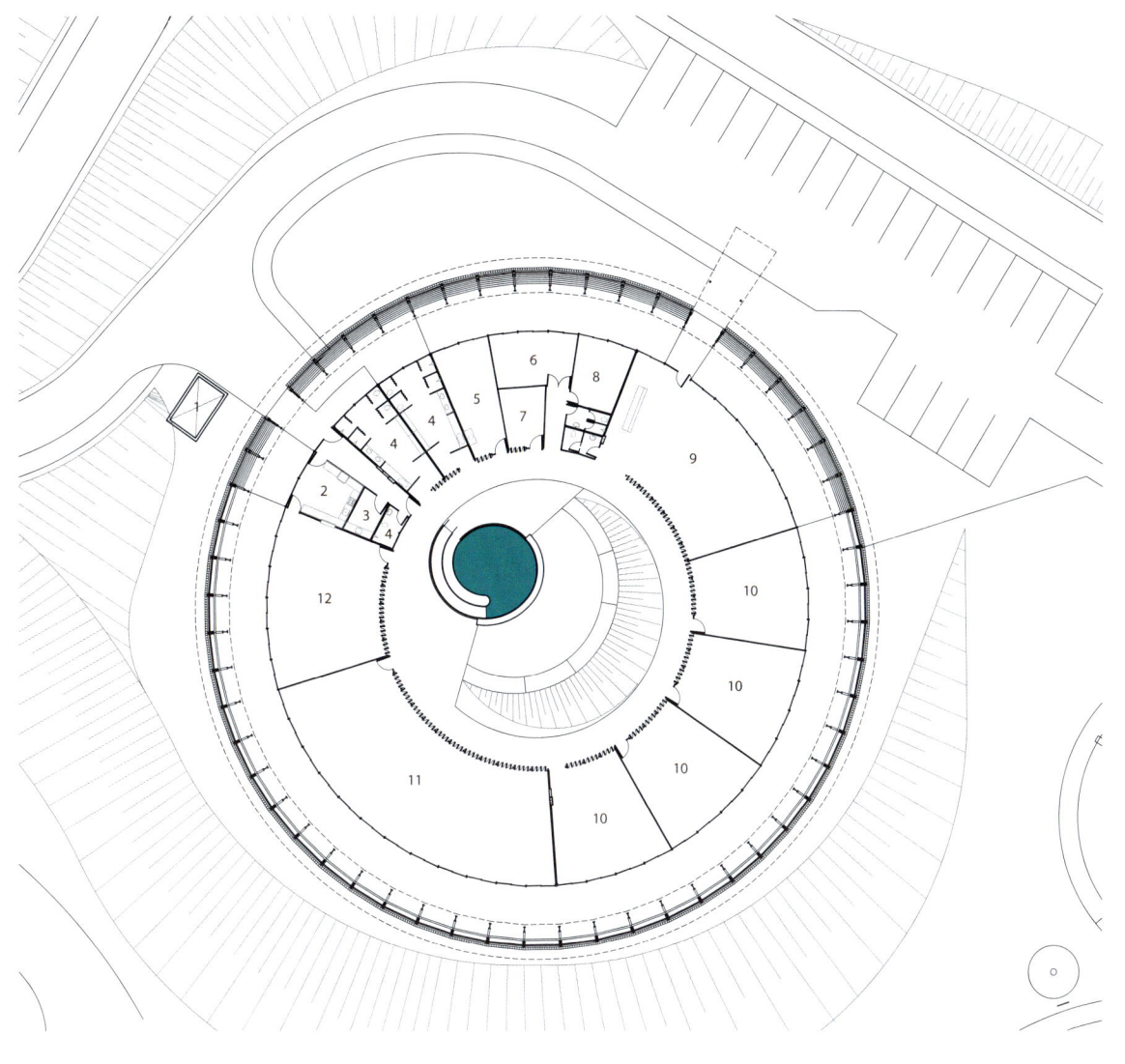

Sarah Brasília Lago Norte,
prédio escolinha, planta
pavimento térreo, Brasília DF.
1. casa de bombas;
2. copa; 3. limpeza;
4. sanitário; 5. consultório;
6. reuniões; 7. avaliação;
8. diretoria; 9. recepção;
10. estimulação; 11. ginásio;
12. refeitório

Posto Avançado de Macapá

Marco zero

14.1. Primeiro projeto frustrado

No plano de expansão da Rede Sarah, foi prevista a implantação de pequenas unidades, os chamados "postos avançados", destinadas a exercer uma assistência médica intermediária entre a primária e a básica na área do aparelho locomotor. A criação dessas pequenas unidades torna possível que a excelência da assistência médica especializada praticada na Rede Sarah atinja regiões do território brasileiro onde não há demanda que justifique a construção de um hospital de duzentos leitos, semelhante aos que vêm sendo implantados em outras capitais do Nordeste. É desejável, entretanto, que esses projetos sejam

Posto Avançado, planta esquemática de localização, Macapá AP

aeroporto

Santa Inês

Amazonas

trapiche

Forte de São José

Terreno destinado ao posto avançado

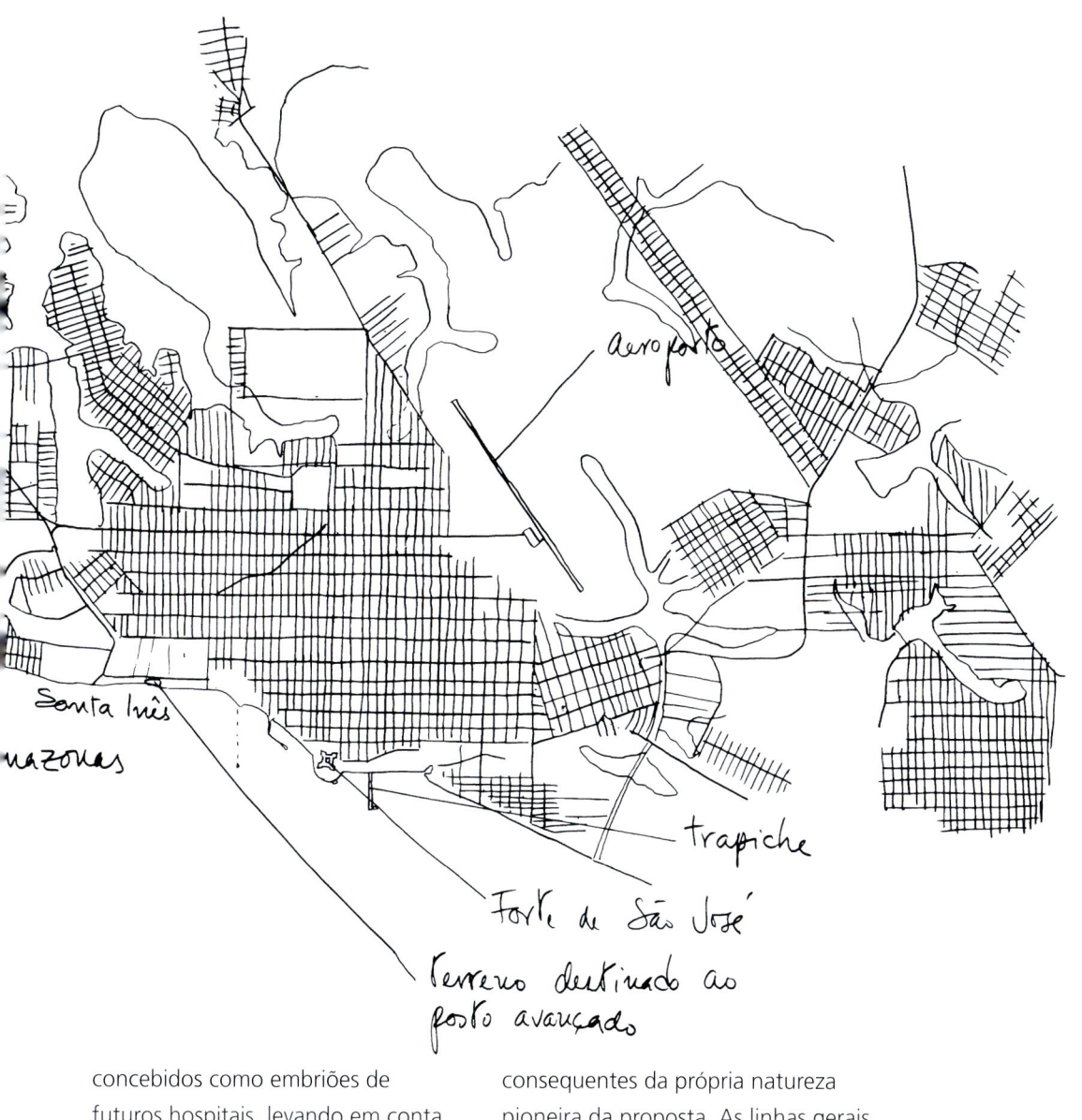

concebidos como embriões de futuros hospitais, levando em conta um eventual plano de expansão dos setores existentes, bem como a criação de novos setores não previstos no programa inicial.

Programa

O programa fixado para a primeira dessas unidades, que seria construída exemplarmente na cidade de Macapá, é flexível e sujeito a ajustes de ordem funcional, consequentes da própria natureza pioneira da proposta. As linhas gerais estabelecidas para o funcionamento do posto propõem uma atuação específica no início do processo da assistência médica do aparelho locomotor, na área do diagnóstico e na solução dos casos mais simples, que não dependam de equipamentos sofisticados ou de pessoal altamente qualificado. As atividades desenvolvidas no Posto Avançado de Macapá seriam controladas diretamente pelo hospital de Brasília, centro de referência do subsistema, e os casos de maior complexidade, fora do alcance de sua competência técnica, devem ser transferidos preferencialmente para o hospital de São Luís ou, eventualmente, para qualquer outra unidade da rede. O Posto Avançado voltaria a atuar no fim do processo de tratamento, na área de fisioterapia e reabilitação e na reintegração do paciente à sociedade.

Para a execução desse programa seriam instalados os seguintes setores: administração; fisioterapia e reabilitação, com ginásio e piscina; ambulatório; pequeno setor de imagem; pequeno laboratório com boxes para coleta de material; sala para procedimentos invasivos com apoio, vestiários, quatro leitos de observação, pequeno posto de enfermagem etc.; serviços gerais, com almoxarifado, farmácia, manutenção, cozinha, refeitório, lavanderia, limpeza; central de material, com pequena unidade de esterilização; e manutenção.

Partido arquitetônico

O posto seria implantado em área plana situada na rua Beira Rio, que acompanha a margem do Rio Amazonas. As dimensões relativamente pequenas do terreno, sua configuração triangular e a existência de um canal de drenagem determinaram a adoção de um partido compacto em dois blocos: o menor, em um pavimento, destinado aos serviços gerais e vestiários; o maior, em dois pavimentos e destinado, no nível térreo, a administração, fisioterapia e central de material; e no nível superior, a ambulatório, setor de imagem, laboratório, e sala para procedimentos invasivos.

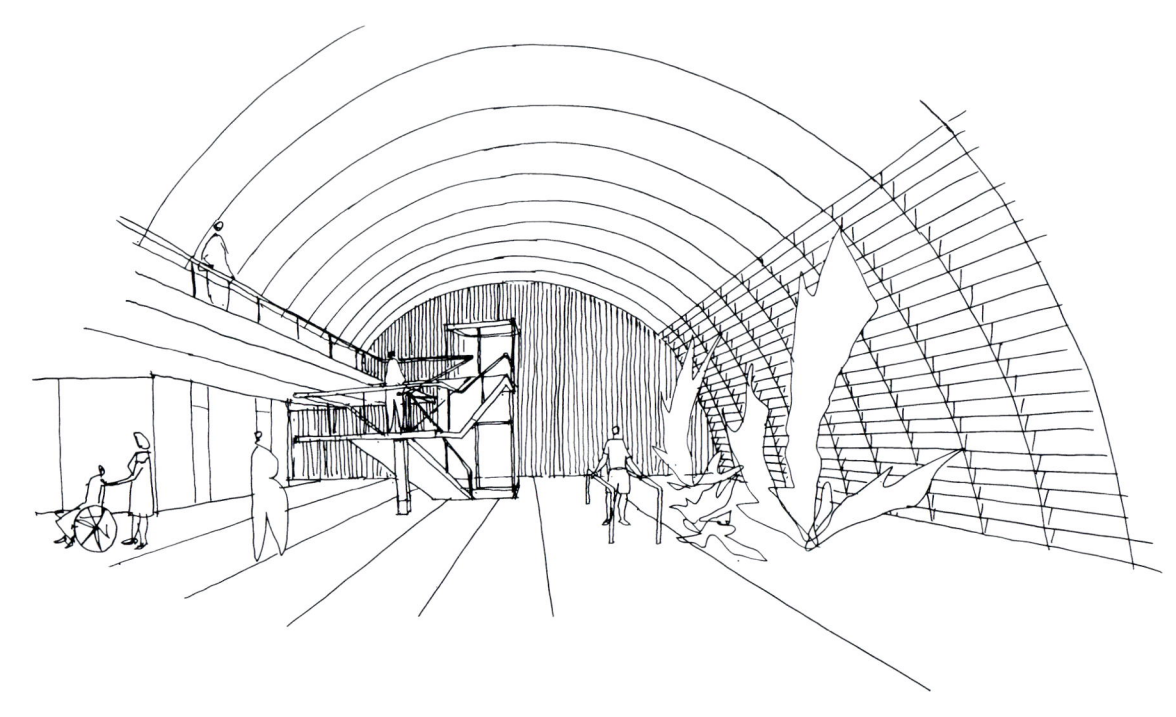

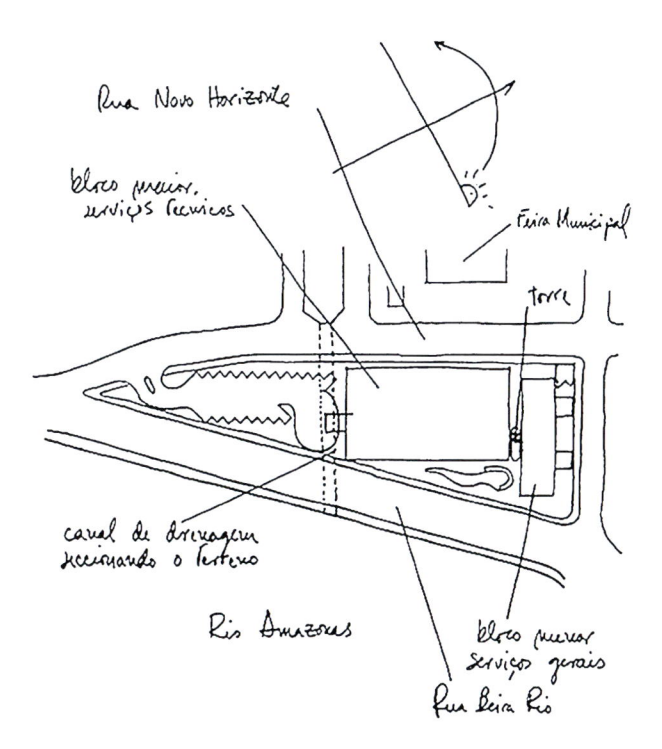

Todos os ambientes do prédio dos serviços gerais e os do segundo pavimento do bloco maior seriam iluminados e ventilados através de sheds, em cujas aberturas poderiam eventualmente ser encaixadas unidades de ar-condicionado.

No bloco principal, foi projetada uma cobertura em abóbada dotada de ampla área de iluminação e ventilação, que envolve o salão de espera do segundo pavimento e um grande espaço integrado a jardins no nível térreo, destinado ao ginásio da fisioterapia e aos equipamentos de circulação vertical – escada, rampa e elevador hidráulico.

À esquerda, Posto Avançado (1º projeto), perspectiva interna, Macapá AP

Acima, Posto Avançado (1º projeto), planta esquemática de distribuição do programa e foto da maquete, Macapá AP

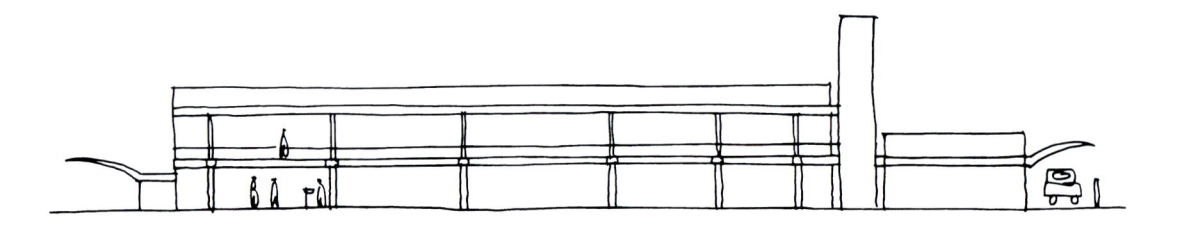

Foi projetada também uma torre em estrutura independente, localizada no espaço ajardinado entre os dois blocos, destinada à circulação vertical de serviço – escada e elevador hidráulico – e ao reservatório de água superior.

Sistema construtivo

A estrutura do piso do segundo pavimento seria constituída de vigas duplas secundárias em chapa dobrada a cada 2,5 metros, apoiadas em vigamento duplo principal também em chapa dobrada, descarregando, por sua vez, em pilares tubulares de aço. A estrutura da cobertura seria constituída de treliças a cada 2,5m ou 1,875m, apoiadas em vigas duplas longitudinais, formando o arcabouço dos sheds. Estas, por sua vez, descarregando em pilares metálicos tubulares, que também exerceriam a função de tubos de queda das águas pluviais da cobertura, coletadas por calhas de aço inoxidável alojadas entre as vigas duplas. As telhas e forros seriam con-

Posto Avançado (1º projeto), planta esquemática do pavimento inferior, Macapá AP.
1. estacionamento; 2. marquise de acesso; 3. recepção; 4. elevador; 5. rampa; 6. prontuários; 7. administração; 8. secretaria; 9. diretoria; 10. sanitários; 11. farmácia; 12. vestiários; 13. fisioterapia; 14. boxes; 15. espaço de convivência; 16. piscina; 17. vestiário; 18. depósito; 19. central de material estéril; 20. central de material sujo; 21. hall escada–elevador; 22. elevador de serviço; 23. refeitório; 24. cozinha; 25. limpeza; 26. lavanderia; 27. manutenção; 28. almoxarifado; 29. vestiários; 30. setor do pessoal; 31. marquises

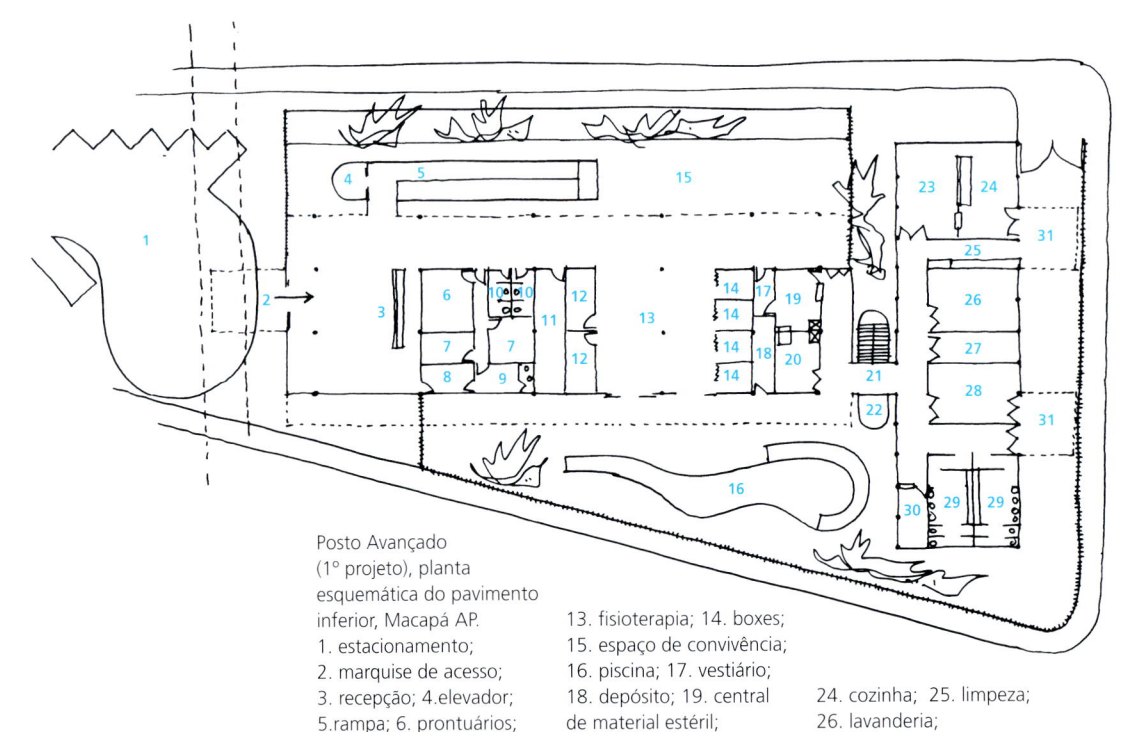

À esquerda, Posto Avançado (1º projeto), fachada, Macapá AP

Abaixo, Posto Avançado (1º projeto), corte esquemático, Macapá AP

feccionadas em chapas de alumínio pré-pintado de branco.

O isolamento termoacústico da cobertura seria efetuado por colchão de ar de 30 centímetros formado entre a telha e o forro, ambos com as superfícies internas revestidas por camada de bidim. A estrutura abobadada seria constituída de arcos metálicos a cada 2,5m ou 1,875m, secção I, em chapa soldada com alma cheia. No trecho inferior da cobertura, até cerca de 5 metros do solo, foram projetadas peças metálicas horizontais, com o objetivo de garantir ampla ventilação e, ao mesmo tempo, impedir a incidência direta do sol nas áreas internas.

Desentendimentos políticos entre a Prefeitura de Macapá e o Governo de Estado do Amapá determinaram uma mudança na destinação do terreno oferecido à Rede Sarah para implantação dessa unidade, e a consequente perda do projeto.

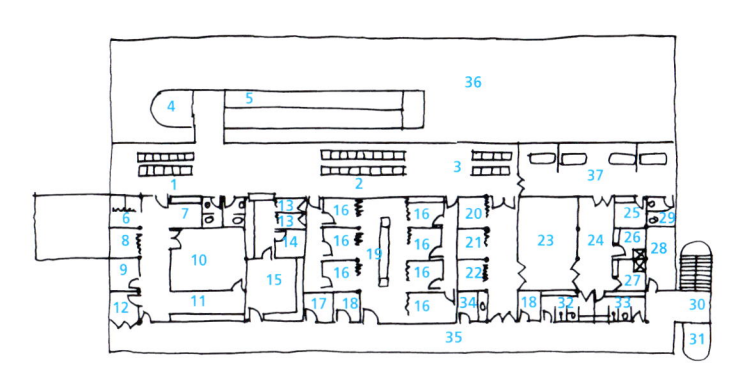

Posto Avançado (1º projeto), planta esquemática do pavimento superior, Macapá AP.
1. espera rx; 2. espera ambulatório; 3. espera de acompanhantes; 4. elevador; 5. rampa; 6. vestiário rx; 7. chamada rx; 8. espera de macas; 9. câmara escura; 10. telecomando; 11. câmara clara; 12. rx portátil; 13. box de coleta; 14. sanitário; 15. laboratório; 16. box do ambulatório; 17. sanitário; 18. sanitário; 19. ambulatório; 20. preparo; 21. higienização; 22. indução anestésica; 23. procedimentos invasivos; 24. lavabo – circulação; 25. posto de enfermagem; 26. material estéril; 27. expurgo; 28. limpeza; 29. sanitário; 30. hall escada; 31. elevador; 32. vestiário; 33. vestiário; 34. copa; 35. circulação técnica; 36. vazio; 37. enfermaria – 4 leitos.

14.2. Segundo projeto construído

O novo terreno proposto pela Prefeitura de Macapá está situado em área plana próxima ao campus da Universidade Federal do Amapá. É muito maior do que o anterior, permitindo a desejável adoção de um partido horizontal, levando em conta, assim, as prováveis etapas de expansão do prédio. O tráfego de alta velocidade existente na rodovia criou a necessidade da construção de uma passarela interligando as paradas de ônibus nos dois sentidos, que seria utilizada pelos futuros usuários do posto e pelo pessoal da universidade.

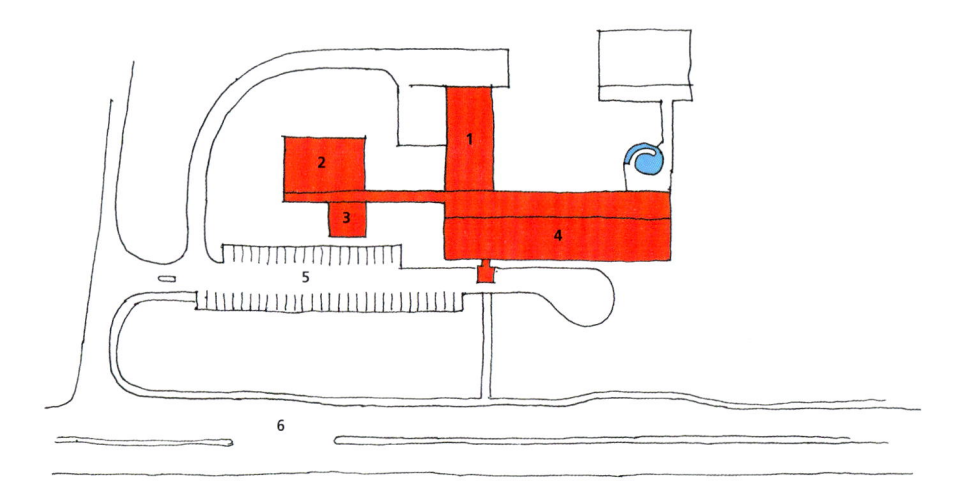

Posto Avançado (2º projeto), planta esquemática de distribuição do programa, Macapá AP. 1. serviços gerais; 2. centro de estudos e residência médica; 3. setor de comunicação e tele-conferências; 4. serviços técnicos; 5. estacionamento; 6. avenida JK

Posto Avançado (2º projeto), jardim externo, vedação metálica com ventilação permanente e piscina, Macapá AP

Partido arquitetônico e conforto ambiental

As principais diretrizes estabelecidas para o partido visaram à flexibilidade e extensibilidade da construção e, sobretudo, ao conforto ambiental. Na cidade de Macapá, situada exatamente na linha do Equador, ocorrem temperaturas elevadas praticamente durante todo o ano, o que é razoavelmente atenuado à sombra, graças à brisa que sopra da orientação Nordeste. As principais medidas adotadas no projeto para o emprego de iluminação e ventilação naturais foram as seguintes: aumento das aberturas de ventilação zenitais e na periferia dos prédios; áreas construídas relativamente estreitas entremeadas de pátios e jardins, aumentando consequentemente as áreas de ventilação periférica; criação de pés-direitos relativamente altos – 3 metros sob o vigamento metálico – de modo a favorecer a extração do ar quente através das aberturas dos sheds; aumento da velocidade de ventilação interna através de ventiladores espe-

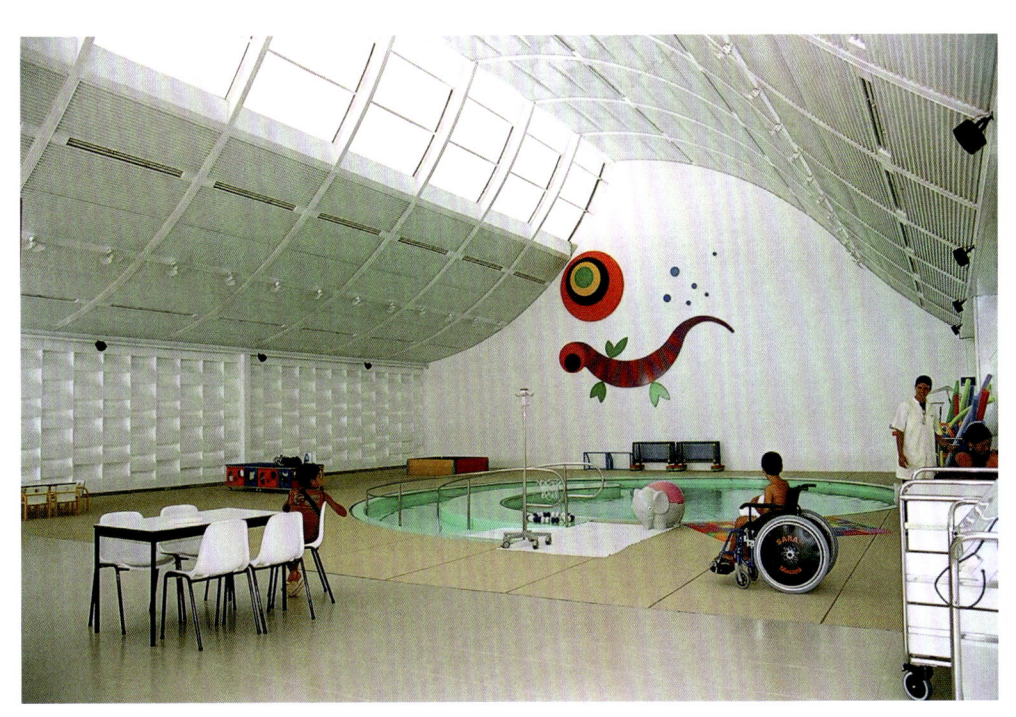

Posto Avançado
(2º projeto), corte
esquemático e vistas do
jardim, Macapá AP

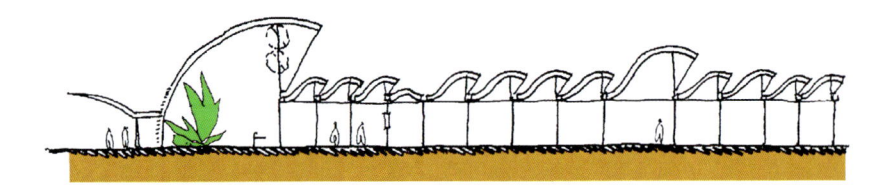

cíficos produzidos no CTRS; e criação de elementos metálicos vazados especiais para o clima de Macapá.

A espera do ambulatório, por exemplo, é abrigada por uma grande cobertura em semicírculo com 7 metros de pé-direito em sua parte mais alta. O ar penetra nesse ambiente através de ampla abertura protegida por venezianas metálicas e localizada sobre um espaço verde que se desenvolve ao longo de toda a fachada. A circulação do ar que penetra pelas venezianas é acelerada por uma sequência de ventiladores dispostos sobre elas e direcionados para as cadeiras da espera. No lado oposto ao das venezianas, correspondente à parte mais alta da cobertura, grandes sheds voltados para a direção oposta a do vento dominante fazem a extração do ar aquecido no ambiente.

Posto Avançado (2º projeto), sala de espera infantil, Macapá AP

Ampliação da fisioterapia

Inicialmente, as áreas destinadas à hidroterapia e à quadra de esportes ficaram ao ar livre. As coberturas dessas áreas foram evitadas em um primeiro momento por questões de ordem econômica. Logo após a conclusão da obra, entretanto, constatou-se um erro de avaliação com referência ao uso dessas áreas durante o período de chuvas intensas. A necessidade de ampliação da fisioterapia antes mesmo dessa unidade ser ocupada vem reforçar nossa tese sobre a importância da extensibilidade nos edifícios hospitalares. E, mais uma vez, o conceito adotado de circulações abertas e o sistema de industrialização adotado permitiram que esse

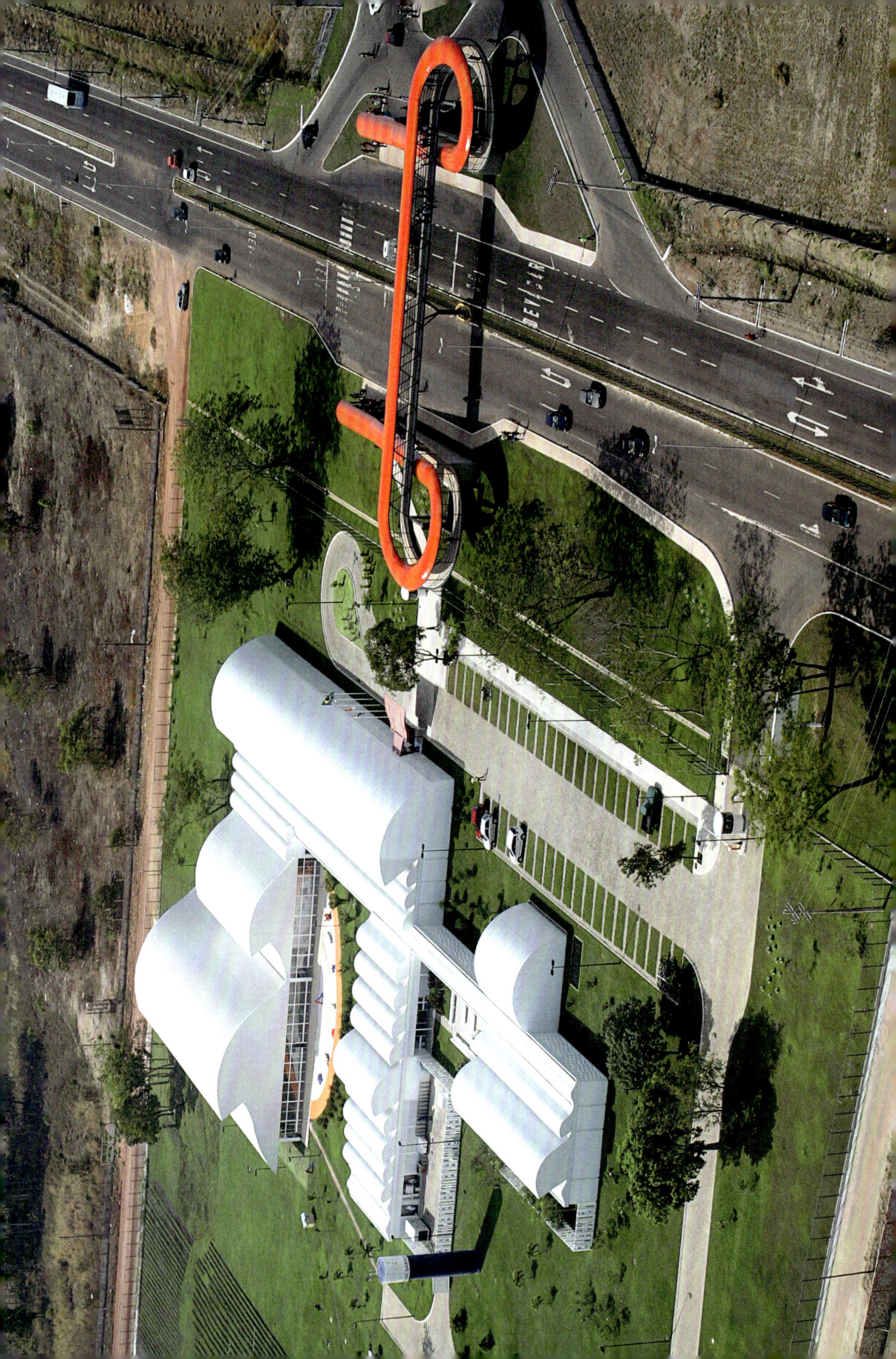

acréscimo fosse executado sem qualquer prejuízo funcional ou econômico ao setor ou à construção existente.

Assim, foram anexadas ao prédio duas grandes coberturas em shed justapostas, vencendo vãos de 17,50 metros e 20,65 metros, destinadas respectivamente a abrigar a hidroterapia e o espaço polivalente da quadra de esportes. Em ambos os casos, o vigamento a cada 2,50 metros, que forma o arcabouço da cobertura, se apoia em vigas vencendo vãos de 7,50 metros com balanços laterais de 2,50 metros. Assim, a cobertura se projeta 2,50 metros além do perímetro do espaço interno, protegendo suas esquadrias do sol e permitindo que elas se mantenham abertas durante a chuva.

À esquerda, Posto Avançado (2º projeto), vista aérea com áreas de hidroterapia e esportiva cobertas, Macapá AP

Acima, Posto Avançado (2º projeto), vista aérea com áreas de hidroterapia e esportiva ainda descobertas e foto da maquete, Macapá AP

Sistema construtivo

O sistema construtivo assemelha-se ao adotado na unidade de reabilitação de Brasília. Foram criados alguns componentes específicos, destinados à ventilação natural. É o caso dos grandes sheds da sala de espera do ambulatório e das divisórias externas metálicas projetadas ao longo das circulações.

A passarela sobre a via JK é uma variante das adotadas em Salvador. Difere destas por suas rampas helicoidais, mais adequadas à implantação local, e por sua solução estrutural hiperestática com pilar central metálico, situado na ilha que separa as duas pistas. Os componentes de argamassa armada para piso e cobertura utilizados no trecho reto são os mesmos das passarelas de Salvador. A solução adotada com rampas helicoidais exigiu uma pré-montagem nas oficinas do CTRS, com o objetivo não só de testar o sistema estrutural em aço, mas, principalmente, de estabelecer moldes metálicos precisos para a execução dos componentes de argamassa armada.

À esquerda, Posto Avançado (2° projeto), rampas helicoidais em teste no CTRS, Salvador BA

Acima, Posto Avançado (2° projeto), passarela sobre avenida JK, Macapá AP

Posto Avançado (2º projeto), cortes transversais, elevação nordeste, corte longitudinal e elevação noroeste, Macapá AP

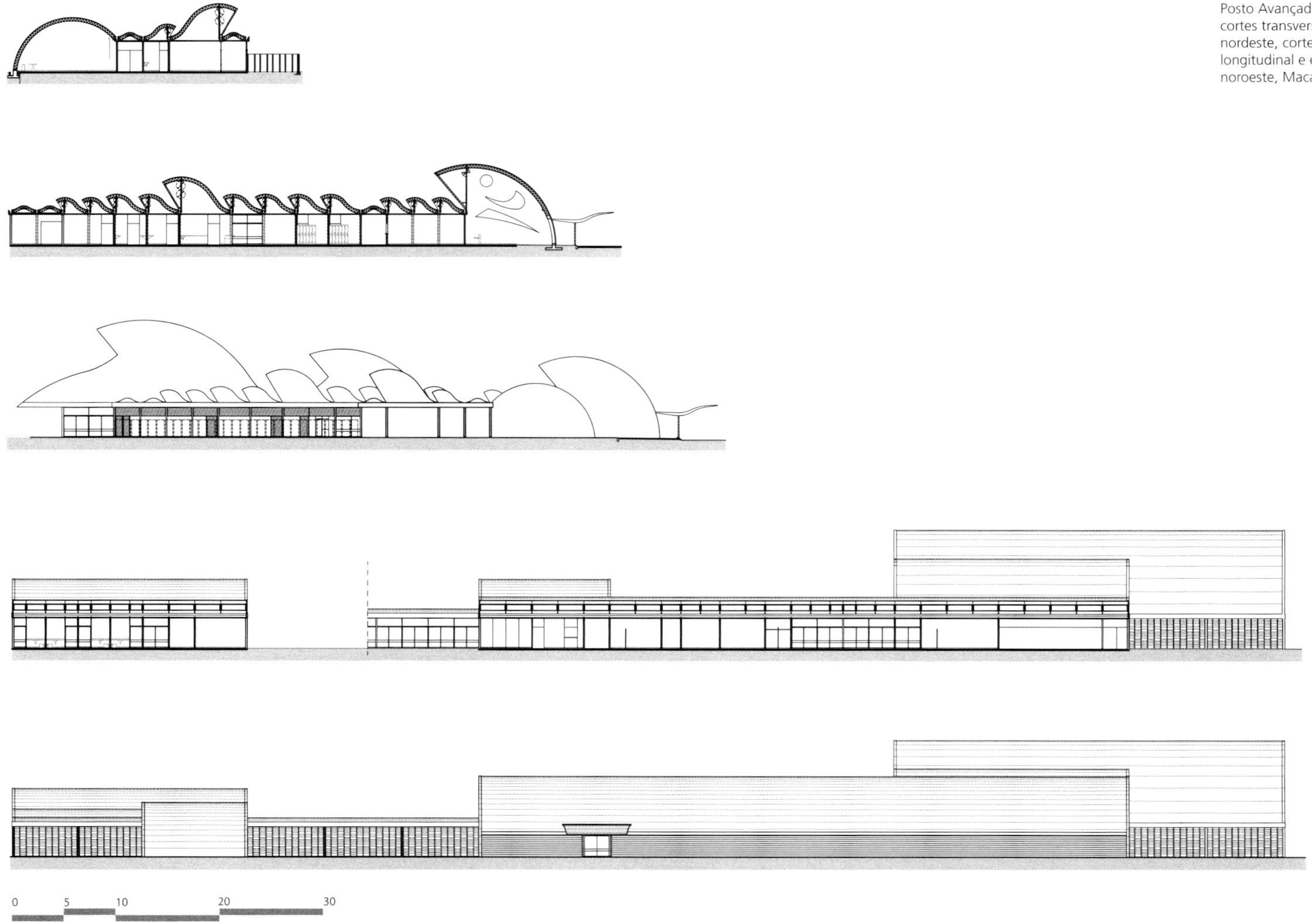

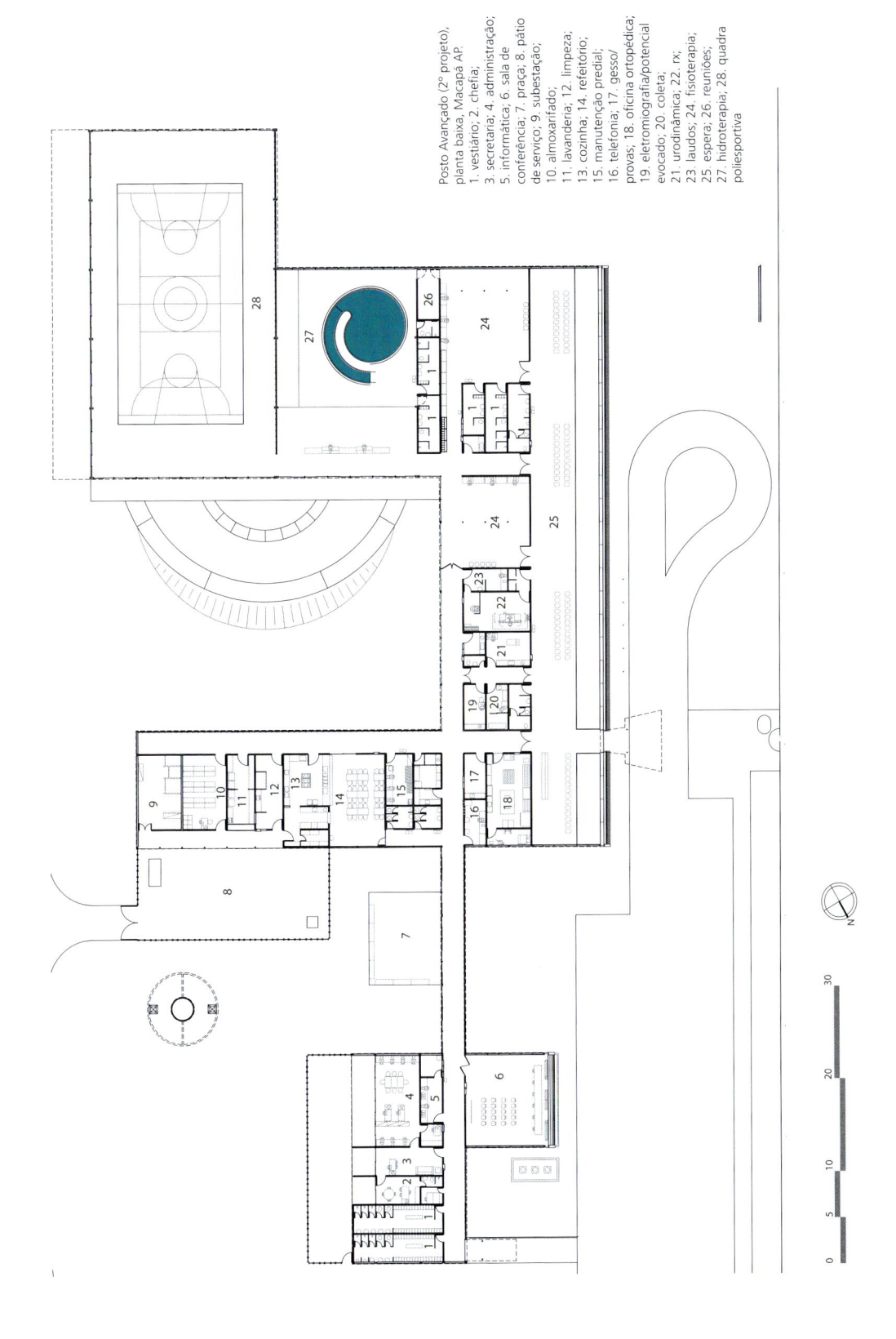

Posto Avançado (2º projeto), planta baixa, Macapá AP.
1. vestiário; 2. chefia; 3. secretaria; 4. administração; 5. informática; 6. sala de conferência; 7. praça; 8. pátio de serviço; 9. subestação; 10. almoxarifado; 11. lavanderia; 12. limpeza; 13. cozinha; 14. refeitório; 15. manutenção predial; 16. telefonia; 17. gesso/provas; 18. oficina ortopédica; 19. eletromiografia/potencial evocado; 20. coleta; 21. urodinâmica; 22. rx; 23. laudos; 24. fisioterapia; 25. espera; 26. reuniões; 27. hidroterapia; 28. quadra poliesportiva

Posto Avançado de Belém do Pará

Trata-se de uma unidade semelhante à de Macapá,

ou seja, destina-se a exercer um atendimento intermediário entre o primário e o básico na área do aparelho locomotor, com ênfase na reabilitação. Também neste caso, a unidade foi pensada como o embrião de um eventual hospital de até cem leitos. O terreno cedido pelo Governo do Estado do Pará fica às margens da Baía de Guajará, em uma área habitacional de baixa renda, e é seccionado no sentido longitudinal por um igarapé com cerca de 10 metros de largura. O clima de Belém é bastante parecido com o de Macapá, ou seja, umidade acentuada e temperaturas elevadas durante o ano inteiro, atenuadas à sombra pela brisa.

Posto Avançado, vista aérea, Belém do Pará PA

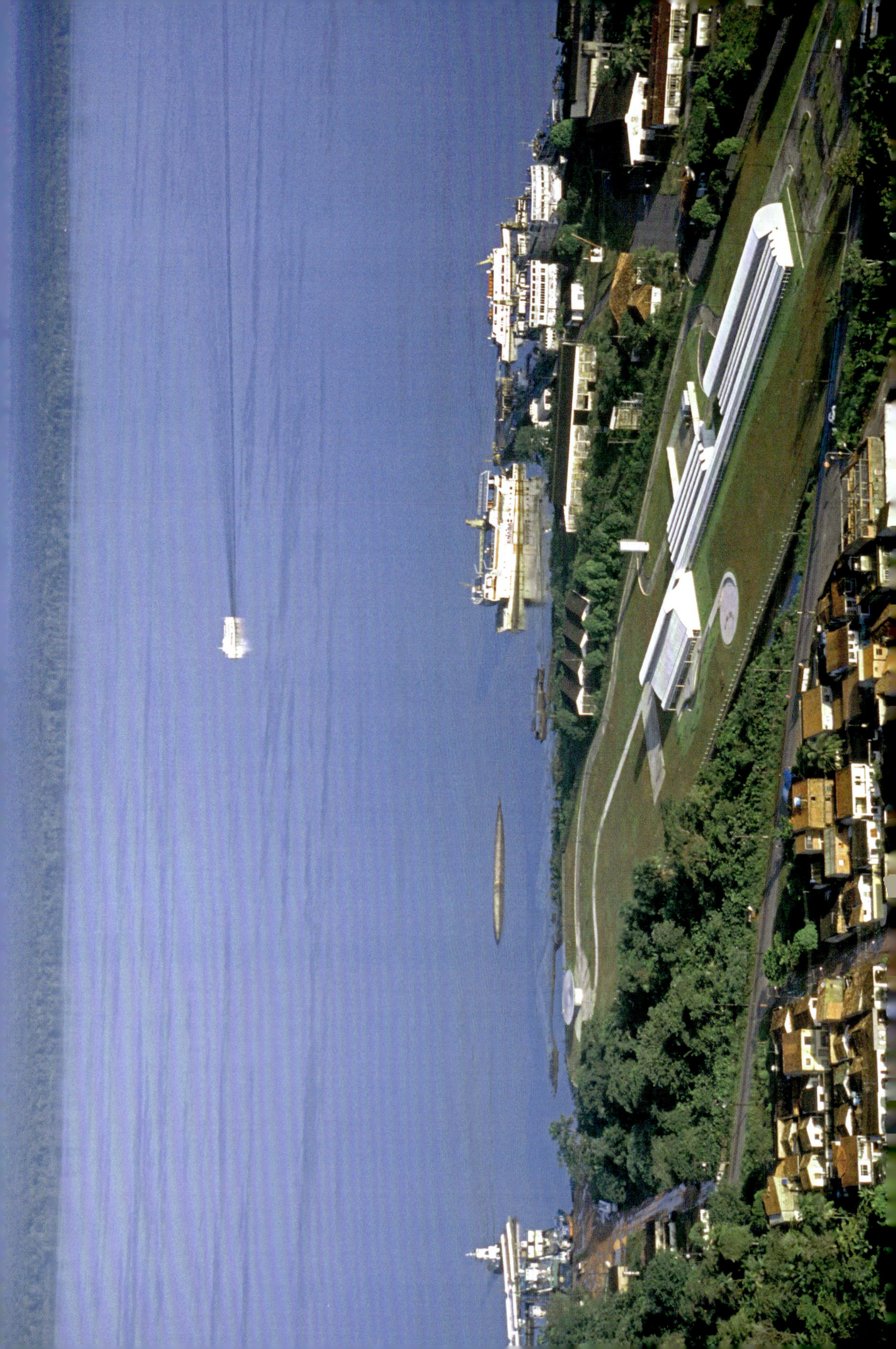

Posto Avançado, perspectiva, planta esquemática de implantação e distribuição do programa, e vista externa, Belém do Pará PA

Diretrizes básicas do partido arquitetônico

O partido apresentava como diretrizes básicas: o aumento das aberturas de ventilação zenitais e na periferia dos prédios; construção de áreas relativamente estreitas entremeadas de pátios e jardins, aumentando consequentemente as áreas de ventilação periférica; criação de pés-direitos relativamente altos – 3 metros sob o vigamento metálico – de modo a favorecer a extração do ar quente através das aberturas dos sheds; aumento da velocidade de ventilação interna através de ventiladores específicos produzidos no CTRS; criação de embarcadouro possibilitando o acesso de pacientes por via fluvial; e o remanejamento futuro do igarapé de modo a permitir o desenvolvimento de esportes náuticos na área da reabilitação, de forma semelhante à adotada no Centro Internacional de Neurociências do Lago Norte, em Brasília.

A solução adotada para o conforto ambiental da espera do ambulatório é idêntica à adotada na unidade de Macapá.

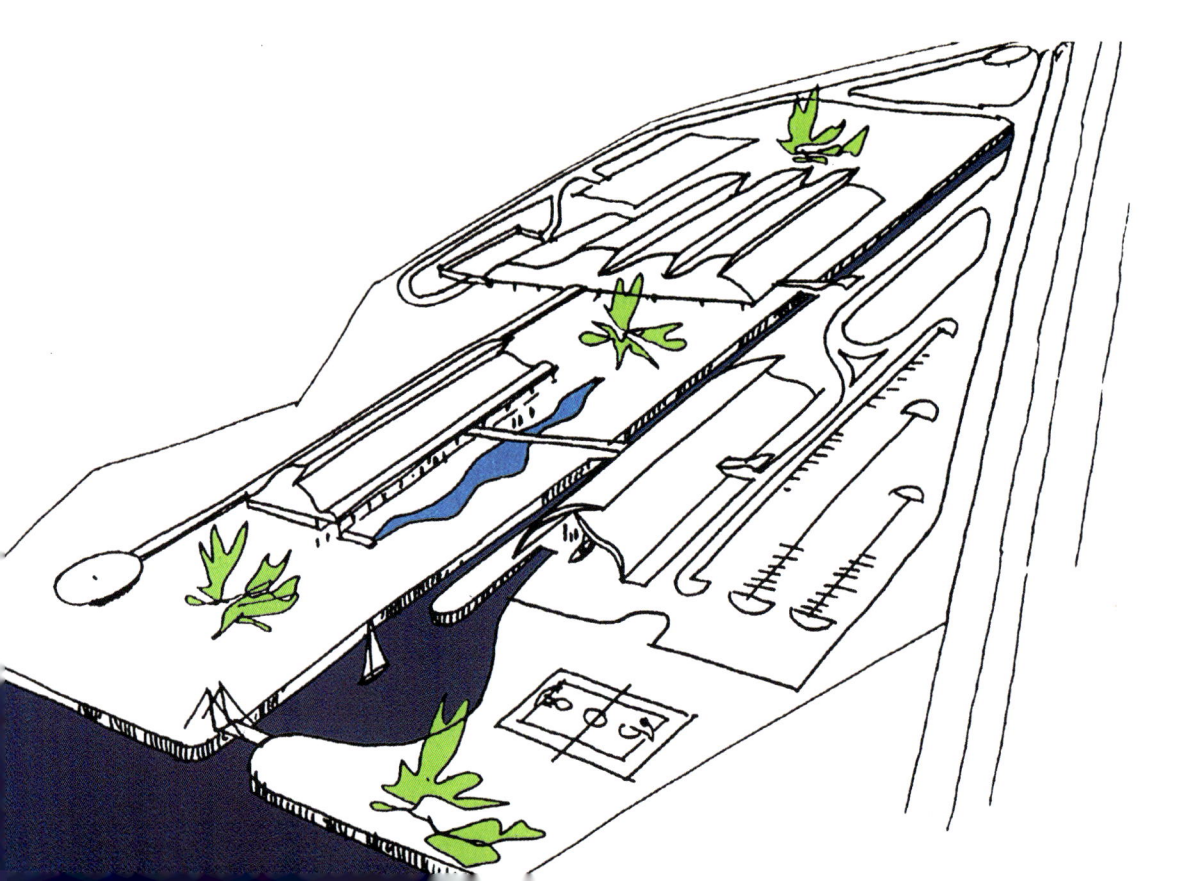

■ Obra executada
■ Ampliação

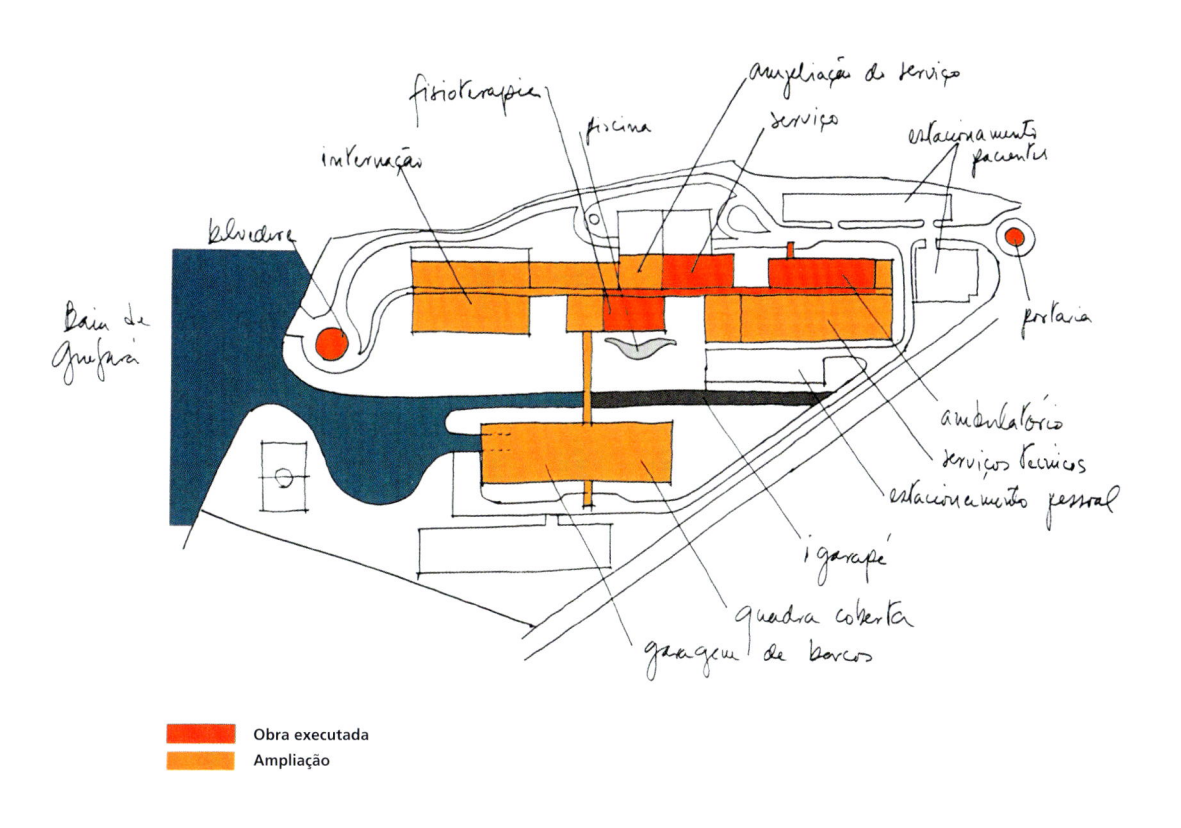

259   Capítulo 15 – Posto Avançado de Belém do Pará

Sistema construtivo

A peculiaridade na construção dessa unidade está no sistema de fundações. As baixas resistências mecânicas dos solos no local e a consequente preocupação com eventuais recalques diferenciais levaram-nos a optar pelo uso de estacas profundas, solução bastante onerosa se considerarmos os baixos carregamentos proporcionados pelo sistema construtivo industrializado do CTRS. Do mesmo modo, a indispensável flexibilidade na organização dos espaços também impediu-nos de adotar a solução convencional de distribuir as cargas para as estacas através de vigas e blocos.

Assim, optamos pela criação de uma laje cogumelo com 20 centímetros de espessura, sobre a qual os pilares tubulares da estrutura metálica distribuem os

Posto Avançado, vistas externa e interna e execução das fundações, Belém do Pará PA

carregamentos do edifício. Por sua vez, a laje cogumelo distribui a carga para uma malha de estacas pré-moldadas de concreto, com profundidade média de 16 metros e com espaçamento variável de 2,50m a 3,75m. Capitéis cônicos criados na laje cogumelo distribuem as cargas para as cabeças das estacas, e as tubulações distribuem-se em uma camada de areia com 40 centímetros de espessura, projetada entre o piso acabado e a parte superior da laje cogumelo. O arcabouço dos sheds, semelhante ao adotado no Centro Internacional de Neurociências, é constituído de treliças metálicas que se apoiam em vigas duplas em chapa metálica dobrada. As águas pluviais da cobertura correm em calhas de aço inoxidável alojadas entre as vigas duplas e descem nos pilares tubulares da estrutura. As redes de drenagem se distribuem na camada de aterro compactado sobre a laje cogumelo.

Na piscina externa evitou-se o estaqueamento, optando-se por uma solução em argamassa armada com 3 centímetros de espessura e com bastante flexibilidade para absorver a eventual movimentação do terreno. Sustentando esse muro, há um esqueleto formado por contrafortes pré-fabricados em argamassa armada com 3 centímetros de espessura, dispostos ao longo do seu perímetro

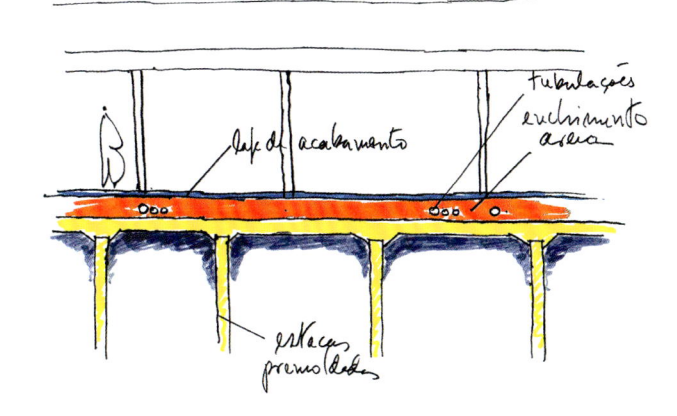

Posto Avançado, corte esquemático das fundações, construção da laje cogumelo e montagem da estrutura metálica, Belém do Pará PA

a cada 62,50 centímetros. As ligações verticais entre os contrafortes e o piso, também em argamassa armada com 3 centímetros de espessura, são fundidos no local. De fato, a acomodação do solo, prejudicada pelo movimento das marés – que tem diferenças superiores a 3 metros entre a maré baixa e a alta –, foi bastante significativa durante a execução da obra, acarretando um grande deslocamento horizontal de toda a estrutura da piscina e um recalque diferencial de cerca de 10 centímetros. Felizmente, como prevíamos, não houve qualquer fissuramento da estrutura, graças à flexibilidade da argamassa armada.

Os acabamentos da pavimentação externa, entretanto, tiveram que aguardar cerca de um ano e meio, período necessário para a estabilização do solo contíguo ao arcabouço da piscina.

Para os pacientes que utilizam o transporte fluvial, foi previsto um abrigo para recepção e espera localizado junto ao cais que limita o lote com a Baía de Guajará. A execução do cais de contorno nas áreas adjacentes ao igarapé foi dificultada pelo movimento das

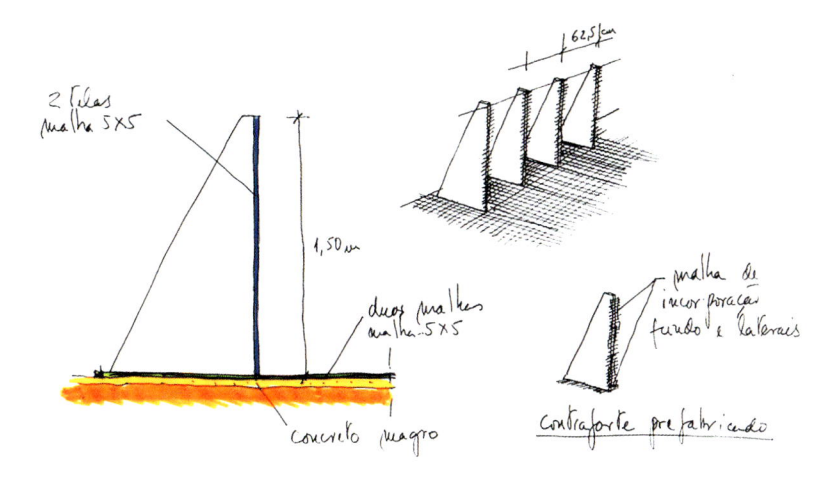

À esquerda, Posto Avançado, construção dos sheds e piscina externa, Belém do Pará PA

Acima, Posto Avançado, estudos da estrutura, obra e conclusão da piscina, Belém do Pará PA

marés, e os serviços só podiam ser realizados durante os períodos de maré baixa. A estrutura dos arrimos que formam as paredes do cais é constituída de placas pré-moldadas de concreto com armações de espera incorporadas a lajes de concreto armado; estas, por sua vez, são fundidas sobre camadas de aterro compactado. A altura das camadas de aterro corresponde a dos pré-moldados de concreto.

A estrutura metálica do abrigo circular com 15 metros de diâmetro é constituída de vigas metálicas de secção variável engastadas em um pilar único central. No círculo central foram projetados pequeno depósito e instalações sanitárias para os pacientes. As estruturas mais complexas, que exigem maior sofisticação em sua execução, como é o caso desse abrigo, implicam em uma pré-montagem para ajuste dos principais componentes, trabalho que foi realizado nas oficinas do CTRS.

Posto Avançado, execução do cais e contenção das margens com abrigo para recepção e espera de pacientes que utilizam o transporte fluvial, Belém do Pará PA

Posto Avançado, construção da estrutura metálica do abrigo, Belém do Pará PA

Pré-montagem de componentes para o Posto Avançado na oficina do CTRS, Salvador BA

265 Capítulo 15 – Posto Avançado de Belém do Pará

Posto Avançado, abrigo
de espera do transporte
fluvial, marquise de acesso
e vista aérea do conjunto,
Belém do Pará PA

267   Capítulo 15 – Posto Avançado de Belém do Pará

Posto Avançado, corte transversal, elevação noroeste e corte transversal, Belém do Pará PA

Posto Avançado, planta baixa, Belém do Pará PA. 1. quadra poliesportiva; 2. vestiário; 3. hidroterapia; 4. fisioterapia; 5. reuniões; 6. reservatório; 7. pátio de serviço; 8. refeitório; 9. cozinha; 10. higiene; 11. lavanderia; 12. manutenção; 13. almoxarifado; 14. espera; 15. recepção; 16. administração; 17. chefia; 18. informática; 19. videoconferência; 20. telefonia; 21. arquivo; 22. curativos; 23. depósito; 24. oficina ortopédica; 25. diagnóstico; 26. fraldário; 27. sala de estudos

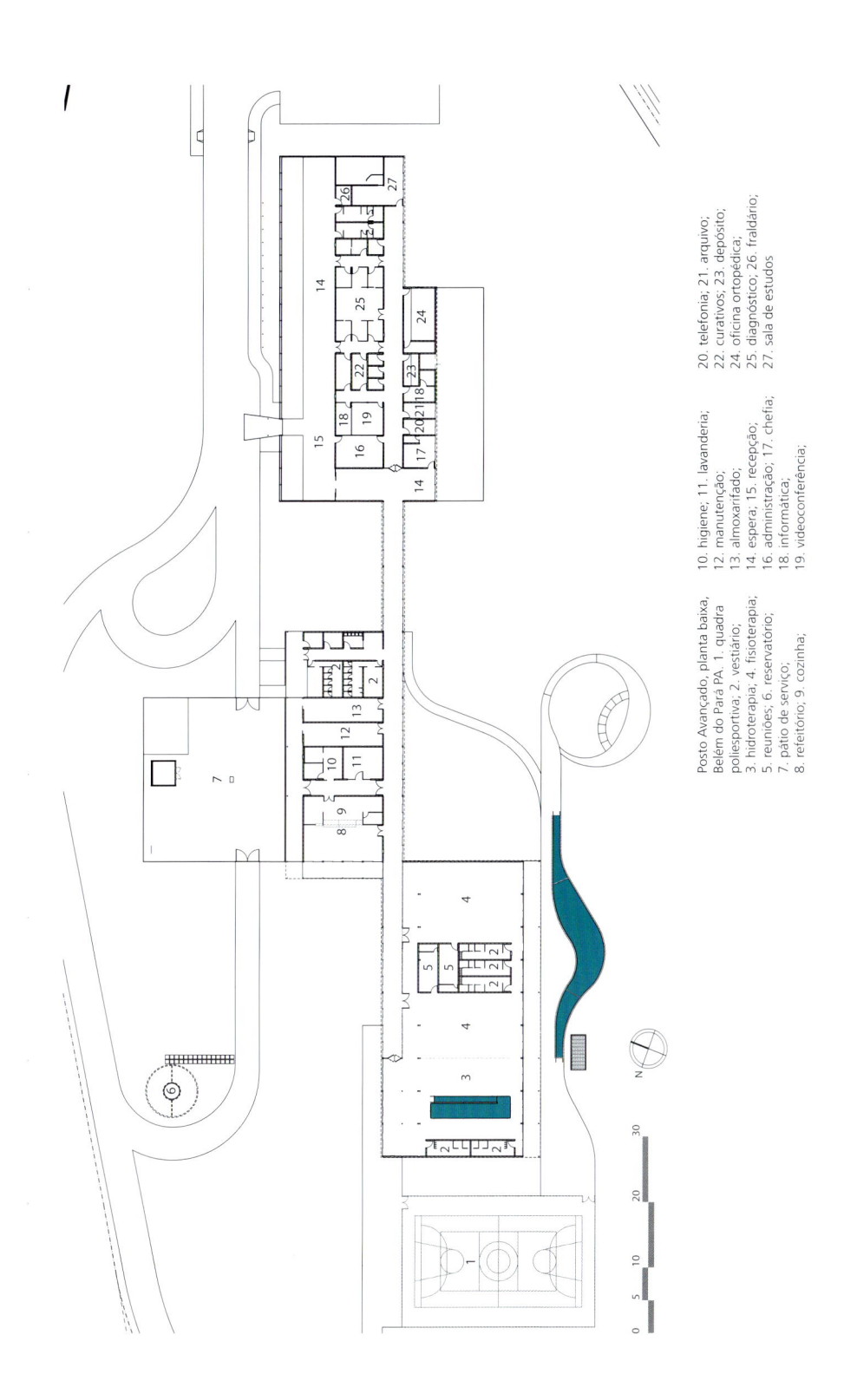

Centro de Reabilitação Infantil do Rio de Janeiro

Para atender à demanda do Estado do Rio de Janeiro foi prevista a construção de duas unidades: um hospital com duzentos leitos e um centro de reabilitação infantil. O sítio para a construção das duas unidades, indicado pelo então prefeito do Rio de Janeiro João Paulo Conde, a pequena Ilha Pombeba na Lagoa de Jacarepaguá, embora excelente por sua localização privilegiada, seria insuficiente para abrigar o extenso programa proposto para as duas unidades. Além disso, as posturas municipais para edificações na região que circunda a lagoa estabeleciam uma ocupação de

Planta esquemática de implantação do Hospital do Rio de Janeiro e do Centro de Reabilitação Infantil, Rio de Janeiro RJ

Centro de Reabilitação Infantil, Ilha Pombeba, Rio de Janeiro RJ

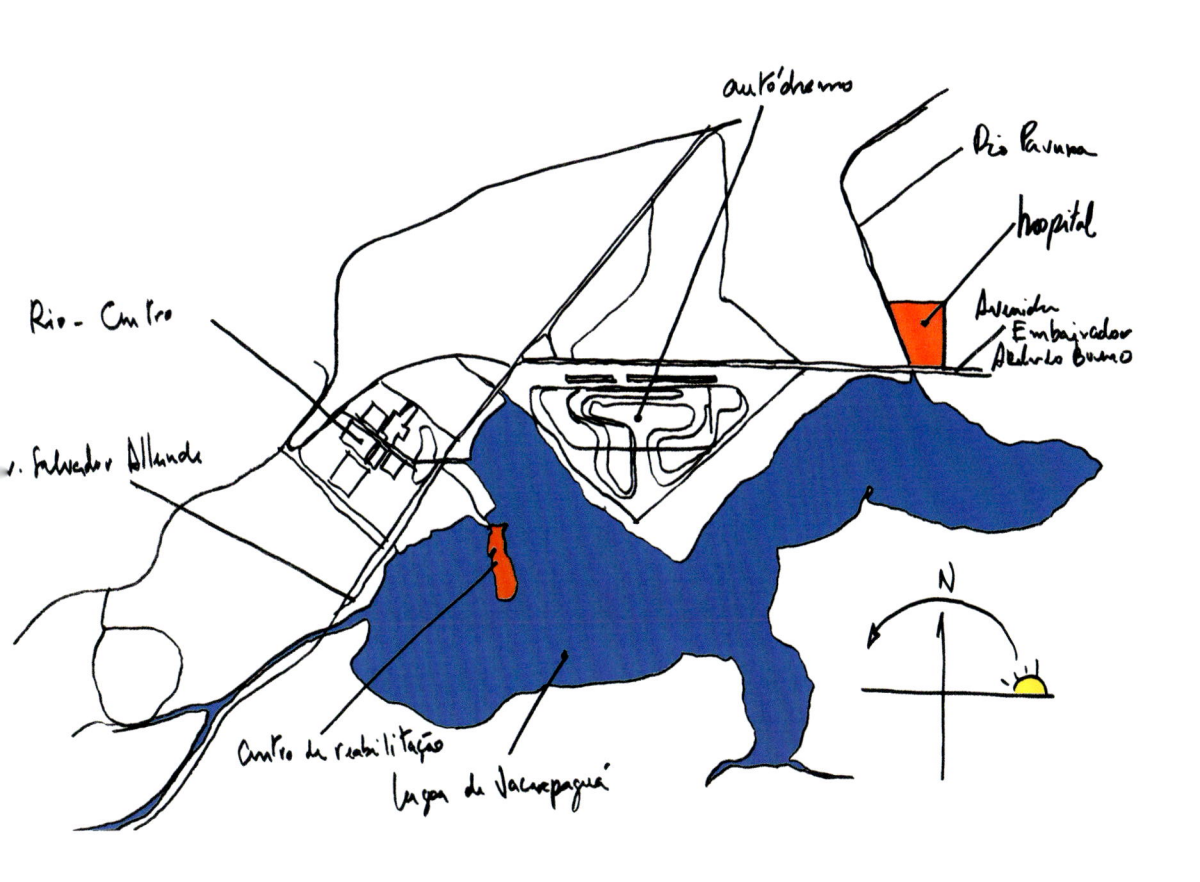

autódromo
Rio Pavuna
hospital
Avenida Embaixador Abelardo Bueno
Rio-Centro
v. Salvador Allende
Centro de reabilitação
Lagoa de Jacarepaguá
N

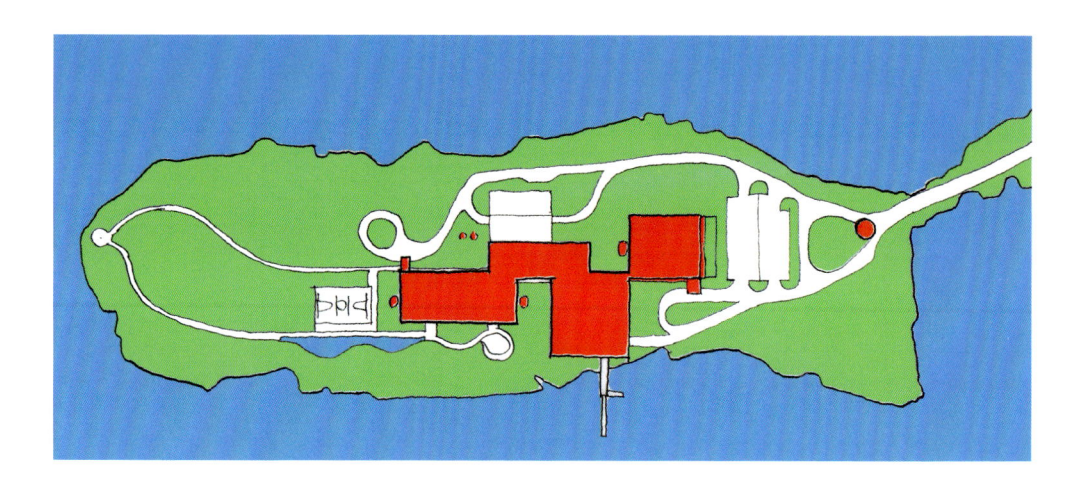

apenas 10% da área total, ou seja, cerca de 5.500 m², área suficiente para abrigar apenas o centro de reabilitação.

A Ilha de Pombeba, antes da construção do centro, abrigava uma usina de produção de asfalto da Prefeitura do Rio de Janeiro, que estava implantada na área central da ilha. A vegetação de restinga autóctone, que outrora predominava em toda a região da lagoa, ocupava na ocasião apenas a periferia das edificações e as extremidades da ilha. As novas edificações do centro foram implantadas nas áreas anteriormente ocupadas pelas vias e edifícios da antiga usina de asfalto.

Programa arquitetônico

O programa estabelecido para o Centro de Reabilitação Infantil do Rio de Janeiro abarcava a construção das seguintes instalações: ambulatório; setor de imagem com ressonância magnética, tomografia computadorizada, ultrassonografia e doppler transcraniano; setor de eletromiografia; sala de curativos; sala de gesso; pequena oficina ortopédica; salões para fisioterapia e hidroterapia; ginásio com quadra de esportes; garagem para barcos; e setor de serviços gerais com vestiários para 130 funcionários, administração, manutenção, cozinha, almoxarifado, refeitório, centrais de abastecimento etc.

As principais diretrizes do partido foram as seguintes: localizar o conjunto de edifícios na área degradada pela ocupação anterior, preservando toda a vegetação autóctone remanescente no perímetro da lagoa; não empregar galerias de tubulações semelhantes às dos demais hospitais da Rede Sarah, devido ao afloramento do lençol freático em toda a área da ilha; e utilizar sistema de iluminação e ventilação naturais em toda a unidade e, simultaneamente, a alternativa de ar-condicionado para as áreas de diagnóstico e tratamento.

Centro de Reabilitação Infantil, planta esquemática de implantação e vistas aéreas antes e depois da construção, Rio de Janeiro RJ

Sistema construtivo

O emprego generalizado de sistema de ar-condicionado determinou o redesenho dos sheds, de modo a criar em seu arcabouço nichos adequados para a passagem dos dutos de ar-condicionado. Além disso, os pés-direitos e as aberturas dos sheds também se tornaram mais altos, aumentando a velocidade de extração do ar quente.

Os demais componentes da construção, tais como estrutura metálica, divisórias em argamassa armada etc., são idênticos aos utilizados nos demais hospitais da rede. A espera do ambulatório se integra a um playground, protegido do devassamento exterior por um muro vazado, projetado pelo artista plástico Athos Bulcão.

Conforto ambiental

O clima do Rio de Janeiro caracteriza-se pelas mudanças significativas de temperatura durante o ano inteiro, podendo ultrapassar 35 graus centígrados até nos períodos de inverno. Esse fato, reforçado pelo marketing das indústrias de climatização, além de criar a cultura dos espaços herméticos com ar-condicionado permanente, vem gerando entre os profissionais de arquitetura um crescente desinteresse

À esquerda, Centro de Reabilitação Infantil, vistas da construção em estrutura metálica, Rio de Janeiro RJ

Acima, Centro de Reabilitação Infantil, marquise de acesso ao ambulatório, Rio de Janeiro RJ

Centro de Reabilitação Infantil, construção da cobertura com sheds, Rio de Janeiro RJ

275   Capítulo 16 – Centro de Reabilitação Infantil do Rio de Janeiro

pelas alternativas de ventilação e iluminação naturais que, além de mais econômicas, constituem fator importante para a humanização dos ambientes. Isso sem mencionar também o descaso pela proteção térmica das fachadas e coberturas, o que acarreta desperdício adicional de energia para o próprio funcionamento dos sistemas de refrigeração adotados. Além disso, a falta de integração entre os projetos de ar-condicionado e os de arquitetura dificulta a solução de

Acima, Centro de Reabilitação Infantil, muro vazado projetado por Athos Bulcão e construção da cobertura, Rio de Janeiro RJ

À direita, Centro de Reabilitação Infantil, corte esquemático do sistema de iluminação-ventilação, acesso principal e perspectiva interna do ginásio e garagem de barcos, Rio de Janeiro RJ

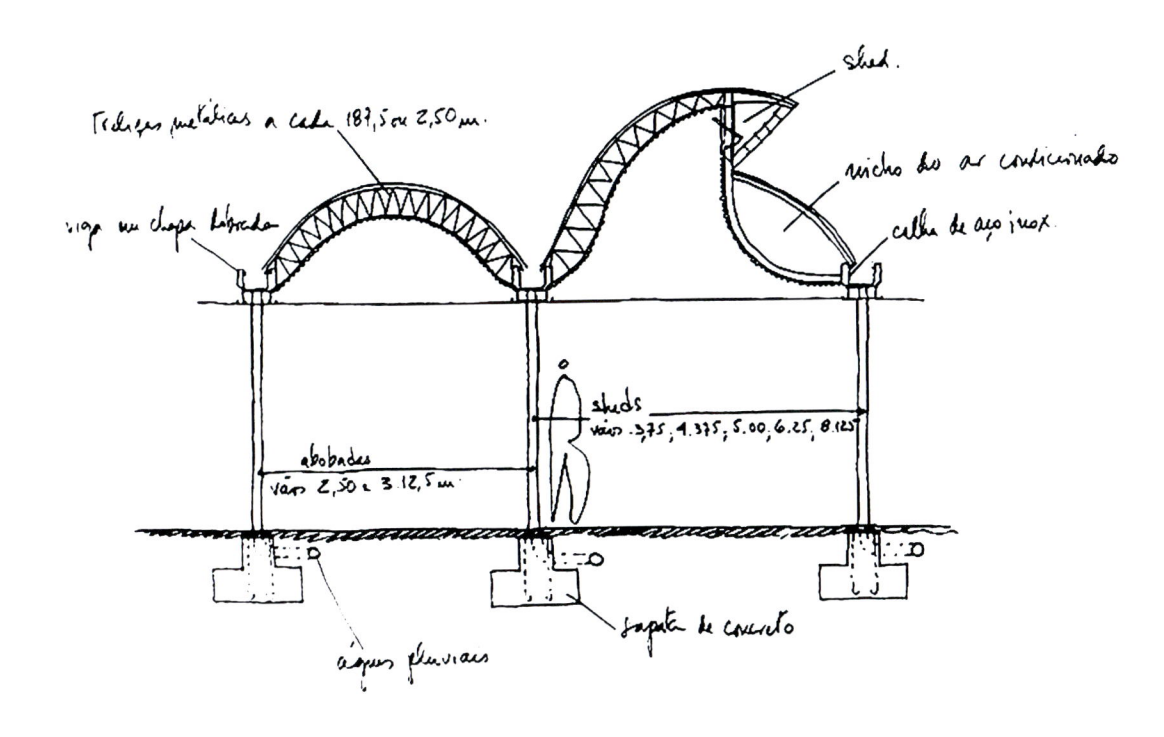

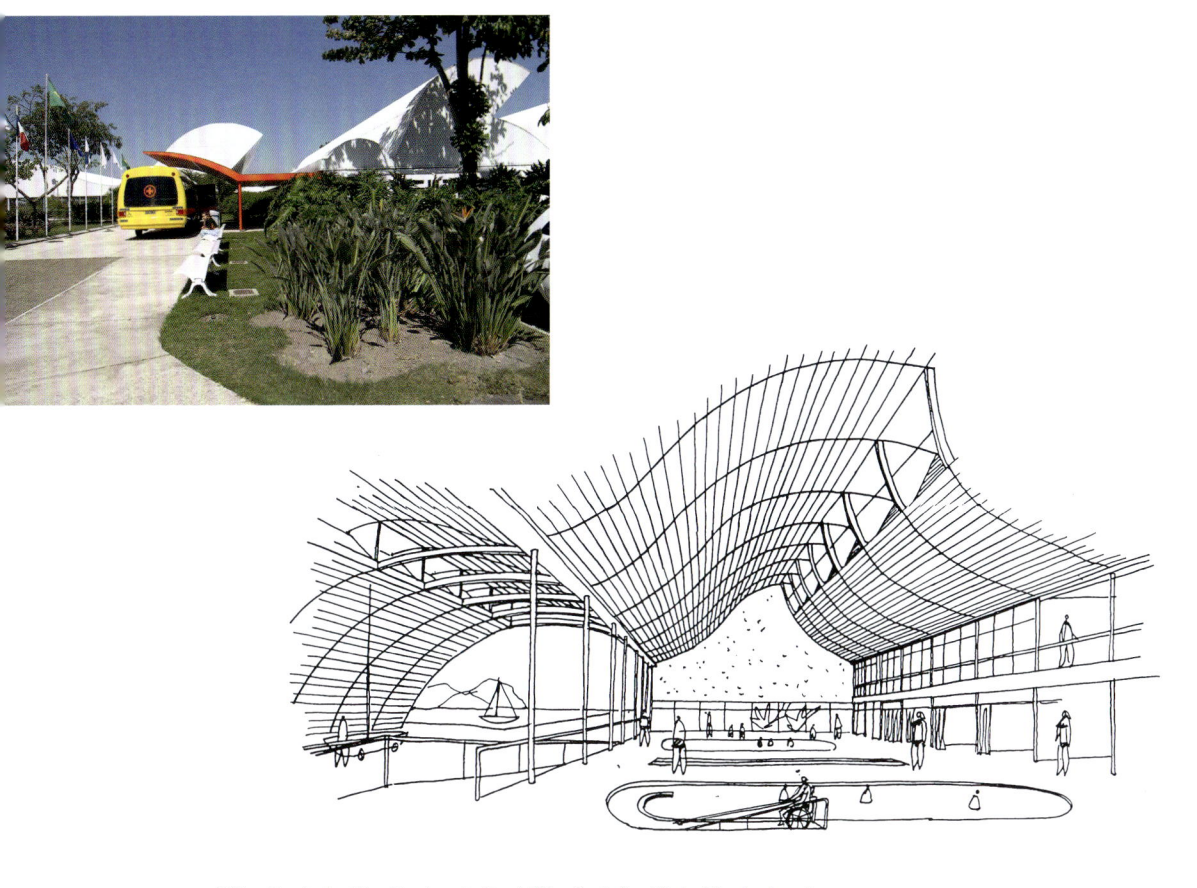

277 Capítulo 16 – Centro de Reabilitação Infantil do Rio de Janeiro

questões técnicas importantes, como, por exemplo, a acessibilidade aos dutos que, sem uma higienização sistemática, ficam infestados de fungos, ácaros e bactérias.

Esse tipo de problema, no caso de hospitais, tem consequências muito graves porque se, por um lado, os dutos passam a ser também difusores de bactérias, incluindo naturalmente as patogênicas resistentes aos antibióticos, por outro, os pacientes, fragilizados por suas próprias doenças, tornam-se menos imunes às infecções. Ou seja, os ambientes tornam-se mais propícios à disseminação da infecção cruzada, contribuindo eficientemente para o aumento da temida infecção hospitalar que assola a maioria dos nossos hospitais. Levando em conta todos esses aspectos, nossa proposta para o conforto ambiental dessa unidade baseou-se sobretudo em cuidados como: emprego de sistemas de iluminação e ventilação naturais para todos os ambientes do edifício; emprego alternativo de ar-condicionado para as áreas de diagnóstico, tratamento e administração; e o emprego de sistema de acionamento do ar-condicionado de cada ambiente sincronizado com o do movimento motorizado das respectivas esquadrias dos sheds, de modo a facilitar a eventual alternância no uso dos dois tipos distintos de ventilação.

À esquerda, Centro de Reabilitação Infantil, setor de fisioterapia, Rio de Janeiro RJ

Abaixo, Centro de Reabilitação Infantil, piscina externa e setor de hidroterapia, Rio de Janeiro RJ

Centro de Reabilitação
Infantil, circulação
externa e vista aérea,
Rio de Janeiro RJ

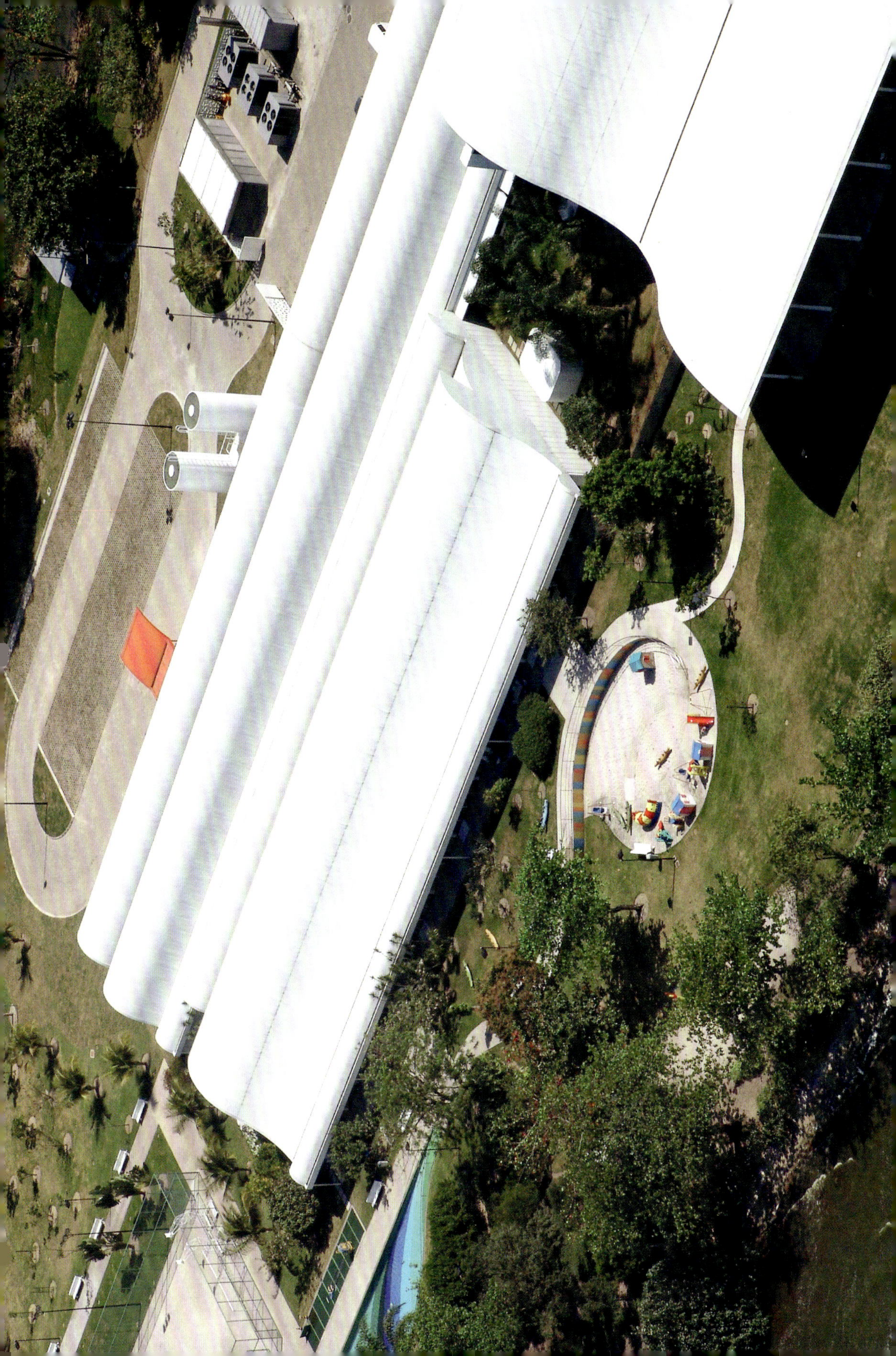

Centro de Reabilitação
Infantil, cortes transversais,
elevações sul e leste,
Rio de Janeiro RJ

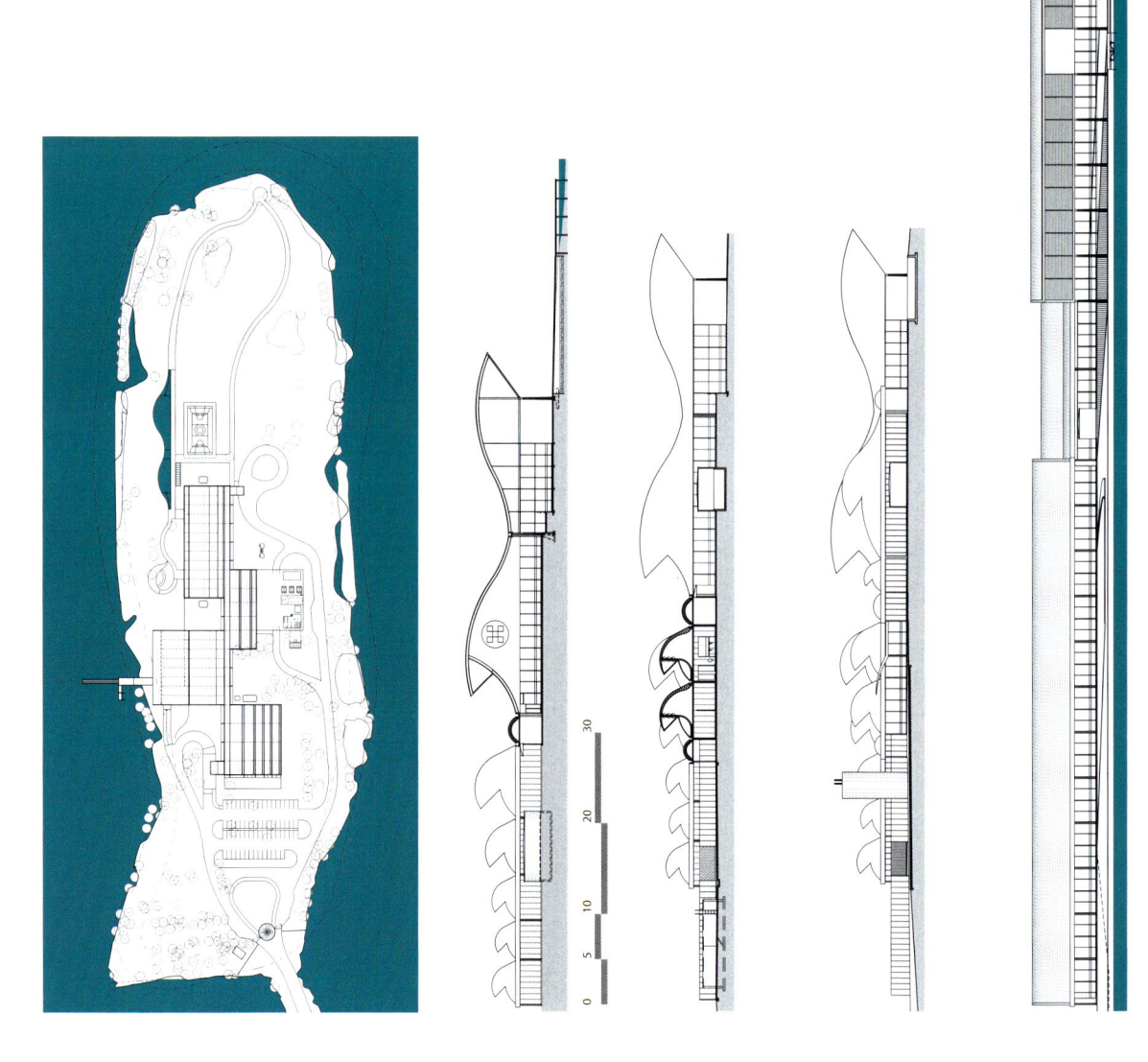

Centro de Reabilitação Infantil, planta baixa, Rio de Janeiro RJ. 1. garagem de barcos; 2. quadra poliesportiva; 3. fisioterapia infantil; 4. fisioterapia adulto; 5. secretaria/diretoria; 6. hidroterapia; 7. cantina; 8. pátio de serviço; 9. higiene; 10. almoxarifado; 11. manutenção; 12. administração; 13. ressonância; 14. telecomando; 15. tomógrafo; 16. oficina ortopédica; 17. ambulatório; 18. recepção; 19. laboratório de movimento; 20. urodinâmica

Hospital do Rio de Janeiro

Na administração do prefeito César Maia, que sucedeu à de João Paulo Conde, foi concedida à Associação das Pioneiras Sociais uma outra área – uma quadra de cerca de 80.000 m² – para a construção do hospital. O terreno era maior que o anterior e também próximo da Lagoa Jacarepaguá, em uma região baixa parcialmente inundada, a uma distância de cerca de 3 quilômetros da Ilha Pombeba.

Na época em que o projeto foi elaborado, a malha urbana da região e os níveis do sistema viário ainda não estavam completamente fixados. Os órgãos da prefeitura responsáveis pelo desenvolvimento urbano da região desaconselhavam a locação de pavimentos abaixo da cota 2m, por estarem sujeitos a inundações provocadas pela eventual elevação do nível da lagoa. Além disso, cerca de 70% da área do terreno, situada na cota média de 0,70m, apresentava uma espessa camada de turfa e de matéria orgânica que teria que ser expurgada para a realização de qualquer tipo de construção ou de pavimentação. Assim, sob o ponto de vista econômico, os indispensáveis aterros para a implantação do edifício e para a própria modelação do terreno, destinada à execução do sistema viário interno, passaram a exigir um cuidado especial.

Hospital do Rio de Janeiro,
vista aérea e maquete,
Rio de Janeiro RJ

Diretrizes básicas do partido arquitetônico

As diretrizes básicas do partido arquitetônico foram as seguintes: adoção de uma solução horizontal, com áreas de tratamento e de internação integradas a espaços verdes segundo os padrões dos demais hospitais da rede; o aumento do potencial de flexibilidade dos espaços internos em comparação com as demais unidades da rede, em função sobretudo da maior complexidade desse hospital, que deveria absorver a demanda de toda a região sul do país; criação de sistema de iluminação natural para todas as áreas do hospital, com exceção do centro cirúrgico e salas de equipamentos, em que por motivos exclusivamente técnicos é recomendável a iluminação artificial; criação de sistemas alternativos de ventilação natural e ar-condicionado, privilegiando o primeiro de modo a permitir que os ambientes se mantenham abertos durante a maior parte do ano; criação, na cota 2m recomendada, de um pavimento técnico em toda a extensão do hospital, evitando-se os aterros onerosos que seriam necessários no caso do emprego de galerias semelhantes às dos demais hospitais da rede.

Hospital do Rio de Janeiro, planta esquemática, Rio de Janeiro RJ. 1. setor de imagem; 2. laboratório de movimento; 3. espera do ambulatório; 4. ambulatório; 5. auditório; 6. solário; 7. apartamentos; 8. refeitório de pacientes; 9. enfermarias; 10. refeitório; 11. cozinha; 12. primeiro estágio; 13. lavanderia; 14. piscina; 15. hidroterapia; 16. fisioterapia; 17. farmácia; 18. almoxarifado; 19. higienização de equipamentos; 20. administração; 21. manutenção; 22. limpeza; 23. arquivo médico; 24. centro cirúrgico; 25. central de material; 26. recepção de pacientes em ambulância; 27. laboratório

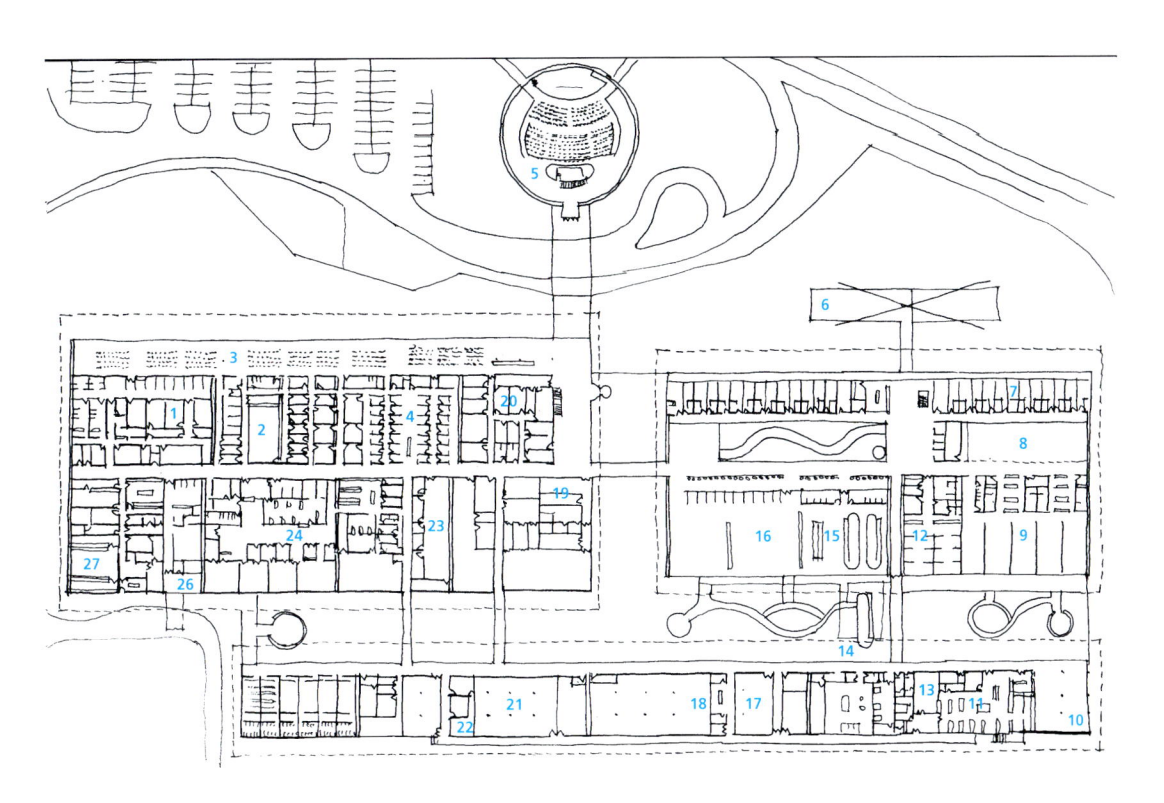

Assim, foram projetadas grandes coberturas com pés-direitos variáveis superiores a 8 metros, formando grandes sheds cuja disposição é totalmente desvinculada da organização dos espaços internos. Os tetos planos dos ambientes são constituídos de peças basculantes em policarbonato, guarnecidas por caixilhos metálicos. O espaço resultante entre os tetos e as coberturas, com pés-direitos sempre superiores a 4 metros, constitui, ao mesmo tempo, um grande

À esquerda, Hospital do Rio de Janeiro, jardim com teto translúcido móvel, Rio de Janeiro RJ

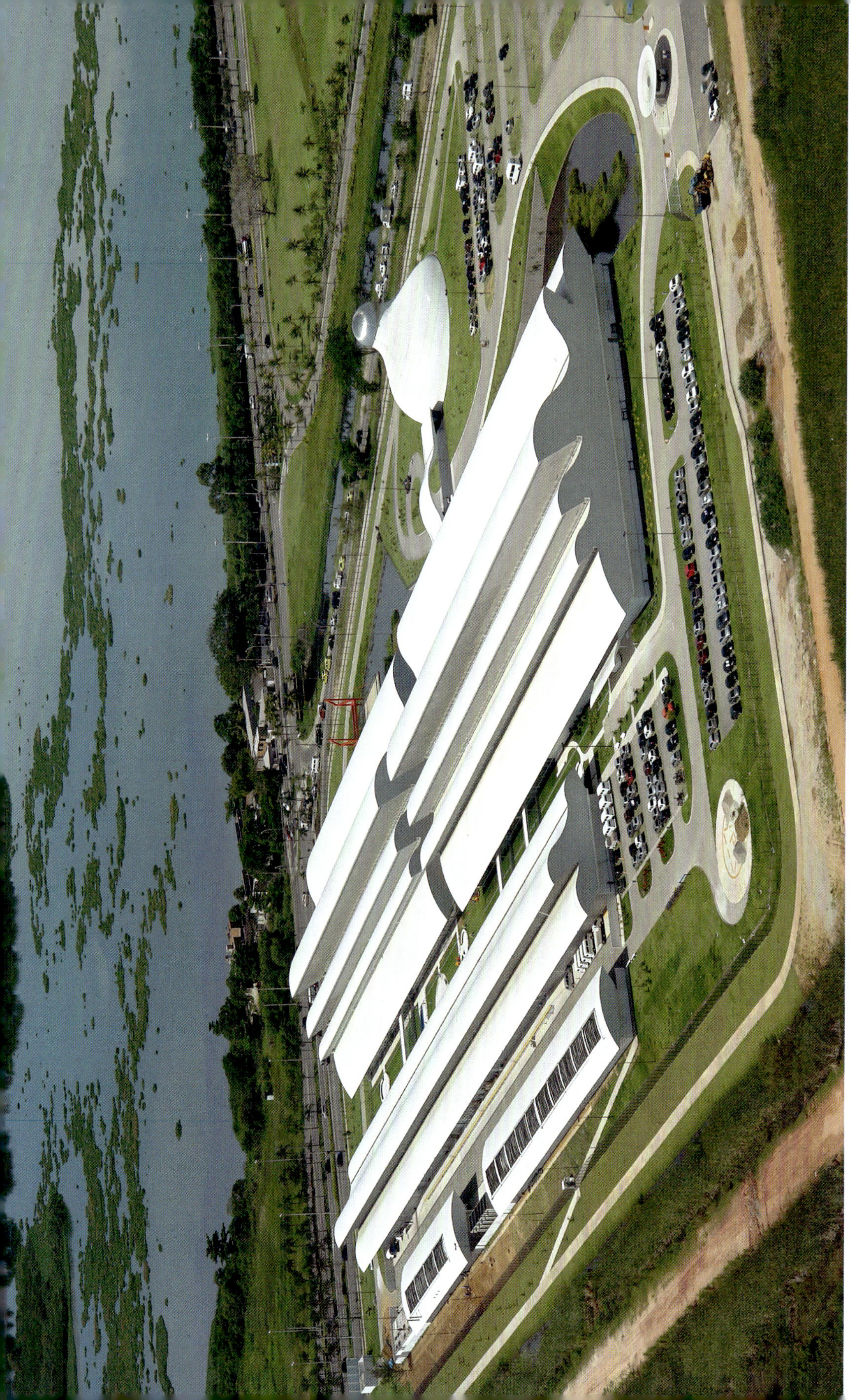

Hospital do Rio de Janeiro,
vistas aéreas e enfermaria,
Rio de Janeiro RJ

228
226
224

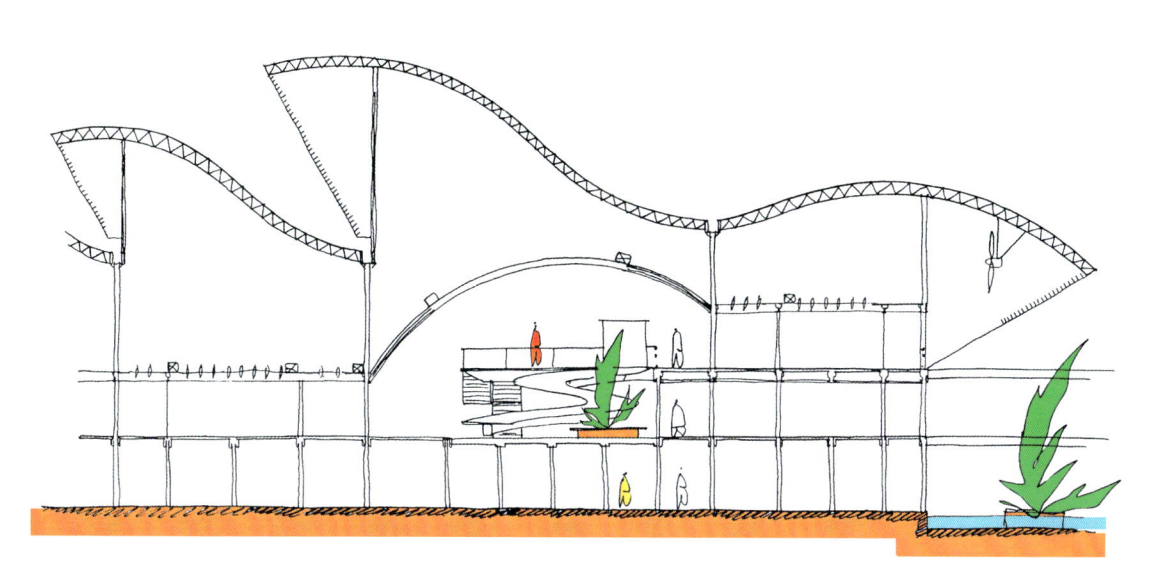

À esquerda, Hospital do Rio de Janeiro, painéis de Athos Bulcão, Rio de Janeiro RJ

Acima, Hospital do Rio de Janeiro, perspectiva do espaço central de convivência e corte esquemático, Rio de Janeiro RJ

291 **Capítulo 17 – Hospital do Rio de Janeiro**

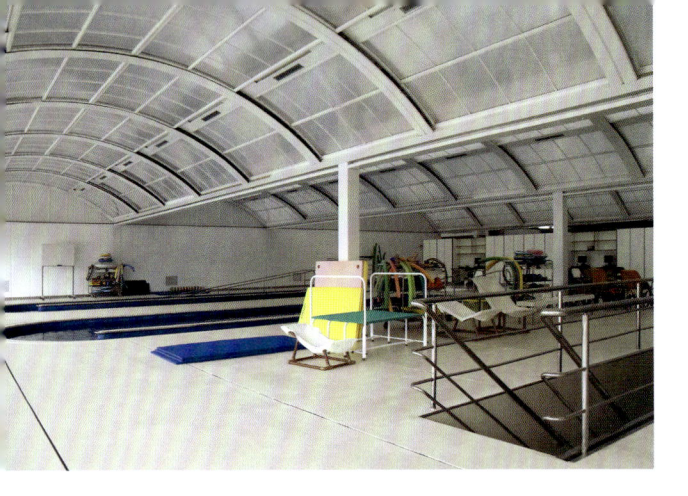

colchão de ar ventilado e um difusor da luz solar que penetra pelas aberturas dos sheds.

Os apartamentos da internação desenvolvem-se em dois níveis e suas respectivas circulações integram-se a um espaço central de convivência com pé-direito duplo. O teto em arco é guarnecido por caixilhos de policarbonato que se abrem através de sistema motorizado de correr, permitindo a ventilação natural de todo o ambiente. Os tetos dos salões da fisioterapia e hidroterapia também são constituídos de coberturas em arco, com vãos variáveis e sistemas de ventilação e iluminação semelhantes aos do espaço de convivência.

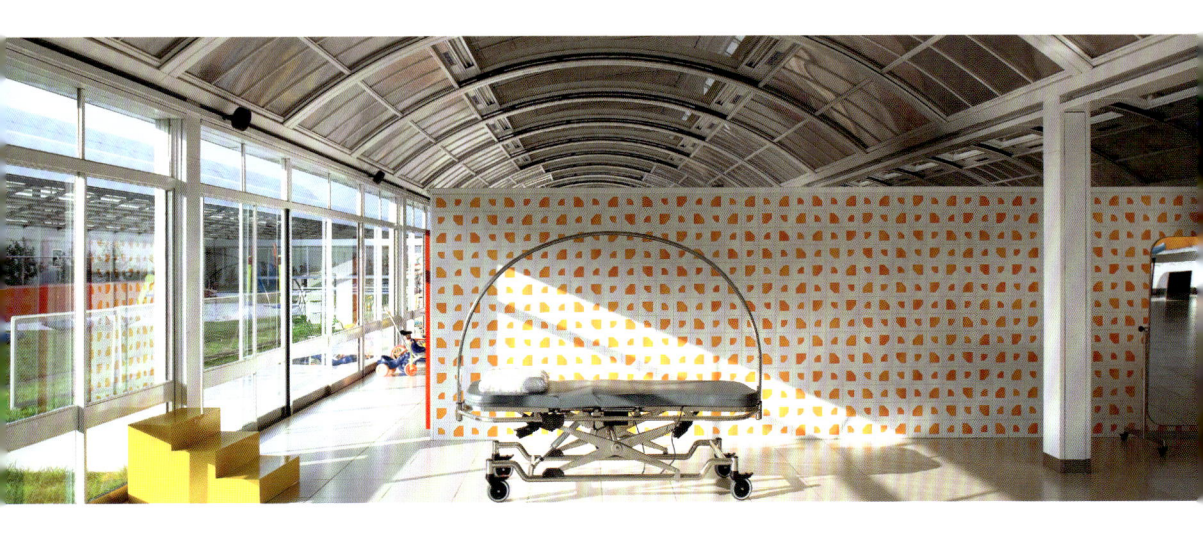

Acima, Hospital do Rio de Janeiro, setor de hidroterapia e área de fisioterapia, Rio de Janeiro RJ

À direita, Hospital do Rio de Janeiro, vista geral com auditório com teto semiesférico aberto, Rio de Janeiro RJ

Hospital do Rio de Janeiro, corte esquemático do auditório, Rio de Janeiro RJ. 1. hall do hospital; 2. centro de estudos (biblioteca e salas de aula); 3. marquise interligando o auditório ao hospital; 4. acesso inferior do auditório; 5. sanitários; 6. cabine de projeções; 7. plataformas laterais (espectadores em cadeiras de roda ou camas maca); 8. tela móvel; 9. teto semi-esférico em peças meridianas móveis de alumínio.

O auditório foi tratado como um volume independente, de base circular com 36 metros de diâmetro, guarnecido em seu topo por uma semiesfera com 13 metros de diâmetro. As pétalas que formam o teto semiesférico da cobertura do auditório se abrem através de acionamento mecânico com motores elétricos. A forma geométrica da semiesfera é bem definida, facilitando sua produção industrializada, embora sua implantação, como melhor convinha à solução do espaço interno, ocorra segundo um plano inclinado em relação ao eixo da geratriz da superfície.

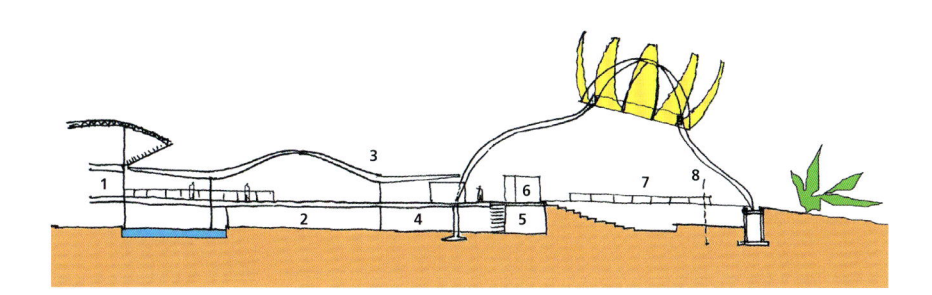

Hospital do Rio de Janeiro, cortes esquemáticos com sistema de ventilação e iluminação e croqui do esquema construtivo, Rio de Janeiro RJ

Conforto ambiental

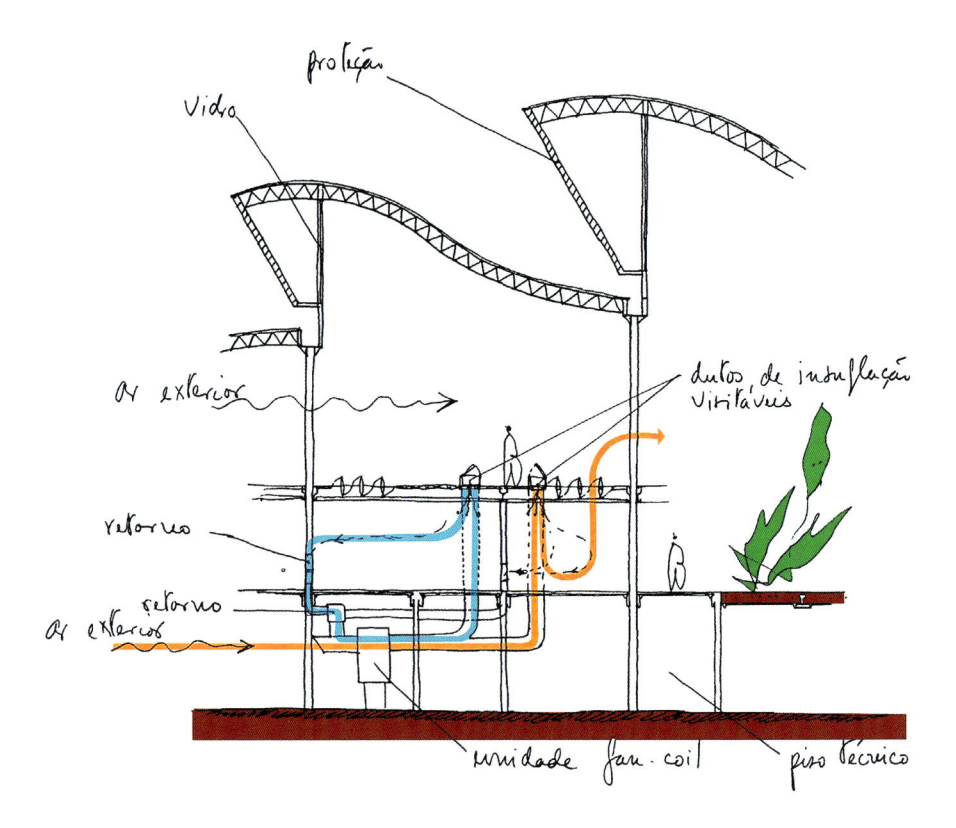

A ventilação e conforto térmico dos ambientes são proporcionados pela seleção de três alternativas distintas: ventilação natural – exclusivamente pelos basculantes do teto ou pelas grandes aberturas dos tetos em arco, previstos no salão central de convivência, na fisioterapia e hidroterapia; ventilação natural forçada – através de dutos visitáveis, que insuflam nos ambientes o ar captado por unidades fan-coil no piso técnico, sendo que a extração do ar é feita através dos basculantes do teto parcialmente abertos; e ar refrigerado – insuflado através dos mesmos dutos da alternativa anterior, impulsionado pelas unidades fan-coil, que passam a receber circulação de água gelada produzida na central frigorígena localizada no pátio de serviço. Neste último caso, os basculantes em policarbonato do teto e as aberturas dos tetos em arco do salão central da internação, da fisioterapia e da hidroterapia serão fechados através de sistema motorizado, acionado por interruptores ou por controle remoto. As divisórias em argamassa armada são duplas,

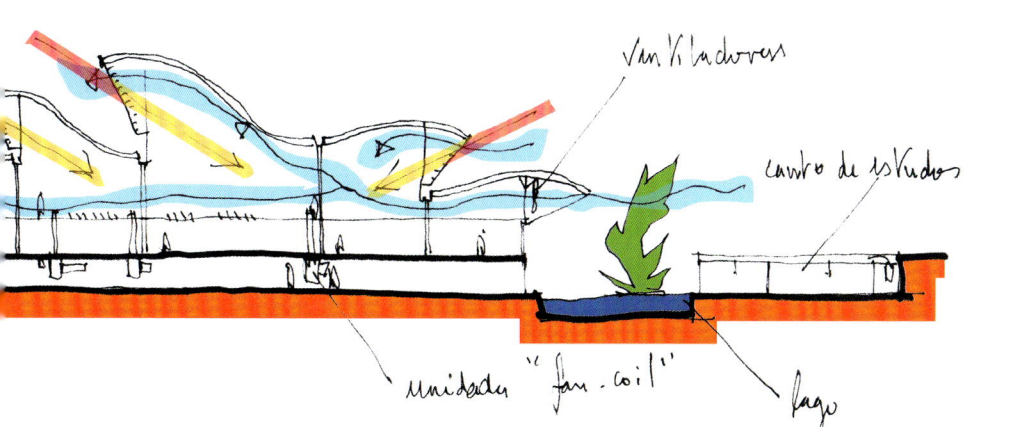

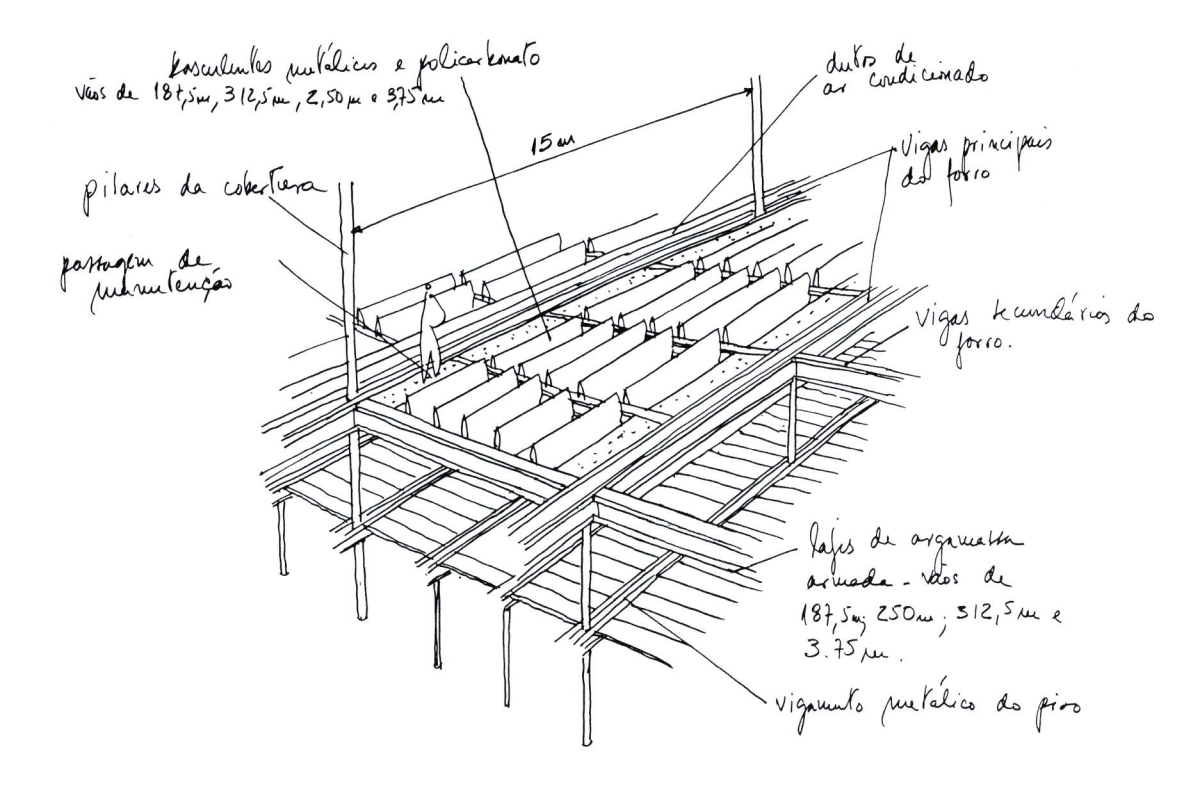

Hospital do Rio de Janeiro, espelho d'água com pulverizadores e jardim aquático, Rio de Janeiro RJ

ou seja, são constituídas de duas peças isoladas recheadas por calços de borracha, de modo a se obter melhor isolamento termoacústico entre dois ambientes contíguos.

No centro cirúrgico, nas salas de equipamentos do setor de imagem e em alguns ambientes especiais, os basculantes de policarbonato serão substituídos por forros metálicos e sua iluminação será sempre artificial. No auditório circular também foi prevista a alternativa de iluminação e ventilação naturais, através da abertura da semiesfera com 13 metros de diâmetro, localizada no topo da cobertura.

O ar externo penetra no piso técnico em toda a fachada, ao longo da qual se desenvolve um jardim de água que recebe as águas pluviais de todo o lote, lançando-as diretamente na Lagoa de Jacarepaguá.

Sistema construtivo

A estrutura do piso técnico é constituída de vigamento metálico vencendo vãos de 2,50m, 3,125m, 3,75m ou 5m, apoiado em pilares também metálicos que recebem, por sua vez, as cargas das lajes pré-fabricadas em argamassa armada, com 0,625 metro de largura e comprimentos variáveis de 2,50m, 3,125m ou 3,75m. Essas lajes possuem armação de incorporação ao contrapiso armado executado após sua montagem.

Hospital do Rio de Janeiro, construção da cobertura em fases distintas, Rio de Janeiro RJ

Os espaços do hospital são totalmente flexíveis. Os pilares que suportam as vigas dos tetos são fixados sobre o piso acabado em porcelanato. As instalações correm em geral no piso técnico. Os circuitos elétricos destinados à iluminação se distribuem em canaletas visitáveis nas vigas dos tetos.

A estrutura do auditório é constituída de vigamento radial engastado em anel metálico superior com 13 metros de diâmetro e em anel de concreto inferior apoiado em pilares também de concreto. O anel superior é coberto por uma semiesfera constituída de gomos móveis executados em alumínio.

Acima, Hospital do Rio de Janeiro, vista aérea da construção, Rio de Janeiro RJ

À direita, Hospital do Rio de Janeiro, construção do bloco de internação e do auditório, Rio de Janeiro RJ

299 Capítulo 17 – Hospital do Rio de Janeiro

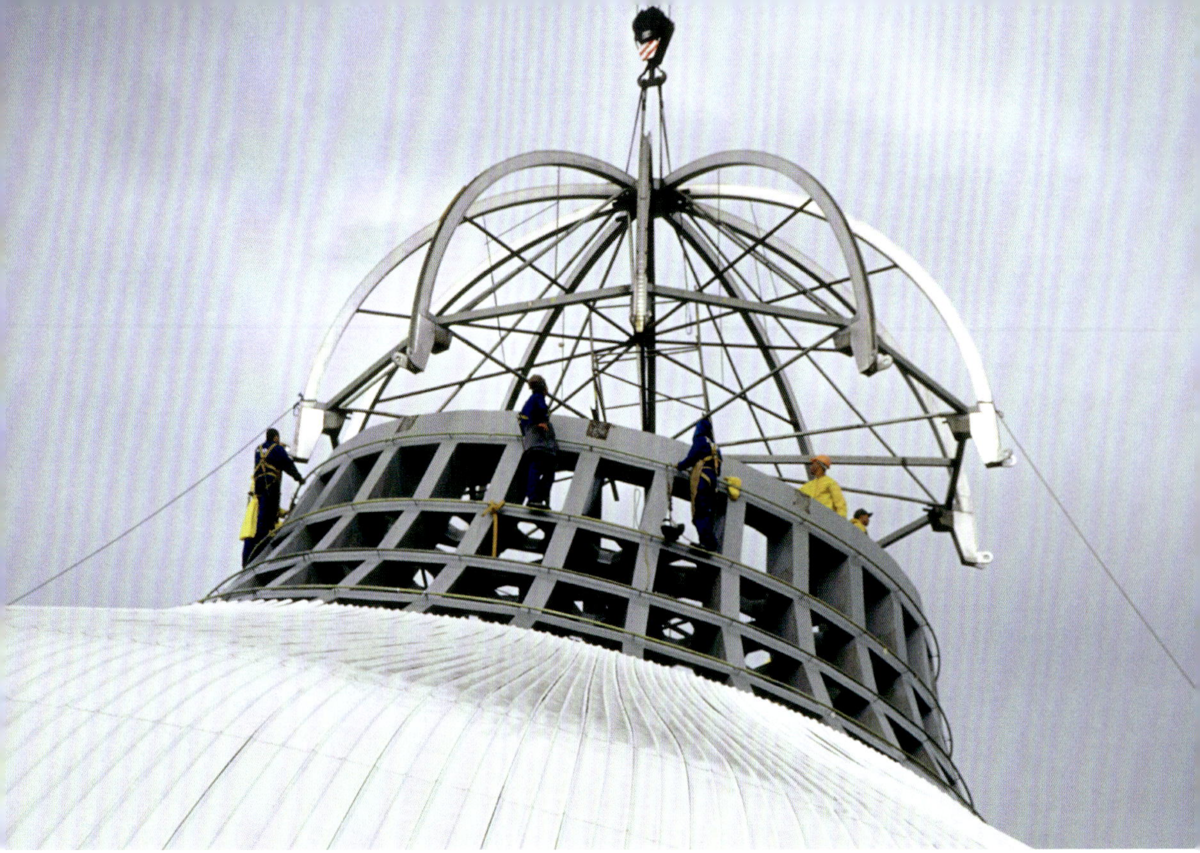

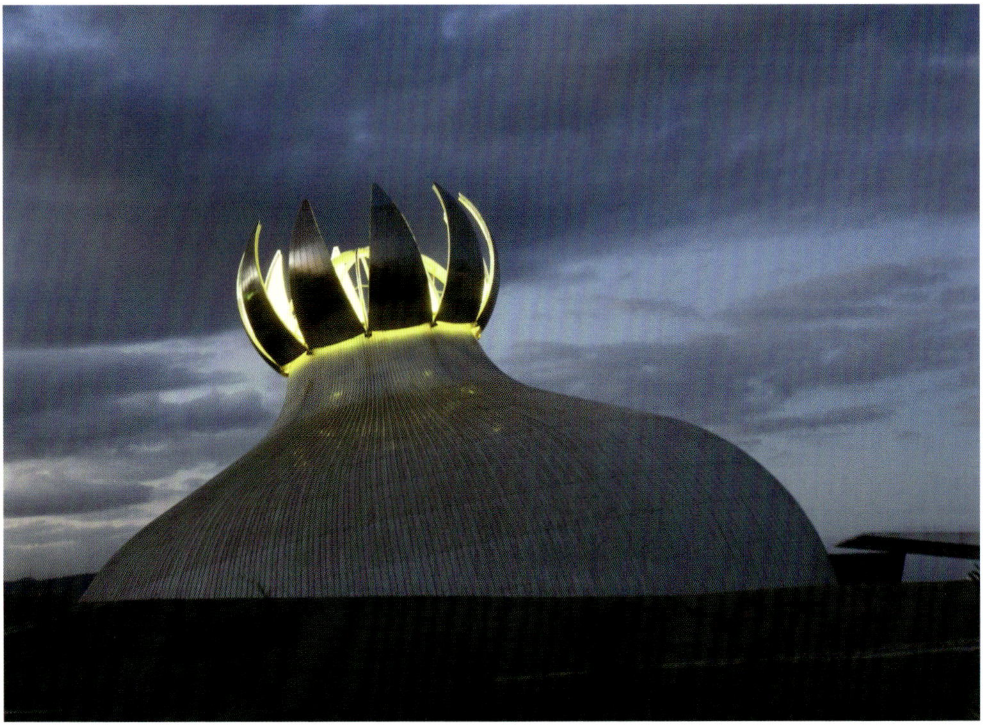

A estrutura dos solários é independente e constituída de duas plataformas metálicas, uma em cada nível dos dois pavimentos da internação. Essas plataformas são engastadas em cada um dos lados de um pilar em treliça metálica rotulado ao nível do solo. O sistema estrutural é completado por quatro tirantes ancorados no solo e no topo do mastro, e que constituem também os apoios laterais das plataformas.

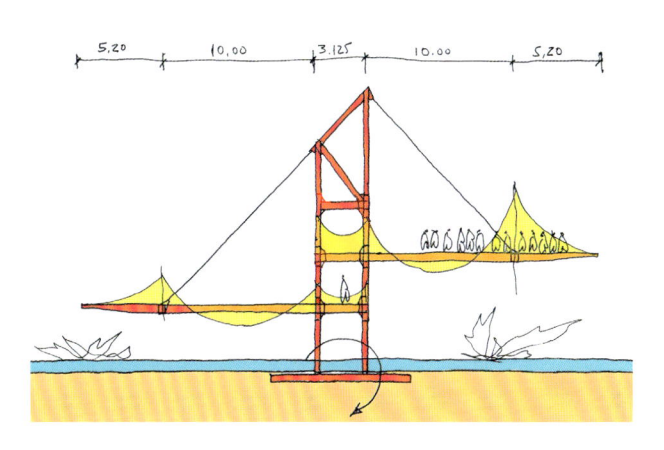

À esquerda, Hospital do Rio de Janeiro, auditório em montagem e em funcionamento, com teto semiesférico aberto, Rio de Janeiro RJ

Acima, Hospital do Rio de Janeiro, croqui do solário e estrutura finalizada, Rio de Janeiro RJ

Hospital Geral de São Carlos

Trata-se de Hospital Geral destinado ao atendimento médico básico, atuando também como unidade de apoio ao ensino e treinamento de pessoal médico e paramédico vinculados à Universidade de São Paulo, Campus São Carlos. A construção será executada em duas etapas.

Na primeira, já concluída, foram construídos setor de emergência, administração transitória, setor de imagem, métodos gráficos, fisioterapia e vestiários transitórios. Na segunda, em curso, se construirá a complementação das áreas de diagnóstico e tratamento (centro cirúrgico, centro obstétrico, central de material, arquivo médico, laboratório de análises clínicas, anatomia patológica, hemoterapia, fisioterapia, terapia intensiva e internação com 240 leitos), serviços gerais (nutrição, almoxarifado, lavanderia, manutenção, vestiários etc.), creche (em prédio independente), e centro de estudos e ensino (auditório com trezentos lugares, salas de aula, biblioteca etc.).

Hospital Geral, vista do conjunto e portaria de acesso, São Carlos SP

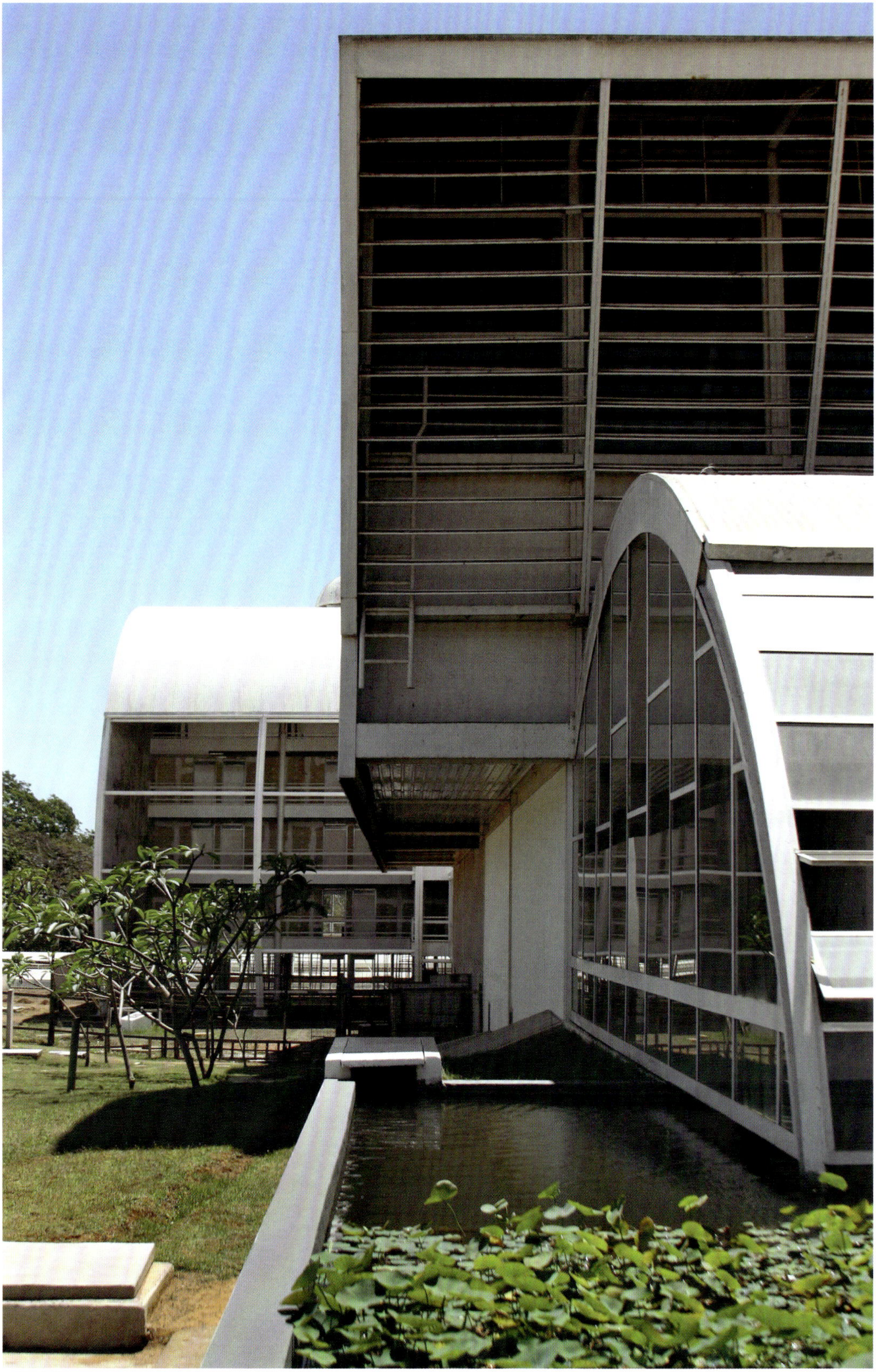

Partido arquitetônico

O terreno destinado à construção do hospital está situado junto a um entroncamento rodoviário de acesso à cidade. Sua declividade de cerca de 5% na direção da rodovia (desnível total de 13 metros) exigiu uma modelação em plataformas sucessivas dispostas paralelamente às curvas de nível, de modo a se obter melhor acomodação do sistema viário interno e redução dos custos de movimento de terra. Assim, o edifício hospitalar propriamente dito foi subdividido em três construções justapostas, separadas entre si por faixas ajardinadas e implantadas respectivamente em três plataformas com a diferença de nível entre cada uma de um pé-direito. O centro de estudos e a creche foram projetados em edifícios independentes.

À esquerda, Hospital Geral, blocos de internação (ao fundo) e de serviços gerais, São Carlos SP

Acima, Hospital Geral, maquete, São Carlos SP

Hospital Geral, corte esquemático, São Carlos SP. 1. estacionamento de pacientes; 2. serviços técnicos (cota 839); 3. bloco de internação; 4. térreo de internação; 5. serviços gerais (cota 832.5); pátio de serviços (cota 831,5)

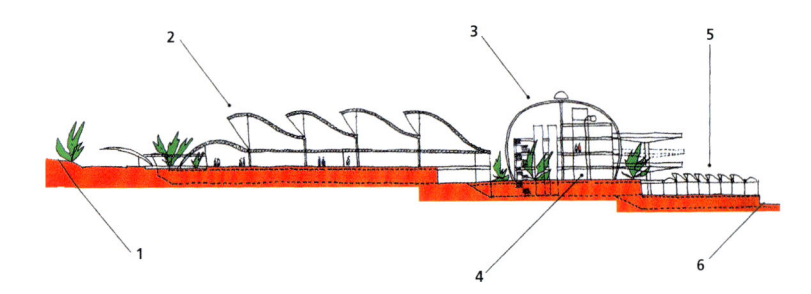

As cotas estabelecidas para o escalonamento dos prédios e para os respectivos estacionamentos foram as seguintes: na cota média 841m, com declividade de 3%, ficará o estacionamento de pacientes e visitantes; na cota 839m, os serviços técnicos (ambulatório, emergência, setor de imagem, hemoterapia, métodos gráficos, fisioterapia, administração médica, laboratório de análises clínicas, anatomia patológica, arquivo médico, centro cirúrgico, centro obstétrico, central de material e terapia intensiva); na cota 836m, o nível térreo do bloco de internação. Na cota 832,50m, ficarão os serviços gerais (vestiários, setor de nutrição, lactário, segurança, almoxarifado, lavanderia, farmácia, limpeza, manutenção, administração dos serviços gerais etc.); na cota 831,50m, pátio de serviço e centrais; na cota 833,50m, centro de estudos; na cota 835m, a creche; e o estacionamento de funcionários será dividido, com parte na cota 831m e parte na cota 832m, com declividade de 5%.

No bloco dos serviços técnicos, como no caso do hospital da Rede Sarah do Rio de Janeiro, foi criado um piso técnico destinado a instalações e sistema de ventilação.

O bloco de internação foi

Hospital Geral, perspectiva interna do bloco de internação, São Carlos SP

projetado em quatro níveis superpostos: o primeiro, ao nível do solo, destina-se à pediatria; o segundo, à obstetrícia – ao lado do centro obstétrico, localizado no bloco dos serviços técnicos, na mesma cota 839m; os dois últimos, às clinicas médica e cirúrgica.

O bloco de internação é envolvido por uma estrutura em arco que vai até o solo. No lado correspondente à circulação dos apartamentos, esta cria um espaço com a altura dos quatro pés-direitos que se integra a todos os pavimentos da internação, abrigando também, em cada pavimento, circulação vertical (rampa, elevadores e escada), sala de estar, refeitório e posto de enfermagem. No nível do solo, uma área ajardinada com o pé-direito de todo o edifício que se destina ao lazer e a eventos de sociabilização. Foram previstas três plataformas justapostas ao bloco, mas com estruturas independentes, e que se destinam aos solários dos três pavimentos superiores.

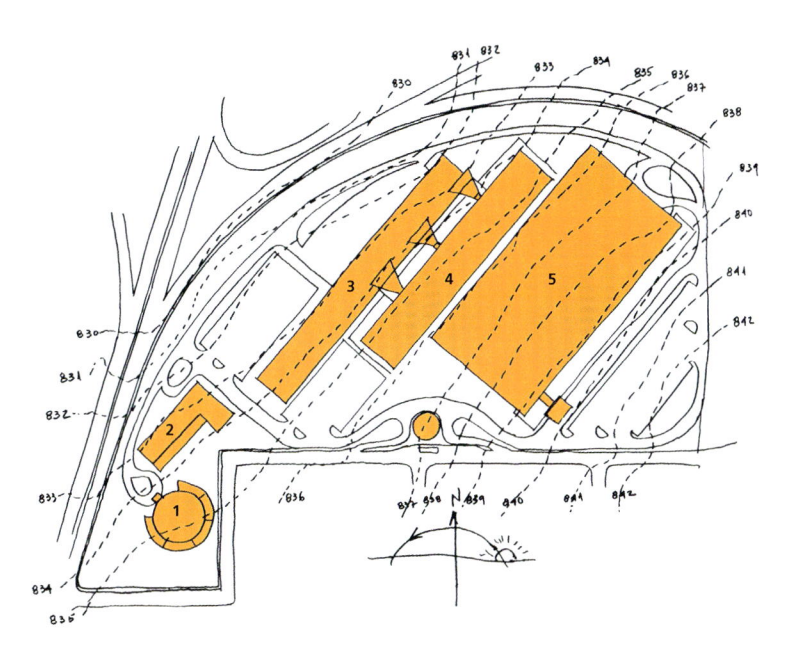

Na foto, Hospital Geral, solário do bloco de internação, São Carlos SP

Acima, Hospital Geral, implantação com distribuição do programa, São Carlos SP. 1. creche; 2. centro de estudos; 3. serviços gerais; 4. bloco de internação; 5. serviços técnicos.

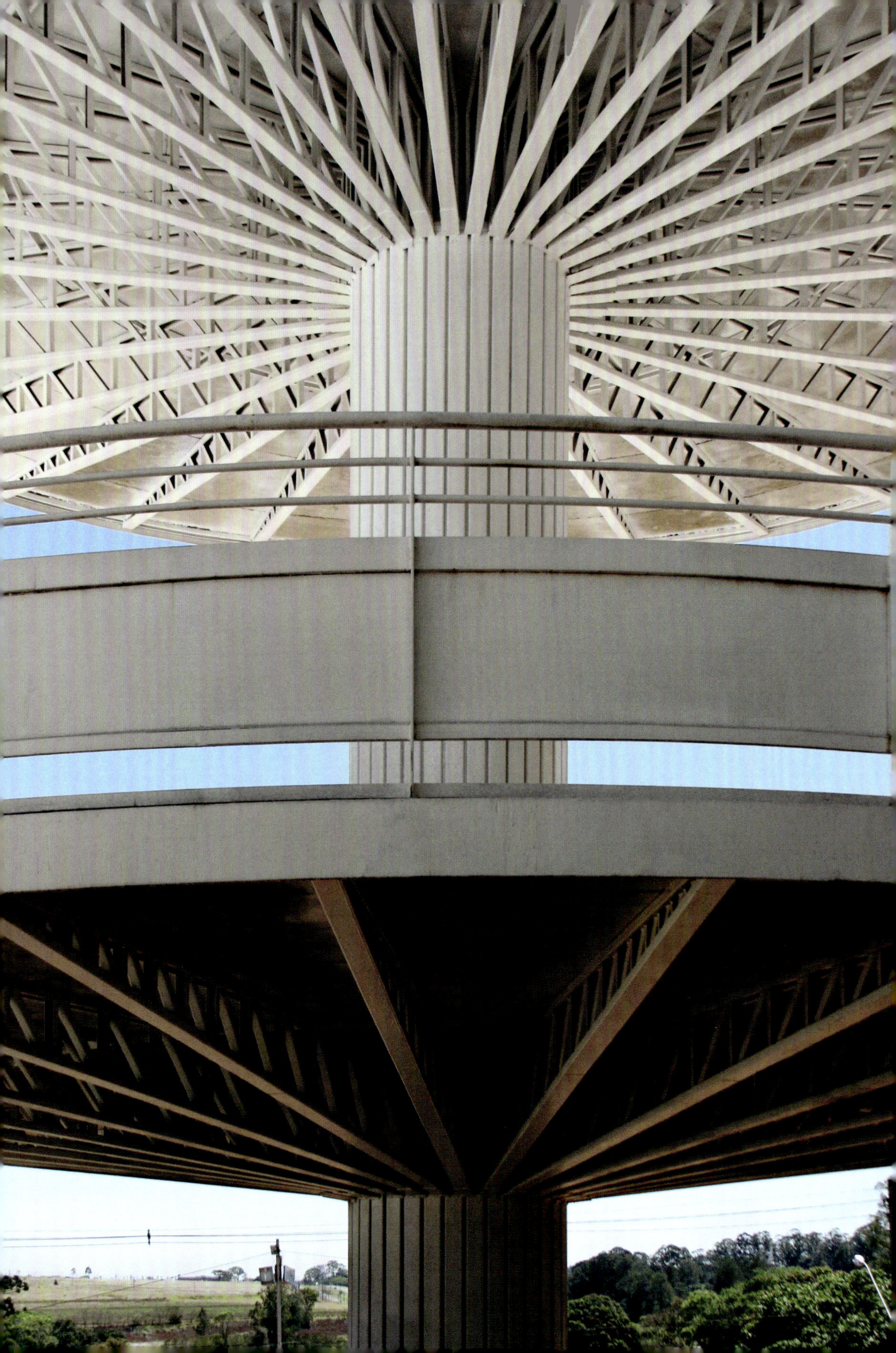

Conforto ambiental

Nos prédios destinados aos serviços gerais e aos serviços técnicos foram previstos sistemas de iluminação e ventilação zenitais com aberturas voltadas para Sudeste, como convém. O ar fresco é introduzido nos ambientes através das galerias de tubulações em subsolo e extraído, por sucção, pelas aberturas dos sheds, voltadas para a direção oposta à dos ventos dominantes. Nos serviços técnicos, a cobertura é constituída de grandes sheds que se desenvolvem a uma altura mínima de 3 metros acima do teto do pavimento. Sua estrutura metálica é independente da estrutura do pavimento e desvinculada das divisões internas dos ambientes. Como no Hospital Sarah do Rio de Janeiro, o ar fresco é captado no piso técnico, introduzido nos ambientes e extraído pelas aberturas dos sheds voltadas para Sudeste. As áreas do centro cirúrgico, centro obstétrico, central de material, salas de equipamentos do setor de imagem, terapia intensiva e parte da área dos laboratórios são dotadas de sistema de ar-condicionado produzido nas unidades fan-coil, localizadas no piso técnico.

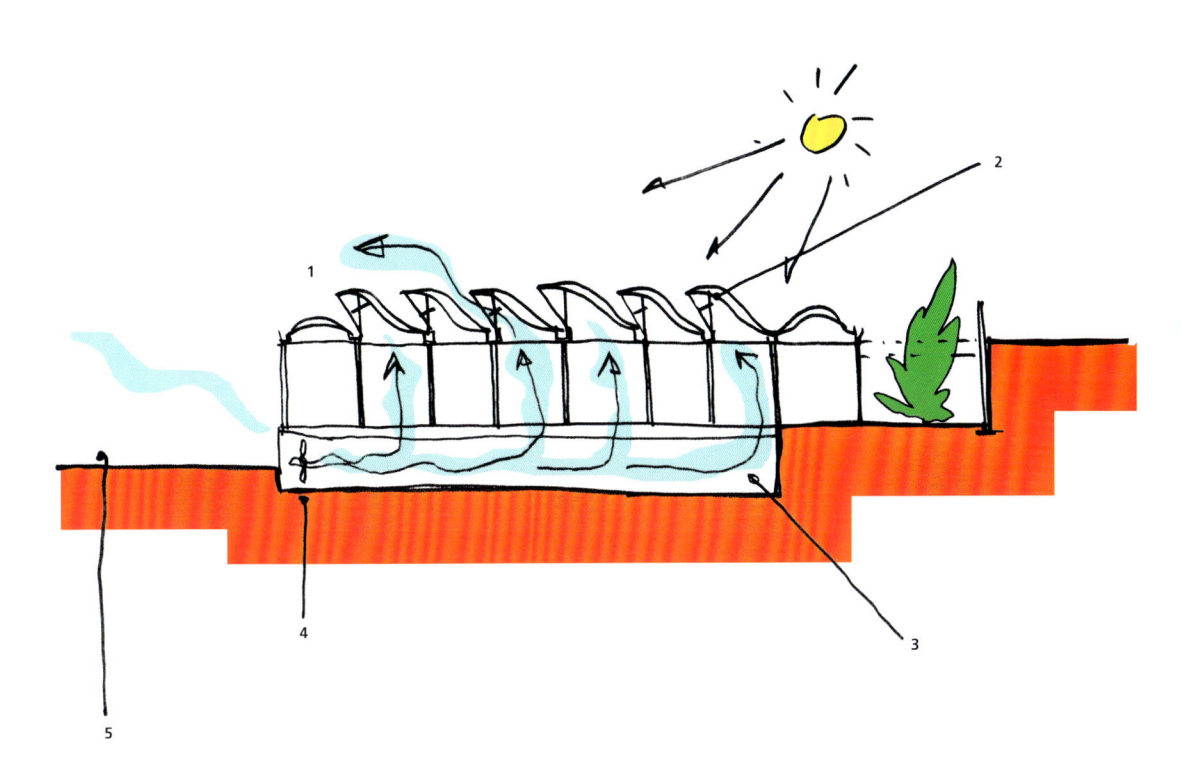

À esquerda, Hospital Geral, solários sobrepostos do bloco de internação, São Carlos SP

À direita, Hospital Geral, corte esquemático do bloco de serviços gerais com sistema de ventilação, São Carlos SP. 1. ventos dominantes; 2. basculantes (controle de ventilação); 3. galeria; 4. ventilador para insuflação de ar; 5. pátio

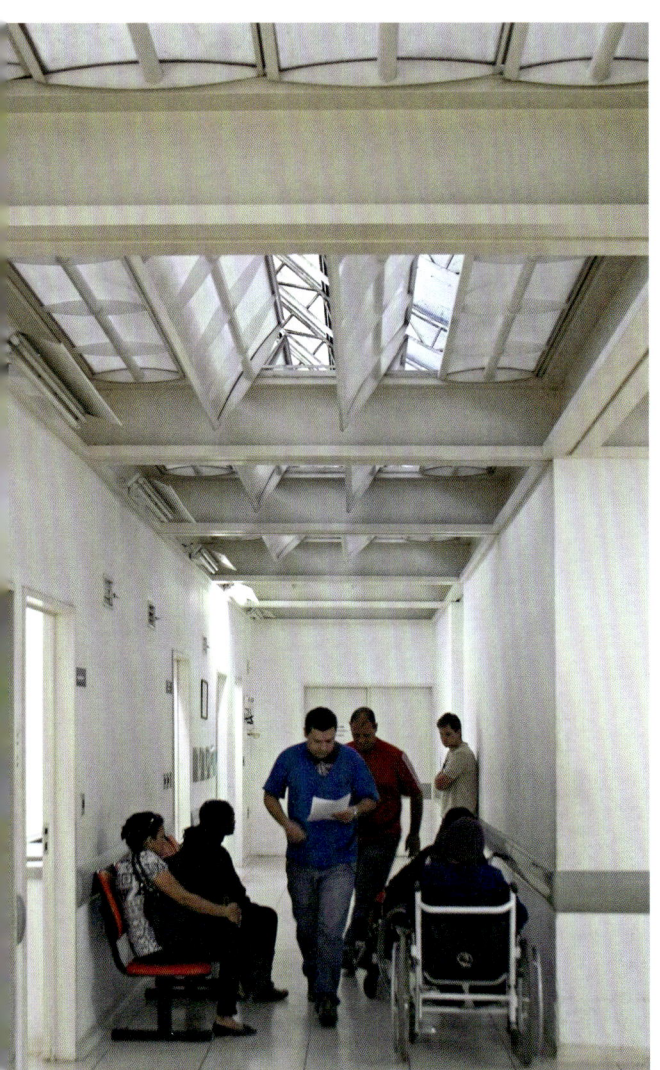

No bloco de internação, a proteção contra a incidência direta do sol na fachada Noroeste é efetuada por lâminas metálicas horizontais fixadas na estrutura metálica em arco que envolve o edifício. Do lado da fachada Sudeste, onde se desenvolve o espaço de humanização das enfermarias, a estrutura dos arcos recebe caixilhos com vidros transparentes, dotados de abertura junto ao solo, para penetração do ar. Ao longo dessas aberturas, foi criado um jardim de água integrado às áreas de estar, cujo objetivo principal é o de atenuar o desconforto proporcionado pelos baixos níveis de umidade atmosférica que predominam na cidade durante boa parte do ano.

Hospital Geral, shed do bloco de serviços gerais e teto basculante em corredor do bloco de serviços técnicos, São Carlos SP

Hospital Geral, corte esquemático dos bloco de serviços técnicos com sistema de ventilação, São Carlos SP. 1. lago; 2. captação de ar; 3. vidro; 4. ventos dominantes; 5. abertura de ventilação; 6. galeria de tubulação; 7. basculantes (controle de ventilação); 8. espera de pacientes; 9. nebulização

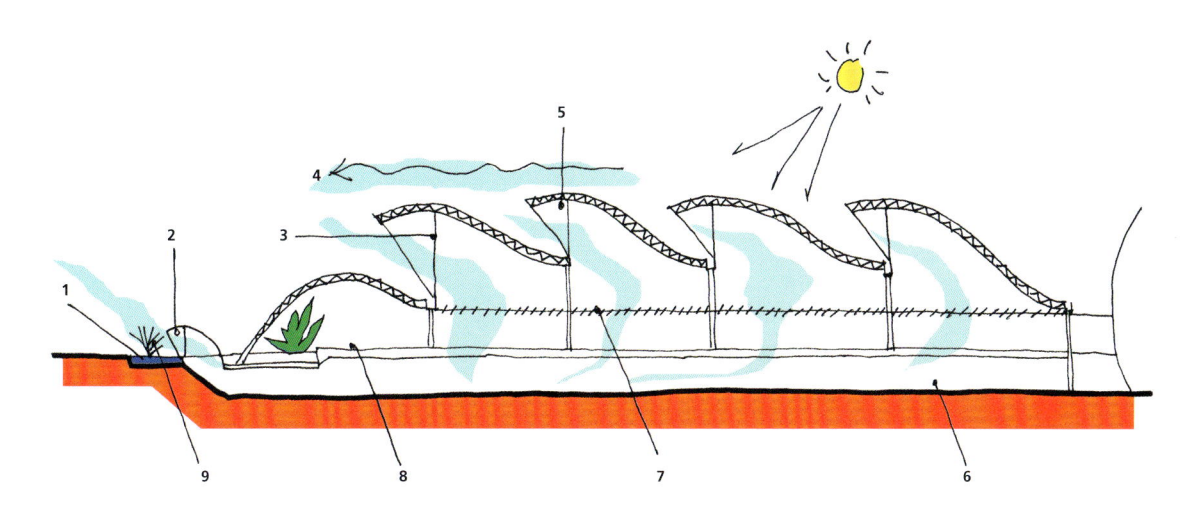

Hospital Geral, marquise de acesso ao bloco de serviços técnicos, São Carlos SP

311   Capítulo 18 – Hospital Geral de São Carlos

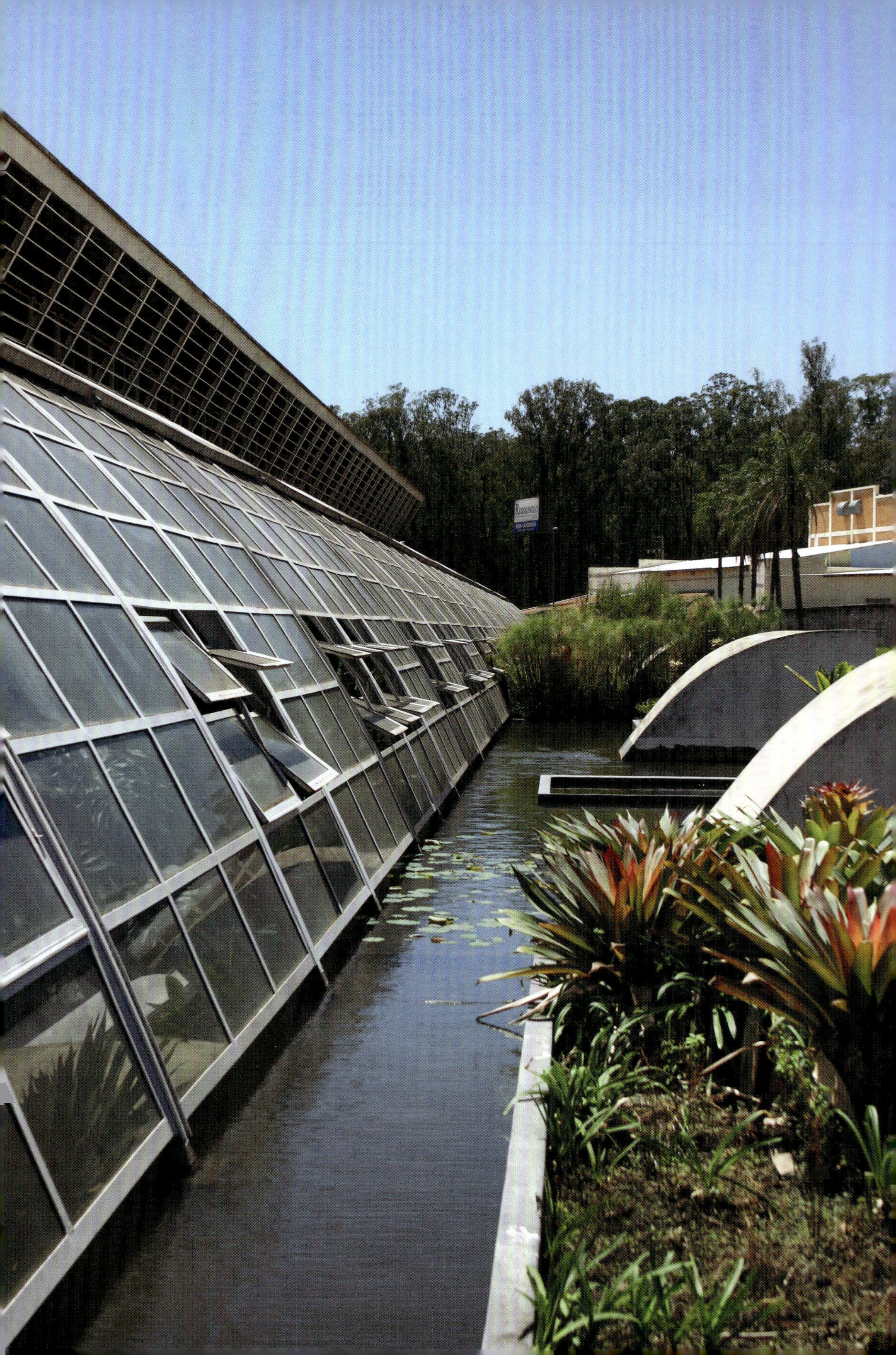

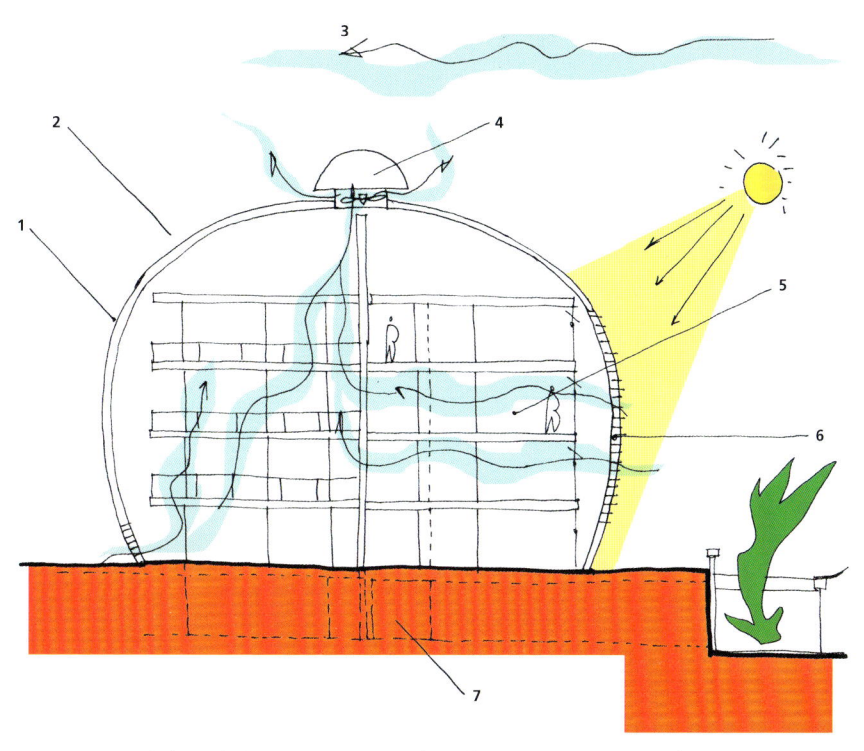

Hospital Geral, vistas externa e interna do jardim com espelho d'água do bloco de serviços técnicos, São Carlos SP

Hospital Geral, corte esquemático do bloco de internação com sistema de ventilação, São Carlos SP. 1. fechamento transparente; 2. cobertura; 3. ventos dominantes; 4. exaustor; 5. enfermarias ventilação cruzada; 6. lâminas horizontais; 7. galeria

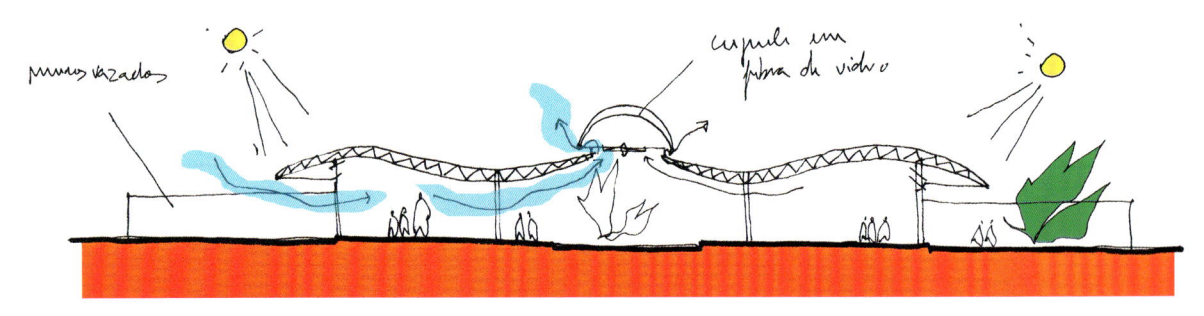

Hospital Geral, corte esquemático da creche com sistema de ventilação e átrio do bloco de internação em construção, São Carlos SP

Sistema construtivo

A proposta inicial para a construção desse hospital seria a de aproveitar o sistema de industrialização semelhante ao do CTRS de Salvador, que seria utilizado em fábrica de Ribeirão Preto, cujo potencial seria ampliado para a implantação de edifícios denominados BACs (Bases de Apoio à Cultura) pelo Ministério da Cultura. Diante da inviabilidade dessa fábrica, foi feita uma modificação de projeto para a execução da primeira etapa, adaptando-o para construção convencional. Foi mantida a solução original em aço, proposta para os sheds, constituída de pilares tubulares de seção quadrada que recebem as vigas de seção em "O", vencendo vãos de 13,75 metros. Estas, por sua vez, recebem treliças espaçadas de 1,875m ou 2,50m que formam o arcabouço das coberturas. As telhas, em chapa de alumínio pré-pintada, são isoladas acusticamente com manta de bidim colada em sua face interna. Os tetos dos ambientes são desmontáveis e totalmente independentes da estrutura da cobertura. São constituídos de vigamento duplo apoiado em pilares dispostos, sempre que possível, ao longo das paredes que dividem os ambientes. Nesse vigamento, com distanciamento variável entre si

Hospital Geral, vistas interna e externa do shed do bloco de serviços técnicos, São Carlos SP

de 1,25, 1,835, 2,50, 3,125m ou 3,75m, apoiam-se tetos metálicos, no caso de ambientes herméticos como salas de cirurgia, Raios X etc.; ou caixilhos basculantes em policarbonato, nas áreas dotadas de ventilação e iluminação naturais.

A estrutura do bloco de internação é constituída de pilares tubulares espaçados de 6,875 metros no sentido longitudinal do prédio, que recebem o vigamento principal no qual se apoiam as vigas secundárias a cada 2,50 metros. Estas, por sua vez, recebem as lajes pré-fabricadas em argamassa armada com 62,5 centímetros de largura. Os arcos metálicos que formam a estrutura da proteção ambiental do bloco de internação são dispostos a cada

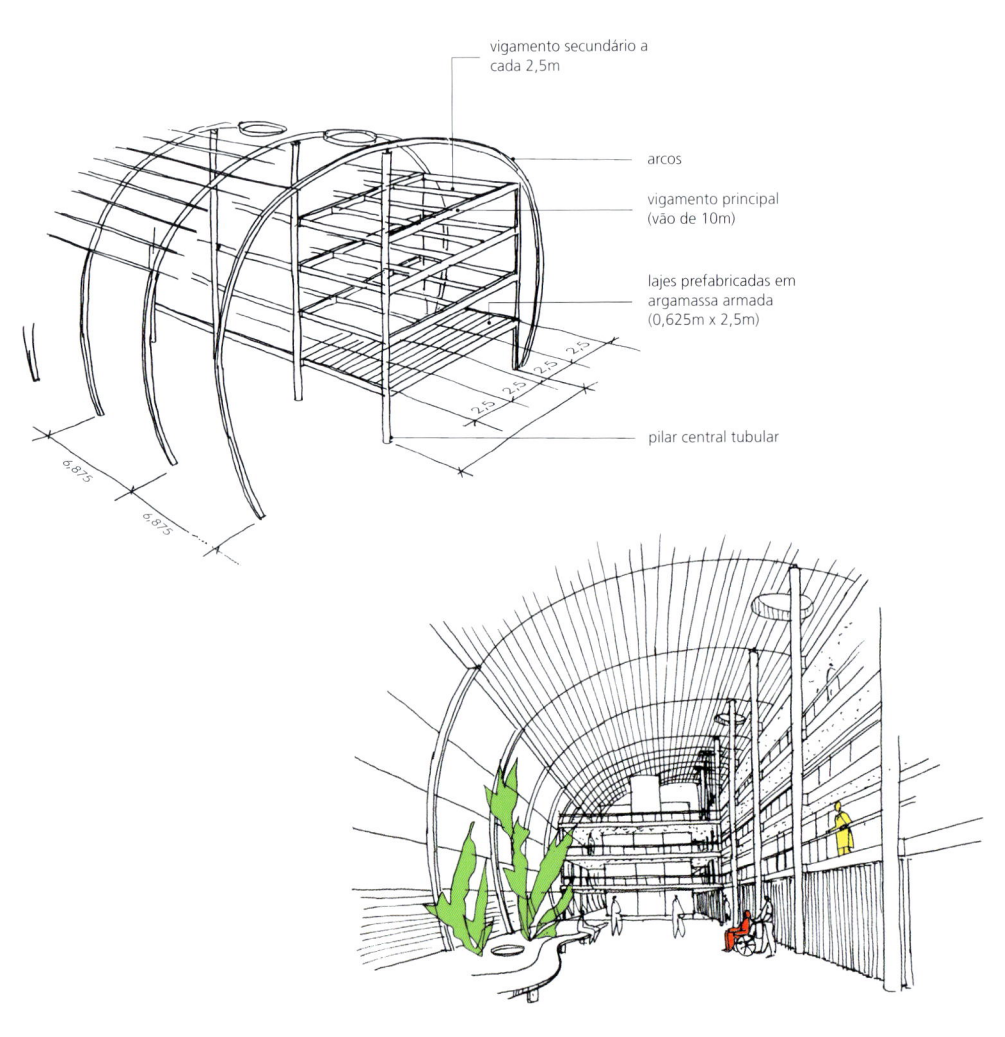

Hospital Geral, perspectivas com sistema construtivo e átrio do bloco de internação, São Carlos SP

6,875 metros ao longo do edifício, e apoiam-se no solo e nos pilares centrais da estrutura dos pavimentos.

Os arrimos, paredes das galerias e divisórias foram projetados em peças pré-fabricadas de argamassa armada.

A estrutura da creche é formada por treliças radiais apoiadas em pilares tubulares, dispostos na periferia dos ambientes e interligados no centro por um anel metálico estrutural, que recebe, por sua vez, a cúpula de fibra de vidro sobre espaço central ajardinado.

Instalações

As instalações em geral distribuem-se ao longo das galerias, previstas no prédio dos serviços gerais e do bloco de internação, e no piso técnico do bloco de serviços técnicos.

As instalações elétricas e telefônicas dos pavimentos também são visitáveis e correm em nichos específicos projetados no vigamento dos tetos.

As instalações sanitárias do bloco de internação correm nas paredes divisórias dos banheiros.

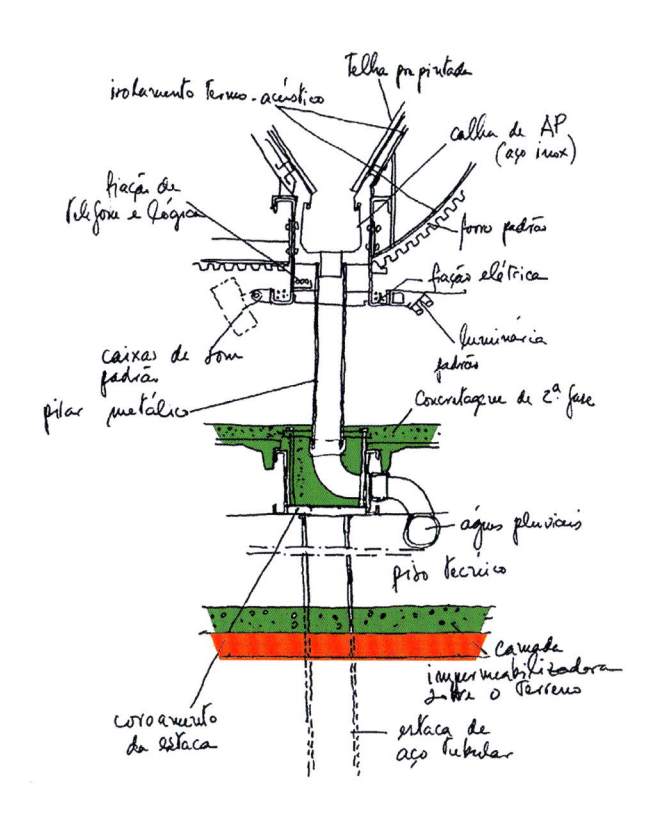

Hospital Geral, croqui esquemático das instalações e paisagem vista do solário, São Carlos SP

considerações finais

O projeto de um hospital, por sua complexidade técnica e, principalmente, por sua função de abrigar o ser humano em um momento de fragilidade física e psíquica, exige a integração de muitos fatores que determinarão a qualidade da obra e o retorno social do investimento.

Cabe ao arquiteto a coordenação das ações que se iniciam na própria definição do programa e que continuam na elaboração do projeto, na execução da obra e, por fim, na implantação de cada setor hospitalar. Durante todo esse processo serão feitos ajustes para atender a evolução de equipamentos e técnicas médicas. E para que tudo isto ocorra de uma forma organizada, é necessário que os espaços propostos também sejam flexíveis, extensíveis e remanejáveis. Algumas dessas tarefas, como a de manter a interação entre os setores hospitalares, principalmente os de diagnóstico e tratamento, vêm sendo dificultadas pela fragmentação profissional decorrente do desenvolvimento tecnológico e agravadas pela ação perniciosa do comércio e do lucro exacerbado promovido pelo capitalismo vigente. Por outro lado, é indispensável a preocupação com todos os fatores que caracterizam uma boa obra de arquitetura, inclusive o da beleza, que deve estar presente em qualquer atividade humana.

Todas essas questões, a meu ver, reforçam a ideia de que a atuação competente do arquiteto em projetos de alta complexidade não se apoia em uma especialização, como pretendem alguns, mas se realiza, sobretudo, com o entendimento abrangente dos fenômenos que interferem na existência humana e com o domínio do arsenal técnico, necessários à prática de suas atividades de profissional generalista. E somente através desse exercício constante poderá desenvolver uma sensibilidade perfeitamente inserida em seu tempo, que lhe permitirá o diálogo eficiente com todos os profissionais e especialistas que participam do seu processo de criação. E isto significa também que, sem abrir mão de sua postura de artista criador, o arquiteto deve assumir a função primordial de coordenador e de gerador de novas tecnologias, interagindo com uma equipe multidisciplinar presente em todas as fases da produção de sua obra.

Participantes

A obra de João Filgueiras Lima apresentada neste livro foi concebida e desenvolvida em diversas instituições, com a colaboração de muitas pessoas. A lista abaixo relaciona os principais membros das equipes lideradas pelo arquiteto e as atividades por eles desenvolvidas.

Adriana Rabello Filgueiras Lima, arquiteta, atuou no desenvolvimento dos projetos e na coordenação das obras de ampliação do Hospital do Aparelho Locomotor de Brasília, do Centro Internacional de Neurociências, do Centro de Reabilitação do Rio de Janeiro e do hospital do Rio de Janeiro.
Afonso Leite Gonçalves, técnico em metalurgia, atuou na implantação do Hospital do Aparelho Locomotor de Brasília e na produção do Centro de Tecnologia da Rede Sarah (CTRS).
Alda Rabello Cunha, arquiteta, projetou e coordenou a execução dos projetos de paisagismo do Hospital do Aparelho Locomotor de Brasília e do Centro Internacional de Neurociências.
Alex Peirano Chacon, designer, coordenou o Equiphos e foi responsável pela concepção básica da cama-maca.
Almir Oliveira dos Santos, técnico em metalurgia, atuou no CTRS.
Aloysio Campos da Paz Júnior, médico, cirurgião-chefe e presidente da Associação das Pioneiras Sociais, colaborou também na elaboração do programa do hospital de Taguatinga.
Altamiro Contrera Furquim, técnico em metalurgia, atuou no CTRS.
Álvaro Massao Nomura, ortopedista e membro do Conselho da Associação das Pioneiras Sociais.
Ana Amélia Monteiro, arquiteta, atuou no desenvolvimento do projeto do hospital de Salvador, do hospital de Belo Horizonte, do Centro Comunitário de São Luís e coordenou o desenvolvimento dos projetos do hospital de Fortaleza, do Centro Internacional de Neurociências e dos postos avançados de Belém e de Macapá.
Ana América Gonçalves Silva, enfermeira, atuou na implantação do Hospital do Aparelho Locomotor de Brasília.
Ana Cláudia Pellizaro da Mota, enfermeira, atuou na implantação do hospital de Salvador.
Ana Lúcia Plantier, enfermeira, atuou na implantação do hospital de Salvador.
André Felipe Meira Borém, arquiteto, atuou no desenvolvimento dos projetos de Belo Horizonte, Fortaleza, Centro Internacional de Neurociências e Posto Avançado de Macapá.
André Kjaka, engenheiro, coordenou os projetos de instalação do hospital de Taguatinga.
Antônio Brito, técnico em metalurgia, atuou na Fábrica da Companhia de Renovação Urbana (Renurb), na Fábrica de Equipamentos Comunitários (Faec) e no CTRS.
Antonio Carlos Correia, desenhista industrial, coordenador do Equiphos em Brasília.
Antonio Carlos Santiago atuou na Faec.
Antonio César de Carvalho atuou no CTRS.
Antônio Ferreira de Souza Filho, técnico em metalurgia, atuou no CTRS.
Argemiro Dias Fernandes, técnico em metalurgia, atuou na Renurb, na Faec e no CTRS.
Athos Bulcão, artista plástico, projetou painéis e obras de arte para os hospitais de Brasília, Belo Horizonte, Taguatinga, Fortaleza, São Luís, Salvador, para o Centro Internacional de Neurociências, para os postos avançados de Macapá e de Belém e para o hospital do Rio de Janeiro.
Aylton Lustrosa, engenheiro, participou da montagem de passarelas em Salvador.
Beatriz Secco, arquiteta, coordenou os projetos e a implantação do paisagismo dos hospitais de Salvador, São Luís, Belo Horizonte, Fortaleza, dos postos avançados de Macapá e Belém e do Centro de Reabilitação do Rio de Janeiro.
Carlos Alberto Fragelli, engenheiro, coordenou os projetos estruturais do hospital de Taguatinga e do Hospital do Aparelho Locomotor de Brasília.
Carlos Alberto Santos, desenhista, atuou no CTRS.
Carlos Gonçalves Ramos, médico, atuou como consultor hospitalar nos projetos do hospital de Taguatinga, do Hospital de Base de Brasília e do Hospital do Aparelho Locomotor da Associação das Pioneiras Sociais.
Carlos Roberto Teixeira, desenhista, atuou no desenvolvimento do projeto do hospital de Belo Horizonte e no setor de informatização de projetos do CTRS.
Cássia Valéria de Castro, diretora do hospital de São Luís, atuou na implantação do hospital.
Ceila Carvalho, arquiteta, atuou no desenvolvimento do Centro Internacional de Neurociências e no anteprojeto do hospital de São Carlos.
Celso Brando, arquiteto, foi responsável pelo registro fotográfico dos hospitais de Brasília, São Luís, Salvador, Fortaleza, Natal, Recife, Belo Horizonte, do Centro de Reabilitação do Rio de Janeiro e do hospital do Rio de Janeiro.
Cláudio Blois Duarte, arquiteto, atuou no desenvolvimento do projeto do hospital de Brasília e em vários projetos de equipamentos, inclusive no desenvolvimento da cama-maca.
Denise Freire Menicucci, arquiteta, atuou na Faec de Salvador e na manutenção e controle de abastecimento e montagem das obras do CTRS.
Diana de Moura Pinho, enfermeira, atuou na implantação do Hospital do Aparelho Locomotor de Brasília.
Dulce Tourinho de Freitas, secretária e responsável pelo setor de compras do CTRS,

atuou na administração da Renurb, da Faec, e da obra do hospital de Salvador e do CTRS.
Eduardo de Mello Kertész, engenheiro, economista e membro do Conselho da Associação das Pioneiras Sociais, atuou na elaboração do plano que criou a Rede Sarah de Hospitais do Aparelho Locomotor e no processo de criação da Associação das Pioneiras Sociais.
Edvaldo Mendes de Pinho, técnico em metalurgia, atuou na Faec e no CTRS.
Eliane Terra, arquiteta, atuou no desenvolvimento dos projetos realizados na Fábrica de Escolas do Rio de Janeiro e coordenou a obra do hospital de Fortaleza.
Eloy Corazza, administrador, diretor da Associação das Pioneiras Sociais.
Elza Ribeiro, arquiteta, participou da reforma e foi responsável pela manutenção do Hospital de São Luís.
Emilia Emiko Okumura, arquiteta, participou do desenvolvimento e implantação dos projetos das passarelas de Salvador.
Eugenio José da Cruz, técnico em marcenaria, atuou no CTRS.
Eustáquio Ribeiro, engenheiro, foi responsável pelos projetos de instalações do Hospital do Aparelho Locomotor de Brasília e do Centro de Neurociências de Brasília.
Evanildo Souza da Silva, técnico em metalurgia, atuou na produção da Faec e do CTRS.
Ezequias Freitas, arquiteto, coordenou o setor de fotografias do CTRS.
Fábio Savastano, arquiteto, atuou na implantação do saneamento básico de Salvador na Renurb e coordenou a execução da obra do hospital de Belo Horizonte e das obras de complementação do hospital de Brasília e do Centro Internacional de Neurociências.
Fernando Andrade, arquiteto, atuou no desenvolvimento do projeto do hospital de Taguatinga e no desenvolvimento do projeto e apoio à obra do Hospital do Aparelho Locomotor de Brasília.
Francisco Alves Nascimento, administrador, atuou na Renurb, coordenou a administração da Faec e, como superintendente do CTRS, coordenou a produção de componentes do centro. Também participou da administração das obras do hospital de Salvador, do Centro Comunitário de São Luís, do hospital de Belo Horizonte, do hospital de Fortaleza, do Centro Internacional de Neurociências, do Posto Avançado de Macapá, do Posto Avançado de Belém, do Centro de Reabilitação do Rio de Janeiro e do hospital do Rio de Janeiro.
Francisco Assis dos Santos, técnico em marcenaria, atuou na Renurb, na Faec e no CTRS.
Francisco Ribeiro de Carvalho, técnico em serralheria, atuou em todas as obras do CTRS.
Frederico Carvalho, arquiteto, atuou em reformas e na manutenção do Hospital do Aparelho Locomotor de Brasília e do CTRS.

Gabriela Nascimento, arquiteta, atuou no desenvolvimento do projeto do hospital de Fortaleza.
Genildo Tavares da Silva, técnico em edificações, atuou na Renurb, na Faec e no CTRS.
George Raulino, engenheiro, participou dos projetos de instalação de ar-condicionado de todos os hospitais da Rede Sarah.
Geraldo Santos Borges, técnico em metalurgia, atuou no CTRS.
Geraldo Vieira de Andrade, técnico em metalurgia, atuou na Faec e no CTRS.
Gilson Paranhos, arquiteto, foi responsável pela montagem do hospital protótipo em argamassa armada de Brasília.
Haroldo Pinheiro Queiroz, arquiteto, coordenou o desenvolvimento dos projetos dos hospitais de Salvador, Belo Horizonte e Fortaleza.
Helio Borges, arquiteto, coordenou a montagem dos canais do saneamento básico de Salvador na Renurb, e do Rio de Janeiro na Fábrica de Escolas.
Hurandy Matos, técnico em metalurgia, coordenou a produção da oficina de metalurgia leve do CTRS e atuou no desenvolvimento de vários equipamentos.
Inês Maria Ribeiro Alves, arquiteta, atuou no setor de comunicação visual das fábricas da Renurb, da Faec e do CTRS.
Jacó Sanowicz, arquiteto, atuou no desenvolvimento do projeto do Hospital do Aparelho Locomotor.
Jaime Golubov, arquiteto, atuou no desenvolvimento do hospital de Taguatinga.
Jaime José Menezes, técnico em edificações, atuou na obra do hospital de Salvador.
João Gabriel Ramos Ribas, médico, atuou na implantação do hospital de Belo Horizonte.
João Gualberto dos Santos atuou na Faec e no CTRS.
Joaquim Anacleto Dias coordenou a produção da oficina de plásticos do CTRS.
Joaquim Cambraia, engenheiro, coordenou a execução das obras do Hospital do Aparelho Locomotor de Brasília e do hospital de Taguatinga.
José Carlos Barreto, advogado, atuou como consultor jurídico do CTRS.
José Carlos Correa, arquiteto, coordenou o desenvolvimento dos projetos realizados na Fábrica de Escolas do Rio de Janeiro.
José Eduardo Mendonça, arquiteto, atuou no desenvolvimento do projeto do hospital de Taguatinga e coordenou a execução da obra do hospital de Salvador.
José Fernando Minho, arquiteto, atuou no desenvolvimento do projeto do hospital de Salvador e coordenou o projeto do hospital de Belo Horizonte e do Posto Avançado de Belém.
José Geraldo da Silveira, técnico em edificações, atuou no CTRS.
José Joaquim de Araújo, engenheiro, atuou no controle de custos da produção do CTRS.

José Lourenço, arquiteto, atuou no desenvolvimento do projeto do Hospital do Aparelho Locomotor de Brasília.

José Modesto Silva Barros, técnico em pintura, atuou no CTRS.

José Otavio Vieira Veiga, engenheiro, atuou nas obras da Fábrica de Escolas do Rio de Janeiro e do hospital de Salvador e coordenou as obras do hospital de Fortaleza, do almoxarifado da Associação das Pioneiras Sociais em Brasília, do Centro Comunitário de São Luís, do Posto Avançado de Belém e do Posto Avançado de Macapá.

José Pereira da Silva, técnico em metalurgia, atuou na Renurb, na Faec e no CTRS.

José Roque Ribeiro, técnico em metalurgia, atuou na Faec e no CTRS.

Josenias dos Santos, técnico em metalurgia, atuou na fábrica da Renurb, na Faec e no CTRS.

Jurandir Amorim, técnico em edificações, atuou na fábrica de saneamento básico de Salvador, na Faec e coordenou a produção da oficina de marcenaria do CTRS.

Jurandir Fermon Ribeiro, administrador e vice-presidente da Associação das Pioneiras Sociais, coordenou a implantação do hospital de Brasília, do hospital de São Luís, e a execução dos hospitais de Salvador, de Belo Horizonte e de Fortaleza.

Kouzo Nishigutti, engenheiro, coordenou a execução das instalações em geral das fábricas da Renurb, da Faec, do CTRS e dos hospitais da Associação das Pioneiras Sociais.

Kristian Schiell, arquiteto, atuou no desenvolvimento dos projetos dos hospitais de Taguatinga, do Aparelho Locomotor de Brasília e de Fortaleza.

Louis Charles Brioude, engenheiro, atuou na execução do hospital de Belo Horizonte e no Centro Internacional de Neurociências.

Luberto Moreira, arquiteto, atuou no desenvolvimento dos projetos realizados na Fábrica de Escolas do Rio de Janeiro e coordenou a obra do hospital de Fortaleza.

Lúcia Willadino Braga, neurocientista, atuou nos programas de todos os hospitais da Rede Sarah e atualmente é Presidente da Associação das Pioneiras Sociais.

Luciana Rossi, psicóloga, diretora do hospital de São Luís, atuou na implantação do hospital. Lucílio Vitorino, engenheiro, foi responsável pelo cálculo estrutural dos projetos de acréscimos do Hospital do Aparelho Locomotor de Brasília.

Luiz Aurélio Cordeiro, técnico em metalurgia, atuou na obra do hospital de Salvador e no CTRS.

Luiz Engler, arquiteto, participou da construção do Hospital do Aparelho Locomotor de Belo Horizonte e foi responsável pela manutenção do Hospital do Aparelho Locomotor de Brasília.

Luiz Fernando Resende, gráfico, participou de vários projetos de comunicação visual da Rede Sarah.

Luiz Henrique Gomes Pessina, arquiteto, atuou no desenvolvimento do projeto do hospital de Taguatinga.

Manoel Balbino, arquiteto, participou dos projetos de montagem de unidades em argamassa armada em Salvador.

Marcio Ibrahim de Carvalho, médico e diretor do hospital de Belo Horizonte, atuou no programa de implantação do hospital.

Marco Antonio Pinheiro, arquiteto, atuou no desenvolvimento do projeto do Hospital do Aparelho Locomotor de Brasília e na Fábrica de Equipamentos Comunitários de Salvador.

Marco Antônio Santos Almeida, engenheiro, responsável pelo setor de informática do CTRS.

Maria José Costa Souza, artista plástico, atuou no Hospital do Aparelho Locomotor de Brasília.

Maria Manoela Palmeiro, arquiteta, participou do desenvolvimento dos projetos de equipamentos produzidos pelo CTRS.

Maria Tereza Lafetá, arquiteta, atuou no desenvolvimento do projeto do Hospital do Aparelho Locomotor de Brasília.

Mariano Delgado Cazañas, técnico em metalurgia, coordenou a produção das fábricas da Renurb e da Faec em Salvador e da Fábrica de Escolas do Rio de Janeiro.

Mario Marques de Souza, engenheiro, atuou no controle da produção do CTRS.

Maristela Carvalho de Oliveira, arquiteta, participou da construção do Centro Internacional de Neurociências de Brasília.

Marlene Aparecida Freire, arquiteto, atuou no desenvolvimento do projeto e na implantação do Hospital do Aparelho Locomotor de Brasília.

Matias Emetério de Jesus, técnico em marcenaria, atuou na Renurb, na Faec e no CTRS.

Murilo Santos Lobato, diretor da Associação das Pioneiras Sociais, atuou na comunicação visual dos hospitais de Brasília, Salvador e São Luís.

Nadson dos Santos Vieira, técnico em marcenaria, atuou no CTRS.

Neiva Giacomelli Prochnow, enfermeira, atuou nos programas de implantação do Hospital do Aparelho Locomotor de Salvador e do Centro Internacional de Neurociências.

Newton Bacellar, arquiteto, atuou na Renurb, na Faec, na execução do hospital de Salvador e do CTRS e coordenou a execução da obra do Posto Avançado de Macapá.

Nilson Bispo de Souza, técnico em metalurgia, atuou na Renurb, na Faec e no CTRS.

Oscar Borges Kneipp, arquiteto, atuou no desenvolvimento dos projetos do hospital de Taguatinga e do Hospital do Aparelho Locomotor.

Patricia Khan, médica e diretora do hospital de Salvador, atuou na implantação do hospital.

Paulo Cotrim, diplomata, atuou no plano que criou a Rede Sarah de Hospitais.

Paulo Marques Magalhães, arquiteto, atuou no setor de informatização de projetos do CTRS.
Paulo Oliva, engenheiro, atuou na implantação do saneamento básico de Salvador.
Paulo Roberto de Freitas Guimarães, médico e diretor do hospital de Belo Horizonte, atuou na implantação do hospital.
Paulo Roberto Freitas, engenheiro, atuou no cálculo estrutural do hospital de Fortaleza, da passarela e do auditório do Hospital do Aparelho Locomotor de Brasília.
Paulo Romero, fotógrafo, participou do registro fotográfico de várias unidades da Rede Sarah.
Raimundo Alves da Silva, técnico em metalurgia, atuou na Faec e no CTRS.
Renata Sávia Ribeiro, desenhista industrial, atuou no setor de informatização de projetos do CTRS.
Renato Messias, engenheiro, atuou na obra dos hospitais de Belo Horizonte e Rio de Janeiro.
Robério Bezerra, engenheiro, atuou no projeto de saneamento básico da Renurb.
Roberto Pinho, antropólogo, foi presidente da Faec, coordenou o Equiphos e atuou na implantação do Hospital do Aparelho Locomotor de Brasília.
Roberto Vitorino, engenheiro, foi responsável pelo cálculo estrutural das passarelas de Salvador, do Centro Internacional de Neurociências de Brasília, do Hospital do Aparelho Locomotor de Belo Horizonte, do edifício para estacionamento do Hospital do Aparelho Locomotor de Brasília, do Posto Avançado de Macapá, do Posto Avançado de Belém, do Centro de Apoio Comunitário do Hospital do Aparelho Locomotor de São Luís, do Hospital do Aparelho Locomotor de Salvador, do CTRS e do Almoxarifado de Brasília, do Centro de Reabilitação Infantil do Rio de Janeiro e do Hospital do Aparelho Locomotor do Rio de Janeiro.
Rosalvo Paulo dos Santos, técnico em edificações, atuou na Renurb, na Faec e no CTRS.
Rosevaldo Souza Nascimento, desenhista, atuou no CTRS.
Rubens Lara Arruda, arquiteto, atuou no desenvolvimento do projeto e na implantação do Hospital do Aparelho Locomotor de Brasília.
Sônia Cristina Almeida, arquiteta, coordenou o setor de informatização dos projetos dos hospitais de Salvador, Belo Horizonte, Fortaleza, Recife, Natal e do Centro Internacional de Neurociências.
Sônia Rabello Filgueiras Lima, jornalista, colaborou na revisão dos textos do livro.
Tomás Bacelar, técnico em edificações, atuou na Faec e coordenou a produção da oficina de argamassa armada do CTRS.
Waldir Silveira Almeida, técnico em metalurgia, atuou na fábrica de saneamento básico de Salvador e na Faec, e coordenou a produção da oficina de metalurgia pesada do CTRS.

Walmir González Bulhon, administrador, participou da administração do CTRS e coordenou a administração das obras de ampliação do Hospital do Aparelho Locomotor de Brasília e de construção do Centro de Reabilitação Infantil e do Hospital do Aparelho Locomotor do Rio de Janeiro.
William Gouveia Dias, desenhista industrial, atuou no desenho de equipamentos para todos os hospitais da Rede Sarah.
Wilson Eliseu Sesana, radiologista, foi Secretário de Saúde de Brasília durante a construção do hospital de Taguatinga e da elaboração do projeto do Hospital de Base de Brasília.

Hospitais da Rede Sarah e demais obras

As designações dos setores hospitalares e os nomes das unidades hospitalares da Rede Sarah e de outros projetos de Lelé mudaram e têm mudado bastante durante os últimos anos. No texto foram mantidas as nomenclaturas presentes no original do autor, mas os nomes atuais das unidades em funcionamento e as datas de projeto e inauguração são as seguintes:

Centro Comunitário de São Luís, São Luís MA, 1994
Hospital Distrital de Taguatinga, Taguatinga DF, 1967-1968
Sarah Brasília, Brasília, 1976-1980
Sarah Salvador, Salvador BA, 1988-1994
Centro de Tecnologia da Rede Sarah, Salvador BA, 1992-2002
Sarah Belo Horizonte, Belo Horizonte MG, 1992-1997
Sarah Fortaleza, Fortaleza CE, 1992-2001
Sarah Lago Norte / Centro Internacional de Neurociências e Reabilitação, Brasília DF, 1996-2003
Posto Avançado Sarah Macapá, Macapá AP, 2001-2005
Sarah Belém / Centro Ambulatorial Infantil de Belém, Belém PA, 2001-2007
Sarah Rio / Centro de Reabilitação Infantil Evandro Carlos de Andrade, Rio de Janeiro RJ, 2001-2002
Sarah Rio / Centro Internacional Sarah de Neurorreabilitação e Neurociências, Rio de Janeiro RJ, 2001-2009
Hospital-Escola Municipal de São Carlos, São Carlos SP, 2004-em obras

Livro   Arquitetura. Uma experiência na área da saúde
Autoria   João Filgueiras Lima, Lelé
Coordenação editorial   Abilio Guerra, Silvana Romano Santos e Juliana Kuperman
Ensaios fotográficos   Nelson Kon, Celso Brando, Francisco Otoni e Leonardo Finotti
Desenhos CAD   CTRS e Ivana Barossi Garcia
Tratamento de imagens   Jorge Bastos
Preparação de texto   Abilio Guerra, Carolina von Zuben e Juliana Kuperman
Revisão de texto   Carolina von Zuben
Projeto gráfico   Carlito Carvalhosa
Diagramação   Gabriela Favre
Gráfica   Pancrom
Agenciamento cultural   Ivanise Calil e Raquel Lucat
Patrocínio cultural   Holcim e Usiminas
Agradecimentos   André Marques, Ascanio Merrighi, Claudia Maria Cristina Macke Miani, Dina Uliana, Francisca Sottomayor, Giancarlo Latorraca, Haroldo Pinheiro, Ivanise Calil, Licia Maria de Campos, Larissa Scarpelli, Marcelo Carvalho Ferraz, Maria Cláudia Levy, Mauro Saraiva, Miriam Lerner, Nelson Kon, Raquel Lucat, Renato Anelli, Roberto Pinho, Sami Oliveira, Valeria Prata. Agradecimento especial a Adriana Rabello Filgueiras Lima, Alberto Cordiviola (Chango) e Victor Nosek
Biblioteca FAU USP, CTRS, Instituto Brasileiro de Tecnologia do Habitat, Museu da Casa Brasileira, Rede Sarah de Hospitais de Reabilitação
Créditos de imagens
Abilio Guerra – p. 302, 303, 304, 312, 313, 315 (acima)
Celso Brando – p. 271, 272, 273, 275 (acima), 281, 284, 288, 289 (acima), 292 (acima e no meio), 293, 296, 300 (abaixo), 301
Francisco Otoni – p. 60, 62, 63, 64, 65, 66, 67
Leonardo Finotti – p. 86-87, 88, 90, 91, 95 (abaixo), 102 (acima), 104, 286, 290, 292 (abaixo)
Nelson Kon – p. 02-03 até p. 16 (ensaio fotográfico Sarah Lago); p. 45, 117 (à direita, acima e no meio), 118 (acima), 119, 120, 121, 122 (acima, à esquerda), 123, 128, 128-129, 138 (acima), 146 (abaixo), 147, 154, 155 (acima), 216, 216-217, 218, 219, 220, 221, 222, 223, 224, 227, 229, 230, 232, 233; p. 324 até 336 (ensaio fotográfico Sarah Salvador)
Silvana Romano Santos – p. 307, 308, 310, 311, 314, 315 (abaixo)
As fotos não discriminadas acima pertencem ao acervo pessoal de João Filgueiras Lima, Lelé.

A reprodução ou duplicação integral ou parcial desta obra sem autorização expressa do autor e dos editores se configura como apropriação indevida dos direitos intelectuais e patrimoniais do autor.
© do texto: João Filgueiras Lima, Lelé; © desta edição: Romano Guerra Editora
Romano Guerra Editora
Rua General Jardim 645 conj. 31 Vila Buarque
01223-011 São Paulo SP Brasil
T 11 3255.9535
rg@romanoguerra.com.br
www.romanoguerra.com.br
Printed in Brazil 2012
Foi feito o depósito legal

L628   Lima, João Filgueiras.
     Arquitetura : uma experiência na área de saúde / João Filgueiras Lima. – São Paulo : Romano Guerra Editora, 2012
     336 p. ; 24 cm.

     ISBN: 978-85-88585-39-3

     1. Arquitetura Moderna (Brasil). 2. Hospitais (Arquitetura). I. Título.

CDD 724.9

Serviço de Biblioteca e Informação da Faculdade de Arquitetura e Urbanismo da USP

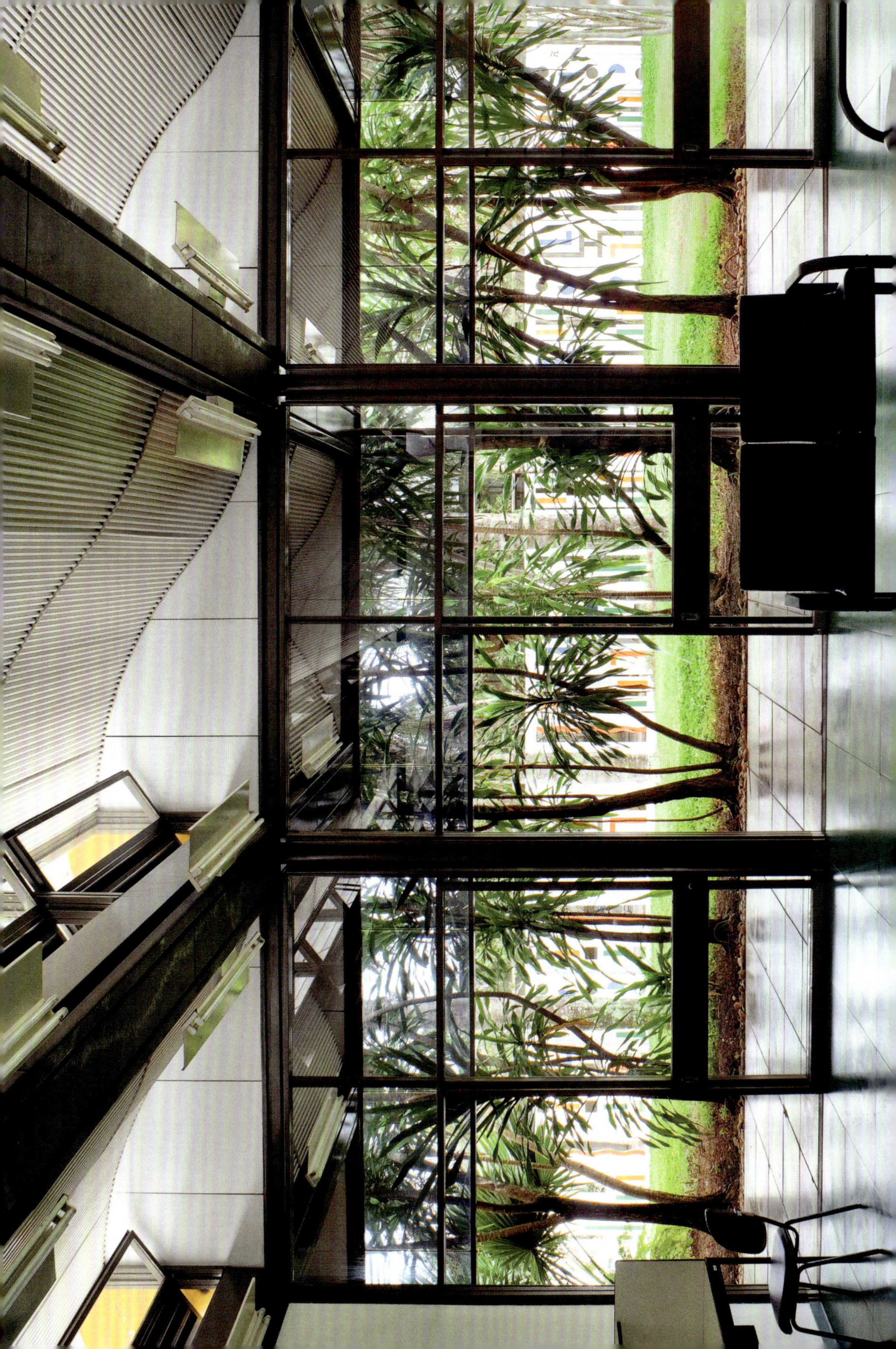

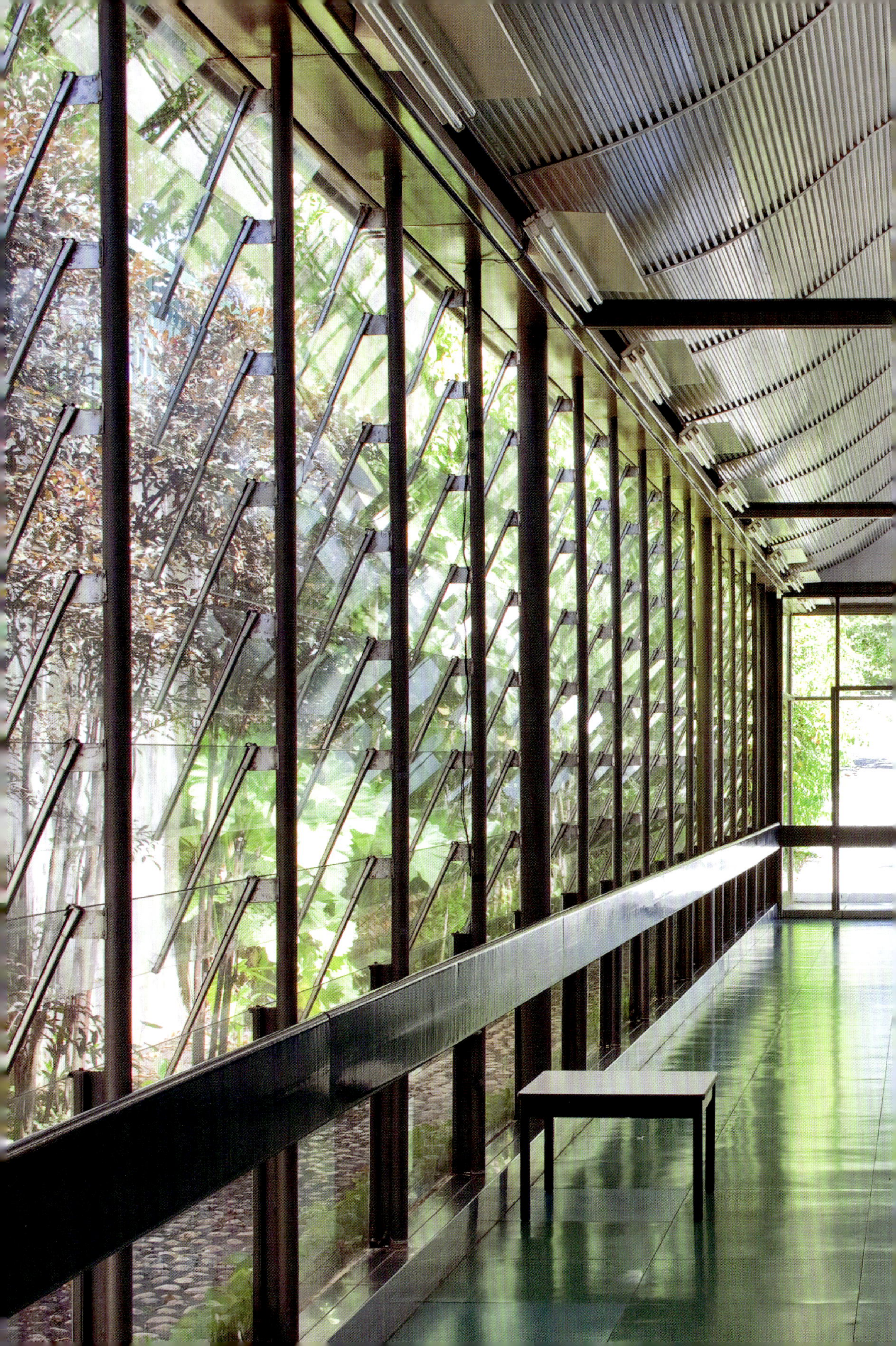

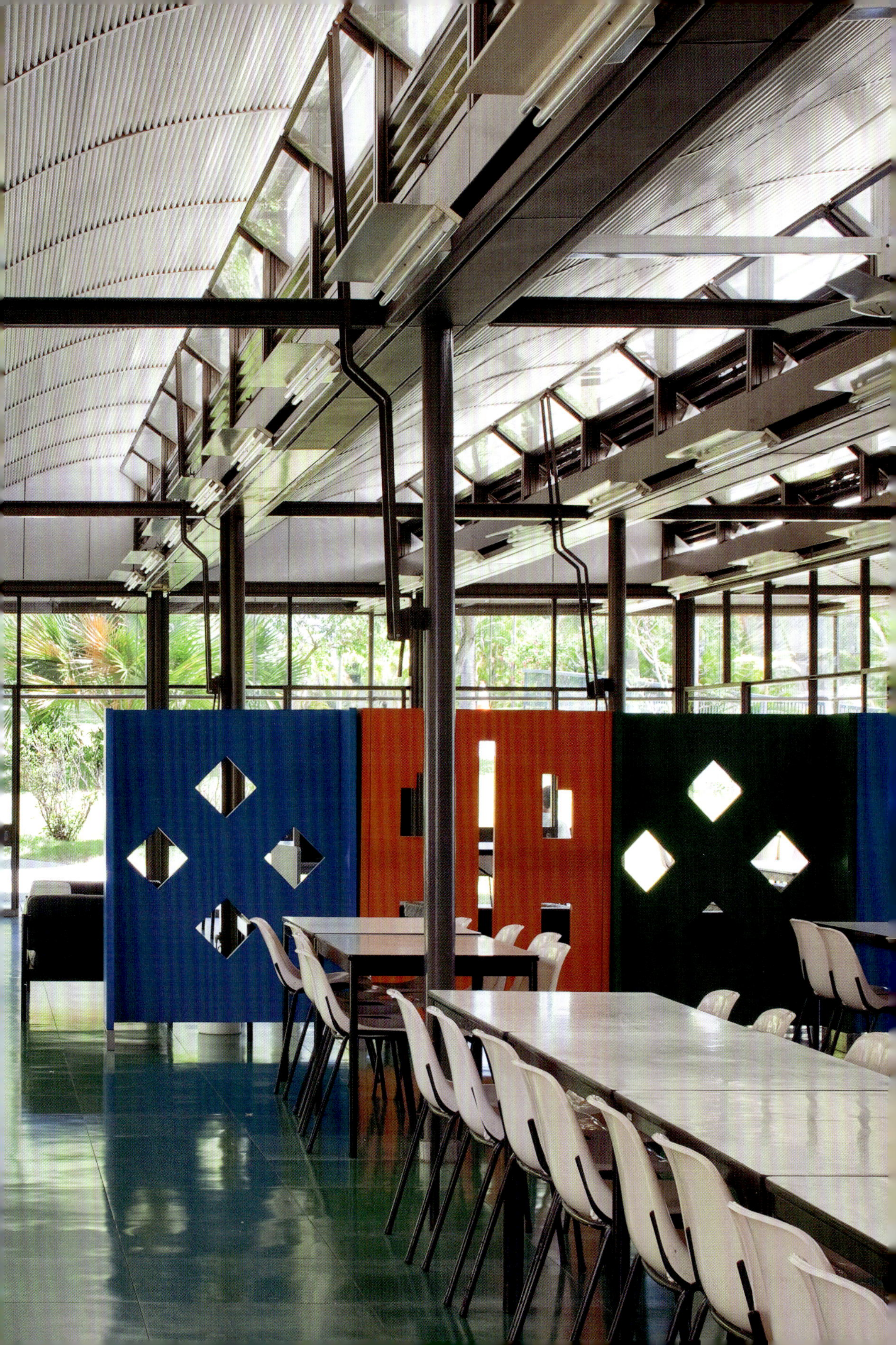

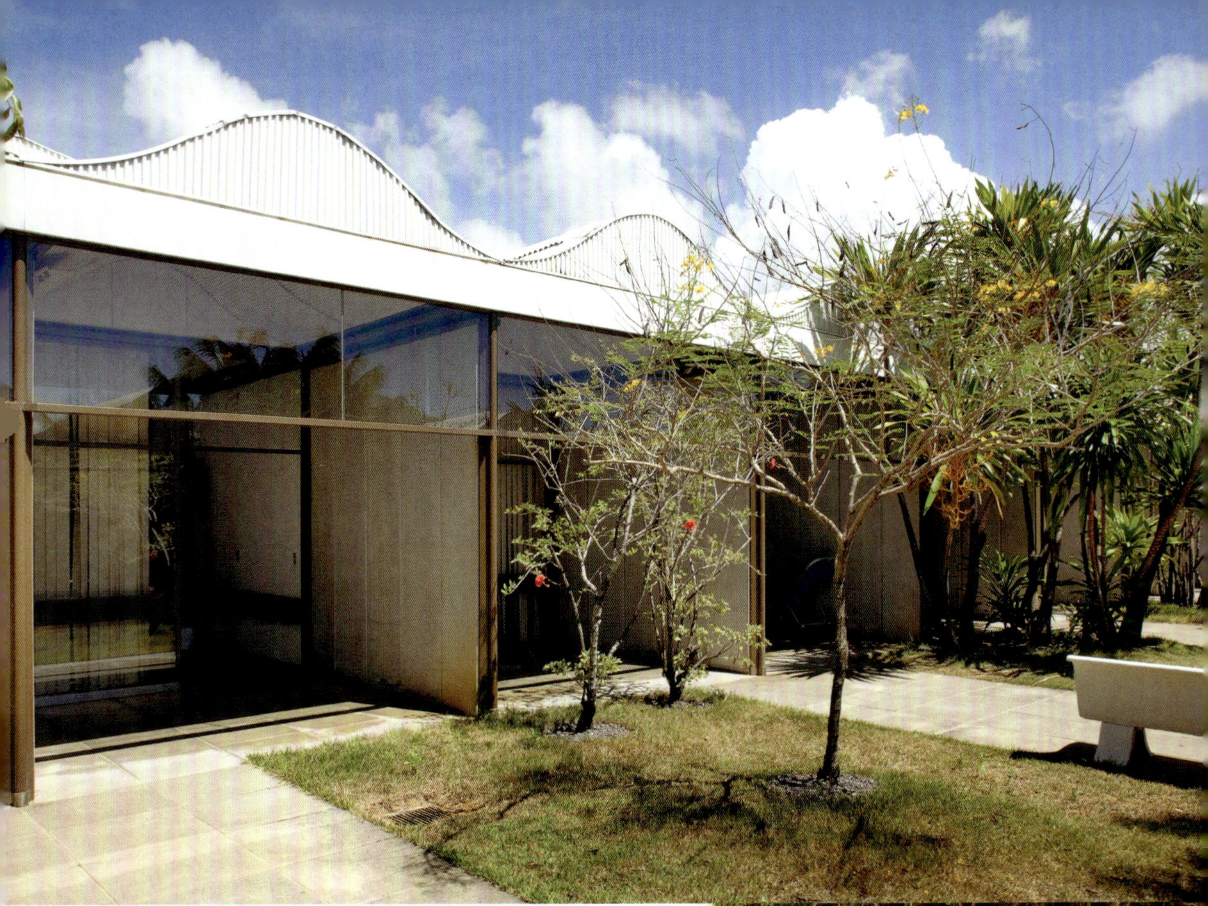

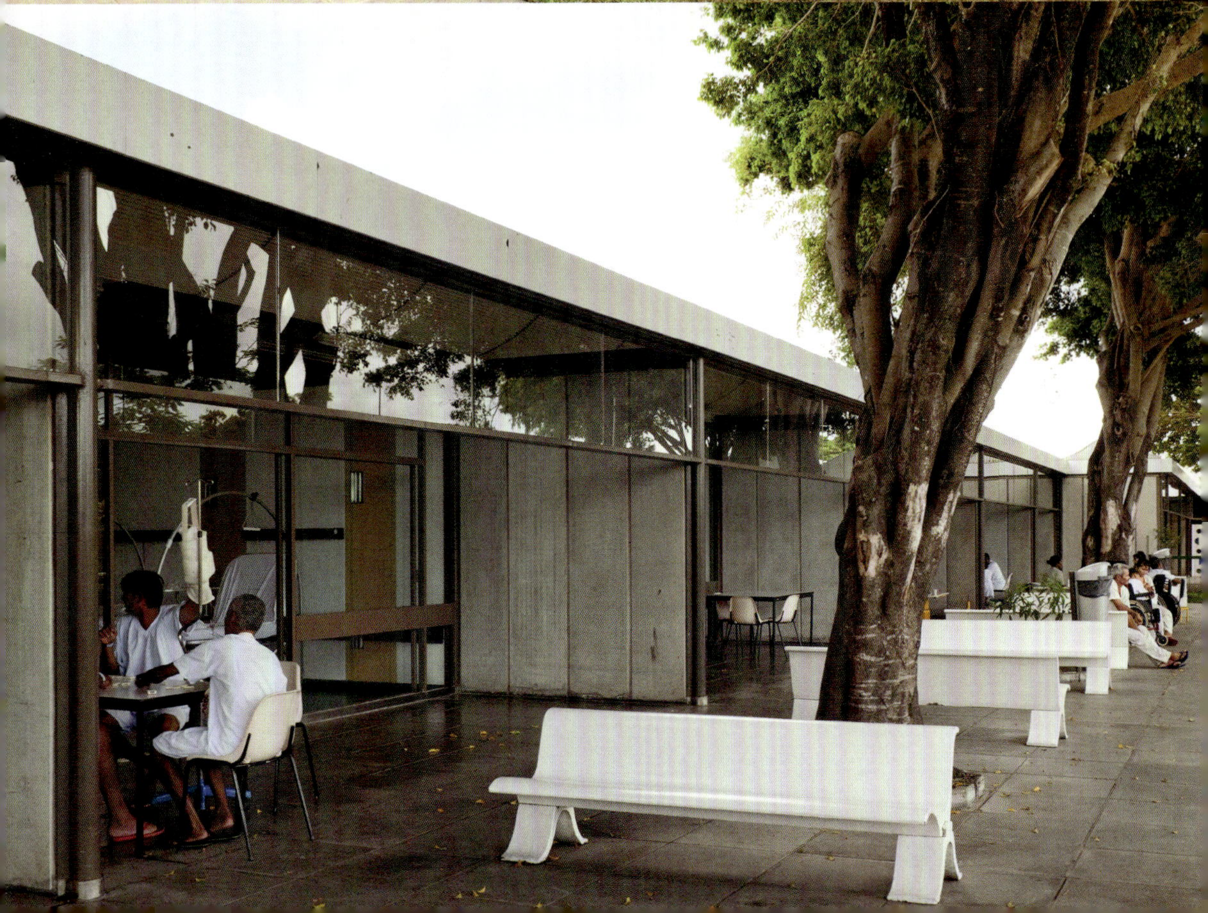

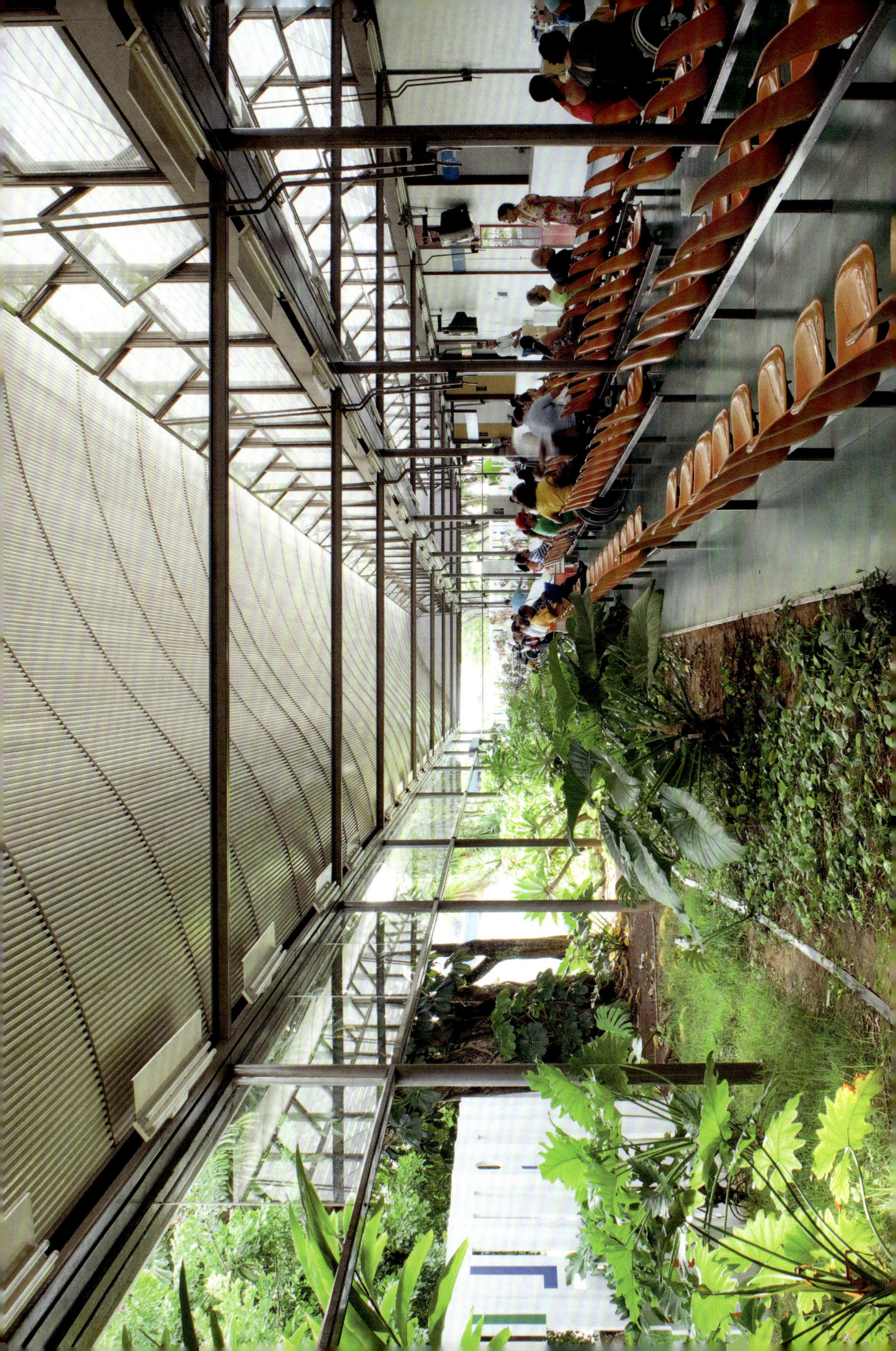

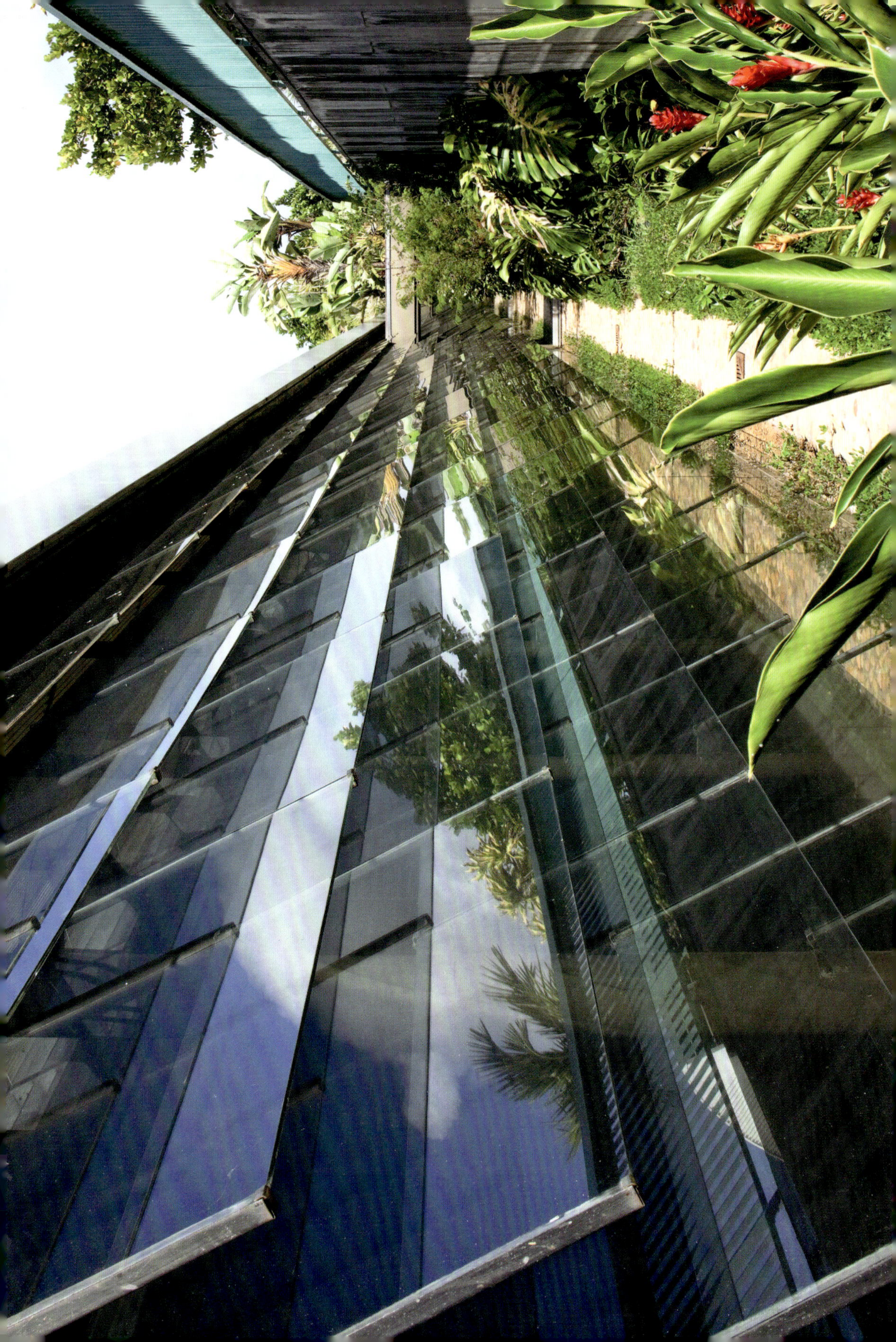

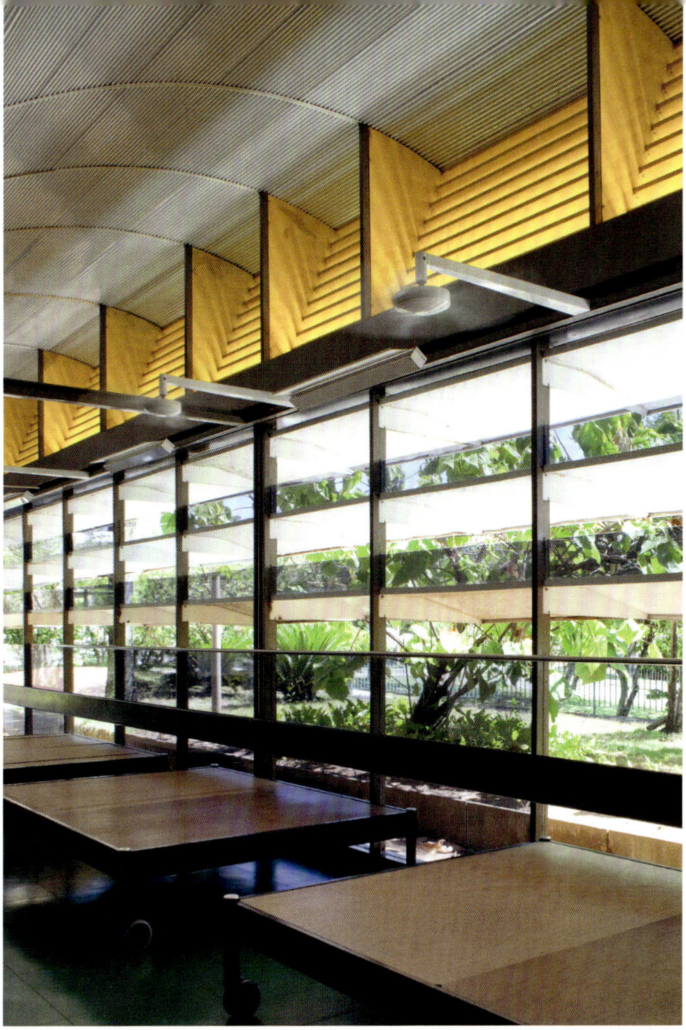

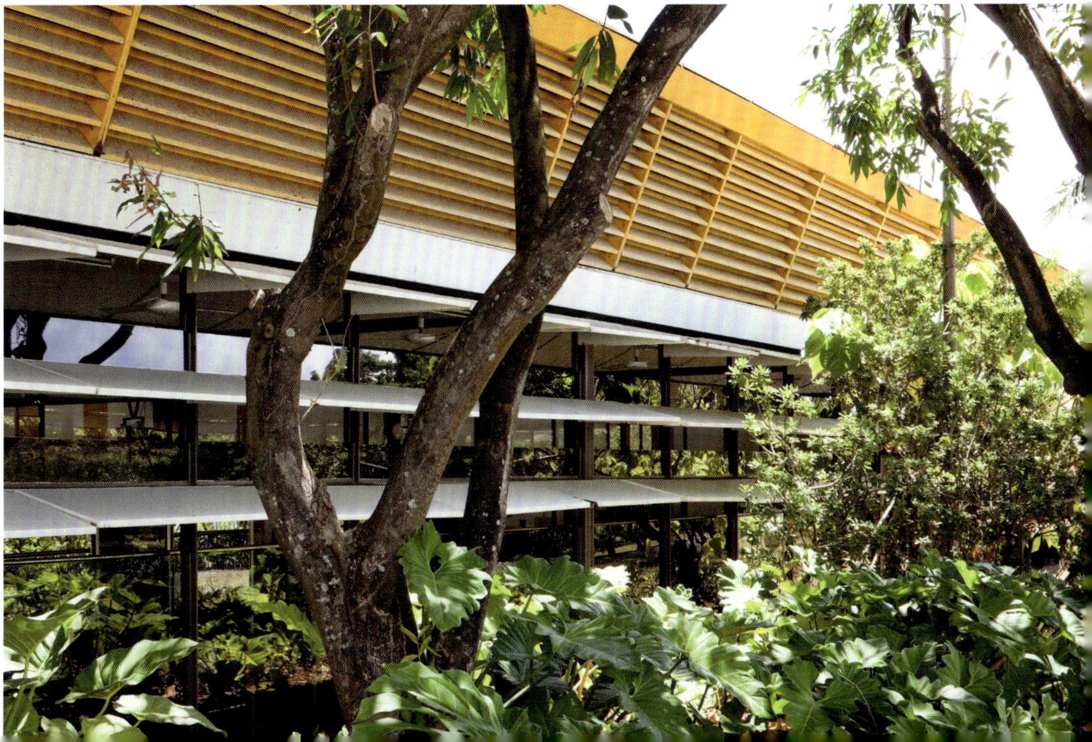

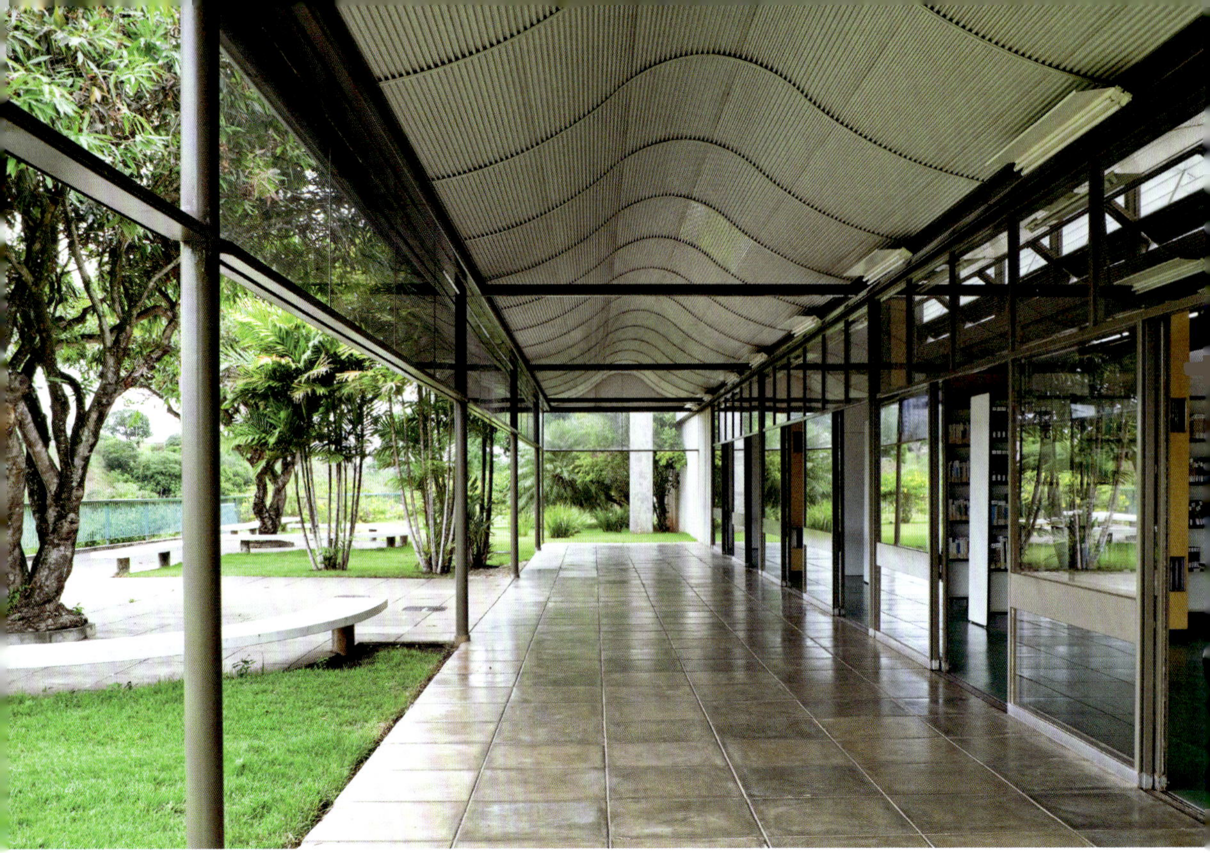
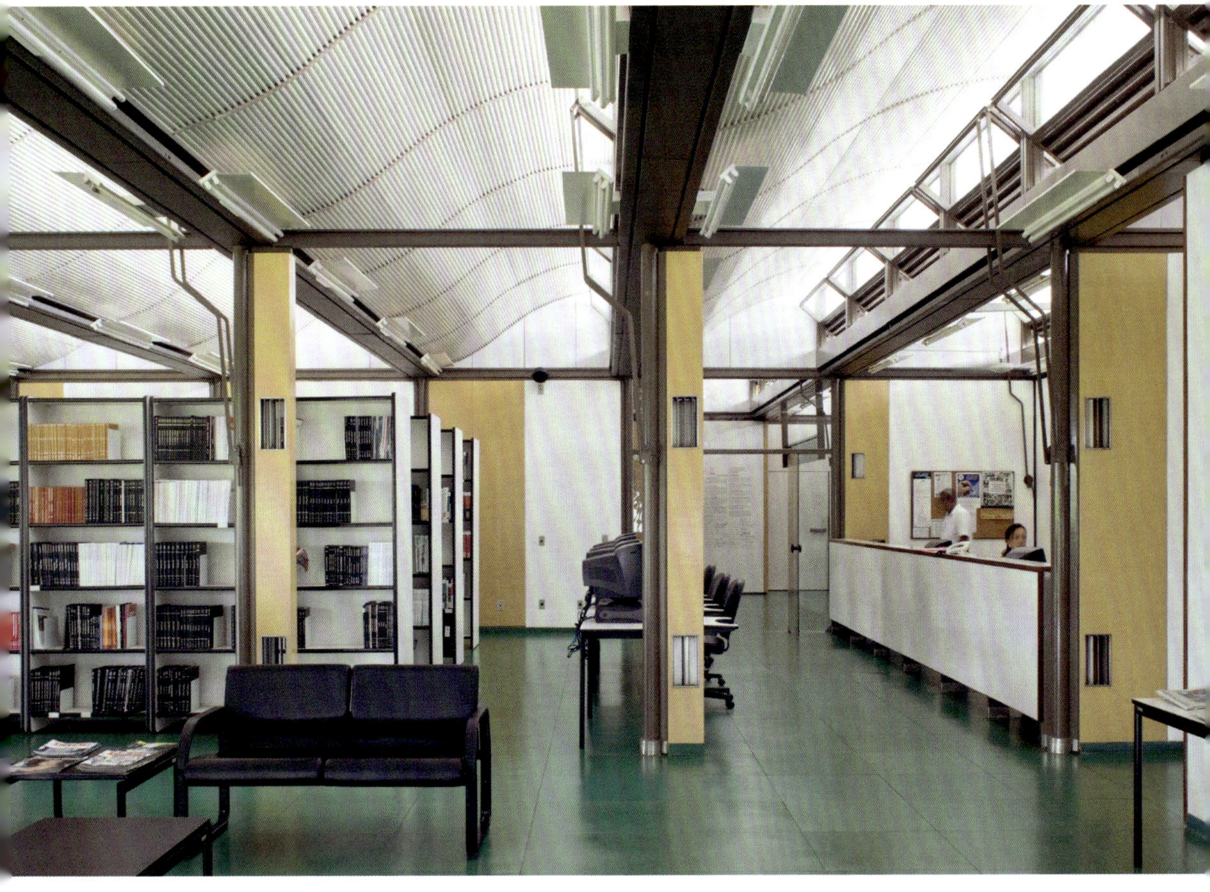

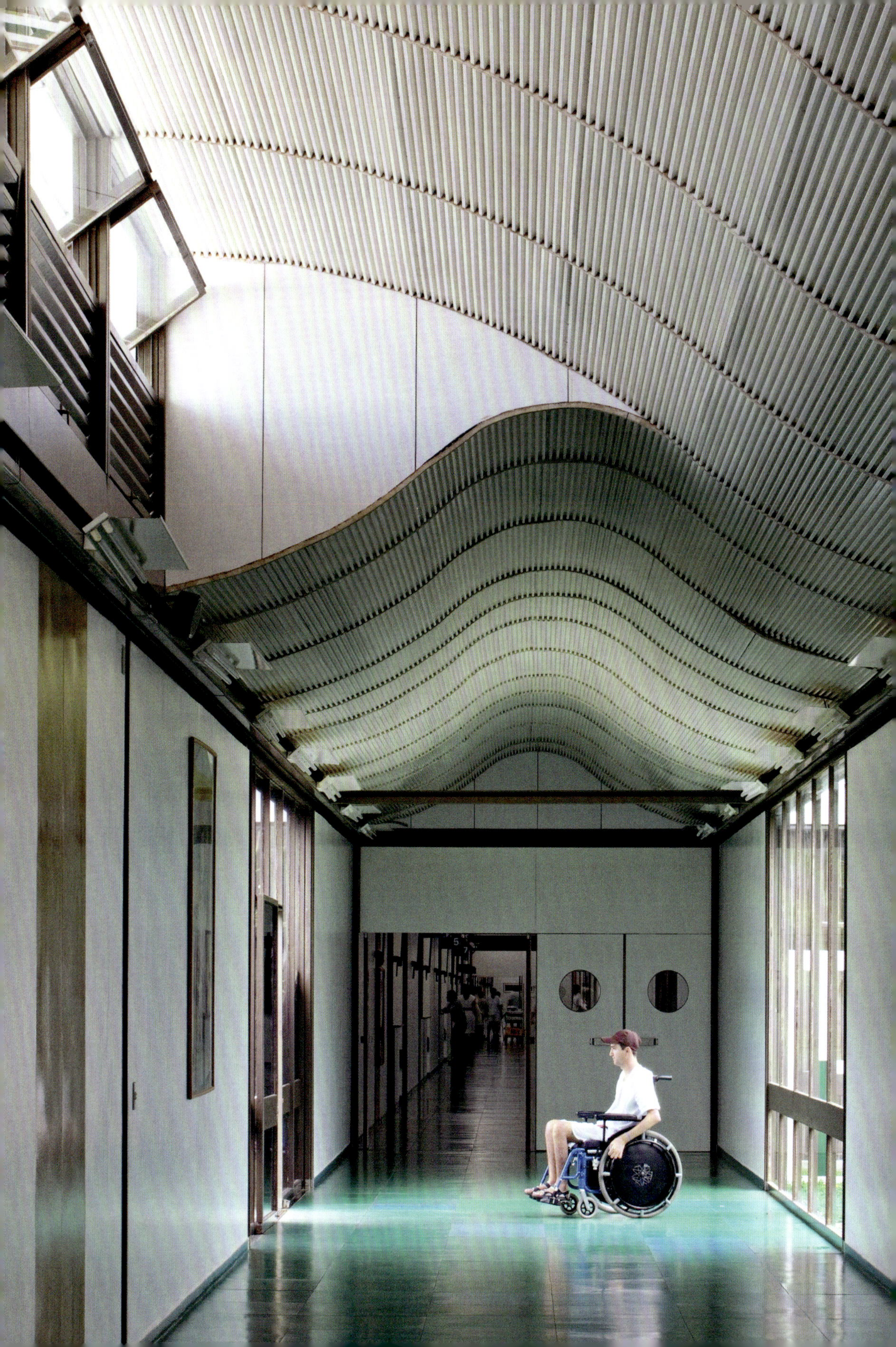

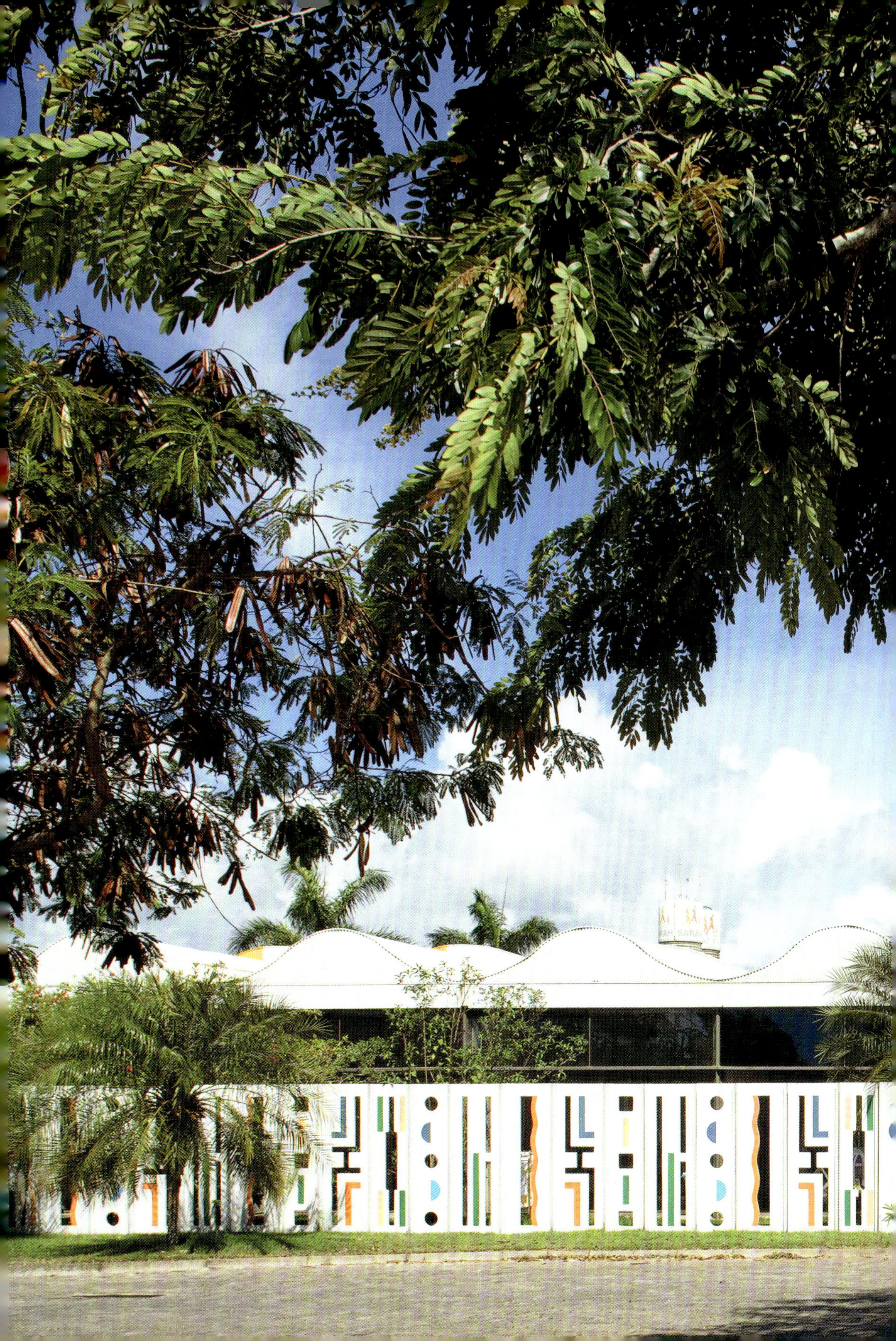

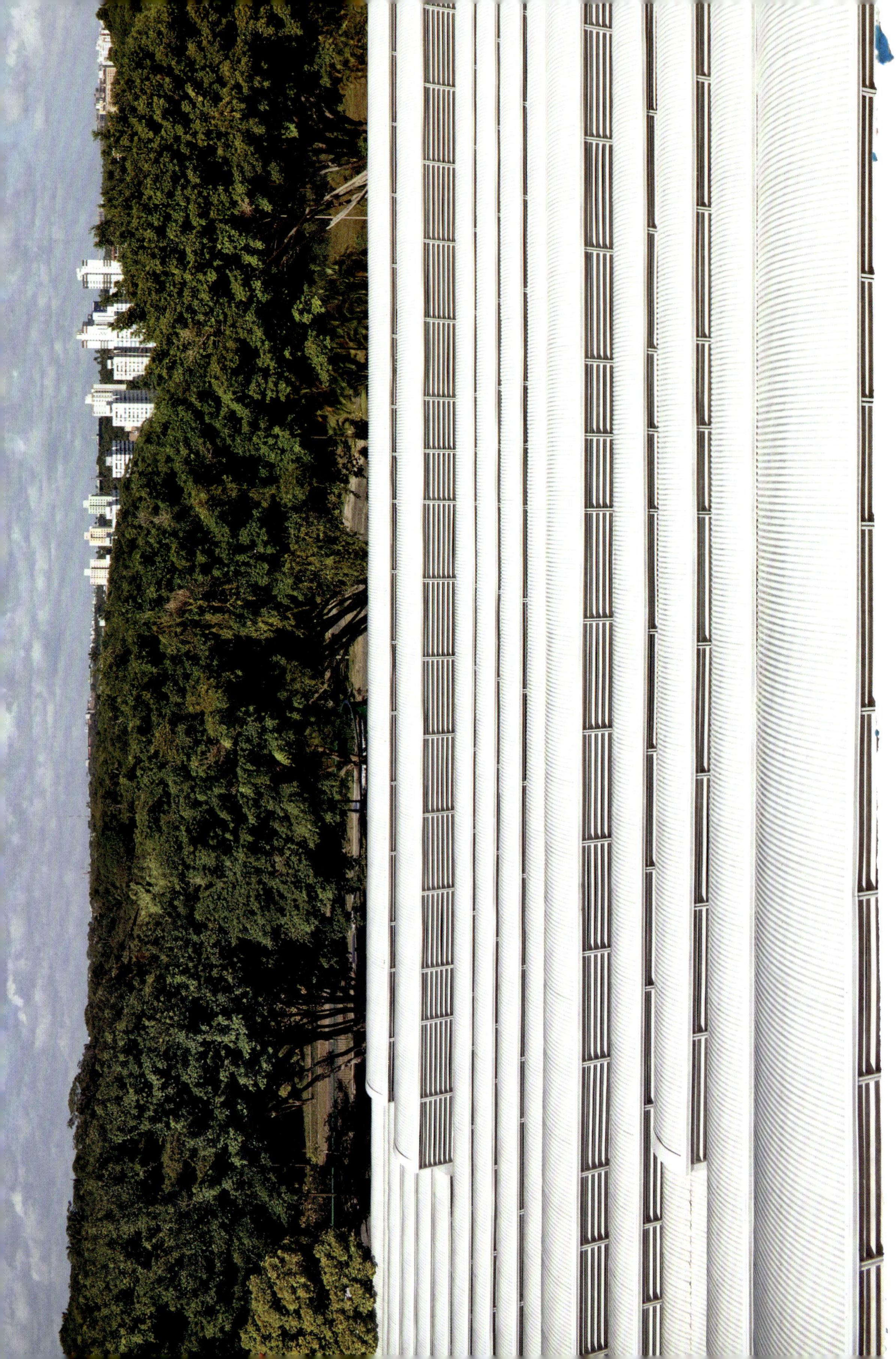